目次

第1章	中小企業診断士試験とは	2
1.	はじめに	2
2.	中小企業診断士とは	4
3.	中小企業診断士試験の概要	11
4.	本書の効果的な使い方	15
第2章	企業経営理論	18
1.	企業経営理論の概要	18
2.	まとめシート	19
第3章	財務・会計	128
1.	財務・会計の概要	128
2.	まとめシート	129
第4章	運営管理（オペレーション・マネジメント）	226
1.	運営管理の概要	226
2.	まとめシート	227
索引		322

第1章　　中小企業診断士試験とは

1.　　はじめに

著者より

　本書をお手に取っていただきありがとうございます。

　本書をご覧になっていただいているということは、あなたは中小企業診断士の試験に挑戦中もしくは、挑戦しようかどうか検討中の方だと思います。

　中小企業診断士試験（以下、「診断士試験」と略します。）は、現代のビジネスの場で必要とされる知識が求められる試験であり、1次試験の勉強を通じて幅広いビジネス知識を、2次試験の勉強を通じてその応用力を身につけることができます。しかしその反面、膨大な知識のインプットは非常に大変な作業であり、1次試験の知識をインプットするだけでも、1科目当たり300ページから400ページあるテキストを7科目分せっせと読み込まなければいけません。また、それだけ学習範囲の広い試験ですので、1次試験を突破するためだけでも、平均1,000時間程度の時間が必要になると言われています。

　しかし、診断士試験を受験される方は、仕事でも家庭でもそれぞれ重要な役割を果たしているおられるため、それらと両立しながら勉強時間を確保することは大変なことです。よって、受験するかしないかを決めることも一大決心だと思いますし、せっかく受験すると決めたのであれば、確実に合格したいという想いも強いと思います。お忙しい中で確実に合格するためには、スキマ時間の活用などによる時間の確保と、効率の良い知識インプット、問題演習の実践が不可欠です。

　本書は、診断士試験の受験を検討中の方には診断士試験で必要な知識の全体像をビジュアルで把握していただくことを、受験勉強中の方には今年の試験に合格するための知識を重要論点だけに絞って効率良く獲得していただくことを目的としたテキストです。

　本書の1番の売りである「まとめシート」は各主要論点を各1枚のシートにまとめ、その論点の内容が一目でわかるようにしたものです。このまとめシートを活用することで、多忙な受験生でも

・診断士試験に必要な知識を俯瞰する

・今年の診断士試験に必要な知識の範囲と分量を効率的に獲得する

ことが可能となります。それぞれのまとめシートの後には、より詳細な説明をテキストとしてご用意しておりますので、理解を一層深めていただくことができます。さらに、「すぐやる！過去問コーナー」で、まとめシート・テキストで得た知識をアウトプットすれば、知識をより定着させることができます。

また、2021年春からは本書の内容に準拠した音声教材（別売、巻末「関連書籍等のご紹介」参照）も販売を開始しました。本書と併用いただくと、ながら学習にもご活用いただけます。

　診断士試験の受験を検討されている方は、まず本書で全体を把握した上で、挑戦への決断の材料としていただき、診断士試験の勉強中の方は、本書を用いて効率的に知識を獲得していただければと思います。

　本書は、著者が受験生時代、効率的に知識を獲得するために作ったまとめシートを元に、多くの受験生の方にとってわかりやすくなるよう再編集した参考書です。著者は、2016年の10月より診断士試験の学習を開始し、実際に本書のまとめシートを活用することで、2017年8月に行われた1次試験を545点という得点で通過し、2次試験もストレートで合格できました。

　1次試験では545点という高得点を取ることができましたが、闇雲に知識の範囲を広げたわけではなく、その知識は、ほぼこのまとめシートに書いてあることと、それを元に解いた過去問によるものでした。

　当時著者がまとめシートを共有した複数の勉強仲間も、まとめシートを活用したことで1次試験を突破することができました。他にも多くの方に「ぜひこのシートを世に出してほしい」という声をいただいたため、2018年1月に初版を出版しました。

　今回の2022年度版は第5版となりますが、おかげさまで初版から第4版までAmazonの中小企業診断士試験カテゴリでは、ベストセラー1位を獲得するなど好評を博しました。2022年度版となる本書は2021年度の試験内容や最新の合格者の声を反映した上で、2022年度の診断士1次試験に向け論点の追加や修正を行い、よりわかりやすく、覚えやすくなるよう改訂したものです。

　本書では、できるだけ楽しみながら学習していただくため、かみ砕いたわかりやすい表現を重視し、記憶に残りやすいよう具体例やイラスト、語呂合わせを多数使用しております。これは、他の書籍にはない本書独自のものだと自負しております。一目でわかって何度も見ているうちに自然と覚えてしまう、そんな教材でみなさまの目標達成をサポートいたします。

　本書を用いることで、みなさまの効率的な学習の手助けとなることを願っております。

令和3年10月11日
中小企業診断士
野網　美帆子

	２．　　　中小企業診断士とは		

中小企業診断士とは中小企業の経営課題に対応するための診断・助言を行う専門家の国家資格です。「中小企業」と冠されていますが、中小企業に限らず、企業の経営のための知識を幅広く学ぶことができる点が特徴で、「日本版 MBA」とも呼ばれています。

　１次試験で学ぶ様々な知識や理論は、どれも現代のビジネス環境の中で必要とされている知識であり、それらを体系立てて学ぶことができます。また、２次試験では、これらを具体的な事例に当てはめるとどのように使えば良いかという応用能力を鍛えることができます。

　中小企業診断士は、他の士業と異なり、法律によって定められた独占業務を持っていません。そのため、資格を取っても何の役にも立たないと言われる場合もあります。しかし、逆に言えば、独占業務という制約がないためどんな仕事でもできる点が中小企業診断士の魅力でもあります。

　2017 年 9 月 25 日の日本経済新聞で、各士業における AI による代替可能性が報じられましたが、中小企業診断士の AI による代替可能性はわずか 0.2％とされています。中小企業診断士は定型の独占業務がないからこそ、AI では代替できない価値を生み出すことができる資格なのです。

AI による士業の代替可能性

資格	AI による 代替可能性	資格試験の 合格率	主な業務
弁護士	1.4%	※　25.9%	訴訟代理などの法律事務
司法書士	78.0%	3.9%	登記や供託に関する手続き
弁理士	92.1%	7.0%	特許などの出願・登録手続き
行政書士	93.1%	9.9%	官公庁に提出する書類の作成
公認会計士	85.9%	10.8%	財務書類の監査・証明
税理士	92.5%	15.8%	税務書類の作成や税務相談
社会保険労務士	79.7%	4.4%	労務・社会保険に関する書類の作成
中小企業診断士	0.2%	3.4%	中小企業の経営コンサルティング

　（注）AI による代替可能性は 2015 年 12 月公表の、野村総研と英オックスフォード大との共同研究による「10 ～20 年後に、AI によって自動化できるであろう技術的な可能性」。資格試験の合格率は※が 17 年、その他は 16 年。中小企業診断士の合格率は 1 次試験と 2 次試験の合格率を乗じたもの

日本経済新聞 2017 年 9 月 25 日記事より引用

　しかし、定型の独占業務がないということであれば、実際に資格をどのように仕事に活かしているのかということがわかりにくいかと思います。

　中小企業診断士の資格取得後は大きく①現在勤める企業で中小企業診断士の知識を活かして活躍する（企業内診断士）②資格を活かして転職する③中小企業診断士として独立・起業する、という 3 つのキャリアコースがあります。ここでは、資格取得後の世界をイメージいただくため、既に中小企業診断士の資格を取得し、社会で活躍されている人の声を紹介します。

企業内診断士　丸山 智子（まるやま さとこ）さんの例

プロフィール

- 自治体の上下水道事業の経営コンサルティングを本業とする企業内診断士
- プロボノワーカーとして、社会起業家やNPOの伴走支援に従事
- 2020年は、一発合格道場10代目ハンドルネーム「さとまる」として子育て世代の受験生に向けたブログ執筆、タキプロ10期セミナー班での活動を通じて、受験生支援活動に参加
- 2021年中小企業政策研究会（政策研）に入会

診断士受験のきっかけ

　きっかけは、今後のキャリアを本気で考えたときに、社会起業家やNPOなどの起業や経営支援の仕事に携わりたいと考えたからです。本業を通じて、地域を良くしたい、社会課題を解決したいという強い意思を持って事業を立ち上げた社会起業家やNPOなどの組織をたくさん見てきました。

　しかし、意思はあっても、経営基盤が弱いために、事業として継続できない例もたくさん見てきました。「組織としてバックオフィスなどの機能が充実していないために事業を拡大できない例」、「補助金が切れると解散を余儀なくされる例」、「事業そのものは地域に不可欠なものであっても、カリスマ性のあるトップがいなくなると、組織がバラバラになってしまう例」などなど。事業を立ち上げた意思は応援したいし、もっと世の中に広がって欲しい事業なのに。

　自分としては、こうした社会性と経済性を両立させる経営を実現するための支援がしたいと思い立ち、プロボノワーカーとして支援したこともありました。しかし、民間経営の経験は皆無であり、無力さを実感。自分ができることの幅を広げたいと思い立ち、民間経営に関する体系的な知識を学べる＆資格としてアピールできる中小企業診断士の資格を受験することにしました。

現在資格をどのように活かしているか

　本業、プロボノ活動に活かしています。本業の上下水道事業の経営コンサルティングでは、それまでOJTで経験的に知っていた知識を体系化し、より網羅的に経営戦略、特に組織や財務の提案ができるようになりました。民間経営との比較を通じて、自治体が経営する上下水道事業を違った視点から見ることができるようになったのも、収穫だと思っています。

　また、民間経営に関する知識を、社会起業家やNPOの伴走支援で行う提案に応用しています。もちろん、二次試験のように、こちらが提案して終わりではなく、相手方からの異論反論があって落とし所をさぐったり、納得できる提案の方法を考えたり、一筋縄では行かないことが多いですが、診断士の基礎知識をバックボーンに持つことで、自信を持って発言できるようになりました。

診断士取得前後で変わったこと、診断士の勉強をして良かったこと

大企業、中小企業に関わらず、経営に関する体系的な知識を手に入れることができたことです。本業の上下水道事業の経営に加え、診断士という拠り所を持った上で、社会起業家やNPOの経営支援も手がけられるようになりました。

ただ、診断士の勉強自体は、経営支援を行う上で最低限持っておくと良い知識という位置付け（いわば幹の部分）で、合格後も、そこから自分の興味に従って枝葉を広げていく必要があるかと思います。実際、診断士として活躍している方々は、ITに強い診断士、事業承継に強い診断士、海外進出に強い診断士、といった具合に、「診断士」という資格に自分の強みを何個か掛け合わせることによって、はっきりとした自分の強みを打ち出して、差別化を図っているようです。

私の場合は、社会性と経済性を両立する経営、デジタルマーケティング、起業といった分野に興味があるので、公的・私的な研究会やセミナーへの参加、各種プロジェクトへの参加を通じて、学びを深めています。

診断士資格を取って良かったこと

まず、社内の評価が上がりました。診断士資格を目指す人、試験の難易度がわかる人が多い職場であったこと、また産休・育休、時短勤務の隙間時間を使って自己啓発に励んだことを評価してもらえました。

加えて、診断士資格を取ったことで、社内で「経営のことが一通りわかる人」というタグがつけられ、今までとは違う分野の財務の仕事をやってみないかと提案を受けたり、社内の新規事業を考えるプロジェクトにアサインされるなど、社内で仕事の幅を広げることができました。

その他、一発合格道場やタキプロ、政策研などでのつながりを通じて、診断士資格を持つ仲間とのネットワークが広がり、転職や有志プロジェクト、興味のある分野の最新動向など、リアルな情報が手に入りやすくなったと感じています。

診断士資格の取得は、仕事の幅を広げ、社会人として新しい可能性を切り拓くチャンスにつながりますし、コンサルティングをしていく上での強力なバックボーンになりうるものだと思います。ぜひ、身近にいる診断士に話を聞いたり、診断士ブログで情報収集をするなど、合格後を想像しながら、勉強をしてみてください。毎日の勉強がワクワクするものになるはずです。

| 資格を活かして転職　木村 悠樹（きむら ゆうき）さんの例 |

プロフィール

戦略コンサルファームに所属するコンサルタント

- 商社にて、経営企画部門での広報・IR 担当、事業部門での法人営業、新規事業開発担当を経験
- 商社在職中に、2018 年度の中小企業診断士試験に合格（2019 年 5 月に診断士登録）
- 受験と並行して転職活動を行い、2019 年 4 月に戦略コンサルファームに転職
- 大手企業の戦略策定や PE ファンドのビジネス DD 案件に従事

診断士受験のきっかけ

　将来、ビジネスを創出することで社会課題を解決したいと考えており、経営者を目指すうえで、経営の基本的な知識を身につけたかったため受験しました。国内外の MBA も検討しましたが、金銭的にも時間的にもハードルが高く、あきらめていました。そんな時に、社内の先輩が診断士資格を取ったと聞き、その方から詳細を教えてもらい、私も受験することにしました。

　また、当時の顧客や関連企業に中小企業も多く、経営の知識があれば、もっと踏み込んだ提案ができ、サステナブルな関係が構築できるのではないかと常々考えていたことも後押しになりました。顧客の中には経営がうまくいっておらず、倒産や事業売却の危機に瀕している企業もありました。実際に、大得意先が慢性的な赤字を解消できず買収される場面にも立ち会いましたが、私はその会社の経営者からすると仕入先の一営業担当でしかなく、大きな経営課題に関して頼られなかったことを悔しく思いました。他社に買収された結果、約 50 年続いてきた会社同士の関係も終わることになりましたが、あの時、診断士資格を持っていれば、違う結果になったかもしれないと思い、もっと早く受けていれば、と思うこともあります。

資格取得が転職活動にどのように役立ったか

　転職活動時は資格を取得していなかったため、アピールポイントとしては活用できませんでしたが、採用試験でのケース面接で、議論に深みを出すことに役立ったと感じます。テーマやこちらの回答に対して深堀りされても、経営の基礎知識を幅広く身に着けているために、回答を早く導けたり、知見がない領域でも大きな外し方を避けられたと感じます。

診断士取得前後で変わったこと、診断士の勉強をして良かったこと

　特に、会計的な視点が身についたことでビジネスを抽象的にとらえることがうまくなったことが役立ったと感じています。勉強をする前は、最低限の会計・経理の知識はあったものの、実際にモノを売買する事業に関わっていたため、具体的な思考にとらわれがちでした。しかし、抽象的に商

売をとらえることができるようになったことで、商社での新規事業開発でのスキーム設計でも役立ちましたし、現在のコンサル業務においても役立っています。

また、仕事や転職活動、結婚の準備などの合間に資格の勉強も詰め込んだ生活をやりぬいたことは、コンサル業界のハードワークに耐えられる自信にもつながりました。

診断士資格を取って良かったこと

資格を活用できていないこともあるので、まだ見えていない良さがたくさんあると思いますが、私にとっては、何といっても"診断士仲間のつながり"です。実務補習のメンバーに恵まれ、年齢・業界・バックグラウンドがばらばらながらも、とても気が合い、その後も定期的に集まっています（コロナ禍でなかなか会えなくなりましたが…）。

社会人になると、どうしても世界が狭くなるので、新しい人と出会うきっかけとしても、とてもお勧めできます。高い志や、やり遂げる気持ちを持った人の集まりなので、とてもいい刺激をもらえています。

独立診断士　　早田 直弘（そうだ なおひろ）さんの例

プロフィール

- 1978 年生まれ
- 2018 年合格。2019 年 10 月診断士登録
- ふぞろいな合格答案 11・12 を執筆（共同執筆）
- 以前は専門出版社にて公務員試験問題の作成に従事
- 2020 年 7 月より独立

診断士受験のきっかけ

ビジネスに関する体系的な知識を学びたいと考え、その方法を模索していたところ中小企業診断士の資格の存在を知りました。調べていくと将来独立も可能であるとのことで、ぼんやりとではありますが独立を志向していた自分にとってぴったりの資格であると感じました。しかし、勉強を継続できる自信がなく、半年迷ったあげくに受験を決めました。

現在資格をどのように活かしているか

合格してから 1 年強の間は執筆を数件する程度で特に活動していませんでしたが、2020 年 7 月に独立し、現在は診断士として創業支援、マーケティング支援、補助金申請支援などに携わっているほか、商工会議所などの公的機関でも相談窓口や専門家派遣のお仕事をさせていただいています。

診断士取得前後で変わったこと、診断士の勉強をして良かったこと

最も大きく変わったことは、やはり独立したことです。失敗も成功もすべて自分次第という状況は大変プレッシャーのあるものですが、会社員と違ってどの仕事をどのようにするかをすべて自分で決めて動けるということの素晴らしさを、今は存分に享受しています。スキルとしては、当初の目的通り、ビジネスに関する体系的な知識を獲得することができました。特に、診断士試験を通じて出なければ獲得できなかったであろう財務関連の知識が得られたことが大きく、融資支援の助言の場面などで大いに役立っています。また、2次試験勉強の過程では論理的な思考を行うためのフレームワークの活用方法がかなり鍛えられ、こちらも事業者支援のあらゆる場面で欠かせないスキルとなりました。さらに、登録後に経営者と対話する機会が多く、傾聴や共感の大切さを痛感し、人に安心感を与えて心を開いてもらう話の聞き方が少しはできるようになったかなと感じています。

勉強をして良かったことは、まず勉強そのものが大変楽しかったことです。かなりの勉強量なので決して楽だったわけではないのですが、1次試験では適度な深さで幅広いことが学べ、2次試験では明確ではない答えを試行錯誤で探求することができ、非常に知的好奇心を刺激される楽しい趣味のようでもあったと思います。また、受験生時代に勉強会などを通じて数多くの勉強仲間や先輩診断士と交流を持てたことは現在も大きな財産になっています。

診断士資格を取って良かったこと

世界と自分の可能性が何倍にも広がったこと。これが資格を取って最も良かったことです。会社勤めをしている時は、会社と家、休日の趣味くらいが自分の世界のすべてでした。しかし、診断士資格を取ると、それらに加えて経営者、診断士同士、他士業、公的機関や金融機関、出版社など、これまでは知り合うべくもなかった方々と交流を持つことができ、一気に世界が広がります。これは自分の可能性が広がることと同義で、これまで一本道に思えた人生の選択肢が一気に枝分かれして様々な未来を思い描くことができ、自分の人生をより主体的に歩むことができるようになったと感じています。私は独立という道を選択しましたが、そのまま会社勤めをするにしても、多様な選択肢から自らの判断で選んだ道であるという認識は、その後の人生を豊かなものにしてくれるのではないでしょうか。

第2章 企業経営理論

第3章 財務・会計

第4章 運営管理

中小企業診断士試験の概要

試験のスケジュール

試験合格までの流れ

1次試験申込
↓
1次試験受験
↓ 合格なら
2次試験申込
↓
2次試験受験 ・筆記試験 ・口述試験
↓
合格！

※養成課程に進む方法もある

大手予備校の対策クラスは9-11月開講

4月〜勉強開始で受かる猛者も

試験のスケジュール

具体的な日程は中小企業診断協会HPを参照

	スケジュール	日程
1次試験	試験案内配布・申込受付	4月下旬〜5月下旬
	試験日	8月第1週（土、日）
	合格発表日	9月初旬
2次試験	試験案内配布・申込受付	8月中旬〜9月中旬
	筆記試験日	10月第3or4週（日）
	筆記試験合格発表日	12月初旬
	口述試験日	12月中旬（日）
	口述試験合格発表日	12月下旬or1月上旬

1次試験

試験科目と試験当日のスケジュール

	科目	時間
1日目	経済学・経済政策[経済]	9:50〜10:50（60分）
	財務・会計[財務]	11:30〜12:30（60分）
	企業経営理論[経営]	13:30〜15:00（90分）
	運営管理（オペレーション・マネジメント）[運営]	15:40〜17:10（90分）
2日目	経営法務[法務]	9:50〜10:50（60分）
	経営情報システム[情報]	11:30〜12:30（60分）
	中小企業経営・中小企業政策[中小]	13:30〜15:00（90分）

※科目名の [ ] 内の名称はよく使われる略称

合格基準

まれに例外あり

7科目の合計得点**420点**（各科目平均**60点**）以上かつ、1科目でも**40点**未満の科目がない

通称「足切り」

科目合格

科目合格の基準　各科目60点以上　翌々年度まで有効

免除制度

他資格等保有者は、免除制度が利用できる場合がある

科目	免除対象資格等
経済学・経済政策	大学の経済学教授・准教授、経済学博士、公認会計士（経済学受験者）、不動産鑑定士
財務・会計	公認会計士、税理士、弁護士
経営法務	弁護士
経営情報システム	技術士（情報工学部門）、情報処理技術者（ITストラテジスト、システムアーキテクト、応用情報技術者、システムアナリスト、アプリケーションエンジニア、システム監査、プロジェクトマネージャ、ソフトウェア開発、第1種、情報処理システム監査、特種）

2次試験

試験科目と試験当日のスケジュール

科目	時間
中小企業の診断及び助言に関する実務の事例I「組織（人事を含む）を中心とした経営の戦略及び管理に関する事例」[事例I]	9:40〜11:00（80分）
中小企業の診断及び助言に関する実務の事例II「マーケティング・流通を中心とした経営の戦略及び管理に関する事例」[事例II]	11:40〜13:00（80分）
中小企業の診断及び助言に関する実務の事例III「生産・技術を中心とした経営の戦略及び管理に関する事例」[事例III]	14:00〜15:20（80分）
中小企業の診断及び助言に関する実務の事例IV「財務・会計を中心とした経営の戦略及び管理に関する事例」[事例IV]	16:00〜17:20（80分）

1次試験と2次試験の試験科目の関連

まとめシートの「にじマーク」も参照

	企業経営理論			運営管理		財務会計
	戦略論	組織論	マーケティング	販売管理	生産管理	
事例I	○	○				
事例II	○		○	○		
事例III	○				○	
事例IV						○

合格基準

ただし、模範解答や採点基準は非公開

4科目の合計得点**240点**（各科目平均**60点**）以上かつ、1科目でも**40点**未満の科目がない

３．中小企業診断士試験の概要

試験のスケジュール

中小企業診断士試験は、例年右記のスケジュールで行われています。学習期間としては、大手予備校の対策クラスが 9〜11 月の間に開講することが多いため、秋ごろから学習を開始して約 1 年間学習し、8 月の 1 次試験、10 月の 2 次試験に挑戦される場合が多いです。中には、4 月前後から勉強を開始して、1 次、2 次と合格する猛者もごく僅かながら

中小企業診断士試験スケジュール

	スケジュール	日程
1次試験	試験案内配布・申込受付期間	4 月下旬〜5 月下旬
	試験日	8 月第 1 週（土、日）
	合格発表日	9 月初旬
2次試験	試験案内配布・申込受付期間	8 月中旬〜9 月中旬
	筆記試験日	10 月第 3 or 4 週（日）
	筆記試験合格発表日	12 月初旬
	口述試験日	12 月中旬（日）
	口述試験合格発表日	12 月下旬 or 1 月上旬

います。なお、2020 年度、2021 年度は東京オリンピックの影響で例年と異なる日程に変更となりました。2022 年以降は例年通りのスケジュールとなることが予想されますが、具体的な試験日は今後中小企業診断協会より今後発表される予定ですので、そちらを参照してください。

1 次試験

試験科目と試験当日のスケジュール

試験科目は、経済学・経済政策、財務・会計、企業経営理論、運営管理（オペレーション・マネジメント）、経営法務、経営情報システム、中小企業経営・中小企業政策の 7 科目で、マークシート式の試験が 2 日間に渡って行われます。

合格基準

1 次試験の合格基準は、基本的には **7 科目の合計得点 420 点（各科目平均 60 点）以上かつ、1 科目でも 40 点未満の科目がない**というものです。しかし、試験が非常に難しく合格者数の少ない年は、科目毎に得点調整が入ったり、合計得点が総得点の 59％（413 点）で合格とされたりした年度もありました。

7 科目合計で 420 点獲得すれば良いため、仮に 50 点の科目があったとしても、他の科目で 70 点を取り、結果として全科目で 420 点を超えれば 1 次試験を通過することができます。ただし、1 科目でも 40 点を下回ると、不合格（通称「足切り」）となりますので、極端な苦手科目は作らず、どの科目も満遍なく得点するような対策が必要です。

科目合格制度

1次試験には、科目合格という制度もあります。科目合格の合格基準は、**各科目60点以上**です。科目合格の場合は翌年度と翌々年度の1次試験を受験する際に申請すれば、当該科目の受験が免除され、3年間ですべての科目に合格すれば1次試験合格となります。そのため、例えば冬以降から勉強を開始された方など、時間が限られている方はあえてすべての科目の合格を狙わず、初年度は一部科目の科目合格を狙い、次の年に残りの科目合格を狙うという方法で合格を目指す方もいます。科目合格制度を適用した科目は翌年以降の試験では60点という扱いを受けます。

他資格等保有による免除制度

他の資格を持っている方は、科目によっては受験が免除される場合があります。

科目免除の適用のためには詳しい規定や必要な証明書などのルールがありますので、詳しくは中小企業診断協会ホームページの試験案内を確認するようにしてください。なお、免除科目とされた科目は、科目合格と同様、60点という扱いを受けます。

2次試験

試験科目

2次試験は、当該年度の1次試験合格者と前年度の1次試験合格者が受験することができます。そのため、2回連続で2次試験に不合格となってしまうと、もう一度1次試験から受験をし直さなければいけなくなってしまいます。

2次試験では筆記試験と口述試験が行われます。

筆記試験の試験科目は、中小企業の診断及び助言に関する実務の**事例Ⅰ**（組織（人事を含む）を中心とした経営の戦略及び管理に関する事例）、中小企業の診断及び助言に関する実務の**事例Ⅱ**（マーケティング・流通を中心とした経営の戦略及び管理に関する事例）、中小企業の診断及び助言に関する実務の**事例Ⅲ**（生産・技術を中心とした経営の戦略及び管理に関する事例）、中小企業の診断及び助言に関する実務の**事例Ⅳ**（財務・会計を中心とした経営の戦略及び管理に関する事例）の4科目（以下、「事例Ⅰ」、「事例Ⅱ」、「事例Ⅲ」、「事例Ⅳ」といいます）で、論述式の試験を1日で行います。2次試験は、試験要領に『第2次試験は、「中小企業診断士の登録等及び試験に関する規則」に基づき、中小企業診断士となるのに必要な応用能力を有するかどうかを判定することを目的とし、中小企業の診断及び助言に関する実務の事例並びに助言に関する能力について、短答式又は論文式による筆記及び口述の方法により行います。』とある通り、中小企業診断士として必要な応用能力を試す試験です。この「応用能力」とは、1次試験で問われた知識の応用能力のことを意味し、事例Ⅰは企業経営理論の戦略論と組織論に、事例Ⅱは企業経営理論の組織論とマーケティング論、運営管理の販売管理と、事例Ⅲは企業経営理論の戦略論と運営管理の生産管理と、事例Ⅳは財務・会計とそれぞれ深く関連しています。2次試験は1次試験の試験科目のうち、経

営、運営、財務の3科目の理論を元に出題されます。そのため、2次試験も含めた最終的な試験合格のためには、これらの3科目については1次試験の勉強の段階から2次試験を意識した学習を行っていくことが重要です。

しかし、1次試験向けテキストの多くは1次試験のみに焦点を当てたものであり、大手予備校でも1次試験対策と2次試験対策は全く別物として扱われている場合が多く、初学者が1次試験の段階で、1次試験と2次試験の関連を意識する機会は少ないのが現状です。

本書では、全くの初学者の方でも、2次試験を意識した1次試験の学習ができるよう、2次試験に関連のある1次試験の論点について説明したシートには、「虹」の**「にじマーク」**をつけていますので、そちらのマークも参考にしながら学習すると効果的です。

にじマーク

また、本書の姉妹版としまして、『「まとめシート」流！ゼロから始める2次対策』や『「まとめシート」流！解法実況シリーズ』（巻末「関連書籍等のご紹介」参照）が電子書籍として発売されておりますので、合わせてご覧いただければ幸いです。

口述試験は筆記試験合格者を対象に、1人当たり約10分間の面接式の試験として行われます。口述試験の合格率は例年100%に近い合格率で、試験会場に遅刻することなく到着し、試験時間中終始無言でさえいなければ合格するといわれています。そのため、2次試験の最大の難関は筆記試験であり、本書で「2次試験」と表現する場合は筆記試験を示すものとします。

合格基準

2次試験の合格基準は、<u>合計得点240点（各科目平均60点）以上かつ、1科目でも40点未満の科目がない</u>とされています。しかし、マークシート式で正解と配点が公表される1次試験と異なり、論述式の2次試験では、模範解答が公開されておらず、採点基準も明らかとされていないため、何をもって60点かという点が極めて不明確です。各受験予備校が作成する「解答」も予備校によって内容がバラバラであり、実際の得点は中小企業診断協会に得点開示を請求しなければ知ることができません。

しかし、あくまでも仮説ではありますが、診断士試験の合格率は例年20%程度と比較的安定しているため、相対評価により受験者の上位20%のレベルを240点としているとも考えられます（合格率の推移はP.101のコラムを参照）。

2次試験は、模範解答や採点基準が公開されない試験ではありますが、試験後に公開される「出題の趣旨」などから、1次試験で問われた知識をどのように応用すべきなのかを考えながら対策をすることが重要です。

まとめシートの効果的な使い方

まとめシートの使い方

まとめシートの構成

論点毎にまとめシート＋テキスト3～5ページ
✓テキストの最後には「すぐやる!過去問コーナー」も掲載

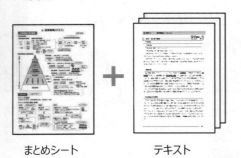

まとめシート ＋ テキスト

まとめシートの使い方

YouTubeでも解説してます

YouTube「まとめシート流！絶対合格チャンネル」

① まとめシートを眺める — どんなことが書いてありそうか自分なりにストーリーを頭に描く

② テキスト部分を読む — ①でイメージしたことの答え合わせのつもりで読む

③ もう一度まとめシートを見る — テキストの内容を思い出しながらもう一度見る

④ 問題を解く 【重要！】 — 「すぐやる!過去問コーナー」の問題で知識の使い方を知り、知識を定着させる

スキマ時間に — 購入特典PDFをスマホなどに入れて、スキマ時間に眺めて記憶を定着させる

音声教材（別売）でながら学習も◎

ツールを活用しよう

スマホに入れてスキマ時間の有効活用に！
【購入特典 まとめシートPDF】

購入特典として、まとめシートHPよりまとめシートのPDFデータがダウンロード可能

購入特典ダウンロード用ページ

以下の2タイプがダウンロード可能
✓暗記に便利なカラー版
✓まとめシートと同じ白黒版

カラー版は赤シートをかぶせれば暗記に便利

独学者の強い味方！どこに力を入れればいいかがすぐわかる
【頻出度×難易度を踏まえた優先度表示】

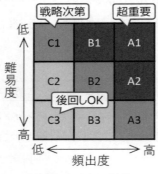

優先度の表示基準

まとめシートのキャラクター「まとっち」が優先度を表示

超重要 頻:A 難:1

頻：頻出度(A～C)
難：難易度(1～3)

問題の使い方を知り、アウトプットで知識を定着
【すぐやる！過去問コーナーと「論点別過去問集」】

テキストの最後に掲載
2次元コードで問題をチェック

まとめシートで学習した論点に関連の深い過去問を掲載

レベル1
みんなが解ける
簡単～普通レベルの問題

レベル2
応用が必要な
やや難しいレベルの問題

レベル3
解けなくても仕方がない
非常に難しいレベルの問題
【掲載せず】

購入特典として、まとめシートHPより「論点別過去問集」のデータがダウンロード可能

1次試験の段階から始める2次試験対策
【2次試験と関連の深いシートを示す「にじマーク」】

にじマーク

にじマークのあるシートは自分の言葉で説明できるレベルを目指すと、2次対策にも有効

初学者・独学者必見！勉強法の参考に
【勉強法がわかるコラム】

合間合間には勉強法など試験対策に役立つコラムを掲載

勉強の合間にチェックしよう

4.　　　まとめシートの効果的な使い方

まとめシートの使い方

　本書は、各論点の内容を1論点1枚のシートにまとめた「**まとめシート**」と、それを解説した**テキスト**によって構成されています。テキストでは、まとめシートに書かれている内容の理解が深まるよう説明を加えています。

　まとめシートを効果的に活用するには、まずはまとめシートを眺め、どんなことが書いてありそうか自分なりにストーリーを頭に描いてみてください。次に、テキストを読むにあたり、最初にイメージしたストーリーの答え合わせのつもりで読んでいきましょう。テキストを読み終わったら、テキストの内容を思い出しながらもう一度まとめシートを読んでいきます。そして、テキストとまとめシートで大枠を把握したら、早速「**すぐやる！過去問コーナー**」（後述）に掲載されている過去問にトライしましょう。このとき、まだ内容は覚えていなくても OK です。まとめシートを手元に置きながら、実際の問題ではまとめシートに書いてある知識がどのように問われているのかということを確認し、実際の問題と知識の紐付けを行っていきましょう。一度学習した後も、購入特典のまとめシート PDF をスマホなどに入れ、スキマ時間に眺めることで知識を定着させます。

　また、本書とは別売りとなりますが、本書の内容を読み上げた**音声教材**（巻末「関連書籍等のご紹介」参照）もご用意しておりますので、耳からのインプットの方が頭に入ってきやすい方やながら学習に活用したい方はぜひご活用ください。

　なお、まとめシートの効果的な使い方については、YouTube チャンネル「**まとめシート流！絶対合格チャンネル**」でもご紹介していますので、そちらもご参照いただけると幸いです。

　また、まだ診断士試験を受験しようかどうか迷っている段階の方は、まずはまとめシートを眺めてみて、興味のある分野からテキストを読み進め、診断士試験ではどのようなことを学ぶのかを把握してみてください。その上で、この資格に挑戦するために自分の時間を割く価値はあるかを検討していただければと思います。願わくは、本書が中小企業診断士の世界への挑戦のきっかけとなりますように。

ツールを活用しよう

ダウンロード特典 まとめシート PDF

　本書は購入特典として、**まとめシートの PDF データがダウンロードできます**。この PDF データをご自身のスマートフォンやタブレットに保存していただけば、スキマ時間にいつでもまとめシートを眺めることができます。筆者も受験生時代は、電車での通勤時間や、ちょっとした待ち時間など、暇さえあればまとめシートを眺めていました。まとめシートはイラストや図を多く使用して

第2章　企業経営理論

第3章　財務・会計

第4章　運営管理

いますので、何度も眺めているうちに「あれはまとめシートのあの部分に書いてあった」と、ビジュアルで知識を思い出すことができるようになります。

また、カラー版 PDF データは、暗記に使えるよう、重要なキーワードを赤字で記載しました。そのため、まとめシートの内容を集中して覚えたい場合は、紙に印刷して赤シートをかぶせて使うという使い方もできます。ぜひすぐに取り出せるところにまとめシートを準備し、スキマ時間を有効活用して知識を定着させましょう。過去問を解きながら、追加的に覚えたい知識を余白に書き込んでいくのも良い対策となります。なお、**購入特典のダウンロード方法は巻末の特典案内ページに記載しております**のでそちらをご参照ください。

難易度×頻出度を踏まえた優先順位表示

1次試験の試験範囲は非常に広いため、特に重要な論点を優先順位付けしながら学習していくことが重要です。といっても、初学者や独学者の方にとってはどこが重要な論点なのかという判断も難しいかと思います。

試験における重要度は得点の取りやすさという観点から頻出度と難易度を踏まえて「**超重要**」、「**戦略次第**」、「**後回し OK**」の３つに分類しました。重要度に難易度という観点を入れたのは、勉強に投入する時間がどれだけ得点に結び付くかという効率も重要だからです。

例えば、経営情報システムでは、統計解析の問題が１問もしくは２問出題されることがあります。しかし、この分野を真面目に勉強しようとすると１科目分くらいあるのではと思うほどのボリュームがある上、例年非常に難易度が高いため、多くの受験生が鉛筆転がしでマークを塗りつぶしているような状況です。勉強時間に対する獲得得点というコストパフォーマンスで考えると、高い難易度の論点に時間を割くくらいであれば、頻出度は若干落ちますが、解きやすい問題が多い論点に時間を投入した方が効率的だといえます。

そのため、本書では平成 24 年〜令和 3 年までの過去問を著者がすべて解き、論点毎に**頻出度を A〜C** に、**難易度をレベル 1〜3** に分類しました。そして、それらを踏まえ、よく出題されて難易度も高くない論点を「超重要」、頻出度が低く難易度が高い論点を「後回し」、最優先でも後回しでもない論点を「戦略次第」としました。

この難易度は、各論点のテキストの右上でまとめシートのキャラクターの「まとっち」が示してくれていますので、勉強の優先順位付けをする際の参考としてください。

2次試験を意識した学習にも

1次試験の段階で２次試験を意識した学習をすることは、ストレート合格を狙う上で非常に重要です。本書では、２次試験を意識した１次試験対策ができるよう、２次試験に関係する論点はそれとわかるよう、まとめシートに「虹」の「にじマーク」を付けています。そのため、にじマークの

あるシートはその内容を**自分の言葉でも説明できるレベルを目指してに重点的に学習すること**をおすすめします。

また、今回２次試験に再挑戦されるという方にとっても、にじマークのシートは２次試験で応用を求められている１次試験の知識の再確認に有効ですので、ぜひご活用ください。

すぐやる！過去問コーナーと購入特典「論点別過去問集」

テキストの最後には、学習した知識をアウトプットして定着させられるようにするために「**すぐやる！過去問コーナー**」を設けました。

「すぐやる！過去問コーナー」では、その論点を勉強したら解いてほしい過去問をピックアップしましたので、ぜひ解いてみてください。なお、紹介する過去問は難易度別にレベル分けをしています。

<u>レベル１</u>の問題は、みんなが得点できるレベルの、テキストに書いてあることをそのまま使ったり、少し応用すれば解ける簡単〜普通レベルの問題です。

<u>レベル２</u>の問題は、テキストに書いてあることから応用が必要であったり、ちょっとマニアックな知識が要求されるやや難しいレベルの問題です。

<u>レベル３</u>の問題は、解けなくても仕方がないような非常に難しいレベルの問題です。

分類の際はレベル３まで分類しましたが、レベル３はみんなが解けない、もしくはマニアック過ぎて解けなくても仕方がない問題ですので、「すぐやる！過去問コーナー」にはあえて掲載していません。まずは、テキストを読み、レベル１に挑戦してみてください。そして、ある程度慣れたらレベル２に挑戦してみてください。

なお、該当する過去問をその都度探すのは大変かと思いますので、今回は購入特典として本書の「すぐやる！過去問コーナー」で紹介した過去問を論点別に並び替えた論点別過去問集をご用意しました。**論点別過去問集のダウンロード方法は、まとめシート PDF 版と同様に巻末の特典案内ページに記載しています**。問題のみで解説はありませんが、まとめシート HP のブログで１日１問過去問の解説をしていますので、参照できる問題はそちらを参照しても良いでしょう。

また、「すぐやる！過去問コーナー」の横にある二次元コードをスマホで読み取ると、その論点の過去問集 PDF をすぐに見ることができます。まとめシートを読んで、このすぐやる！過去問コーナーの問題でアウトプットすることで知識をより定着させることができます。

勉強法がわかるコラム

各シートの合間には、各科目の勉強法や勉強計画の立て方、試験対策などに役立つコラムもご用意しました。勉強の合間にご覧いただき、勉強法を見直す際の参考としてください。

第２章　企業経営理論

第３章　財務・会計

第４章　運営管理

17

第2章　　　企業経営理論

1.　企業経営理論の概要

　企業経営理論は一言でいうと、「企業の経営資源をどのように使って、企業を継続的に発展させていくか」について学ぶ科目です。

　つまり、ヒト、モノ、カネ、情報といった経営資源をどのように調達して、それらをどのように効率的に活用すれば良いか、企業を継続的に発展させていくためにどのような戦略を取るべきなのか、ということを学びます。企業経営理論は1次試験だけでなく2次試験でも問われる、診断士試験でも特に重要な科目であるため、多くの受験校がカリキュラムの最初に学ぶ科目として設定しています。また、中小企業診断士を志す多くの方の関心が高い分野で、かつ、企業にお勤めの方であれば、自分の会社にも当てはめて考えられることが多いため、学んでいて非常に面白い科目であるかと思います。

　企業経営理論は大きく**戦略論**、**組織論**、**マーケティング論**の3つの分野に分けられます。

　戦略論では、企業の方向性をどのように決めるべきかという理論を学びます。企業の方向性とは、企業の持つ経営資源を今後どのように配分していくべきかということです。この経営資源の配分というテーマは大企業・中小企業ともに重要なテーマですし、学ぶ理論は大企業にも中小企業にも適用されるものです。戦略論で学んだ知識については、企業にお勤めの方は勉強する際に「自分の会社はどうだろう」と考えると、より理解が深まるでしょう。

　組織論では、企業の経営資源のうち、特に「ヒト」にフォーカスし、人の集団から成る組織の形態や、そこに属する人をマネジメントしていくためにはどうすれば良いのかということを学びます。具体的には組織の構造がどのようになっているのか、組織が学習・変革するためにはどうすれば良いのか、組織に所属する人のモチベーションを上げていくためには何が必要なのか、組織を率いるリーダーシップにはどのようなものがあるのか、会社を運営するためにどのような人事施策が必要なのか、企業が守らなければいけない人に関する法律にはどのようなものがあるのかということを学びます。組織論は2次試験では特に事例Iで重要となります。

　マーケティング論では、企業が儲ける仕組み、つまり、企業が生み出す製品・商品・サービスをどのように売っていくのかについて学びます。具体的には、どのような製品・商品・サービスにするのか、価格はどうするのか、どういった販路とするのか、プロモーションはどうするのか、というマーケティングの4P（商品：Product、価格：Price、チャネル：Place、プロモーション：Promotion）について詳しく学びます。マーケティングは2次試験では特に事例IIで重要となります。

2. まとめシート

SHEET 1	経営戦略とドメイン	・・・・・・・・	20
SHEET 2	環境分析と戦略	・・・・・・・・	24
SHEET 3	プロダクトライフサイクルとPPM	・・・・・・・・	28
SHEET 4	競争戦略（ポーター）	・・・・・・・・	32
SHEET 5	競争戦略（コトラー、リソースベースドビュー）	・・・・	36
SHEET 6	事業の拡大・多角化	・・・・・・・・	40
SHEET 7	MOT（技術経営）	・・・・・・・・	44
SHEET 8	研究開発・設計・製造のマネジメント、海外展開	・・・・	48
SHEET 9	企業の社会的責任、外部組織との連携と統合	・・・・・	52
SHEET 10	組織構造論	・・・・・・・・	56
SHEET 11	組織構造の形態	・・・・・・・・	60
SHEET 12	外部環境と組織	・・・・・・・・	64
SHEET 13	モチベーション理論	・・・・・・・・	68
SHEET 14	リーダーシップ論	・・・・・・・・	72
SHEET 15	組織の活性化	・・・・・・・・	76
SHEET 16	人的資源管理	・・・・・・・・	80
SHEET 17	労働基準法	・・・・・・・・	86
SHEET 18	労働関連法規	・・・・・・・・	92
SHEET 19	マーケティングコンセプト	・・・・・・・・	96
SHEET 20	消費者の購買行動	・・・・・・・・	102
SHEET 21	ターゲットマーケティング、リサーチ	・・・・・・・・	106
SHEET 22	製品戦略	・・・・・・・・	110
SHEET 23	価格戦略	・・・・・・・・	116
SHEET 24	チャネル・物流戦略	・・・・・・・・	120
SHEET 25	プロモーション戦略	・・・・・・・・	124

第1章　中小企業診断士試験とは

第3章　財務・会計

第4章　運営管理

1. 経営戦略とドメイン

企業活動と経営戦略

【企業活動】

経営資源の種類
- ✓ヒト
- ✓モノ → 有形資源
- ✓カネ
- ✓情報 → 無形資源

情報的経営資源
内部：技術、顧客情報、ノウハウ
外部：企業イメージ、信用
- ✓日々の活動で蓄積される
- ✓多重利用OK
- ✓言語化・数値化されていないほど模倣困難性大

設計図よりノウハウ

経営の前提

ゴーイングコンサーン

経営資源 → 企業 → 市場で販売 → 製品市場
付加価値を創出 売上・利益 get

中小企業では限られた経営資源の活用が重要

【経営理念と経営戦略】

抽象的 ⇅ 具体的

ピラミッド：
- 経営理念
- ビジョン
- 企業戦略（＝成長戦略）
- 機能戦略
- 開発戦略／生産戦略／営業戦略／人事戦略（A事業・B事業・C事業）
- 経営計画

経営理念：企業の目的（＝存在意義）

経営理念の効果
- ✓従業員のモチベーション向上
- ✓従業員の判断基準の明確化
- ✓社内外に対する振る舞いの統一

経営ビジョン：企業のありたい姿や目標

企業戦略（＝成長戦略）：社長の戦略
全社のドメインや資源配分をどうするか

わしが決める 社長

機能戦略：機能領域別の戦略

事業戦略（＝競争戦略）：事業部長の戦略
SBU（Strategic Business Unit）ごとにどう戦うか
→戦略事業単位

我々が決めます 部長たち

経営計画：具体的な実行計画

計画見直し
- ✓ローリングプラン
- ✓コンティンジェンシープラン

[参考] 事業継続計画（BCP）：
災害などが起こっても重要な事業は中断しない／中断してもすぐ再開できるよう平時から準備

いざという時に備える

[参考] 年平均成長率（CAGR）
複数年の成長率の平均を複利で算出する指標

$$\left(\frac{n年度の売上}{初年度の売上}\right)^{\frac{1}{n-1}} - 1$$

ドメイン

どの領域で戦うか？

【ドメインの意義】 ①意思決定の焦点、②経営資源蓄積の指針、③組織の一体感

【ドメインの定義・範囲・領域】

定義

車を売る企業です

物理的：モノ中心
- ○ わかりやすい
- × マーケティングマイオピアに陥りやすい →近視眼

⇅

機能的：コト中心
- ○ 発展的
- × 抽象的でわかりにくい

快適な移動を提供する企業です

範囲

狭すぎる
- ✓顧客ニーズを逃す

⇅

広すぎる
- ✓経営資源の分散
- ✓競争激化

領域

企業ドメイン：企業全体
- ✓事業ポートフォリオ（資源配分）をどうするか
- ✓企業としてのアイデンティティ
- ✓事業間のシナジーや範囲の経済

わしが決める 社長

よく入れ替わって問われるので注意

⇅

事業ドメイン：事業部ごと
- ✓事業としてどこで戦うか

エーベルの3次元枠組
→事業ドメインを考えるときの切り口
- C Customer（顧客）：だれに
- F Function（機能）：何を
- T Technology（技術）：どのように

我々が決めます 部長たち

SHEET 1　　　経営戦略とドメイン

企業活動と経営戦略

企業活動

企業活動の目的

企業活動の目的とは何でしょうか？

企業活動の最大の目的は継続することです。

企業活動を考えるときは、その前提として会社が将来にわたって事業を継続していくということを考えます。これを**ゴーイングコンサーン**といいます。

企業が継続していくためには外部から経営資源、つまり、ヒト、モノ、カネを調達する必要があります。これらの調達した経営資源に付加価値を加え、商品を市場で販売し、利益を得ることで企業は継続していくことができるのです。

経営資源

経営資源の種類にはヒト、モノ、カネといった形のある**有形資源**と、情報のような形のない**無形資源**があります。無形資源である**情報的経営資源**には、企業の内部にある技術や顧客情報、ノウハウや、企業の外部にある企業イメージ、信用などが含まれます。情報的経営資源は、日々の企業活動の中で蓄積されていく、複数の事業で多重利用することができるといった特徴があります。また、例えば設計図よりも、熟練した職人のノウハウのように、言語化や数値化されていないものほど模倣困難性が大きい、つまりマネしにくいという特徴もあります。

中小企業は経営資源に限りがあることが多いため、限られた経営資源を有効に活用するためには、未活用の経営資源の利用や経営資源の多重利用を積極的に行っていくことが重要です。

経営理念と経営戦略

企業は、通常「なぜわが社がこの社会に存在しているのか」という企業の存在目的を持っています。これを表したものが**経営理念**です。経営理念には企業の目的を示す以外にも様々な効果があります。代表的な効果としては、経営理念が示されることで自社の目指す姿が明確になり従業員のモチベーションが向上する、従業員が業務を行う上での判断基準となる、社内外とのコミュニケーションのベースとなる（振る舞いの統一）といったものがあります。そして、この経営理念を実現するために、企業のありたい姿や目標を描いたものが**経営ビジョン**です。さらに、ビジョンで描いたありたい姿を実現するための経営資源の配分方法や方策を**企業戦略**、**事業戦略**、**経営計画**で示していきます。

21

企業戦略は成長戦略とも呼ばれ、社長が描く戦略です。企業戦略は全社の戦略を示すもので、ドメインをどうするか、資源配分をどうするかといったことを定めます。企業戦略に対し、事業戦略は競争戦略とも呼ばれ、事業部長が描く戦略です。事業戦略は、企業戦略で定めた方針を受けて戦略事業単位（SBU: Strategic Business Unit）ごとに定められます。また、事業戦略とは別に、例えば開発、生産、営業、人事といったような会社の機能別の戦略、つまり機能戦略を定めることもあります。

　そして、これらの戦略の具体的な実行計画が経営計画です。経営計画は領域別に見ると総合計画や部門計画といった計画が、期間別に見るとプロジェクト計画のような個別計画や短期・中期・長期計画といった期間計画があります。これらの計画、特に、中・長期計画のような複数の年度にまたがる計画は、一度策定されて終わりではなく、定期的に見直しが行われます。計画の見直し方法は、毎年の経営環境の変化に応じて見直していくローリングプランや、あらかじめ不測の事態が起きることを予測して、複数の計画を用意しておくコンティンジェンシープランなどがあります。

[参考] 事業継続計画

　近年、企業活動や事業の継続（ゴーイングコンサーン）の観点から、災害などに備えた事業継続計画（BCP：Business Continuity Plan）という事業計画の策定をする企業も増えてきました。事業継続計画は、災害などが起こっても重要な事業は中断しないように、もしくは、仮に中断してしまってもすぐに再開できるように、災害が起きていない平時から災害に備える計画です。

[参考] 年平均成長率（CAGR）

　経営計画の目標値などでよく使われる指標に年平均成長率（CAGR：Compound Annual Growth Rate）という指標があります。年平均成長率は、複数年の成長率の平均を複利で算出する指標で、以下の式で表せます。

$$\mathrm{CAGR} = \left(n\,年度の売上 / 初年度の売上 \right)^{1/(n-1)} - 1$$

ドメイン

ドメインの意義

　ドメインとは、企業が対象とする事業の広がり、つまり、企業がどの領域で戦うかを示すものです。ドメインの役割には、①企業の意思決定の焦点になる、②経営資源を蓄積するための指針となる、③組織の一体感を醸成するといった役割があります。

ドメインの定義・範囲・領域

ドメインの定義には、例えば「車を売る企業です」といったような、モノ中心の**物理的に定義されたドメイン**と、「快適な移動を提供する企業です」といったような、コト中心の**機能的に定義されたドメイン**があります。

物理的に定義されたドメインは、わかりやすいというメリットがありますが、自社のドメインを狭く解釈してしまう、**マーケティングマイオピア**に陥りやすいというデメリットがあります。「マイオピア」というのは、近視眼的という意味です。物理的に定義されたドメインの場合、市場環境が大きく変化して対象の商品が陳腐化すると、競争に取り残されてしまうというリスクがあります。それに対し、**機能的に定義されたドメイン**は、コト中心であるため発展的なものにしやすいというメリットがありますが、抽象的でわかりづらいというデメリットもあります。

さらに、ドメインの範囲についても考慮が必要です。ドメインの範囲が広すぎると、経営資源が分散したり、様々な業界と事業の領域が重複し競争が激化したりする恐れがありますが、範囲が狭すぎると今度は顧客ニーズを逃してしまう恐れがあります。

ドメインは、その領域でも分類することができます。企業全体のドメインを示すものが**企業ドメイン**、事業部ごとのドメインを示すものが**事業ドメイン**です。

企業ドメインでは、企業全体の事業ポートフォリオを定めます。つまり、将来の新たな事業を含んだ企業の各事業へ、経営資源をどう配分するかということを定めます。これは企業としてのアイデンティティを示すものです。さらに、事業間のシナジーや範囲の経済をどう狙っていくのかについても定めます。

また、**事業ドメイン**では、事業としてどこで戦うのかということを定めます。この事業ドメインを考えるときの切り口としてよく使われるものに、**エーベルの３次元枠組**というものがあります。エーベルの３次元枠組は**CFT**の３つの切り口で表され、CはCustomer（顧客）、FはFunction（機能）、TはTechnology（技術）を表します。

企業ドメインも事業ドメインも一度決めたら変えないという性質のものではなく、事業環境の変化に応じて見直しを行っていくことが必要です。

企業ドメインと事業ドメインの分類については、試験でも非常によく問われる論点です。ドメインの問題は、多くの場合、企業ドメインと事業ドメインが入れ替わった選択肢の正誤を判断するというパターンです。そのため、双方の違いが判別できるように過去問を使ってしっかり練習し、「企業ドメイン」「事業ドメイン」という用語を見たら選択肢の内容が入れ替わっていないかをまず疑うようにしましょう。

すぐやる！過去問コーナー

■ 企業活動と経営戦略
レベル1　R3-12, H30-2　　　　　　レベル2　R3-5, H29-12, H25-1

■ ドメイン
レベル1　H28-1, H27-2, H25-5　　　レベル2　R1-1, H29-1, H24-1

2. 環境分析と戦略

 環境分析と戦略

【環境分析】 戦略立案の前提として自社が置かれている環境を分析する

環境分析の種類

企業の内外による分類	**内部環境分析** 社内の分析 例：3C分析（自社） 　　SWOT分析（強み、弱み）	**外部環境分析** 社外の分析 例：PEST分析、3C分析（顧客、競合） 　　SWOT分析（機会、脅威）
分析範囲による分類	**ミクロ環境分析** 企業の周辺環境の分析 例：3C分析	**マクロ環境分析** 社会環境の分析 例：PEST分析

内部環境分析：自分で変えられる
外部環境分析：自分で変えにくい

具体的な環境分析手法

分析したい視点に応じて手法を選択

SWOT分析
内部/外部の環境分析
- **S** Strength　　強み
- **W** Weakness　　弱み
- **O** Opportunity　機会
- **T** Threat　　　脅威

3C分析
内部/外部のミクロ環境分析
- **C** Company　　自社
- **C** Customer　　顧客
- **C** Competitor　競合

※Cooperator 協力者を加えて4Cとする場合も

PEST分析
外部環境の分析
- **P** Politics　　政治的環境 ← 法律や政治動向
- **E** Economy　　経済的環境 ← 経済水準や為替
- **S** Society　　社会的環境 ← 人口動態や流行
- **T** Technology　技術的環境 ← 技術革新など

【戦略とは】

チャンドラー
長期的な視野で企業の目的と目標を決定すること
＋その目的の達成のための行動の選択と資源配分

ポーター
自社と他社を差別化するもの

ミンツバーグ
- **P**lan：計画
- **P**attern：パターン
- **P**osition：立ち位置
- **P**erspective：事業の展望
- **P**loy：策略

の5つのPを包括するもの

アンゾフ
部分的無知の状況下での意思決定のためのルール
企業の行っている意思決定の種類

トップ	戦略的意思決定	将来どんな業種に進出すべきかなど企業全体に関わる重要な決定
ミドル	管理的意思決定	最大の業績が生み出せるよう資源を調達・配分
ロワー	業務的意思決定	現行の業務の収益性を最大化

【競争優位性】

競争優位性を構築するために、外部環境・内部資源どちらを重視するかでアプローチが異なる

ポジショニングアプローチ
市場におけるポジショニングなどの企業を取り巻く外部環境に着目する方法
例：ポーターの5フォースと3つの基本戦略
　　コトラーの競争地位別戦略

リソースベースドビュー（RBV）
競争優位性の維持のため、企業が持つ内部資源に着目する方法
例：バーニーのVRIO、コアコンピタンス、ケイパビリティ

 リストラクチャリング

参考：リエンジニアリング 業務プロセスの抜本的改革

リストラクチャリング：事業構造の再構築

意味	不採算事業から手を引いて、有望な事業に転換を図ること（人減らしだけじゃない）
方法	固定資産の売却やアウトソーシングによって固定費を削減
留意点	①トップダウンで進めるとともに従業員に丁寧に説明する ②既存システムや既得権が阻害要因となる恐れがある ③権限委譲などにより意思決定ルートを変革する

アウトソーシング：外部委託

メリット	①外部の専門家の知識・技術の活用 ②経営資源をコア業務に集中 ③固定費の変動費化 ④外部環境の急激な変化への対応
デメリット	①ノウハウが蓄積できない ②社内で自己完結ができなくなる ③ノウハウや技術の流出リスクがある

SHEET 2　　環境分析と戦略

環境分析と戦略

環境分析

戦略立案を行うにあたっては、前提として自社が置かれている環境を分析します。

環境分析には、企業の内外による分類として、社内の分析を行う**内部環境分析**と社外の分析を行う**外部環境分析**が、分析の範囲による分類として、企業の周辺環境を分析する**ミクロ環境分析**と、より大きな範囲で社会環境の分析を行う**マクロ環境分析**があります。

内部環境分析の例としては、例えば **3C 分析**（うち、自社に関する部分）、**SWOT 分析**（うち、強み・弱みに関する部分）が挙げられます。外部環境分析の例としては、**PEST 分析**、**3C 分析**（うち、顧客・競合に関する部分）、**SWOT 分析**（うち、機会・脅威に関する部分）が挙げられます。また、**ミクロ環境分析**の例としては **3C 分析**が、**マクロ環境分析**の例としては **PEST 分析**が挙げられます。環境分析は分析したい視点に応じて、どの分析手法を用いるかを選択します。では、具体的な環境分析手法を見ていきましょう。

SWOT 分析では内部環境、外部環境の分析を行います。SWOT 分析の「S」は Strength の頭文字を取ったもので自社の強みを、「W」は Weakness で自社の弱みを、「O」は Opportunity で自社の機会を、「T」は Threat で自社が直面している脅威を表します。SWOT 分析はこの S、W、O、T それぞれについて分析することで自社と自社を取り巻く環境の分析を行うものです。

3C 分析は、企業を取り巻く主要なプレーヤーである、自社、顧客、競合の 3 つの視点から分析を行うものです。それぞれ Company（自社）、Customer（顧客）、Competitor（競合）と頭文字に C がつくので 3C 分析といい、自社を取り巻くミクロ環境を分析します。また、3C に Cooperator（協力者）を加えて 4C とする場合もあります。

PEST 分析の「PEST」とは、Politics（政治）、Economy（経済）、Society（社会）、Technology（技術）の 4 つの単語の頭文字を取ったもので、企業を取り巻くマクロの外部環境の分析を行います。政治的環境としては、法律や条例の改正や公的補助・助成に関する方向性といった政治動向を、経済的環境としては、経済水準や景気の動向、為替や株価の動向を分析します。また、社会的環境としては、人口動態や流行、世論を、技術的環境としては、技術革新や特許、新技術の動向などを分析します。

戦略とは

これまで何度か戦略という言葉が挙がりましたが、戦略とはどのように定義されるのでしょうか。以下に様々な経営学者による戦略の定義を紹介します。

チャンドラーは戦略を「長期的な視野で企業の目的と目標を決定すること。および、その目的の達成のための行動の選択と資源配分」と定義しました。

ミンツバーグは、戦略を「目標を達成するための計画である Plan、過去の成功パターンである Pattern、競争環境の中での自社の立ち位置である Position、事業の展望である Perspective、競争相手を出し抜く策略である Ploy の 5 つの P を包括するもの」と定義しています。

また、ポーターは戦略を「自社と他社を差別化するもの」と定義しています。

そして、アンゾフは戦略を「部分的無知の状況下での意思決定のためのルール」と定義し、意思決定とは、**戦略的意思決定**、**管理的意思決定**、**業務的意思決定**の 3 つに分類されるとしています。

戦略的意思決定とは、社長や経営幹部などのトップが行う意思決定で、将来どのような業種に進出すべきかなど企業全体に関わる重要な問題を対象とした非定型的な意思決定です。

また、**管理的意思決定**とは、部長や課長などのミドルが行う意思決定で、トップの意思決定を受けて、最大の業績が生み出せるように経営資源を調達し配分する意思決定です。

そして、**業務的意思決定**とは、係長や主任クラスのロワーが行う意思決定で、企業が行っている現行の業務の収益性を最大化することを目的に行う定型的な意思決定です。

競争優位性

環境分析を行った後には、その結果を踏まえて、自社が競争優位を構築していくためにはどのような戦略を立てれば良いかということを検討します。その際、外部環境、内部環境のどちらを重視するのかによって 2 つの方法があります。

1 つ目は、**ポジショニングアプローチ**です。これは市場の立ち位置などの企業を取り巻く外部環境に着目した方法で、ポーターの 5 フォースや 3 つの基本戦略、コトラーの競争地位別戦略といったものが例として挙げられます（「4.競争戦略（ポーター）」、「5.競争戦略（コトラー、リソースベースドビュー）」シートを参照）。

2 つ目は、**リソースベースドビュー**です。これは企業が持つ内部資源を活かして競争優位を構築・維持するという考え方で、バーニーの VRIO やコアコンピタンス、ケイパビリティが例として挙げられます（「5.競争戦略（コトラー、リソースベースドビュー）」シートを参照）。

リストラクチャリング

企業を取り巻く経営環境によっては、事業構造の再構築を行う必要があります。不採算事業から手を引いて、有望な事業に転換を図るような事業構造の再構築を**リストラクチャリング**といいます。

ちなみに、事業構造ではなく、業務プロセスを抜本的に見直すことは**リエンジニアリング**といいます。

「リストラ」というと、人員削減という意味で捉えられがちですが、人員の削減はあくまでもリストラクチャリングの方法の1つで、それ以外にも、固定資産の売却や**アウトソーシング**によって、固定費を削減します。リストラクチャリングを行う際は、

① トップダウンで進めるとともに、従業員への丁寧な説明が求められる点
② 従来の意思決定システムを改める際は、既存システムや既得権を持つメンバーが阻害要因となる恐れがある点
③ 阻害要因を排除し意思決定を迅速化するため別組織化や権限委譲を図るなど、既存の意思決定ルートと異なる意思決定ルートに変革する必要がある点

などに留意する必要があります。

　なお、リストラクチャリングの方法の1つであるアウトソーシングとは外部委託のことであり、従来企業内部で行っていた業務を外部からサービスとして調達することをいいます。

　アウトソーシングを行うことで、

① 企業内部では調達・育成することが難しい専門的な知識・技術を外部の専門家を通じて活用できる
② 自社のコア業務以外の業務である非コア業務の外部化により、経営資源を自社のコア業務に集中できる
③ 固定費を変動費化できる
④ 事業の規模を変更しやすくなり、外部環境の急激な変化に対応できる

といったメリットがあります。それに対し、

① アウトソーシングに出した業務に関しては、ノウハウが蓄積できなくなる
② 一貫した事業として社内で自己完結できなくなる
③ ノウハウや技術が社外に流出してしまう恐れがある

というデメリットがあります。

すぐやる！過去問コーナー

■ 環境分析と戦略
レベル1　R2-2, H29-31(3)　　　レベル2　R1-3, H25-14
■ リストラクチャリング
レベル1　H28-9　　　　　　　　レベル2　H27-10, H24-9(2)

3. プロダクトライフサイクルとPPM

プロダクトライフサイクル（PLC）
製品が市場に登場してから廃れるまでのサイクル

【PLC】

		導入期	成長期	成熟期	衰退期
PLCの特徴	PLC				
	売上	とても低い	急上昇	ピーク	低下
	費用（広告・営業）	とてもかかる	まだまだかかる	あまりかからない	できるだけかけない
	費用（製造）	生産量が少ないのでコスト大	生産量拡大・熟練で徐々に低下	大量生産・熟練で低い	低い費用を維持
	利益	マイナス	途中からプラスに	ピーク	低下
	顧客	イノベーター	アーリーアダプター	マジョリティ	ラガード
	競合	少ない	増える	安定→減る	減る
マーケティング戦略	目的	知名度向上・試用促進	シェアの最大化	利益・シェアの最大化	支出削減・円滑な撤退
	製品	基本製品	アイテム拡張、サービス・保証の提供	多様なアイテムとブランド	弱小アイテムのカット
	価格	コストプラス法	市場浸透価格	競争対応価格	価格切り下げ
	チャネル	選択的	開放的	より開放的	不採算チャネルのカット
	プロモーション	知名度の向上	マス市場の認知関心の喚起	ブランド差別化	最小限に削減

グラフ縦軸：金額（+/0/−）／売上・利益

（衰退期の注記）計画的陳腐化やライフサイクルエクステンション

【普及理論とキャズム】

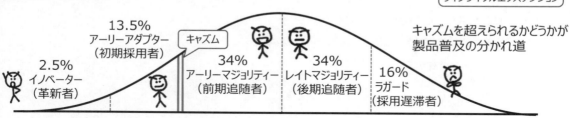

- 2.5% イノベーター（革新者）
- 13.5% アーリーアダプター（初期採用者）
- キャズム
- 34% アーリーマジョリティー（前期追随者）
- 34% レイトマジョリティー（後期追随者）
- 16% ラガード（採用遅滞者）

キャズムを超えられるかどうかが製品普及の分かれ道

プロダクトポートフォリオマネジメント（PPM）
経営資源の分配を考える枠組み

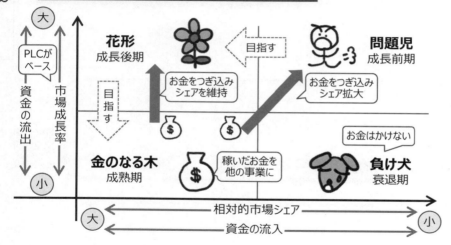

- 花形　成長後期（お金をつぎ込みシェアを維持）
- 問題児　成長前期（お金をつぎ込みシェア拡大）
- 金のなる木　成熟期（稼いだお金を他の事業に）
- 負け犬　衰退期（お金はかけない）

縦軸：市場成長率（大／小）、資金の流出（PLCがベース）
横軸：相対的市場シェア（大／小）、資金の流入

PPMの問題点

- ✓ 財務資源の観点のみでSBU間のシナジーが軽視されている
- ✓ あくまでも過去の分析→新規事業の手掛かりにはならない
- ✓ 金のなる木への投資が行われないので、衰退が早まる恐れあり
- ✓ 負け犬に分類されたSBUの社員のモラール（士気）が低下する

SHEET 3　　　プロダクトライフサイクルとPPM

プロダクトライフサイクル（PLC）

プロダクトライフサイクル

プロダクトライフサイクル（PLC：Product Life Cycle）とは、製品が市場に登場してから衰退するまでのサイクルのことをいい、そのサイクルは大きく**導入期**、**成長期**、**成熟期**、**衰退期**の4つの段階に分けられます。

導入期は製品がまだ市場に出たばかりの段階です。この段階では売上はまだとても低く、製品の認知度も低いため、多くの人に製品を知ってもらうために広告宣伝費や販促費も多くかかります。また、生産量も少ないため、1製品当たりの生産コストも大きくなりがちです。売上が少なく、費用が大きいため利益はマイナスとなります。この時期の顧客は**イノベーター**で、競合は少なく、マーケティングは、知名度の向上や試用の促進といった点を目的に行います。まずは基本製品を取り揃えて販売し、価格は製造コストにマージンを乗せたコストプラス法で設定し、チャネル（販売ルート）は、十分な説明ができる販売先を選んだ選択的なチャネル展開を行います。マーケティング方法については、別途「22.製品戦略」以降のシートで説明します。

成長期は製品が認知され始め、売上が急上昇し始める時期です。しかし、競合も多く参入してくる時期であるため、広告宣伝費や販促費はまだまだかかります。それに対し、製造コストは生産量が拡大するにつれ習熟効果が働き、徐々に下がってきます。導入期ではマイナスであった利益も徐々にプラスになってきます。この時期の顧客は**アーリーアダプター（アーリーアドプター）**で、マーケティングではシェアの最大化を目指します。製品はアイテムを拡張し、サービスや保証の提供などを行い、幅広い顧客に安心して購入してもらえるようにします。価格は多くの消費者が魅力を感じるよう、市場浸透価格として、チャネルも開放的なチャネルとします。このときのプロモーションは、多くの人に認知してもらうこと、関心を喚起することを主眼とします。

成熟期は、売上がピークとなる時期です。この時期になると、市場でのプレーヤーの数もある程度固定化され、広告宣伝費や販促費もあまりかからなくなります。ただし、市場の拡大にはブレーキがかかるため、固定化されたプレーヤー間での競争が緩和されるわけではありません。製造コストは大量生産や習熟効果により一層低くなるため、利益の額はピークとなります。顧客は**マジョリティ**が中心となります。マーケティングでは、利益やシェアの最大化を目的とします。製品は多様なアイテムとブランドを展開し、価格は競争に対応する競争対応価格とします。チャネルは、成長期よりもさらに開放的なチャネルとします。プロモーションは、他のブランドと差別化するための施策を中心に行います。

衰退期は、製品が徐々に廃れてきて売上も低下してくる時期です。この時期は広告宣伝費や販促費をできるだけかけないようにし、製造コストも低い状態を維持するようにします。利益は売値や売上の低下に伴い徐々に低下していきます。顧客は**ラガード**が中心で、競合の数も市場からの撤退

に伴って減っていきます。この時期のマーケティングはできるだけ支出を削減し、円滑な市場撤退を図ることを目的とします。製品は弱小アイテムをカットして費用を削減し、価格は切り下げ、不採算チャネルはカットし、プロモーションも最小限に留めるなど費用の削減に努めます。

また、製品によっては、新製品を売るためにあえて旧製品の衰退を早める<u>計画的陳腐化</u>や、逆に製品やプロモーションの方法を見直すことで、衰退期への移行時期を延ばす<u>ライフサイクルエクステンション</u>などの方法が取られることもあります。

普及理論とキャズム

普及理論は、新製品に対する消費者の態度を採用が早い方から順に<u>イノベーター</u>、<u>アーリーアダプター</u>、<u>アーリーマジョリティ</u>、<u>レイトマジョリティ</u>、<u>ラガード</u>の5つに分類したものです。

<u>イノベーター（革新者）</u>は、市場全体の2.5％に当たる新しいもの好きの層です。

<u>アーリーアダプター（初期採用者）</u>は、市場全体の13.5％に当たり、流行に敏感で自ら情報収集を行い判断する層で、オピニオンリーダーとも呼ばれます。

<u>アーリーマジョリティ（前期追随者）</u>は、市場全体の34％に当たり、新製品を購入する際はアーリーアダプターの影響を大きく受けます。

<u>レイトマジョリティ（後期追随者）</u>は、市場全体の34％に当たり新しいものには慎重な層です。

<u>ラガード（採用遅滞者）</u>は、市場全体の16％に当たり流行や世の中の動きに関心が薄い層です。

この5つの段階の中で、アーリーアダプターからアーリーマジョリティの間の普及のハードルが最も高く、<u>キャズム（溝）</u>と呼ばれています。新製品が普及するかどうかは、このキャズムを超えられるかが分かれ道となっています。

プロダクトポートフォリオマネジメント（PPM）

PPMとはProduct Portfolio Managementの略であり、複数の事業を行っている企業が、<u>戦略事業単位（SBU Strategic Bussiness Unit）</u>ごとの経営資源の分配をどのように行っていくかを考えるための枠組み（フレームワーク）です。PPMでは、縦軸に市場成長率の大小、横軸に相対的市場シェアの大小を取ります。

<u>市場成長率</u>は先程のPLCがベースとなっています。市場成長率が大きければ、競合も多く流入し、それに対応するための広告宣伝費などにより資金の流出も大きくなり、市場成長率が小さければ、競合の参入も少なく、資金の流出も小さくなります。

<u>相対的市場シェア</u>は、経験曲線効果（「6.事業の拡大・多角化」シート参照）の考え方がベースとなっています。相対的市場シェアが大きければ、経験曲線効果が高く、低コストで製品を製造することができるため、資金の流入も大きく、逆に相対的市場シェアが低ければ、資金の流入は小さ

くなります。相対的市場シェアは「相対的」という言葉の通り、自社を除いた企業のうち、市場シェアが最も高い企業に対する比率を表すものです。

そして、この2つの軸からなる表の各象限にはそれぞれ名前がついています。

問題児は、市場成長率は高く相対的市場シェアは低い象限で、PLCの成長前期もしくは導入期に当たります。問題児の事業は、まだ市場シェアが小さく資金の流入は少ないですが、市場成長率が高く多くの競合が参入してきます。しかし、資金の流出が大きいため、後述の金のなる木で稼いだ資金をつぎ込みシェアを拡大させることで、花形を目指していきます。複数の問題児の事業がある場合、どの事業にお金をつぎ込み花形に成長させるべきかという経営判断が必要となります。

花形は相対的市場シェアも市場成長率も大きい象限で、PLCの成長後期に当たります。花形に位置付けられる事業は、相対的市場シェアが高いため資金の流入は大きいですが、市場の競争が激しいため流出も多く、金のなる木で得た資金をつぎ込んでシェアを維持していく必要があります。シェアを継続して維持することで、将来的には金のなる木のポジションへ移行することを目指していきます。

金のなる木は、相対的市場シェアは大きく市場成長率は小さい象限で、PLCの成熟期に当たります。金のなる木に位置付けられる事業では、多くの資金を稼ぐことができるため、その事業で稼いだ資金は、他の事業に回して他の事業の成長を図ります。

負け犬は相対的市場シェアも市場成長率も低い象限で、PLCの衰退期に当たります。負け犬に位置付けられる事業には極力お金をかけないようにし、資金が得られない事業であれば、円滑な撤退を目指す必要があります。ただし、負け犬に位置付けられる事業でも、継続した資金が安定的に得られる場合は、すぐさま撤退の判断を行う必要はありません。

PPMは、SBUごとの資金の流れを考える上で便利な枠組みですが、以下のような問題点もあります。

- 財務資源の観点のみで考えられた枠組みであるため、SBU間のシナジーが軽視されている
- あくまでも既存事業の市場における位置付けの分析であるため、新規事業展開や創業期の企業のための手がかりにはなりにくい
- 金のなる木に位置付けられるSBUへは投資が行われないため、金のなる木の事業の衰退が早まってしまう恐れがある
- 負け犬に分類されたSBUの社員のモラール（士気）が低下する恐れがある

すぐやる！過去問コーナー

■ プロダクトライフサイクル（PLC）
レベル1　R1-9, R1-28, H26-1　　　　レベル2　H26-10, H26-11, H25-25(1)
■ プロダクトポートフォリオマネジメント（PPM）
レベル1　R3-2, R1-2, H29-2, H27-1, H24-7　レベル2　H28-2, H26-6, H25-2

4. 競争戦略（ポーター）

【ファイブフォース（5F）分析】
企業を取り巻く競争環境を分析するための枠組み

既存企業からの反撃

新規参入者

参入障壁構築＝競争回避の戦略
① 初期投資の大きさ
② 規模の経済、経験曲線効果が働く
③ スイッチングコストが高い
④ ネットワーク効果が働く
⑤ 立地・流通チャネル・特許・技術・法規制など

買い手が強くなるとき
① 差別化できていない
② 買い手の製品・サービスに影響が少ない
③ 買い手の垂直統合の可能性

既存業者 / よろしく / 参入障壁

買い手（安くしろ） → **既存企業同士の競争** ← **売り手**（安売りはしないよ）

売り手が強くなるとき
① 売り手の数が限られている
② どうしても必要なモノ
③ スイッチングコストが高い
④ 売り手の垂直統合の可能性

直接の競合でないので予想外のところから……
① 代替品の方が低コスト
② 代替品の方が高価値
③ スイッチングコストが低い

代替品

競争の要因
① 差別化しにくい
② スイッチングコストが低い
③ 需給バランスの崩れ
④ 陳腐化しやすい

競争が起こりやすいのは
① 競合企業が乱立
② 業界の成長が鈍い
③ 撤退障壁が高い
④ 当該事業への執着

【移動障壁と撤退障壁】

移動障壁
ある戦略上のグループから別の戦略上のグループに移動することを困難にする要因

移動障壁/撤退障壁があると……
その戦略グループ/業界での競争が激化

撤退障壁
発生する理由
① 固定費が大きい
② 撤退のためのコストがかかる
③ その事業に思い入れがある

やめたくない

【ポーターの3つの基本戦略】

		競争優位のタイプ	
		他社よりも低いコスト	顧客が認める特異性
戦略ターゲットの幅	広い：業界全体	**コストリーダーシップ** たくさん作って他社より安く ✓規模の経済 ✓経験曲線 [リスク] 技術革新や市場変化 （トヨタ）	**差別化** 製品・サービスを差別化 ✓他社には真似しにくい製品・サービスで高い価値を維持 [リスク] 他社の模倣 （モスバーガー）
	狭い：特定の分野	**集中戦略** 特定の市場に的を絞って資源を集中的に投入 [リスク] ターゲットの狭めすぎ	
		コスト集中 特定市場でコスト優位 （しまむら）	**差別化集中** 特定市場で差別化 （ダイソン）

【バリューチェーン】企業の強み分析の枠組み

全般管理（インフラ）
人事・労務管理
技術開発
調達活動
　　支援活動

購買物流 / 製造 / 出荷物流 / 販売・マーケティング / サービス
　　主活動

マージン

✓ 付加価値を生む機能をたくさん持てば模倣困難性が高まる
✓ 付加価値を生む活動の全体最適化を図るとシナジー効果が得られる
✓ 付加価値を生む複数の機能は企業の独自性を高めて競争優位となる
✓ 競争優位となった独自能力（＝ケイパビリティ）は、複数事業に多次元展開できる

SHEET 4　　競争戦略（ポーター）

ファイブフォース（5F）分析

　競争戦略を考えていくにあたって、まずはポジショニングアプローチの代表的な例であるポーターの競争戦略について説明します。
　ポーターの戦略論では、企業を取り巻く競争環境を分析するために、**既存企業同士の競争**、**売り手の交渉力**、**買い手の交渉力**、**新規参入者**、**代替品の脅威**の5つの要因の分析を行います。それぞれの要因において競争環境を分析し、できるだけ競争を回避できるような方策を考えます。

既存企業同士の競争

　既存企業同士の競争とは、既存企業の間で競争、特に価格競争が激化することです。既存企業間の価格競争が激しくなる要因としては、①他社と同様の機能・性能であるため製品を差別化しにくい、②スイッチングコストが低い、つまり、他社に乗り換える際のコスト的、心理的なハードルが低い、③需要より供給の方が多く需給のバランスが崩れている、④製品の進歩が激しく陳腐化しやすい、という点が挙げられます。
　また、既存企業同士の競争が起こりやすいのは、①競合企業が乱立している場合（多くの競合の中で勝ち残るために競争が激しくなるため）、②業界の成長が鈍い場合（小さなパイの奪い合いになるため）、③撤退障壁が高い場合（撤退に高いコストが必要なため既存領域で戦わざるを得ない）、④当該事業への執着がある場合（経営者がその事業に執着し、撤退の判断ができない）などです。

売り手の交渉力

　売り手の交渉力では、売り手、つまり製品を作るために必要となる原材料などのサプライヤーに足元を見られ、高い買い物をせざるを得なくなるという状況を考えます。売り手の交渉力が高まる要因としては、①売り手の数が限られており、条件が悪いからといって他社に切り替えにくい場合、②当該事業にとって売り手の製品がどうしても必要なものである場合、③他社に乗り換える場合に必要となるスイッチングコストが高い場合、④そのサプライヤーが将来の競争相手となり得るため、売り手側が垂直統合をする可能性がある場合が挙げられます。

買い手の交渉力

　買い手の交渉力では、買い手、つまり消費者や消費者に製品を販売する小売側の力が強く、製品が安く買い叩かれてしまうという状況を考えます。買い手の交渉力が高まる要因として、①他社と差別化できていない製品であるため、価格などの条件で競争せざるを得なくなる場合、②自社の製品が、買い手の製品・サービスにとっては重要度の低いものであり、他社製品に切り替えても買

手の製品・サービスに影響が少ない場合、③その買い手が将来の競争相手となり得るため、買い手が垂直統合する可能性がある場合、が挙げられます。

新規参入者

新規参入者として新たに他社が市場参入してくるほど、その市場における競争は激しくなります。この新規参入者への対策としては、既存事業者の経営資源が豊富な場合、新規参入者の製品と同様の製品を同様の価格で販売するといった既存企業からの反撃や、**参入障壁**を築き競争を回避するという戦略が考えられます。参入障壁になる要因としては、①参入に多額の設備費がかかるといった初期投資の大きさ、②規模の経済や経験曲線効果、③他社に乗り換える際の買い替え費用や、新しい製品の使い方に慣れるまでの手間や心理的なハードルといった**スイッチングコスト**、④SNSなどのように使う人が増えれば増えるほどその製品やサービスの魅力が増す**ネットワーク効果**（ネットワークの外部性）、⑤立地や流通チャネル、特許、独自技術、法規制などが挙げられます。

代替品の脅威

代替品の脅威は、例えば、スマホのカメラ機能の性能が向上することで、デジタルカメラが売れなくなるといったように、直接の競合ではない製品やサービスが自社の製品を代替してしまう脅威です。代替品は直接の競合ではないので、予想外のところから脅威が現れる恐れがあります。代替品の脅威が発生してしまう要因としては、①代替品の方が低コストである場合、②代替品の方が高付加価値である場合、③代替品へ切り替える際のスイッチングコストが低い場合などが挙げられます。

移動障壁と撤退障壁

移動障壁とは、ある戦略上のグループから別の戦略上のグループに移動することを困難にする要因のことをいいます。例えば、同じ飲食業界でも激安居酒屋が高級レストランに移動しようとすると、店舗の改装や仕入ルート確保などにかかる多額のコストや既存のブランドイメージなどが移動障壁となります。

撤退障壁とは、ある業界を撤退しようとした際に生じる、撤退を妨げる障害のことをいいます。撤退障壁が発生する要因としては、①固定費が大きい、②撤退のためのコストがかかる、③その事業に思い入れがある、という要因が挙げられます。

移動障壁や撤退障壁があると、その戦略グループや業界の中で戦うしかなくなってしまいますので、その戦略グループ・業界での競争が激化する傾向にあります。

ポーターの３つの基本戦略

ポーターは競争優位のタイプと戦略ターゲットの幅に応じて、<u>コストリーダーシップ戦略</u>、<u>差別化戦略</u>、<u>集中戦略</u>という３つの基本的な戦略を提唱しています。

<u>コストリーダーシップ戦略</u>は、業界のトップ企業となり多くの製品を作ることで、生産コストを抑えるという戦略です。価格ではなくコストに重点が置かれている点に注意しましょう。業界でも最大量（数）を生産することで、規模の経済や経験曲線効果が働き、製造コストが他社よりも安く抑えられます。その結果、他社よりも高い利益率を確保したり、他社よりも安く製品を販売するため競争優位を構築できます。この戦略を採用する場合のリスクとしては、技術革新によってさらに低コストな商品が出現する、または、市場変化により新製品などへの乗り換えが起こり、競争優位を失ってしまうという点が挙げられます。

<u>差別化戦略</u>は、他社には真似しにくい製品やサービスで他社と差別化することで、高い価値を維持し、価格競争に巻き込まれないようにする戦略です。この戦略のリスクとしては、せっかく差別化した製品やサービスを他社に模倣されてしまうということが挙げられます。

<u>集中戦略</u>は、特定の市場に的を絞って経営資源を集中的に投入する戦略です。この戦略のリスクとしては、市場を絞りすぎてターゲットが狭くなりすぎてしまい、十分な売上や利益を確保できなくなってしまうという点が挙げられます。また、集中戦略の中でも、特にコストに重点を置く集中戦略を、<u>コスト集中戦略</u>、特定市場における差別化に重点を置く戦略を、<u>差別化集中戦略</u>といいます。

バリューチェーン

ポーターは、企業の強みを分析する枠組みとして、バリューチェーンという考え方も提唱しています。<u>バリューチェーン</u>とは、企業の価値を生む活動を、購買物流、製造、出荷物流、マーケティング・販売、サービスといった<u>主活動</u>と、全般管理（インフラ）、人事・労務管理、技術開発、調達活動といった<u>支援活動</u>に分け、それぞれの活動で企業がどこに付加価値を生んでいくかについて考える枠組みです。付加価値を生む機能を多く持っていれば、模倣困難性が高まります。付加価値を生む活動の全体最適化を図ると、シナジー効果が得られます。また、付加価値を生む事業や活動を複数持っているということは、その組み合わせの効果により、企業の独自性を高めることになるため、競争優位を構築することができます。さらに、競争優位となった独自能力（＝<u>ケイパビリティ</u>）は、複数の事業に多次元的に展開できます。

すぐやる！過去問コーナー

■ 競争戦略（ポーター）
- レベル1　R3-6, R2-3, R2-4, R1-6, R1-8(1)(2), H30-5, H30-6, H29-7, H28-6, H28-8, H27-4, H26-2, H26-3
- レベル2　H28-5, H25-6(1)

5. 競争戦略（コトラー、リソースベースドビュー）

コトラーの競争地位別戦略
経営資源の量と質に応じて取るべき戦略が変わってくる

<table>
<tr><th colspan="2" rowspan="2"></th><th colspan="4">経営資源の質（情報的資源）</th></tr>
<tr><th colspan="2">高</th><th colspan="2">低</th></tr>
<tr>
<td rowspan="6">経営資源の量（ヒト・モノ・カネ）</td>
<td rowspan="3">大</td>
<td>特徴</td><td>リーダー 〔質も量も圧倒〕 トヨタ
業界内でシェア最大</td>
<td>特徴</td><td>チャレンジャー 〔トップを狙う二番手〕 ホンダ
リーダーに果敢に挑戦</td>
</tr>
<tr>
<td>目標</td><td>✓最大市場シェア
✓最大利潤
✓最大の名声・イメージ
✓No.1の地位の維持</td>
<td>目標</td><td>✓市場シェア拡大
✓リーダーの地位奪取</td>
</tr>
<tr>
<td>方針</td><td>フルカバレッジ、周辺需要拡大
（製品）フルライン化、同質化政策
（価格）非価格対応
（チャネル）開放的
（プロモーション）全体訴求</td>
<td>方針</td><td>セミフルカバレッジ、リーダーとの差別化
✓リーダーが取りたくても取れないような思い切った差別化</td>
</tr>
<tr>
<td rowspan="3">小</td>
<td>特徴</td><td>ニッチャー 〔小さな池の大きな魚〕 スバル
採算性のためリーダーが扱わない分野やリーダーが気付いていない分野で戦う</td>
<td>特徴</td><td>フォロワー 〔コストをかけずに追随〕 マツダ
リーダーに挑戦せず現状維持</td>
</tr>
<tr>
<td>目標</td><td>✓特定市場における利潤・名声・イメージ</td>
<td>目標</td><td>✓市場に生存するための利潤を得る</td>
</tr>
<tr>
<td>方針</td><td>特定市場・セグメントを狙う
✓経営資源の集中化
✓ミニリーダー政策</td>
<td>方針</td><td>経済性セグメント（中～低価格）を狙う
✓リーダーに追随
✓低価格化</td>
</tr>
</table>

リソースベースドビュー（RBV）

VRIO分析
自社の経営資源の市場での競争優位性を把握するための分析
- **V** Value　　　　経済価値
- **R** Rarity　　　　希少性
- **I** Inimitability　　模倣困難性
- **O** Organization　組織

→希少性のある資源は一時的な競争優位の源泉になるが、それを持続させるためには模倣困難性が必要

模倣困難性を高める要因（VRIOのうち、特にIが重要！）
〔マネするためにかかるコスト〕　 マネは大変…
① 独自の歴史的条件（経路依存性）　→マネするのに時間がかかる
② 社会的複雑性　　　　　　　　　→マネの仕方がわからない
③ 因果関係の不明性　　　　　　　→どこをマネすれば良いかわからない
④ 特許　　　　　　　　　　　　　→法律的にマネできない

コアコンピタンス
企業の中核的能力、以下を満たす自社能力
- ✓顧客に利益をもたらす
- ✓競合に真似されにくい
- ✓複数の商品・市場に展開できる

ケイパビリティ
企業の組織的能力
→競争優位となったケイパビリティは、複数事業に多次元展開できる
例：高い品質、効率

[参考] オペレーション効率
企業が同じか、似たような活動をより上手く（効率的に）行うこと

 ポーター 〔企業が業績を追求する方法は戦略かコレしかないね〕

SHEET 5　　　競争戦略（コトラー、リソースベースドビュー）

コトラーの競争地位別戦略

コトラーは経営資源の量と質に応じて採用すべき戦略が変わってくるという、競争地位別戦略を提唱しています。競争地位別戦略は経営資源の量、つまり、ヒト・モノ・カネの量と特に情報的資源に関する経営資源の質に応じて、**リーダー**、**チャレンジャー**、**ニッチャー**、**フォロワー**の4つの戦略が取られます。

リーダー

リーダーは、業界内でも最大のシェアを有するような、経営資源の質が高く、経営資源の量も大きい企業が採る戦略です。リーダー企業は、最大の市場シェアや利潤、名声・イメージの獲得を目指し業界No.1の地位を維持しようとします。そのため、豊富な経営資源を活かし、全方位に製品を展開する**フルカバレッジ戦略**や、市場そのものを拡大させ、パイを拡大する**周辺需要拡大政策**を取ります。

製品面では、例えば自動車の場合、トヨタはカローラのような大衆車からクラウンのような高級車までほとんどすべての車種を揃えることで、多くの顧客のニーズに応えるといったような**フルライン化**や、ライバル企業が発売した製品と同様の製品を販売する**同質化政策**を行います。

価格面では、シェアが下位の企業の安売り競争に応じない**非価格対応**を取ります。

チャネル面では、できるだけ幅広い販路を用いる開放的チャネルを取り、プロモーション面では、マスメディアなどを用いた全体への訴求を行います。

チャレンジャー

チャレンジャーは、経営資源の質は低いですが、経営資源の量は大きい企業が取る戦略で、リーダーに果敢に挑戦する二番手企業に多く見られる戦略です。チャレンジャーに位置付けられる企業は、市場シェアを拡大しリーダーの地位を奪い取ることを目指します。

そのため、**セミフルカバレッジ戦略**を取り、リーダーとの差別化に主眼を置いた戦略とします。また、リーダーが採りたくても採れない思い切った製品戦略や価格戦略を取るといった差別化を行う場合もあります。

ニッチャー

ニッチャーは、経営資源の質は高いですが、経営資源の量は小さい企業が取る戦略で、採算性が低いためリーダーが扱わない分野や、リーダーが気付いていない分野で主に戦います。ニッチャーは、戦略的に絞った特定市場において利潤、名声、イメージを高めることを目標としています。

そのため、特定市場もしくはセグメントを狙い、経営資源を集中化し、限られた市場の中ではリーダー企業のように振舞う、**ミニリーダー政策**を取ります。

フォロワー

フォロワーは、経営資源の量も質も少ない企業が取る戦略で、リーダーに挑戦せず、現状維持を狙う戦略を取ります。フォロワーの目標は、市場に生存するための利潤を得ることです。そのために、特に中～低価格の経済性セグメントを狙い、リーダーに追随し、場合によっては積極的に模倣を行った上で、低価格化を図ります。

リソースベースドビュー（RBV）

リソースベースドビュー（**RBV**：Resource Based View）とは、競争優位性を維持するため、企業の立ち位置ではなく企業が持っている内部資源に着目した方法です。具体的なものとしては、**VRIO 分析**、**コアコンピタンス**、**ケイパビリティ**があります。

VRIO 分析

VRIO とは、Value（経済価値）、Rarity（希少性）、Inimitability（模倣困難性）、Organization（組織）の頭文字を取ったものです。バーニーが提唱した **VRIO 分析**とは、自社が持つ経営資源の**経済価値**、**希少性**、**模倣困難性**、**組織**の面を分析することによって、自社の経営資源の市場での競争優位性を把握するために用いる手法です。

VRIO の V である**経済価値**とは、自社の経営資源に経済的な価値があるかという観点です。経営資源に経済的な価値があるということは、事業を行う上での前提となります。VRIO の R である**希少性**とは、企業の競争優位性に関連する観点です。希少性のある資源は競争優位の源泉になりますが、模倣困難性が低ければ他者に模倣される恐れがあるため、希少性のある資源でも模倣困難性が低ければその競争優位は一時的なものとなります。そのため、企業が競争優位を維持していくためには、特に VRIO の I である**模倣困難性**が重要とされています。

模倣困難性とは、模倣をするために企業がどれだけの時間やコストを要するかという観点です。模倣困難性を高める要因には、

① その経営資源が作られるに当たり、それが過去の出来事や企業が発展してきた経緯に依存しているため、真似をするのに時間がかかるといった、**独自の歴史的条件（経路依存性）**
② 経営資源が物理的な組み合わせのみならず、例えば、組織文化やサプライヤーとの関係など社会的な要因で存在しているため、どのように真似すれば良いかわからないというような**社会的複雑性**

③ 企業の内部の人にとっては当たり前すぎてどこが強みかわかっていない、もしくは多くの要因が絡むことで競争優位を作り出しているため、何が競争優位の原因かがわかりにくいというように、どこを真似すれば良いのかわからないといった<u>因果関係の不明性</u>

④ 法律的に真似できないという<u>特許</u>

などの方法があります。

そして、以上のようなV、R、Iで挙げた、企業の持つ経営資源を有効に活用できる組織であるかという観点がVRIOのOである<u>組織</u>の観点です。たとえ、経営資源が物理的にあったとしても、それらが有機的に結びついていない限り、十分な競争優位性を発揮することはできません。

コアコンピタンス

<u>コアコンピタンス</u>とは、企業の中核的な能力のことで、顧客に利益をもたらし、競合に真似されにくく、複数の商品や市場に展開できるような自社の能力のことをいいます。

ケイパビリティ

<u>ケイパビリティ</u>とは、例えば高い品質や効率といったような、企業の持つ組織的能力のことをいいます。競争優位となったケイパビリティは複数の事業に多次元的に展開することができます。

[参考] オペレーション効率

<u>オペレーション効率</u>とは、企業が同じか似たような活動をより上手く（効率的に）行うことを意味した用語です。ポーターは、企業の持続的な競争優位の源泉は、価値を創造するための戦略的ポジショニングか、コストを最小化するためのオペレーション効率のどちらか、もしくはその組み合わせによると提言しています。

すぐやる！過去問コーナー

■コトラーの競争地位別戦略
レベル1　H28-7, H24-6　　　　　レベル2　H24-5

■リソースベースドビュー（RBV）
レベル1　R1-4, H30-3, H29-3, H24-3　　　　　レベル2　R2-1, H27-3, H25-3

6. 事業の拡大・多角化

成長戦略と多角化

【アンゾフの成長ベクトル（マトリックス）】
企業の事業拡大の方向性を考える枠組み

	製品・技術 既存	製品・技術 新規
市場 既存	**市場浸透** 顧客内シェアの向上	**新製品開発** 新製品・技術で顧客深耕
市場 新規	**新市場開拓** 既存製品の新用途開発	**多角化** 新製品で市場開拓

【多角化】

多角化の種類

関連多角化 既存事業と関連が深い

無関連多角化 既存事業と関連が薄い

多角化のメリット
① 組織スラックの活用
② シナジーの追求
③ 新しい事業分野へ進出しリスクを分散する
④ 既存事業の需要停滞への対応

多角化の留意点
① 経営資源の分散に注意
② 既存事業とのシナジーが発揮できる分野かを見極める
③ 進出先の成長性を見極める
④ 不足資源は外部連携などによる補充も考える

事業の拡大とその効果

【事業の拡大】

	事業拡大の影響 効果up	事業拡大の影響 費用down
事業拡大の方向性 同一事業		規模の経済 経験曲線効果
事業拡大の方向性 複数事業	相乗効果（シナジー） 相補効果	範囲の経済

相乗効果（シナジー）	経営資源を多重利用して効果を拡大（1+1>2）
相補効果	未利用の物的資源を有効活用して効果を拡大（1+1=2）
規模の経済	規模を拡大することで単位当たりのコストに占める固定費の割合が低下（一度に作る規模に左右される）
経験曲線効果	製造方法の習熟などにより、累積生産量の増加に伴い単位当たりのコストが低下（これまで作ってきた量に左右される）
範囲の経済	複数の事業で経営資源を多重利用して費用を削減（効果よりは費用に着目）

[参考] 速度の経済 企業活動のスピードを上げることによって得られる経済的メリット
① 生産から販売までのリードタイムが短縮され、機会損失や売れ残りロス、在庫を削減できる
② 他社より早く自社製品を市場に投入することで、先行者優位を獲得できる
③ スピードそのものを競争優位の源泉とできる（タイムベース競争）

【先発の優位性・後発の優位性】

先発の優位性
早い時期に市場に参入することで得られる優位性

メリット
✓ 最初に製品を投入することで、後発に対し心理的な参入障壁を作ることができる
✓ 価格を気にしない新しいもの好きの顧客層（イノベーター）を取り込める
✓ 経験曲線効果で、生産面でコスト有利

デメリット
✓ 製品の認知のための広告宣伝費が膨大になる
✓ 技術力と研究開発のための投資が必要
✓ 製品が市場に受け入れられるか不確実

後発の優位性
先発企業に対して後発企業が持つ優位性

メリット
✓ 既に市場が作られているので、開発費や広告宣伝費があまりかからない
✓ 需要の不確実性を見極めてから参入できる
✓ 顧客の変化に対応しやすい

デメリット
✓ 既に先発企業に参入障壁を作られてしまうと参入が大変
✓ 参入初期は経験曲線効果が働かないため、一定量生産するまで生産コスト面で不利

SHEET 6　　　事業の拡大・多角化

成長戦略と多角化

アンゾフの成長ベクトル

　アンゾフの成長ベクトル（製品・市場マトリックス） は、企業の事業拡大における方向性を考える上でよく使われる枠組みです。アンゾフの成長ベクトルでは、企業が事業拡大する際、市場と製品・技術の2つの軸について、それぞれ既存、新規の観点から、**市場浸透戦略**、**新市場開拓戦略**、**新製品開発戦略**、**多角化戦略** という4つの戦略に分類しています。

　市場浸透戦略 は、既存市場において、既存製品・技術にアプローチするもので、他社との競争に勝つことにより顧客内シェアの向上を目指します。**新市場開拓戦略** は、既存製品・技術を新市場に広げていく戦略で、例えば、海外展開や女性用の製品を男性用にも展開するといった新しい用途を開発する戦略です。**新製品開発戦略** では、新規の製品・技術を既存市場に投入する戦略で、既存の顧客に対して新しい製品や技術を提供します。**多角化戦略** は、新規製品・技術で新規市場にアプローチする戦略で、新規の顧客に対して新しい製品や技術を提供し新しい分野を開拓していくことを目指します。

　事業拡大の難易度としては、上記の4つの戦略のうち、市場浸透戦略が比較的容易で、多角化が最も困難であるといわれています。

多角化

　多角化は、既存事業との関連が深い分野に進出する **関連多角化** と、既存事業と関連が薄い分野に進出する **無関連多角化** に分類することができます。

　多角化のメリットとしては、以下のような点が挙げられます。このうち、①、②は特に関連多角化の際に、③、④は無関連多角化の際に大きくなるメリットです。

① 組織がもつ経営資源のゆとり（冗長性）である、**組織スラック** の活用
② 多角化先の事業と既存事業間でのシナジーの追求
③ 新しい事業分野へ進出することによるリスクの分散
④ 既存事業の需要停滞への対応

このようなメリットに対する留意点としては以下のような点が挙げられます。

① 多角化による経営資源の分散
② 多角化する事業と既存事業との間でシナジーが発揮できる可能性の有無
③ 進出先の事業の成長性
④ 経営資源が不足する場合は、外部との連携などによって不足分の補充を検討

事業の拡大とその効果

事業の拡大

　事業の拡大による効果には**相乗効果（シナジー）**、**相補効果**、**規模の経済**、**経験曲線効果**、**範囲の経済**などが挙げられます。そこで、それぞれの効果を事業の拡大の方向性と影響という観点で見ていきましょう。

　相乗効果や**相補効果**は、企業が複数の事業に展開する場合に、単体で進出する場合より高い効果が得られるという効果です。**相乗効果**は、**シナジー**とも呼ばれ、経営資源の多重利用により単体よりも大きな効果が働き、1＋1＝2ではなく、2以上の効果が得られることです。特に、物質的経営資源と比較して情報的経営資源には物理的な制約がありませんので、情報的経営資源を多重利用した場合、シナジーの効果は大きくなります。**相補効果**は、コンプリメント効果とも呼ばれ、物質的な未利用経営資源を有効活用することで、確実に1＋1＝2とする効果です。例としては、夏季のスキー場で別のレジャーが楽しめるようにして、冬季以外でも集客できるようにするといった例が挙げられます。

　規模の経済や経験曲線は、同一事業を展開する場合に期待される費用低減効果です。**規模の経済**は、特に固定費の大きい事業に生じる効果で、生産規模の拡大に伴い1単位当たりの生産コストに占める固定費の割合が低下するため、1単位当たりのコストが低下するというものです。規模の経済がどの程度働くかは、一度に作る規模とその製品の生産に必要な固定費の大きさに左右されます。**経験曲線効果**は、累積生産量の増加に伴い製造方法などに習熟し、単位当たりの生産コストが低下することです。経験曲線効果は、蓄積された経験を重視するものですので、これまでの累積生産量に効果が左右されます。なお、累積生産量と単位当たりコストの関係に基づくと、将来の累積生産量から単位当たりコストを事前に予測して、戦略的に価格を設定することができます。

　範囲の経済は、複数の事業に展開する場合に期待される費用低減効果です。範囲の経済は、複数の事業で経営資源を多重利用することで、費用を低減できることをいいます。相乗効果が効果拡大に着目しているのに対し、範囲の経済は、費用の面に着目しています。

［参考］速度の経済

　上に挙げた用語と似たような用語に**速度の経済**があります。**速度の経済**とは、企業活動のスピードを上げることで得られる、経済的なメリットのことをいいます。具体的には、①企業活動のスピードアップにより、生産から販売までのリードタイムが短縮されて、機会損失や売れ残りロス、在庫が削減できる、②他社より早く自社製品を投入することで先行者優位を獲得できる、③同じ機能を持つ製品でもより短い納期で納品することで、スピードそのものを競争優位の源泉とできるというメリットが挙げられます。スピードそのものが競争優位の源泉となることを、**タイムベース競争**ともいいます。

先発の優位性・後発の優位性

先発の優位性

先発の優位性とは、早い時期に市場に参入することで得られる優位性のことをいいます。早い時期に市場に参入することで、例えば、付箋といったらポストイット、絆創膏といったらバンドエイドといったように、最も早く市場に参入した製品のブランド名がそのカテゴリの製品の代名詞的に使われるため、後発に対して心理的な参入障壁を作ることができるというメリットがあります。他にも、イノベーター層と呼ばれる、価格を気にせず新しいものを求める顧客層に対し高価格で販売することができるため、早期に費用を回収しやすい点や、経験曲線効果が働くことによって生産面でコスト有利となる点もメリットとして挙げられます。

それに対し、デメリットとしては、まだ製品やカテゴリの認知度が十分ではないところからのスタートであるため、製品の認知のための広告宣伝費が膨大となる点、新技術を開発できる技術力の確保や製品の研究開発のための投資が必要となる点、投入した製品が本当に市場に受け入れられるか不確実である点が挙げられます。

後発の優位性

先発の優位性に対し、**後発の優位性**とは、先発企業に対して後発企業が持つ優位性のことをいいます。後発企業のメリットとしては、既に市場が作られており製品やカテゴリの認知度もある程度高まった段階で参入するため、ブランドの訴求をするだけで良く、開発費や広告宣伝費があまりかからない点や、需要の不確実性を見極めてから参入できる点、顧客ニーズの変化を観察し、独自の改良で価値を訴求することで先発企業の市場を奪い取ることができる点が挙げられます。

しかし、先発企業が先に参入障壁を作ってしまった場合、参入が困難となる点や、参入初期は経験曲線効果が働かないため、一定量生産するまでは生産コスト面で不利である点がデメリットとして挙げられます。

すぐやる！過去問コーナー

■ 成長戦略と多角化
レベル1　R3-1, H30-1　　　　　　　　レベル2　R2-17, H24-2

■ 事業の拡大とその効果
レベル1　R3-7, R1-7, H29-8, H26-5, H24-4　　　　レベル2　H27-5, H26-7

43

7. MOT（技術経営）

イノベーション

【イノベーションの種類】

プロダクトイノベーション ⇔ プロセスイノベーション
製品自体の／生産方法などの／イノベーション

- プロダクトイノベーション：製品自体のイノベーション
- プロセスイノベーション：生産方法などのイノベーション
- ラディカルイノベーション：破壊的なイノベーション
- インクリメンタルイノベーション：漸進的なイノベーション

技術革新のS字カーブ

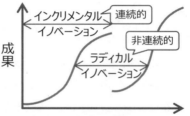

縦軸：成果／横軸：経営資源の投入量
- インクリメンタルイノベーション（連続的）
- ラディカルイノベーション（非連続的）

イノベーションのジレンマ
既存製品のインクリメンタルイノベーションに注力しすぎて、ラディカルイノベーションに対応できなくなること

製品のイノベーションを促進する要因
- ✓ 専門横断的に共有された知識
- ✓ 専門的な技術知識を持たないユーザからの評価

製品のイノベーションを阻害する要因
- ✓ 専門領域に固有の知識
- ✓ 経路依存的に蓄積される知識

【オープンイノベーション】
大学や他社との連携を積極的に活用するイノベーション

メリット
① 開発コスト↓
② 開発スピード↑
③ 組織の活性化

デメリット
自社のアイディアや技術の流出
✓ オープン＆クローズ戦略が重要
（どこを共有してどこを隠すか？）

[参考] 知財戦略
知財戦略の大前提：模倣を防ぐ
（対策の例）
- 分割発注で技術流出を防ぐ
- 特許を取得し模倣を防ぐ ⇔ 特許を出さず、ブラックボックス化する

製品アーキテクチャ

モジュラー型（PC）
既に設計された既存の部品を組み合わせて、新しい最終製品を作る設計方法

○ シンプルなルールで調整コストが削減可能
　組み合わせの多様性
× コモディティ化が進展しやすい（価格競争に陥りやすい）
　システム全体としてムダが出る
　インターフェイスは固定されており進化しにくい

インテグラル（摺り合わせ）型（自動車）
部品を相互に調整し、トータルなシステムとしての最適化を図る設計方法

○ 製品としてまとまりが良い
　全体最適化により小型化・軽量化が可能
　模倣困難
× 摺り合わせコストがかかる
　製品の進化に時間がかかる

MOT関連用語

コア技術戦略
特定分野に技術を集中し、それを応用して様々な製品に技術を適用する

縦軸：技術の特異性（大／小）／横軸：適用範囲の広さ（小／大）
「差別化したいけれど効率良く進めたい」→ コア技術

デファクトスタンダード
事実上の業界標準 ⇔（対義語）デジュリスタンダード
- ✓ 技術供与やOEMで戦略的に協調行動を取る
- ✓ ネットワーク外部性のある業界で生じやすい

（Windows）

リーンスタートアップ
起業や新規事業の成功率を高めるために下記を短期間で繰り返す
- 構築：新製品／サービスの仮説を構築し、試作品（MVP）を開発する
- 計測：MVPを顧客に提供し反応を見る
- 学習：顧客の反応、意見からMVPを改良する
　　　　仮説が誤りだとわかったら、すぐ方向転換（ピボット）する

（最小限のコストで）

[参考] OEM
相手先ブランドによる生産

製造委託 → 販売

委託側のメリット・デメリット
- メリット：固定費の削減／需要変動への対応
- デメリット：自社の技術が育たない

受託側のメリット・デメリット
- メリット：安定収入の確保／製造経験の蓄積／遊休設備の活用
- デメリット：自社ブランド構築が困難／受注先の経営状況に左右される／価格支配権を失う可能性

SHEET 7　　MOT（技術経営）

イノベーション

イノベーションの種類

　イノベーションとは、革新を意味します。技術に関するイノベーションの種類としては、製品自体のイノベーションである**プロダクトイノベーション**、生産方法などのイノベーションである**プロセスイノベーション**、非連続性を伴う革新的で破壊的なイノベーションである**ラディカルイノベーション**、漸進的なイノベーションである**インクリメンタルイノベーション** などがあります。

　通常、新しい技術が登場したてのころは、研究開発に経営資源を投入してもなかなか成果が出ませんが、一定の地点を越えたあたりから急激に成果が向上し、ある程度向上すると、成果の伸びが鈍化するという流れをとります。この過程を、横軸に時間や費用などの投入した経営資源の量、縦軸にその成果を取ったグラフで表すとＳ字型に表せるため、これを**技術革新のＳ字カーブ**と呼びます。インクリメンタルイノベーションは、このＳ字状の成長であり、ラディカルイノベーションは、既存のＳ字カーブと異なる新たなＳ字カーブの登場と表現できます。

　リーダー企業は、既存顧客からの要望に対応するために既存製品のインクリメンタルイノベーションに注力するあまり、既存製品を否定するようなラディカルイノベーションに対応できなくなってしまうことがあります。これを**イノベーションのジレンマ**と呼びます。

　なお、専門横断的に共有された知識や専門的な技術知識を持たないユーザからの評価は、イノベーションの促進要因になりますが、専門領域に固有の知識や経路依存的に蓄積される知識は、イノベーションの阻害要因になります。

オープンイノベーション

　オープンイノベーションとは、大学や他社など外部に存在するアイディアの活用と内部で活用されていないアイディアの外部での活用という２つの意味を持っています。通常は前者の意味で使われることが多く、外部との連携により、①企業内部に限らず企業外部の優秀な人材と共同で開発を進めるため、企業内部のみで開発する場合より開発コストが軽減できる（ただし、全く不要とはならない）、②より専門性の高い外部の組織との連携により開発のスピードアップにつながる、③異なる背景を持つ組織が集まり、多様な視点を獲得することで組織が活性化するというメリットがあります。ただし、自社のアイディアや技術が流出するというデメリットもあるため、どの部分を公開し、どの部分を非公開とするかというオープン＆クローズ戦略が重要となります。

[参考] 知財戦略

知財戦略とは、企業の持つ知的財産を守り、他社の模倣を防ぐために取られる戦略です。

知財戦略の一例として、製品の性質やその製品の展開先の市場の動向に応じ、特許を出す・出さないの判断を行う**特許戦略**が挙げられます。特許を取得した場合、特許により法律上、知的財産が保護されますが、特許の内容は公開されてしまいます。そのため、国内とは法や制度が異なる海外への展開を行う場合などは、あえて特許を出さずに、技術・ノウハウを厳重管理することにより、**ブラックボックス化**するという戦略を取る場合もあります。

また、部品の製造などを外注する際、パーツごとに複数社に分割して発注することで、技術が他社に流出することを防ぐという手段を取る場合もあります。

製品アーキテクチャ

製品アーキテクチャとは、製品の基本的な設計思想のことをいい、モジュラー型とインテグラル型があります。

モジュラー型アーキテクチャの代表例はパソコンで、既に設計された既存の部品を組み合わせて、新しい最終製品を作る設計方法のことをいいます。モジュラー型アーキテクチャは、インターフェースが統一されていれば、シンプルなルールで調整コストが削減でき、多様な組み合わせが可能というメリットがありますが、システム全体としてムダが出やすく、システム統合化技術により**コモディティ化**（製品が一般化し、機能や品質などで差別化ができなくなること）が起こりやすく、価格競争に陥りやすいというデメリットがあります。

インテグラル（摺り合せ）型アーキテクチャの代表例は自動車で、部品を相互に調整し、トータルなシステムとしての最適化を図る設計方法のことをいいます。インテグラル型アーキテクチャは、製品としてまとまりが良く、全体最適化により小型化・軽量化が可能であり、模倣も困難であるというメリットがありますが、摺り合せのためのコストがかかり、製品の進化にも時間がかかるというデメリットがあります。

MOT関連用語

コア技術戦略

縦軸にその技術が他社に対してどれだけ差別化できているかという技術の特異性を、横軸にその技術の適用範囲の広さを取った場合に、技術の特異性が大きく、かつ、適用範囲も広い技術を**コア技術**と呼びます。他社製品と効率良く差別化するため、このコア技術を応用し、様々な製品にコア技術を適用する戦略のことを**コア技術戦略**といいます。

デファクトスタンダード

　<u>デファクトスタンダード</u>とは、結果として事実上標準化された業界標準のことをいい、一昔前ならVHS、近年ならメッセージアプリのLINEなどが例として挙げられます。

　対義語として、JISなどの標準化機関や業界が定めた規格を<u>デジュリスタンダード</u>といいます。

　市場における競争の結果、デファクトスタンダードを獲得した企業は、大きな利潤を獲得することができるため、デファクトスタンダードの獲得を巡っては熾烈な競争が行われることもあります。デファクトスタンダードは、例えば通信用規格やキャッシュレス決済の方式のように、利用者が増えれば増えるほど利用者の利便性が向上する<u>ネットワーク外部性</u>のある業界で生じやすくなります。デファクトスタンダードの獲得のために、例えば他社への技術供与やOEMの委託といった戦略的な協調行動が取られる場合もあります。

リーンスタートアップ

　<u>リーンスタートアップ</u>とは、新製品やサービスに関して仮説を構築して最小限のコストで<u>MVP</u>（<u>M</u>inimum <u>V</u>iable <u>P</u>roduct）を開発し（構築）、MVPを顧客に提供し反応を見て（計測）、顧客の反応、意見からMVPを改良する（学習）というプロセスを短期間で繰り返すことで起業や新規事業の成功率を高める手法です。また、このプロセスの中で、最初に構築した仮説が誤りだとわかったら、すぐに方向転換（ピボット）をします。

[参考] OEM

　<u>OEM</u>とは、<u>O</u>riginal <u>E</u>quipment <u>M</u>anufacturer（またはManufacturing）の略で、相手先ブランドによる生産という意味です。OEMは委託側にとっては工場を保有しないため固定費が削減でき、需要変動に柔軟に対応できるというメリットがありますが、自社で生産を行わないため自社の技術が育たないというデメリットもあります。また、受託側にとっては安定収入の確保や、相手先ブランドの生産を通じた製造経験の蓄積、遊休設備の活用というメリットがありますが、OEMに依存することで、自社ブランドの構築が困難となってしまう、自社の売上が受注先の経営状況に左右されてしまう、価格支配権を失う可能性が生じてしまうといったデメリットもあります。

すぐやる！過去問コーナー

■ イノベーション
　レベル1　R3-11, H30-8, H28-4(1)(2), H28-10　　　レベル2　H30-9, H30-20, H27-9

■ 製品アーキテクチャ
　レベル1　R1-11, H28-11(2), H25-8　　　レベル2　H29-11, H27-7

■ MOT関連用語
　レベル1　R2-7, R2-13, R1-12, H27-6　　　レベル2　R3-4

8. 研究開発・設計・製造のマネジメント、海外展開

研究開発・設計・製造のマネジメント

【研究開発プロジェクトが直面する関門】

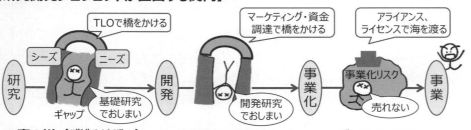

魔の川（デビルリバー）
→価値創造の壁

死の谷（デスバレー）
→価値伝達の壁

ダーウィンの海
→価値変換の壁

資金調達の方法
- ベンチャーキャピタル
  →投資事業ファンド（VCファンド）
- ビジネスエンジェル
- スイートマネー

【メーカーのサプライヤー管理方法】

部品の性質や技術力などによって、どの範囲まで設計などをやるかを決める

覚え方：大将（貸・委・承）

	製造	設計	図面の所有権
貸与図方式	サプライヤー	メーカー	メーカー
委託図方式	サプライヤー	サプライヤー	メーカー
承認図方式	サプライヤー	サプライヤー	サプライヤー

責任
メーカー：大／中／小
サプライヤー：小／中／大

【社内ベンチャー】

社内ベンチャーのねらい
- 成果を挙げる時間の短縮
- 社員の創造性の喚起
- 優秀な社員の流出防止
- 新しい領域での学習の場
- 既存事業にとらわれない発想を生む
- 既存事業とは異なる分野への進出

【研究開発のマネジメントに関連した用語】

リバースエンジニアリング
製品を分解するなどして、製品の構造を分析し、動作原理や製造方法、設計図の仕様、ソースコードなどを明らかにする開発手法

バウンダリースパニング
新製品に関わる各部門が、外部環境における関連する領域と卓越した連携を持つこと

ステージゲート
多くの製品や技術開発テーマを効率的に絞り込んでいく方法論

【SECIモデル】
知識や経験を共有し、新たな発見を得るための枠組み

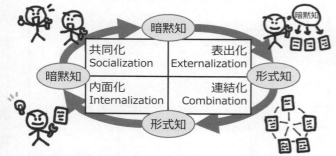

海外展開

【多国籍企業の戦略】

	グローバル戦略	マルチドメスティック戦略
考え方	世界を単一の市場と捉える	世界を独立した市場の集合体と捉える
製品	現地市場への適応の必要性：小	現地市場への適応の必要性：大
リーダーシップ	本国親会社がリーダーシップ	現地への権限委譲
開発・生産・販売	各機能を最も優位なロケーションで	各機能を各国別に
メリット	効率化	現地ニーズへのきめ細かい対応

【海外展開の課題と対応策】

課題
- 政治や経済情勢の安定性に関するカントリーリスクへの対応
- 単独出資に対する制約への対応
- 現地市場への浸透

対応策
- 現地事情に詳しい専門家や機関との連携
- 信頼できる現地パートナーとの連携
- 現地人材への権限委譲による現地化や現地のニーズを踏まえた製品の企画・生産・販売

[参考] リバースイノベーション
先進国の企業が新興国や途上国の開発拠点で現地のニーズを基に開発した製品や商品を先進国市場に流通・展開させること

SHEET 8　　研究開発・設計・製造のマネジメント、海外展開

研究開発・設計・製造のマネジメント

研究開発プロジェクトが直面する関門

　ベンチャー企業がある技術の研究段階から製品を開発し、事業化して、事業を成長させるためには、複数の壁が存在します。その代表的なものを**魔の川**、**死の谷**、**ダーウィンの海**といいます。

　魔の川は、デビルリバーとも呼ばれ、研究段階のシーズから実際のニーズに結び付けられず基礎研究で研究が終了してしまうといったような、アイディアや基礎研究の段階から実用化のための開発研究の間に存在する価値創造の壁のことです。この壁を乗り越えるためには、大学などにおける研究成果を民間事業者に移転するための機関である**TLO**（Technology Licensing Organization）を活用するなどして、シーズをニーズに結び付けていくことが必要です。

　死の谷は、デスバレーとも呼ばれ、費用の不足などにより開発研究から事業化につなげられず開発研究段階で終了してしまうといったような、価値伝達の壁のことです。この壁を乗り越えるためには事業化に向けたマーケティングや資金調達を行い、事業化までの費用を確保することが必要です。資金調達の方法には投資事業ファンドなどの**ベンチャーキャピタル**や創業間もないベンチャービジネスに投資する個人投資家である**ビジネスエンジェル**、経営者自らやその親族・友人などによる**スイートマネー**などがあります。

　ダーウィンの海は、事業化ができた場合でも他の企業との競争に敗れ、事業として成り立たないといったような価値変換の壁のことです。厳しい競争をダーウィンの進化論の自然淘汰に例えてダーウィンの海と呼ばれています。この壁を乗り越えるには、市場の競争を勝ち抜く力のある他社とのアライアンスや、ライセンスの販売などの方法が取られます。

メーカーのサプライヤー管理方法

　メーカーが部品を供給する企業であるサプライヤーに部品を製造させる場合、製造させる部品の性質や技術力などによって、メーカーがどの範囲まで設計などを行い、サプライヤーがどの範囲まで設計などを行うかを決める必要があります。

　貸与図方式は、メーカーが設計を行い、設計図をサプライヤーに貸与する方式です。サプライヤーは、貸与された設計図通りに部品を製造します。この場合、設計はメーカーが行うため、設計図の権利はメーカーにあり品質保証責任もメーカーが負います。サプライヤーはメーカーが決めたとおりに製造すれば良いので責任は小さいですが、その分他社に切り替えられやすくなります。

　それに対し、メーカーの責任が小さくサプライヤーの責任が大きい方式が**承認図方式**です。**承認図方式**は、サプライヤーが設計・開発活動を行います。メーカーは設計図を検討し、要求性能を満たしているかどうかを確認した上で、その設計図を承認します。この場合、図面は特許権も含めてサプライヤーに所有権があります。サプライヤーは品質保証責任を負いますが、自由裁量で設計す

ることができ、図面の所有権も持っているため、開発段階から製造段階に移る段階でサプライヤーが切り替えられることもありません。

メーカーやサプライヤーの責任が貸与図方式と承認図方式の中間くらいなのが**委託図方式**です。**委託図方式**は、最終図面の権利はメーカーが所有しますが、部品の詳細設計はサプライヤーが行う方式です。メーカーはサプライヤーに対して契約した設計料を支払うので、製造段階になって別のサプライヤーに切り替えることも可能です。また、部品の品質保証責任はメーカーが負います。

責任の強さの順番はごっちゃになりやすいので、メーカーの責任が大きい順に「大将（貸・委・承）」と覚えると良いでしょう。

SECI モデル

SECI モデルとは、組織のメンバーが蓄積した知識や経験を組織全体で共有し、新たな発見を得るための枠組みで、**共同化**、**表出化**、**連結化**、**内面化**の4つのプロセスから成り立ちます。

共同化は、例えばOJTを通して熟練工の持つ技能を継承するといったように、経験を通して暗黙知を他者に受け継ぐプロセスです。**表出化**は、例えば職人の持つ技術をマニュアル化するといったように、個人が所有している暗黙知を言語化したり、図や表にしたりすることで、組織のメンバーと技術を共有するプロセスです。**連結化**は、例えばマニュアルを他の部署の視点を加えながら整理するといったように、形式知に別の形式知を組み合わせることで、新たな知を創造していくプロセスです。**内面化**は、例えばマニュアルに書かれた仕事を覚えて、マニュアルなしでもできるよう練習するといったように、形式知を個人の行動に落として暗黙知化していくプロセスです。

上記の4つのプロセスを繰り返すことで、組織全体の知識や技能が高まっていきます。

社内ベンチャー

社内ベンチャーとは、企業が新しい製品や事業を生み出すために、既存の組織とは独立した組織を作ることをいいます。社内ベンチャーは、既存の組織とは独立した組織体制による迅速な意思決定により新しい製品や事業を生み出す時間を短縮したり、社員の創造性を喚起したり、起業家精神を持つ優秀な社員の流出を防止したりする目的で立ち上げられます。また、新しい領域での学習の場や、既存事業の考え方にとらわれない発想を生み出し、既存事業とは異なる分野への進出のための足がかりという機能も持っています。

研究開発のマネジメントに関連した用語

リバースエンジニアリングとは、製品を分解するなどして、製品の構造を分析し、動作原理や製造方法、設計図の仕様、ソースコードなどを明らかにする開発手法のことをいいます。

バウンダリースパニングとは、日本語では「壁を超える」という意味で、新製品に関わる各部門が、外部環境における関連する領域と卓越した連携を持つことをいいます。

ステージゲートとは、多くの製品や技術開発テーマを効率的に絞り込んでいく方法論です。開発プロセスを複数のステージ（舞台）に分割し、次のステージに進む度に評価を行うゲート（関門）を設置し、最終的にゲートを通過した製品を市場へと投入する手法です。

海外展開

多国籍企業の戦略

　多国籍企業が世界各国へ展開する際の戦略は、大きく**グローバル戦略**と**マルチドメスティック戦略**に分けることができます。

　グローバル戦略は、世界を単一の市場と捉える考え方で、現地市場への適応の必要性が比較的低い製品に取られる戦略です。本国の親会社がリーダーシップを取り、開発や生産、販売のロケーションは各機能が最も優位となるようにし、規模の経済を追求します。それによってグローバルな効率化を実現できる点がメリットです。**マルチドメスティック戦略**は、世界を独立した市場の集合体として捉える考え方で、現地市場への適応の必要性が比較的高い製品に取られる戦略です。現地への権限委譲を積極的に行い、開発や生産、販売は各国ごとに行います。それによって、現地のニーズにきめ細かく対応できる点がメリットです。

海外展開の課題と対応策

　海外展開を行う際の課題として、進出先の政治や経済情勢の安定性に関するカントリーリスクへの対応が挙げられます。それに対しては、現地事情に詳しい専門家や機関との連携により解決を図ります。また、進出先の国によっては単独出資が認められない場合がありますが、その場合、現地企業との合弁を行う必要があります。その際は、信頼できる現地パートナーとの連携が必要となります。さらに、現地市場へ浸透していくためには、現地人材への権限委譲による現地化や現地のニーズを踏まえた製品の企画・生産・販売が必要となります。

[参考] リバースイノベーション

　先進国の企業が、新興国や途上国の開発拠点で、現地のニーズを基に開発した製品や商品を先進国市場に流通・展開させることを**リバースイノベーション**といいます。

すぐやる！過去問コーナー

■ 研究開発、設計・製造のマネジメント
　レベル1　R3-30, R2-8, R1-10, H30-7, H30-12, H26-8 , H24-8
　レベル2　H29-10, H27-8(1)(2), H26-9

■ 海外展開
　レベル1　H30-13, H29-13, H27-11(1)(2), H25-9, H24-10(1)(2)
　レベル2　R2-12, H28-11(1), H26-12

9. 企業の社会的責任、外部組織との連携と統合

企業の社会的責任

【企業の社会的責任（CSR：Corporate Social Responsibility）】
企業が利益の追求だけでなく、社会へ与える影響に責任を持ち、すべてのステークホルダーからの要求に適切な意思決定を行うこと

ESG
Environment 環境
Social 社会
Governance 統治
｝の非財務情報を企業評価に取り入れる動き

SDGs
Sustainable Development Goals 持続可能な開発目標
SDGs達成への取り組みが事業活動にも影響を及ぼしつつある
17のグローバル目標と169のターゲット

【コーポレートガバナンス】
経営者によるマネジメントが適切に行われているかをチェック・監視

目的
✓ 企業の不祥事を防ぐ
✓ 企業の収益力を強化する

手段
✓ 社外取締役の設置
✓ 委員会設置会社
✓ 内部統制

	日本型	米国型
	✓ 従業員の利益を重視 ✓ 大半が社内取締役 ✓ 長期的志向	✓ 株主の利益を重視 ✓ 大半が社外取締役 ✓ 短期的志向

【コーポレートガバナンスの変遷】
株主（出資者）＝経営陣 → 多数の株主が発生→経営が複雑化 → 1人当たりの発言力低下→専門経営者の必要性 → 所有と経営の分離 → 所有と支配の分離

ファミリービジネス

メリット
✓ 長期的視点での経営
✓ 所有と経営の一致による迅速な意思決定

デメリット
✓ オーナーによる公私混同や独善的経営
✓ 経営者候補が一族に限定されやすい

スリーサークルモデル

✓ ファミリービジネスの経営の問題解決に利用される
✓ 関係者がどの立ち位置にいるかによって、物の見方、利害関係などが変わってくる

外部組織との連携と統合

【連携・統合の形式】

M&A	買収先の経営権が移転される
合弁	経営権は移転せず、複数社が共同出資
戦略的提携（アライアンス）	契約に基づいた協力関係、協調と競争が併存

【連携・統合の方向性】

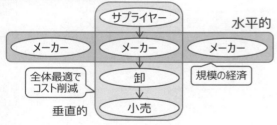

水平的／規模の経済
垂直的／全体最適でコスト削減

【戦略的提携】
内部開発のコスト ＞ 戦略的提携のコスト のとき選択

メリット
① 企業の独立性を維持できる
② 新しいセグメントに低コストで参入できる
③ 組織文化の調整コストがかからない

デメリット
① 提携の解消が容易
② 提携解消後の技術流出のリスクがある
③ 提携先をコントロールするのは困難

【M&A】

メリット
① 短期間でスピーディーに展開できる
② 自社の弱みを効率良く補強できる
  ✓ 同業種のM&Aの場合
    - 規模の経済
    - 習熟効果の実現
  ✓ 異業種のM&Aの場合
    - 範囲の経済
    - リスク分散

デメリット
① 短期間での意思決定が行われた場合、調査（デューデリジェンス）が不十分となる
② 経営資源の重複が発生する恐れがある
③ 組織文化の違いにより、M&A後の統合がスムーズにいかない
④ 統合コストの発生や人材流出の恐れがある

M&Aの手法

TOB (Take Over Bit)：株式公開買付
価格、株数、期間を公開して市場を通さず直接株主から買う

MBO (Management Buy Out)：経営陣による買収
現経営陣が事業を買って経営権を取得

MBI (Management Buy In)：外部経営陣による買収
外部のマネジメントチームが経営権を取得

LBO (Leveraged Buy Out)：借入金を用いた買収
買う予定の会社を担保にお金を借りて、そのお金で買収

SHEET 9　企業の社会的責任、外部組織との連携と統合

企業の社会的責任

企業の社会的責任（CSR：Corporate Social Responsibility）

　<u>企業の社会的責任</u>とは、企業が利益を追求するだけでなく、企業活動が社会へ与える影響に責任を持ち、すべての消費者、投資家、社会全体といった利害関係者（<u>ステークホルダー</u>）からの要求に対し適切な意思決定を行うことです。近年の CSR 関連で関心が高まっているのが <u>ESG</u> と <u>SDGs</u> です。<u>ESG</u> とは Environment（環境）、Social（社会）、Governance（企業統治）の3つの頭文字を取ったものです。非財務情報である ESG それぞれの観点を評価に取り入れて投資を行う投資家も増えています。<u>SDGs</u> とは Sustainable Development Goals（持続可能な開発目標）の略で、17のグローバル目標と169のターゲットから成る、国際的な目標のことです。SDGs 達成のための取り組みが投資の判断材料にされるなど、企業の事業活動にも影響を及ぼし始めています。

コーポレートガバナンス

　<u>コーポレートガバナンス</u>とは、企業統治とも訳され、企業の不祥事を防ぐとともに、企業の収益力を強化するために経営者によるマネジメントが適切に行われているかをチェック・監視することです。コーポレートガバナンスの強化のためには、社外取締役や社外監査役の設置や委員会設置会社とすること、内部統制の仕組みの強化、社員の行動規範や企業倫理憲章の設定、情報開示体制の確立などの方法が取られます。

　従来型の日本企業は、株主より従業員を中心として、金融機関、顧客、取引先などの関係者の利益や信頼関係を重視し、役員の大半が従業員から昇進した社内取締役によって構成されており、長期的視点で経営を行う傾向にあります。それに対し米国型では、株主の利益を重視し、役員の大半が社外取締役であり、株主の期待に応えるため短期的視点で経営を行う傾向にあります。

コーポレートガバナンスの変遷

　コーポレートガバナンスのあり方は、企業の成長の過程により段階的に変化します。会社の設立直後は、出資者つまり株主が経営陣ですが、企業の規模が拡大するにつれ、多数の株主が発生し、これまで少数の株主である経営陣によって行われてきた経営判断が、多数の株主によって行われることで経営が複雑化していきます。さらに株主の数が増えると、1人当たりの発言力が低下し、専門の経営者による経営を行う必要が生じ、<u>所有と経営の分離</u>が起こります。それがさらに進むと、株主1人当たりの持ち株比率が非常に低くなるため、株主総会で影響力を発揮できるほどの株主が存在しなくなってしまうことがあります。その場合、実質的に株主が権利を行使できず、会社の経営は経営者によって支配されている<u>所有と支配の分離</u>という状況となります。

ファミリービジネス

ファミリービジネスとは、創業者一族が企業経営を担っている、もしくは所有している企業のことで、「オーナー企業」や「同族企業」などとも呼ばれています。

ファミリービジネスには、長期的視点での経営ができる、所有と経営が一致しているため迅速な意思決定ができるというメリットがありますが、オーナーによる公私混同や独善的経営が行われやすい、経営者候補が一族に限定されやすいというデメリットがあります。

<u>スリーサークルモデル</u>は、ファミリービジネスを構成する要素をオーナーシップ（所有）、ビジネス（事業）、ファミリー（家族）の3つのサブシステムに分類したモデルです。ファミリービジネスの関係者がこの3つのサブシステムのどこに位置しているかによって、物の見方や利害関係などが変わってくるため、立ち位置を把握し、ファミリービジネスの経営の問題解決を行うために利用されています。

外部組織との連携と統合

連携・統合の形式

外部組織との連携・統合の形式には、買収先の経営権が移転される<u>M&A</u>、経営権は移転されず、複数の企業が共同出資する<u>合弁（ジョイントベンチャー）</u>、契約に基づいた協力関係で協調と競争が併存している<u>戦略的提携（アライアンス）</u>などがあります。

連携・統合の方向性

外部組織との連携・統合はその方向性により、<u>垂直的統合</u>と<u>水平的統合</u>に分類することができます。

<u>垂直的統合</u>は例えば、サプライヤー、メーカー、卸、小売といったようなサプライチェーンを形成する企業が統合することで、流通の全体最適化や、コストの削減を図ることができます。

<u>水平的統合</u>では、例えば複数の同業メーカーが統合する場合のように、同じ流通段階にある企業が統合することで規模を拡大し、規模の経済によるコスト効率化を図ることができます。

戦略的提携

戦略的提携は、内部開発のコストが戦略的提携のコストより大きいときに選択されます。提携のメリットは以下の通りです。

① 企業の独立性を維持しながら提携先の経営資源を活用できる
② 新しいセグメントに低コストで参入できる
③ それぞれの企業の独立性が維持されているため組織文化の調整のためのコストがかからない

それに対し、デメリットとしては、以下のような点が挙げられます。
① 契約に基づいた提携であるため提携の解消が容易
② 提携解消後に技術流出のリスクがある
③ 提携先をコントロールすることが困難である

M&A

M&Aのメリット・デメリット

M&Aのメリットは以下の通りです。
① 既存の事業を買収するため、展開を希望する事業領域に短期間でスピーディーに展開できる
② 自社の弱みを効率よく補強できる（時間をお金で買う効果）
- 同業種のM&Aの場合は、規模の経済と習熟効果が実現できる
- 異業種のM&Aの場合は、範囲の経済の獲得やリスク分散の実現ができる

それに対しデメリットとしては、以下のような点が挙げられます。
① 統合時に短期間での意思決定となった場合、企業の資産価値を適正に評価し、収益性やリスクなどを総合的に調査・査定する**デューデリジェンス**が不十分となる
② 統合により経営資源の重複の恐れがある（同じ駅前に支店が2つできてしまう など）
③ 統合後も両社の組織文化が異なると、その違いによりM&A後の統合がスムーズにいかない
④ 統合のためのコストが発生したり、人材が流出したりする恐れがある

M&Aの手法

M&Aの手法としては、<u>**TOB**</u>、<u>**MBO**</u>、<u>**MBI**</u>、<u>**LBO**</u>といった手法があります。

<u>**TOB**</u>（Take Over Bid）は、価格・株数・期間を公開して市場を通さずに直接株主から株式を買い付けする方法です。<u>**MBO**</u>（Management Buy Out）とは、現在の経営陣が株式を購入することで事業を買い、経営権を取得するというものです。<u>**MBI**</u>（Management Buy In）とは、外部経営陣による買収のことを表し、外部のマネジメントチームが経営権を取得するものです。<u>**LBO**</u>（Leveraged Buy Out）とは、借入金を用いた買収のことで、買う予定の会社を担保にお金を借りて、そのお金で買収先の企業を買収することを意味します。

― すぐやる！過去問コーナー ―

■ **企業の社会的責任**
レベル1　R3-13, R3-28　　　　　レベル2　H26-20, H25-10(2), H25-19

■ **ファミリービジネス**
レベル1　R3-9　　　　　　　　　レベル2　R2-11, H30-11

■ **外部組織との連携と統合**
レベル1　R3-3, R2-5, R2-6, H29-4, H29-6, H26-4, H24-9(1)
レベル2　R1-5, H30-4

55

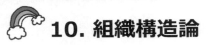
10. 組織構造論

【組織とは】

成立条件	バーナードの3要素 ①共通の目的 ②お互いの貢献意欲 ③コミュニケーション	基本構造	分業 統合・調整 →つまり役割分担 をどうするか

組織均衡：組織の均衡条件：誘因≧貢献

組織 ⇄ 参加者（従業員に限らずいろんな人）
誘因／貢献　貢献は誘因の源泉

【組織構造の設計原理】

①専門化の原則
業務の専門性を上げることで効率を上げる

活動の構造化

専門化（分業）→ 公式化（マニュアル化）→ 標準化（マニュアルを守る）

②権限責任一致の原則（＝階層性の原則）
権限と責任の大きさは一致していなくてはならない

権限の大きさ ＝ 責任の大きさ

③命令統一性の原則
1人の部下に指示するのは1人の上司(One man, One boss)
※マトリクス組織などではこの原則が崩れる場合も

④統制範囲の原則（＝スパンオブコントロール）
1人の上司が何人の部下を管理可能か
→多すぎると管理能力が低下
拡大するには
- ✓管理者の例外処理能力を高める
- ✓メンバーの力を高め判断力を高める
- ✓作業の標準化
- ✓スタッフ部門などで補強

例：研修

上司／部下

※並行型分業制だとかなりスパンオブコントロールが広くなる

⑤例外の原則（＝権限委譲の原則）
管理者は例外的業務に専念すべき
- ✓定型的意思決定：部下の仕事
- ✓非定型的意思決定：社長の仕事
→グレシャムの法則に注意！

社長は社長らしい仕事を！

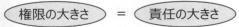

【組織のライフサイクル】

段階	課題
起業者段階	リーダーシップ、組織の統合
共同体段階	組織の内部結合を作り出す権限委譲
公式化段階	官僚制の行き過ぎ（官僚制の逆機能）の防止
精巧化段階	組織の再活性化

【官僚制の逆機能】
- ✓形式主義
　規則重視で環境変化に対応できない
- ✓目的の置換
　目的と手段が逆転してしまう
- ✓繁文縟礼
　膨大な規則・手続きによる効率の低下
- ✓セクショナリズム
　組織全体の利益よりも自部署の利益を優先

マニュアル以外の仕事はしません

訓練された無能

予算は我が部に／いや、うちの部だ

集団浅慮ともいう

【職場集団の行動様式】

集団の凝集性
集団がメンバーを引きつけて、集団の一員となるように動機付けする度合
→高いほど結束力が高いが、同調圧力も高い

集団への目標の一体化
- ✓帰属集団の威信が高い
- ✓代替的選択肢（他に帰属する集団）がない場合に度合いが高くなりやすい

コンフリクト
組織の中で相反する意見が生じ対立や軋轢・衝突が生じること

発生要因	解消方法
✓資源の配分の差 ✓権力を求める ✓相互依存関係 ✓タスクの不確実性 ✓組織間でパワーが拮抗	✓競争 ✓和解 ✓回避 ✓妥協 ✓協力

集団思考（グループシンク）
集団での意思決定の方が短絡的になる傾向
- ✓集団の凝集性が高い
- ✓ライバルの存在

などがあると陥りやすい

兆候	対策
✓自分たちの集団の過大評価 ✓独自の道徳観 ✓同調圧力　など	✓あえて議論に批判する役割を作る ✓外部からの意見を積極的に取り入れる

グループシフト
極端な判断
→高リスクなものをリスキーシフト
→保守的なものをコーシャスシフト

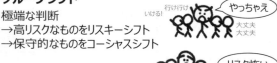
行け行けいける！／やっちゃえ／大丈夫大丈夫

怖い怖い／ゼロリスクじゃないと／リスク怖い／中止だ中止！

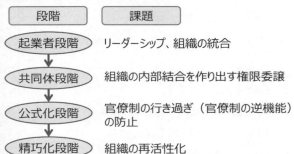

SHEET 10　　　組織構造論

組織とは

　組織とは人の集まりのことをいいますが、バーナードは組織の成立する条件として、共通の目的、お互いの貢献意欲、コミュニケーションの3つの要素を挙げています。

　組織を効果的に機能させるためには、組織の基本構造として分業と統合・調整、つまり役割分担について考える必要があります。分業とは、組織のメンバーがそれぞれの得意分野を生かすことです。そして、それらを統合・調整し、組織の目的に沿って最適に調整していきます。この機能により、組織は1人1人が別々に仕事をするときよりも効率的に成果を上げることができます。

　また、組織は組織の掲げる目的を達成するために、多くの人を巻き込んで活動しますが、組織の参加者が組織の目的に沿って動いてもらうためには**組織均衡**を考える必要があります。**組織均衡**とは、組織に関わる従業員、経営者、株主などの参加者が組織の目的を達成するために貢献したいと思うのは、組織に参加することによって何かしらのメリット、つまり誘因が得られるからであるという考え方です。組織均衡の考え方では、**組織は貢献以上の誘因を提供することで存続可能**とされています。また、貢献は新たな誘因を生み出す源泉となるとも考えられています。

組織構造の設計原理

　組織の構造を設計する上で、考慮すべき点としては、**専門化の原則**、**権限責任一致の原則**、**命令統一性の原則**、**統制範囲の原則**、**例外の原則**の5つがあります。

　専門化の原則は、業務の専門性を上げることで業務効率を向上させるという原則です。組織活動を構造化していく上では、分業を進めて**専門化**し、専門化した仕事をマニュアルなどの文書に残して**公式化**し、そのマニュアルを守らせる、つまり**標準化**することが重要とされています。

　権限責任一致の原則は階層性の原則ともいわれ、権限の大きさと責任の大きさは一致していなければならないという原則です。組織のメンバーの責任と権限を一致させることで、メンバーのモチベーション向上を図り、業務に邁進させ、収益を向上させるための原則です。

　命令統一性の原則は、1人の部下に指示をすることができるのは1人の上司だけにすべき、つまり、ワンマン・ワンボス（One man, One boss）とすべき、という原則です。マトリクス組織（「11.組織構造の形態」シート参照）では、組織構造上ワンマン・ツーボス状態となりやすく、命令統一性の原則が崩れる恐れがあります。

　統制範囲（スパンオブコントロール）の原則は、1人の上司が直接的に管理できる部下の人数には制限があり、これを超えると管理効率が低下するという考え方です。統制範囲の広さは業務内容によっても変わり、工場の生産ラインのように全く同じ仕事を多くの人が行う**並行型分業制**の場合には統制範囲は広く、企画業務のようにマニュアル化されておらず、個々のスタッフの裁量が大きい業務の場合には統制範囲は狭くなります。統制範囲を拡大させるためには、管理者向け研修など

により管理者の例外処理能力を高める、個々のメンバーの力を高めてメンバーの判断力を高める、作業を標準化する、スタッフ部門を置き補強を行うといった方法があります。

例外の原則は権限委譲の原則とも呼ばれ、日常反復的な業務処理は下位レベルの者に委譲し、経営者や管理者は例外的な業務に専念すべきであるという考え方です。つまり、部下は部下らしい仕事を、社長は社長らしい仕事をしましょうということです。悪い例としては、飲食店の社長が店の人手が足りないときに、社長がすべき仕事をせず、本人が一生懸命皿洗いをやっているという例が挙げられます。経営者や管理者が定型的意思決定に忙殺され、非定型的意思決定が後回しになることで将来の計画策定が事実上消滅してしまうことを**グレシャムの法則**といいます。

組織のライフサイクル

組織の成長は、**起業者段階**、**共同体段階**、**公式化段階**、**精巧化段階**の4段階に分けられます。

起業者段階は、まだ組織が誕生したばかりの段階で創業者の創造性や革新性が重視され、相対的に管理活動は軽視される段階です。この段階から組織が成長を続けるためには、経営管理技術を持った強力なリーダーのリーダーシップにより組織が統合されていくことが必要となります。

共同体段階は、組織が徐々に大きくなり、組織の内部統合を作り出すことが求められます。この段階では、非公式的なコミュニケーションやリーダーの資質により従業員をまとめていますがさらなる組織拡大のためには、リーダーは信頼できる部下へ権限委譲を進めることが必要です。

公式化段階は、組織の規模が大きく複雑になるのに伴い、組織の管理運営のため様々な規則やシステム、手続きなどが導入され、次第に官僚制的な組織になっていく段階です。効率的な組織運営が行えるようにはなっていきますが、行きすぎると**官僚制の逆機能**が発生してしまう恐れがあります。この段階の組織は官僚制の逆機能を防ぐことが課題となります。

官僚制の逆機能に対応し、組織を多数の部門に分割するとともに、組織の利点を確保しながらプロジェクトチームなどにより柔軟性を得ようとする段階を**精巧化段階**といいます。精巧化段階は組織の最終仕上げ段階であり、そのころになると組織の設立当初に設定された組織の社会的使命の重要性が忘れられてしまうことも多いため、組織の再活性化を図ることが課題となります。

官僚制の逆機能

公式化段階の課題として挙がった**官僚制の逆機能**とは、官僚制が行きすぎることによって生じるデメリットのことです。官僚制の逆機能として主なものに、**形式主義**、**目的の置換**、**繁文縟礼**（はんぶんじょくれい）、**セクショナリズム**などがあります。

形式主義とは、規則の順守に固執しすぎて環境の変化に対応できなくなってしまうことです。また、規則を守ることに固執するあまり環境の変化に対応できなくなった人のことを、**訓練された無能**といいます。**目的の置換**とは、目的と手段が逆転してしまうことです。**繁文縟礼**とは、組織を効率的に管理・運営するために作られたはずの規則や手続きが煩雑になりすぎて、業務の効率がかえ

って低下してしまうことをいいます。**セクショナリズム**とは、組織全体の利益よりも自部署の利益を優先してしまうことです。これがいきすぎると、複数の部署に跨る仕事がたらい回しにされたり、自部署の権益を守るため他部署に情報を出したがらなくなったりといった、組織全体の利益に反する行動が取られるようになってしまう恐れがあります。

職場集団の行動様式

集団の凝集性とは、集団がメンバーを引きつけて集団の一員となるよう動機付けする度合いのことです。集団の凝集性が高いほど結束力が高くなりますが、意思決定を行う際、少数意見を持つ人に暗黙のうちに多数派の意見に合わせることを強制する**同調圧力**も高まりがちになります。

帰属集団の威信が高い場合やその集団以外に他に帰属する集団（代替的選択肢）がない場合、集団への目標の一体化の度合いが高くなり、集団の目標を自分の目標として認識しやすくなります。

集団での意思決定の方が短絡的になる傾向のことを**集団思考（グループシンク）**といいます。集団思考は集団浅慮とも言い、集団の凝集性が高い場合やライバルが存在する場合に発生しやすくなります。

集団思考の兆候としては、自分たちの集団の能力の過大評価や、自分たちが正しいのは当然という独自の道徳観、同調圧力などが挙げられます。集団思考への対策としては、あえて議論に批判する役割を作ったり、外部からの意見を積極的に取り入れるようにするといった方法があります。

ちなみに、集団思考が進み、集団で意思決定を行ったときの方が1人で意思決定するときよりも極端な判断をしてしまうことを**グループシフト**といいます。なかでも、よりリスクの高い判断をしてしまうことを**リスキーシフト**といい、反対に、より保守的な判断をしてしまうことを**コーシャスシフト**といいます。

コンフリクトとは、組織の中で相反する意見が生じることで起きる対立や軋轢、衝突などのことです。コンフリクトは、組織の内部で分配される経営資源の配分に差がある場合や、各組織が権力を求める場合、組織が相互依存関係にある場合、組織が扱うタスクに不確実性がある場合、組織間でパワーが拮抗している場合に発生しやすくなります。

コンフリクトの解決のためには競争や和解、回避、妥協、協力といったような方法をとる必要があります。また、コンフリクトにはお互いに競争することで意識が高まったり、和解や協力の過程で相手をより深く理解できたりといったプラス面もあります。そのため、コンフリクトを戦略的に活用して組織の活性化に役立てるという手段が取られる場合もあります。

すぐやる！過去問コーナー

■ 組織構造論
レベル1　R3-18, R3-19, R2-14, R2-15, R2-18, R1-15, H30-21, H29-14, H28-14, H28-17
レベル2　R3-14, R1-13, H24-12, H24-14

11. 組織構造の形態

	構造	メリット	デメリット
機能別組織	個々の機能を単位化 経営者 — スタッフ （個々の機能ごと） 総務部（1課・2課）／製造部（1課・2課・3課）／営業部（1課・2課）	①役割分担の明確化 ②専門性が発揮できる ③規模の経済 ④組織の統制が容易	①トップの意思決定の遅れの発生 ②機能部間のセクショナリズム ③全社的なマネジメントをできる人が育ちにくい ④利益責任の所在が不明確
事業部制組織	事業部を置いた分権式 経営者 — スタッフ （個々の事業部が各機能を持つ） 食品事業部（製造部・営業部）／飲料事業部（製造部・営業部）	①トップは戦略に専念 ②現場の状況に即応 ③下位管理者のモチベーションアップ ④次代の経営者養成	①機能の重複→コストアップ ②短期的判断になりやすい ③事業部間のセクショナリズム
カンパニー制組織	カンパニーでさらに分権化 経営者 — スタッフ 食品カンパニー（A事業部・B事業部）／飲料カンパニー（C事業部・D事業部）	①経営責任が明確 ②意思決定が早い ③トップの起業家精神を養成	①カンパニー間の連携が取りづらい ②カンパニーの発言力が強くなりすぎる or 本社に逆らえない ③カニバリゼーション（共食い）発生の可能性
持株会社	別会社でさらに分権化 Aホールディングス(株) 食品事業：A食品(株)／飲料事業：A飲料(株)／カフェ事業：Aカフェ(株)	①事業リスクの影響を限定 ②各事業の実態に応じた労働条件が設定可能 ③コストと業績を明確化 ④買収の際、買収先の企業文化を維持可能	①被持株会社間での経営資源の重複 ②傘下の会社の事業運営には関与不能
マトリクス組織	機能別・事業部制のいいとこ取り CEO — A事業部／B事業部／C事業部 総務部／製造部／営業部	①範囲の経済の享受 ②人的資源や情報の共有 ③組織スラックの活用	①ワンマン・ツーボスの状態となりやすい ②管理者による権力争いの発生

【部門間での連携を強化するための手段】

タスクフォース（短期）／プロジェクトチーム（長期）
特別な目的のために各部門からメンバーを集めた組織
→自己完結的な組織で、処理すべき情報量を減らせる

リエゾン（橋渡し）
部門間の連携のための特任の調整担当
→組織横断的な機能を持ち、組織の情報処理力を向上させる

| SHEET 11 | 組織構造の形態 |

組織の構造に関する論点では、それぞれの組織構造の違いやメリット・デメリットについて、1次試験だけでなく、2次試験でもよく問われます。そのため、マークシートの選択肢が選べるというだけでなく、自分の言葉でも説明できるようになりましょう。

機能別組織

機能別組織とは、比較的小さい企業に多い組織構造で、製造、営業、人事といったような個々の機能を機能部門として集約した組織です。例えば、経営トップの下に総務部や製造部、営業部といった機能ごとに分かれた部があり、さらにその下に営業1課、営業2課といったような複数の課があるといったような構造です。

機能別組織のメリット

① 分業化をすることで役割分担が明確化される
② 従業員が個々の専門性を高められるため、各部の専門性を発揮できる
③ 部門間での機能の重複を防ぐことができるとともに、同じ仕事を担当するスタッフが一つの機能部門に集められるため、知識やスキルが共有でき規模の経済を活かせる
④ 意思決定権が経営トップに集中しているため、トップダウンで組織の統制が取りやすい

機能別組織のデメリット

① 経営トップが複数の部を管理しなければならないため、負荷が大きく、経営トップの意思決定に遅れが生じる恐れがある
② 各機能部門間にセクショナリズムが生じ、部門間の連携が十分取れなくなる恐れがある
③ 全社的なマネジメントができる人材が育ちにくい
④ 各部の利益責任の所在が不明確となる

事業部制組織

事業部制組織は、規模がやや大きい企業に多い組織構造で、経営トップの下に事業の性質が異なる事業部があり、さらに、それぞれの事業部の下に製造、営業といった機能別の部があるというような構造です。各事業部は取り扱っている製品以外にも、市場や顧客、立地などの基準によって分けられる場合があります。

事業部制組織のメリット

① 事業運営に関する判断は各事業部で行われるため、経営トップは戦略に専念できる
② 各事業部は、現場の状況に応じた対応を迅速に取ることができる
③ 事業運営が各事業部に権限委譲されているため、下位管理者のモチベーションが向上する

④ 次世代の経営者の養成がしやすい

事業部制組織のデメリット

① 事業部ごとに機能部が置かれているため、機能が重複しやすく経営資源に無駄が発生し、コストアップにつながりやすい

② 短期的な利益志向が強まり、短期的判断が取られやすく、中長期的な施策が打ちにくい

③ 事業部間のセクショナリズムが生じやすい

カンパニー制組織

カンパニー制組織は、非常に大きい規模の企業に多く、経営トップの下にカンパニーを置くことで事業部制組織よりさらに分権化を進めた組織です。事業部制組織が各事業部で利益責任を負っているのに対し、カンパニー制組織は各カンパニーが利益責任だけでなく投資責任まで負っているという点に違いがあります。

カンパニー制組織のメリット

① 各カンパニーの経営責任が明確である

② カンパニーごとに意思決定ができるため、意思決定が迅速である

③ カンパニーのトップの起業家精神を養うことができ、将来の経営トップを養成できる

カンパニー制組織のデメリット

① カンパニーの独立性が強すぎるため、カンパニー間の連携が取りづらくなる

② カンパニーの発言力が強くなる、もしくは各カンパニーが本社の意向に逆らえなくなる

③ カンパニー間で事業領域が重複するとカニバリゼーション（共食い）が生じる恐れがある

持株会社

持株会社は、性質の異なる複数の事業を行っている企業に多く、ホールディングス（持株会社）が、複数の事業会社（被持株会社）の株式を所有している形態の組織です。被持株会社は、それぞれ独立した会社として事業を行います。

持株会社のメリット

① ある会社で発生した損害が他社に及ばないよう事業リスクの影響を分散・遮断できる

② 各事業を独立した会社として行うことで各事業の特性に応じた給与体系や勤務時間、休日などの労働条件を自由に設定できる

③ 各事業を独立した会社として行うことで、コストと業績がより明確になる

④ 企業を買収するときなどは、組織文化の違い等で統合がスムーズに行かない場合があるが、持株会社とすることで買収先の組織文化を生かしつつ、合併と同様の効果が得られる

持株会社のデメリット
① 各々が独立した会社のため経営資源の共有が難しく、被持株会社間で経営資源が重複する
② 傘下の企業の事業運営には関与することができない

マトリクス組織

<u>マトリクス組織</u>は機能別組織と事業部制組織のいいとこ取りを目指した組織です。マトリクス組織は関連多角化した企業に多く、1人の担当者が機能別組織と事業部制組織の両者の機能を求められる形となります。

マトリクス組織のメリット
① 人材の多重利用ができるため範囲の経済が得られる
② 人的資源や情報が共有できる
③ 組織スラック（「12.外部環境と組織」シートを参照）を活用することができる

マトリクス組織のデメリット
① 従業員が事業部にも機能部にも所属している状態となるため、指揮命令系統が二重化し、ワンマン・ツーボスの状態になりがちである
② 管理者による権力争いが起こってしまう

以上のデメリットへの対応方法としては、事業部もしくは機能部のうち、どちらかに強い権限や責任を与えるという方法があります。

部門間での連携を強化するための手段

部門間で連携を強化するための手段としては、主なものに**タスクフォース**や**プロジェクトチーム**、**リエゾン**があります。

タスクフォースと**プロジェクト**は、特別な目的のために各部門からメンバーを集めた組織ですが、比較的短期間のものはタスクフォース、比較的長期間のものはプロジェクトチームと呼ばれる場合が多いです。タスクフォースやプロジェクトチームは、自己完結的な組織であり、そのために、処理すべき情報量を減らすことができます。

リエゾンは、橋渡しという意味で、部門間の連携のための特任の調整担当のことで、組織横断的な機能を持ち、組織の情報処理力を向上させることができます。

すぐやる！過去問コーナー

■ 組織構造の形態
レベル1　R3-15, H29-5, H28-12, H27-12　　レベル2　H28-16

12. 外部環境と組織

資源依存モデル

組織間の資源取引関係に着目した経営環境分析手法
組織は外部環境に経営資源を依存しているため、資源への依存関係をコントロールし、競争優位を確立しようという考え方

外部組織への依存度を決定する要因
- ✓ 資源の重要性（質的・量的）
- ✓ 外部組織が持つ資源をコントロールできる度合い
- ✓ コントロールする必要がある経営資源の集中度

外部組織への依存に対する対応策

①依存関係を回避 〈直接的〉
- ✓ 代替的取引
  資源の供給先を複数持つ
- ✓ 多角化
  その資源に対する相対的な依存度を下げる

②依存しつつも支配を回避 〈間接的〉
- ✓ 交渉
- ✓ 包摂
  利害関係者を社内に取り込む
- ✓ 結託
  共通の目的のために、2つ以上の組織が手を結ぶ

依存度：高　　依存度：低

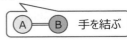
取り込む

手を結ぶ

取引コストアプローチ

内製にするか外注にするかの判断は、より取引コストがかからない方にするという考え方

取引コスト
取引全般にかかるコスト 〈調達コストとは別物〉
- ✓ 取引相手を探す情報分析・評価
- ✓ 取引相手との交渉・契約
- ✓ 契約が正しく実行されるかの管理・モニタリング

取引コストアプローチの方針
外注する場合の取引コストが
　大きい→内部化
　小さい→外部化

取引コストが上昇する要因
- ✓ 機会主義的行動 〈自分だけ儲かればいいや〉
- ✓ 不確実性・複雑性
- ✓ 情報の非対称性
- ✓ 関係特殊的投資

例：中古車
売り手は事故歴や補修歴を知ってるけれど買い手は知らない

関係特殊的投資のイメージ

設備費を一部負担するんだから要望聞くよね？　設備投資　文句いいづらい……
発注元　サプライヤー

組織のコンティンジェンシー理論

経営環境に応じて組織を変化させるべき、という考え方

ローレンス＆ローシュ
組織の分化と統合という2つの概念と環境との関係について説明

[不確実性が低い環境]
分化の程度：低　統合の程度：低

[不確実性が高い環境]
分化の程度：高　統合の程度：高

分化で起こるコンフリクトを高い統合機能で解決

バーンズ＆ストーカー 〈人の名前は覚えなくてOK〉

[安定的な環境]　　　　　[不安定な環境]

かっちり　　　　　　　変幻自在

機械的システム
- ✓ 分析型アプローチが有効
- ✓ 大量生産向き
- ✓ 組織や上司の指示に従う

有機的システム
- ✓ プロセス型アプローチが有効
- ✓ 個別生産・装置生産向き
- ✓ タスクや仕事そのものへのコミットメントが強い

[参考]不確実な環境への対応

組織スラックの活用
自己完結型組織 ─ プロジェクトチーム／タスクフォース

組織スラック：組織における余裕資源 〈ハンドルの遊びのようなもの〉
- ✓ 緊急事態に対応
- ✓ 複数の利害関係者の利害を調整
- ✓ イノベーション遂行のための資源になりうる
- ✓ スラックが多く存在すると、コンフリクトが発生しにくくなる

SHEET 12　　外部環境と組織

資源依存モデル

　資源依存モデルとは、組織間の資源の取引関係に着目した経営環境分析の手法で、企業を始めとする組織は外部環境に経営資源を依存しているため、資源の依存関係をコントロールすることで競争優位を確立しようという考え方のことをいいます。

　組織は程度の大小はあれ、経営資源を外部環境へ依存しています。依存度を決定する要因としては、資源が質的もしくは量的にその組織にとって重要であれば依存度が高くなるという資源の重要性、外部組織の持つ資源の配分方法を自組織がコントロールできなければ依存度が高くなるというコントロールの度合い、組織が必要な経営資源を1つの外部組織からのみ供給されているのであればその外部組織に対する資源依存度は高くなるという、コントロールする必要がある経営資源の集中度、などの要因があります。

　外部組織への依存に対する対応策としては、①依存関係を回避、あるいは、②依存しつつも支配を回避するという2通りがあります。①依存関係の回避では、例えば、複数の仕入先から調達を行うといったように、資源の供給先を複数持つ代替的取引や、事業の多角化によりその資源に対する相対的な依存度を下げるという対応策があります。

　また、②依存しつつも支配を回避するという方策では、外部組織と条件を話し合うといったような**交渉**や、取引先の銀行OBを会社の取締役にして口利きをさせるといったような、利害関係者を社内に取り込む**包摂**（ほうせつ）、共通の目的のために2つ以上の組織が手を結ぶ**結託**といった方策があります。

取引コストアプローチ

　取引コストアプローチとは、企業活動に必要な資源を企業内部で調達するか、外部から調達するかの判断は、それぞれの調達方法の取引コストの大小で決まるという考え方です。

　取引コストとは、取引以前の情報分析や評価から、取引後の管理・モニタリングまでの取引全般にかかるコストのことをいいます。例えば、適切な取引相手を探すために行う情報分析や探し出した取引先が取引の相手として相応しいかについての評価、取引相手との条件交渉や契約書の作成、契約にかかるコスト、さらに契約後に契約が正しく実行されたかを組織のメンバーが管理・モニタリングするためにかかるコストなどが取引コストとして挙げられます。

　そして、取引コストアプローチの考え方に基づけば、外部から調達する場合の取引コストが大きければその取引を内部化し、小さければ取引を外部化するという方針をとります。

　取引コストが上昇する要因としては、「自分だけが儲かればいいや」という**機会主義的**な行動をとりやすい場合、その取引に不確実性や複雑性がある場合、例えば中古車の取引において、売り手はその車の事故歴や補修歴などを知っているが、買い手はその車に関する十分な情報を持つことが

65

できないといったような**情報の非対称性**がある場合などが挙げられます。また、他には発注元が発注先の設備費の一部を負担して設備を建設させ、発注元で必要な製品を製造させるという**関係特殊的投資**が行われている場合などが挙げられます。

組織のコンティンジェンシー理論

組織のコンティンジェンシー理論とは、組織は経営環境の状況に応じて変化させるべきという考え方のことです。その主なものに、ローレンス&ローシュの理論とバーンズ&ストーカーの理論があります。（ちなみに、これらの人名は覚えておく必要はありません。）

ローレンス&ローシュの理論は、組織の**分化**と**統合**という2つの概念と環境との関係について説明したものです。例えば、需要が安定しているロングセラー商品を作り続けている企業のような、不確実性が低い環境では、分化の程度も統合の程度も低くて済みますが、不確実性の高い環境では、環境変化に迅速に対応するため分化の程度が高くなり、分化に伴って発生するコンフリクトを解決するため、統合の程度も高くなるといった考え方です。

バーンズ&ストーカーの理論では、安定的な環境では**機械的システム**が、不安定な環境では**有機的システム**が有効だと提唱しています。**機械的システム**とはピラミッド型組織のようなシステムで、組織や上司の指示に従う傾向が強く、大量生産向きで分析型アプローチが有効に機能するシステムです。それに対し、**有機的システム**とは、特定の形を持たないネットワーク型組織のようなシステムで、タスクや仕事そのものへのコミットメントが強く、個別生産や全工程が自動化されたプラントなどの装置生産向きで、プロセス型アプローチが有効に機能するシステムです。

[参考] **不確実な環境への対応**

不確実な環境への対応には、他にも**組織スラック**の活用やプロジェクトチーム、タスクフォースといった自己完結型組織の活用という方法も有効であるとされています。

なお、組織スラックとは、組織における余裕資源のことで、いわば、ハンドルの「遊び」のようなものを指します。適切な組織スラックを持たせることで、緊急事態への対応が可能となり、複数の利害関係者の調整が行えるなど、イノベーション遂行のための資源になり得ます。

また、スラックが多く存在すると、コンフリクトが発生しにくくなります。

すぐやる！過去問コーナー

■ 資源依存モデル
レベル1　R3-20, H25-7(1)(2)　　レベル2　R1-19, H26-18, H25-4

■ 取引コストアプローチ
レベル1　なし　　レベル2　H28-3, H25-6(2)

■ 組織のコンティンジェンシー理論
レベル1　H27-19　　レベル2　R2-16, H25-11

コラム　企業経営理論の学習方法

　企業経営理論は、多くの方が関心を持ち学習自体は楽しいと感じる一方、試験ではなかなか高得点が取りづらい科目です。高得点を取りづらい要因は様々ですが、その大きな要因として、問題文や選択肢の日本語が長く、難解であるという点が挙げられます。

　この対策としては、試験独特の出題パターンや問題の解き方に慣れ、知識を確実に解答に結び付けられるような練習を積むことが重要となります。試験独特の出題パターンについては、P.85 のコラムで紹介していますので、ぜひご参照ください。

　また、出題パターンへの慣れに加え、企業経営理論でよくある、長く難しい日本語対策としては、「誰かに説明するつもりで解く」ということも有効です。もし、誰かにある問題について説明を求められた場合、なぜこの選択肢が誤り/正しいのかについて納得してもらうためには、その文章の中で自分はどこに着目し、なぜそれが誤り/正しいと考えたのかについて論理立てて説明する必要があります。「なんとなく間違っている気がするから」や「なんか合っていそうな気がするから」といった理由では、十分相手を納得させることができません。

　誰かに説明するつもりで解くことを繰り返すと、徐々に問題文中の着眼点や正誤の判断の基準が身についてきます。また、他人が納得できるよう論理立てて説明するということは、2次試験で解答を作成する際にも重要となります。

　特に企業経営理論に苦手意識を持っている人や、知識はあるつもりだけど点数は取れない方は、意識的に人に説明するつもりで解くことを心がけてみてください。

　なお、企業経営理論では、特に組織論やマーケティング論で多くの人が知らない用語や理論が出題される場合があります。このとき、知らないからといって知識の幅を広げようとしても、膨大な試験範囲の中では時間と記憶の容量がいくらあっても足りず、かえって混乱をきたしてしまう場合もあります。そのため、まずは今持っている知識を確実に得点に結びつける練習を優先し、余裕があれば知識の幅を広げるといった形をとる方が効率的ですし、企業経営理論で得点を取るための近道でもあります。

　企業経営理論は、2次試験にも通じる重要な科目ですので、ぜひ「人に説明できる」レベルを目指し、合格点を勝ち取りましょう。

13. モチベーション理論

【モチベーション理論の全体像】

覚え方：味はマックのハンバーグランド 店舗拡大目標に衛生面の充実達成

※ネズミです

マズロー 欲求段階説	アルダファー ERG理論	アージリス 成熟・未成熟理論	マグレガー XY理論	ハーズバーグ 動機付け 衛生理論	マクレランド 達成動機説	内容理論
自己実現／承認（自己確認的・対人的）／所属／安全（対人的・物理的）／生理的　※不可逆的	成長 Growth／関係 Relatedness／生存 Existence　※どれもありうる	期待理論	公平説	強化説	目標設定理論	過程理論

貴公、強め

その他に「内発的動機付けと外発的動機付け」「職務特性モデル」

【内容理論】 何に動機付けられるかに着目

提唱者	アージリス	マグレガー	ハーズバーグ	マクレランド
理論名	**成熟・未成熟理論**	**XY理論**	**動機付け・衛生理論**	**達成動機説**
主張	人は未成熟から成熟へと行きたがる	X:性悪説 Y:性善説 Yのやる気を出すには？	「満足する要因」と「不満足を解消するだけの要因」がある	高い達成意欲を持つ人達がいる、その人たちを伸ばそう！
具体策	職務拡大（ジョブエンラージメント）水平方向	目標管理制度(MBO)	職務充実（ジョブエンリッチメント）垂直方向	中程度のリスク(50%) フィードバック

【過程理論】 動機付けされるプロセスに着目

理論名	**期待理論**	**公平説**	**強化説**	**目標設定理論**
どんな人？	打算的で快楽主義	人と比べて不満たらたら	報酬に釣られる人	ドM
働かせるには？	頑張るといいことあるかも ブルーム：期待×魅力 ローラー：努力→業績 業績→報酬 の可能性	公平な状態にするよ 不公平と感じた場合、それを是正する	頑張ったらご褒美あげる 外発的要因が対象 連続強化より部分強化	厳しいと頑張る…… 目標を受け入れているときは明確で難しい目標の方が高い成果 フィードバックが得られると効果UP

【その他のモチベーション理論】

内発的動機付け
- 仕事そのものの楽しさ
- 有能感、満足感
- 自己決定の感覚

↕

外発的動機付け
- お金など他人から貰うもの（賞賛以外）

コンピテンス概念：R.W.ホワイト

自らの潜在的能力（有能性） ＋ 環境への働きかけ

によって自らの有能性を追求しようとする動機付け

覚え方：ホワイトハウスの人は有能

職務特性モデル：J.R.ハックマンと G.R.オルダム
職務の特性そのものが動機付けに影響を与える
- 技能多様性：いろいろなスキルが必要
- タスク重要性：他者に重要なインパクトを与える
- タスク完結性：一通りの流れができる
- 自律性（自己決定）：自分なりに工夫できる
- フィードバック：仕事の手ごたえを感じられる

他者からのフィードバックではない

SHEET 13　　モチベーション理論

モチベーション理論の全体像

戦略次第
頻:A　難:3

　モチベーション理論とは、人の仕事などに対する動機付けがどのように行われるかについて整理した理論です。大きく分けて、何によって動機付けられるかに着目した**内容理論**と、動機付けのプロセスに着目した**過程理論**の2つがあります。

　マズローの**欲求段階説**とアルダファーの**ERG理論**は、動機付けの元となる欲求にはどのようなものがあるかを説明した理論です。マズローの**欲求段階説**とは、人間の欲求は5段階のピラミッド状に構成されていて、低い段階の欲求が満たされると、より高い段階の欲求を欲するという理論です。欲求の段階は最も下層から、お腹がすいた、眠いといった**生理的欲求**、安全なところにいたいという**安全欲求**、学校や企業など社会に所属していたいという**所属欲求**、SNSでいいねを押してもらいたいといったような、他人に認められたい欲求である**承認欲求（尊厳欲求）**、自分のありたい姿になりたいという**自己実現欲求**があります。そして、下位の生理的欲求が満たされれば、次の階層の安全欲求を、安全欲求が満たされればその次の階層の所属欲求をといったように、徐々に高い段階へと欲求が不可逆的に変化していきます。

　アルダファーの**ERG理論**は、マズローの欲求段階説に修正を加えたもので、欲求には生存欲求、関係欲求、成長欲求の3つがあるとしています。ERG理論は、**生存**（Existence）、**関係**（Relatedness）、**成長**（Growth）の各段階の頭文字を取ったもので、マズローの欲求段階説では下位の欲求から上位の欲求に不可逆的に変化するとしたのに対し、生存・関係・成長の3つの欲求はそれぞれ、どの段階にも変化し得るとした理論です。

　内容理論は高次の欲求、つまり、欲求段階説でいう自己実現の欲求や承認欲求のうち自己確認的なもの、ERG理論でいう、成長の欲求に対応した理論です。そして、**過程理論**は低次の欲求、つまり、欲求段階説でいう生理的欲求、安全欲求、所属欲求と承認欲求のうち対人的なもの、ERG理論でいう関係欲求、生存欲求に着目した理論です。

内容理論

　内容理論は何に動機付けられるかに着目した理論で、主なものにアージリスの**成熟・未成熟理論**、マグレガーの**XY理論**、ハーズバーグの**動機付け・衛生理論**、マクレランドの**達成動機説**などがあります。

　アージリスの**成熟・未成熟理論**は、人は未成熟な状態から成熟した状態へと進化したがるという考え方に基づき、モチベーションを高めるためには職務の幅を広げ、成熟したいという欲求を満たす必要があると提唱しました。そして、そのための手段としては、例えば、一つの作業しかできなかった人に、別の作業も経験させることで多能工化するといったような**職務拡大（ジョブ・エンラージメント）**が有効であると提唱しました。

マグレガーの**XY理論**では、人には性悪説的なネガティブな部分（X理論）と性善説的なポジティブな部分（Y理論）の2つの側面があり、自己実現を目指すY理論の要素が強い人材は、自らが設定した目標に対してはそれを達成するために積極的に働くため、**目標管理制度（MBO）**の導入などにより、企業の目標と従業員の目標を一致させることが重要であると提唱しました。

ハーズバーグの**動機付け・衛生理論**では、例えば、仕事のやりがいや仕事の達成感、その仕事をすることによる自身の成長の可能性といった、十分であると仕事への満足度が高まる要因と、給料や職場環境、企業の方針、人間関係といった、不十分であると不満足感が高まる要因の2つがあると提唱しています。前者を**動機付け要因**、後者を**衛生要因**といいます。そして、衛生要因が満たされると、不満足要因は解消するものの、それだけでは従業員のやる気は引き出せず、動機付け要因を刺激することで、従業員のやる気を引き出すことができるとしています。具体的には、これまで担当していた仕事の範囲内で、よりレベルの高い仕事に挑戦させるといったような業務の質的な充実を図る施策である**職務充実（ジョブ・エンリッチメント）**が必要だと提唱しています。なお、アージリスの成熟・未成熟理論における職務拡大は水平方向への業務の範囲の拡大、ハーズバーグの動機付け・衛生理論における職務充実は垂直方向への業務の拡大というイメージです。

マクレランドの**達成動機説**では、より良い成績をあげたいという達成意欲である達成動機の高い人は業績達成意識が高い、という考え方が提唱されています。この達成動機の高い人たちは、中程度（50%程度）のリスクを好み、自分の手で仕事を行うことを望み、自分が行った仕事の結果に対してフィードバックを望むという特性があるので、これらを満たすことで動機付けすることができるとされています。

過程理論

過程理論は、動機付けされるプロセスに着目したもので、主なものに**期待理論**、**公平説**、**強化説**、**目標設定理論**などがあります。

期待理論は、ブルームとローラーによって提唱された理論です。ブルームの提唱する理論では、ある行為によって得られる結果の期待値と、その行為によって得られる報酬の魅力の積が大きいほど、モチベーションが高まるとされています。例えば、今勉強を頑張れば診断士試験に受かるかもしれないという「期待」と、診断士試験に受かったら会社で昇進できて年収が上がるという「報酬」の魅力が大きければ大きいほど、モチベーションが高まるといった考え方です。逆にいうと、本人が頑張っても診断士試験には受からないと思ったり、資格を取っても何の役にも立たないと思ったりすると、モチベーションは下がってしまうということです。また、ローラーの提唱する理論では、業務遂行の努力が業績に結び付くであろうという期待と、業績が報酬に結び付く期待の2段階の期待が大きいほど、モチベーションが高まるとされています。

公平説は、同じ努力の量に対する報酬が他人と比べて公平な状態になるように、不公平と感じた場合、それを是正する方向に動機付けされるという考え方です。例えば、工場で時給制で働いてい

る人が自分の貰っている給料が他の人よりも少ないと感じた場合、生産量を減らそうとしますし、過大な給料をもらっていると感じれば、効率を高めて生産量を増やそうとします。

強化説は、人の行動はその行動に結びついている報酬（外発的要因）によって強化されるという理論です。つまり、人は頑張ったらお金がもらえたという経験を得ると、またお金をもらえるよう頑張る、という考え方です。強化説では、連続的に報酬が得られる連続強化よりも、一時的に大きな報酬が与えられる部分強化の方が有効だとされています。

目標設定理論は、目標とモチベーションとの関係に着目した理論です。本人が納得している場合、曖昧な目標よりは明確な目標が、難易度の低い目標よりは難易度の高い目標が、高い成果につながるとされています。また、目標の達成度合いについてフィードバックが得られると、より高い効果が得られます。

その他のモチベーション理論

仕事そのものの楽しさや、有能感、満足感、自己決定の感覚によって人は動機付けされるという考え方を**内発的動機付け**といい、それに対し、お金など（賞賛以外の）他人からもらう報酬によって動機付けされるという考え方は**外発的動機付け**といいます。

また、R.W.ホワイトは、有能感に関する動機付けの理論として、**コンピテンス概念**を提唱しています。コンピテンス概念とは、自らの潜在能力（有能性）と、それが環境に働きかけることで自らの有能性を追求しようとする動機付けという2つの側面を統合した概念です。「ホワイトハウスの人は有能」と覚えると良いでしょう。

J.R.ハックマンと G.R.オルダムによる**職務特性モデル**は、仕事内容、つまり職務特性そのものが動機付けに影響を与えるという考え方です。具体的には、人が動機付けされやすい職務特性には、様々なスキルが必要とされる技能多様性、他の人に重大なインパクトを与えるタスク重要性、最初から最後まで一通りの流れの中で仕事ができるといったようなタスク完結性、自分なりに仕事内容を工夫できるといった自律性、自分のした仕事の手ごたえが感じられるといったフィードバック（他者からのフィードバックではなく、自分で仕事の結果を感じられるというフィードバック）があります。

すぐやる！過去問コーナー

■ **モチベーション理論**
レベル1　R2-19, R2-20, H27-17, H25-13
レベル2　R1-16, H29-16, H26-16, H25-16(1)(2)

71

14. リーダーシップ論

【リーダーシップとは】目標達成のために人々に影響を与える力

| リーダーシップ（パワー）の源泉 | **組織に起因**
✓報酬勢力
✓強制勢力
✓合法（正当）勢力 | **個人に起因**
✓同一視（準拠）勢力
✓エキスパート（専門）勢力 | 制度的リーダーシップ | ✓特定の企業の価値観に則ったリーダーシップ
✓組織文化を伝えていく |

【リーダーシップ論の変遷】

リーダーシップの資質特性論	→	リーダーシップの行動類型論	→	リーダーシップのコンティンジェンシー理論	→	近年のリーダーシップ論
リーダーの個性と資質の関係を明らかにしようとしたけれど、結論は出ず……		行動パターンから類型化		リーダーの置かれている環境にも着目		近年も様々なリーダーシップ論が提唱されている

【行動類型論】行動パターンからリーダーシップのタイプを類型化

> アイオアのレビン民放独占、オハイオ荒廃、人見知りは銃声で参加、PMミス！マネーブレーク無人生

名前	アイオワ研究（レビンの類型論）	オハイオ研究	ミシガン研究	PM理論 三隅 二不二	マネジリアルグリッド ブレーク＆ムートン
特徴	専制型（独裁型） ・放任型（自由型） ・民主型に分類	リーダーの行動は構造づくりと配慮に集約される	参加型・相談型 ・温情的専制型 ・独善的専制型 に分類	リーダーの機能を P：職務遂行機能 M：集団維持機能 の2軸で類型化	リーダーの行動を業績への関心と人への関心の2軸で捉える
良いリーダー	民主型	構造づくりも配慮もできるリーダー	参加型 ×生産性志向 ◎従業員志向	PM型 （PもMも高い）	業績・人への関心が高い9・9型

【リーダーシップのコンティンジェンシー理論】

フィードラーの理論
リーダーが部下と接するときのスタイルと、置かれている状況が合うことが重要

仕事中心型（機械的）／従業員中心型（有機的）	成果 高↔低
リーダーと集団との人間関係	良い ← → 悪い
仕事の内容（構造化の度合い）	明確 ← → 不明確
権限の強さ	強い ← → 弱い

パス・ゴール理論
リーダーは集団の環境的条件や部下の要因によって適切なパス（必要な道）を示し、ゴール（業務目標）の達成を助ける

スタイル	条件・要因	リーダーのあり方
指示型	タスクが曖昧、部下の経験が少ない	具体的な方法・工程を示す
支援型	タスクが明確	気遣い・配慮
参加型	部下の能力・自立性が高い	部下に意見を求める
達成型	努力すれば好業績につながる期待	高い目標を示す

SL理論
部下の発達度に応じてリーダーの行動を変える

	指示的行動 低	指示的行動 高
援助的行動 高	S3 **参加型** 自立を促し、支援する	S2 **説得型** 説明し、疑問に答える
援助的行動 低	S4 **委任型** 権限を委譲する	S1 **教示型** 具体的に指示

人間関係志向／仕事志向

【近年のリーダーシップ理論】

変革的リーダーシップ
リーダーは従来の管理能力だけでなく、変化に対応する変革能力も必要

| リーダーに必要な能力 | ✓変革ビジョン設計　✓コーチング
✓変革共有コミュニケーション　✓動機付け |

リーダー・メンバー交換（LMX）理論
リーダーとメンバーの関係に着目

外集団　組織の規定に基づいた上下関係　⇔　**内集団**　単なる上下関係以上の関係

> リーダーはより多くの人を内集団へ

SHEET 14　　リーダーシップ論

リーダーシップとは

　リーダーシップとは目標達成のために人々に影響を与える力のことをいいます。リーダーシップの源泉としては組織に起因するものとして、給料の査定ができるといったような**報酬勢力**や、業務命令に従わない場合に罰を与えられるといったような**強制勢力**、社内において認められている地位に伴うような**正当勢力**があります。また、個人に起因するものとして、その人のようになりたいというような**準拠勢力**や、その人なら高い専門性を持っているというような**専門勢力**があります。なお、特定の企業の価値観に則ったリーダーシップのことを、制度的リーダーシップといいます。この制度的リーダーシップは組織文化を伝えていく役割も有しています。

リーダーシップ論の変遷

　リーダーシップに関する理論については、これまで様々な議論が行われてきました。時代を追って見ていくと、まずはリーダーの個性とリーダーとしての資質の関係性を明らかにしようとしたリーダーシップの**資質特性論**というアプローチがありました。しかし、当時の研究では科学的に証明できる結論を得ることはできませんでした。次に、リーダーの行動パターンからリーダーシップとはどのようなものかを類型化する、リーダーシップの**行動類型論**という考え方が現れました。その後、リーダーの行動だけでなく、リーダーの置かれている環境にも注目すべきだというリーダーシップの**コンティンジェンシー理論**が着目されるようになりました。さらに、近年では、リーダーの資質を個人的特性に求める新資質特性論などが唱えられるようになりました。

行動類型論

　行動類型論は行動パターンからリーダーシップのタイプを類型化するという考え方で、**アイオワ研究**、オハイオ研究、**ミシガン研究**、PM理論、**マネジリアルグリッド**などがあります。
　アイオワ研究（レビンの類型論）では、リーダーシップのタイプをリーダーがすべてを決める**専制型**（独裁型）、個々の裁量に任せる**放任型**（自由型）、組織のメンバーみんなで決める**民主型**の3つに分類しました。そして、その中で最も理想的なリーダーシップは、**民主型**であるとしています。
　オハイオ研究は、リーダーの行動を**構造づくり**と**配慮**という2点において特徴付けたものです。構造づくりとは、インフラ整備や部下の課題管理のことで、例えば、部下に程よいハードルの仕事を与えるといったことです。また、配慮とは部下への気配りやアイディアの尊重などで信頼を構築し、より良い人間関係を築いていくということです。オハイオ研究では、この構造づくりも配慮も両方できるリーダーが望ましいリーダーであるとしています。

ミシガン研究ではリーダーの特徴を**参加型**、**相談型**、**温情的専制型**、**独善的専制型**の４つに分類しています。**参加型**は部下の意見などを積極的に取り上げ、建設的に活用するリーダーシップで、**相談型**は基本的方針や全般的決定はトップが行い、個別問題は部下に権限委譲するという形のリーダーシップです。**温情的専制型**は、多くの意思決定・目標設定はトップが行い、あらかじめ決められた範囲では部下も決定できるという形のリーダーシップで、**独善的専制型**は、すべての意思決定をリーダーが行うという形のリーダーシップです。そして、最も良いリーダーは、生産性に対してよりも従業員に対する志向を重視する**参加型**のリーダーであるとされています。

PM理論は三隅二不二が提唱した理論で、リーダーの機能を P：Performance（職務遂行機能）と M：Maintenance（集団維持機能）の２軸で類型化したものです。「P」職務遂行機能とは、生産に対する志向で、組織目的を達成させることであり、「M」集団維持機能とは、人への志向のことで、メンバー間のコンフリクトを解消していく力を表します。最も良いリーダーは、PもMも高い**PM型**とされています。

マネジリアルグリッドはブレークとムートンが提唱した理論で、リーダーの行動を業績への関心と人への関心の２軸で捉えたものです。業績への関心とは生産に対する志向のことで、人への関心は人に対する志向のことです。そして、最も良いリーダーは、業績や人に対して関心の高い**9・9型**とされています。

リーダーシップのコンティンジェンシー理論

フィードラーの理論

フィードラーの理論は、リーダーと部下が接するときのスタイルと置かれている状況が適合することが重要だという考え方です。フィードラーの理論では、リーダーと集団との人間関係が良い場合や仕事内容が明確である場合、リーダーの権限が強い場合、もしくは逆にリーダーと集団との人間関係が悪い場合や仕事の内容が不明確な場合、リーダーの権限が弱い場合は、機械的な仕事中心型のリーダーシップが高い成果を上げるとされています。それに対し、リーダーと集団との人間関係や仕事内容の明確さ、リーダーの権限の強さが中間的な状況であるときは、有機的な従業員中心型のリーダーシップが望ましいとされています。

パス・ゴール理論

パス・ゴール理論は、リーダーは集団の環境的条件や部下の要因によって適切なパス（必要な道）を示し、ゴール（業務目標）の達成を助けるべきという考え方です。パス・ゴール理論では、リーダーシップのスタイルは**指示型**、**支援型**、**参加型**、**達成型**の４つに分類されます。

指示型はタスクが曖昧で部下の経験が少ない状況で求められるリーダーシップで、部下に具体的な仕事の達成方法や工程を示します。**支援型**はタスクが明確な場合に求められるリーダーシップで、気遣いや配慮を重視します。**参加型**は部下の能力や自立性が高い場合に求められるリーダーシップ

で、リーダーは決定を下す前に部下に意見を求め、部下の提案を活用します。**達成型**は努力すれば高い業績につながる期待がある場合に求められるリーダーシップで、リーダーは高い目標を示し、部下に全力を尽くすよう求めます。

SL理論

SL理論とは、シチュエーショナル・リーダーシップ理論（Situational Leadership）の略で、状況対応型リーダーシップとも呼ばれ、部下の発達度に応じてリーダーの行動を変えていくべきという理論です。

SL理論では、リーダーのあり方について、援助的行動（人間関係志向）の高低と指示的行動（仕事志向）の高低で4つの象限に分けています。そして、有効なリーダーシップは部下の成熟度のレベルによって、S1の**教示型**からS2の**説得型**、S3の**参加型**、S4の**委任型**へと変化していくとしています。

S1の**教示型**は部下の成熟度が最も低いときに向いていて、具体的に指示を与える一方通行型のリーダーシップです。S2の**説得型**は、こちらの考え方を説明して、疑問に応える双方向型のリーダーシップです。S3の**参加型**は、部下の自立を促し、部下との対話の下、考えを合わせて決められるように支援する双方向型のリーダーシップです。S4の**委任型**は、最も部下が成熟している場合に向いていて、権限を委譲し、仕事遂行の責任をゆだねる最小限のリーダーシップです。

近年のリーダーシップ理論

変革的リーダーシップは、リーダーは従来の管理能力だけでなく、変化に対応する変革能力との両立が必要という考え方です。変革的リーダーに必要な能力としては、魅力のある明確なビジョンを設計する変革ビジョン設計、それを共有するコミュニケーションを行う変革共有コミュニケーション、変革ビジョンを実現するために部下の技術的な支援を行うコーチング、変革ビジョンを実現するために部下の心理的な支援を行う動機付けが挙げられます。

リーダーメンバー交換（LMX：Leader-Member eXchange）**理論**は、リーダーとメンバーの関係に着目した理論です。この理論は、組織の規定に基づいた上下関係を**外集団**、単なる上下関係以上の関係を**内集団**とし、リーダーはより多くのメンバーを内集団へと移行させるよう関係を構築すべきと考えます。

すぐやる！過去問コーナー

■ リーダーシップ論
レベル1　R3-16, H30-17, H24-15(1)　　　レベル2　R1-17, H24-15(2)

15. 組織の活性化

 組織文化 組織で共有された価値・信念・行動パターン

組織文化の形成要因
- 物理的に近い
- 同質性が高い
- コミュニケーションが多い
- 協力し合う関係が築けている
- 帰属意識高揚策が取られている

※ 組織文化が強固に作られすぎると「斉一性の圧力」で硬直化する場合も

組織文化を強固なものとするには
- 構成員の関心度を高める
- 一体感を高める
  → フェイスツーフェイスのコミュニケーション
  → 経営層の想いを伝える など

 フェイスツーフェイス

組織文化の類型

 組織改革 組織が大きな環境変化に直面した場合、環境の変化に対応し、既存組織の変革を図る

【組織活性化の主な方法】
① 組織文化の変革：全社としての取り組み
② 組織学習（高次学習）：中間層に権限を付与
③ 人材のダイバーシティ：人材レベルでの変革

- トップ（トップを変える）
- ミドル（ミドルを変える）
- ロワー（みんなを変える）

【組織文化の変革】
組織が成熟段階に達し、組織文化が硬直し環境変化に対応できない場合、パラダイム・レベルでの組織文化の変革が必要

変革の必要性の認識 → 変革の遂行

- リッチな情報の入手
- コンフリクトの活用
- 組織構造の再編成
- 変革の必要性の説明
- 現経営陣の大量交代

変革に対する抵抗が生じる理由
- 既得権益
- 現状維持への力
- 有能性のわな
- 埋没コストが生じる
- 必要性の認識不足

変革は認めん！ 既得権益

【両利きの経営】

ラディカルイノベーション ― 探索 ←バランス良くやろう！→ 深化 ― インクリメンタルイノベーション

新たな事業機会の発掘　　既存事業の深堀り

両利きの経営の成功要因
- 探索と深化の必要性を正当化する戦略的な意図を明確にする
- 新規事業の育成と資金提供に経営陣がコミットする
- 新規事業が独自の組織運営を行えるよう、既存の深化型事業から十分な距離を置く
- 新規事業と既存の深化型事業にまたがる共通のビジョン、価値観、文化を醸成する

【組織学習】
組織学習のサイクル

①個人の知識 → ②個人の行動 → ③組織の行動 → ④環境変化 →（①へ）

- 役割制約的学習
- 曖昧さのもとでの学習
- 傍観者的学習
- 迷信的学習

組織学習の失敗は各段階に断絶が起き学習のサイクルが不完全なものになることで生じる

組織学習のレベル

組織の活性化には高次学習が必要

低次学習（シングルループ学習）	高次学習（ダブルループ学習）
漸進的な変化（徐々に変わる）一定の価値の下で行動し、それを繰り返すことにより強化	革新的な変化（一気に変わる）既存の価値の枠組みを超えて行う学習

高次学習の具体的方法
① 権限委譲
② 様々な視点を持った参加者の活用
③ 過程主義から成果主義への評価体系変更
④ 成功・失敗経験のデータベース化と情報の共有
- 高次学習の質は組織の吸収能力に依存

人材のダイバーシティやオープンイノベーション

研究開発投資で吸収能力UP

【人材のダイバーシティ】 多様な人材の活用

人材のダイバーシティと組織活性化
- 人材のダイバーシティにより、多様な視点を組織に取り込むことが、組織の活性化につながる

人材のダイバーシティの具体的方法
- 既存の採用方法とは異なる人材の採用（外部人材の採用）
- 既存の人材の活用方法とは異なる人事制度の採用（アファーマティブ・アクションを含む内部人材の活用施策）

SHEET 15　　組織の活性化

組織文化

組織文化とは、組織で共有された価値や信念、行動パターンのことです。強固な組織文化は、組織のメンバーがお互い物理的に近接しており、メンバーの同質性が高く、コミュニケーションを取ることができ、協力し合う関係にあり、組織への帰属意識の高揚策が取られている場合に形成されます。ただし、組織文化が強固に作られすぎると、「場の空気」のように組織の内部で異論や反論などがしにくくなる**斉一性の圧力**が働き、組織が硬直化していく恐れもあります。

組織文化を強固なものとするためには、例えばフェイス・ツー・フェイスのコミュニケーションや、経営層の想いを伝える場の設置などによって、組織の構成員の関心度を高めたり、組織の一体感を高めたりするという方法があります。

また、K.キャメロンとR.ワインは、組織文化を柔軟性と安定性、外向的と内向的の2つの軸により4つに分類しました。柔軟性が高く外向的な文化は、**企業家的（アドホクラシー）文化**といい、創造性を志向し、イノベーター的な創造性を持つリーダーが求められます。柔軟性が高く内向的な文化は**仲間的（クラン）文化**といい、協調を志向し、ファシリテーター的なチーム内の協調を重視するリーダーが求められます。安定性が高く内向的な文化は**官僚的（ハイアラーキー）文化**といい、組織の統制を志向し、規則や手続きを重視したリーダーが求められます。安定性が高く外向的な文化は**市場的（マーケット/ミッション重視）文化**といい、競争を志向し現実主義的で競争を推進するリーダーが求められます。

組織改革

組織活性化の主な方法

組織は、ありたい姿を実現するために組織を活性化していく必要があります。特に、大きな環境変化に直面した場合は、それに対応するために、既存の組織構造の大きな変革が必要です。

組織活性化の主な方法としては、全社としての取り組みである**組織文化の変革**、中間層に権限を付与して組織を変えていく取り組みである**組織学習**、人材レベルでの変革を図る**人材のダイバーシティ**などがあります。それぞれトップの変革、ミドルの変革、ロワーの変革に該当します。

また、成熟段階に達している組織では、組織文化が硬直して、環境変化に対応できなくなってくる場合もあります。この場合、環境変化に対応するには、パラダイムレベルでの深い**組織文化の変革**が必要となります。

組織文化の変革のためには、まずは組織が変革の必要性を認識する必要があります。そのためにはリッチな情報を入手し、場合によっては部署間の衝突などのコンフリクトを活用するという方法があります。なお、**リッチな情報**とは、顧客や従業員の生の声のような、加工されていない多様な解釈を導き出せる情報のことをいいます。

そして、変革の必要性を認識した上で、変革を遂行していきます。その方法としては、組織構造の再編成や、なぜ改革が必要なのか繰り返し説明することで社内意識を改革することや、場合によっては現在の経営陣の大量交代などのドラスティックな方法が取られます。これらの変革は企業のトップに関わる非常に大きな変革になりますので、変革に対する抵抗が生じる場合があります。変革に対する抵抗が生じる理由としては、変革により既得権益が失われる、現状を維持しようという力が働く、有能であるが故に既にある程度の水準を満たしており、変革を起こそうと思わないという**有能性のわな**が生じている、変革を実行した場合これまで投資してきたものが無駄になる**埋没コスト**の発生、変革の必要性の認識が十分されていない、といった理由が挙げられます。

両利きの経営

両利きの経営とは、新たな事業機会の発掘である**探索**と、既存事業の深堀である**深化**をバランスよく行うべきという考え方です。両利きの経営の成功要因としては、以下のような要因が挙げられます。

- 探索と深化の必要性を正当化する戦略的な意図を明確にする
- 新規事業の育成と資金提供に経営陣がコミットする
- 新規事業が独自の組織運営を行えるよう、既存の深化型事業から十分な距離を置く
- 新規事業と既存の深化型事業にまたがる共通のビジョン、価値観、文化を醸成する

組織学習

組織学習は個人の学習を通じて行われます。まず、個人の知識が経験をもとに変化する（①**個人の知識**）と、次に、その人の行動が変わります（②**個人の行動**）。その結果、組織全体の行動に変化が起こり（③**組織の行動**）、結果として環境の変化を導きます（④**環境の変化**）。個人はこの環境変化の経験をもとに、自分の知識を修正します（①**個人の知識**）。

組織学習の失敗はその各段階に断絶が起き、組織学習サイクルが不完全なものになることで生じます。①から②の段階で起きるのが、**役割制約的学習**で、与えられた役割や手続上の制約により、個人が行動に出ることができない状態です。②から③の段階で起きるのが**傍観者的学習**で、個人の学習成果が組織の行動に活かされず、個人が傍観者となっている状態です。③から④の段階で起きるのが**迷信的学習**で、組織の行動とそれが環境に与える効果の因果関係がわかりにくい状態です。④から①の段階で起きるのが**曖昧さのもとでの学習**で、環境の変化が起きても個人には何が生じたか、なぜそれが生じたかがわからない状態です。

組織として行っていく学習、つまり組織学習は、**低次学習**と**高次学習**の２つに分類できます。

低次学習は**シングルループ学習**とも呼ばれ、一定の価値観のもとでの行動を繰り返すことによって学習を強化する漸進的な学習です。

それに対し、**高次学習**は**ダブルループ学習**とも呼ばれ、既存の価値や枠組みを超えて行う学習であり、革新的な変化を学ぶ学習です。例えば、ある製品の製造を行っている企業で、製品の生産方法の改善を重ね、不良率を減らしていくという活動はシングルループ学習に、これまで扱ってこなかった新しい製品の開発を行うという活動はダブルループ学習に該当します。組織を活性化していく上では、組織学習のうちでも、高次学習が重要となります。

高次学習の具体的な方法としては、以下のような方法が挙げられます。

① 組織のミドル層への権限委譲を行う
② 人材のダイバーシティや産学連携、異業種、異分野の他社などの外部組織と連携して革新を行っていく**オープンイノベーション**などにより、これまでにない多様な視点を持った参加者を加えることで学習を進めていく
③ プロセス重視の過程主義から結果重視の成果主義などへと評価体系を変更することによって革新を進めていく
④ 成功体験や失敗体験などの情報をデータベース化し、共有する

また、高次学習の質は組織がどれだけ知識を獲得できるかという知識の獲得能力や、組織内での情報伝達能力といった、組織の吸収能力に依存します。この吸収能力は、知識を吸収する上での基礎力である、基礎研究や応用研究への継続的な投資によって高めることができます。

人材のダイバーシティ

ダイバーシティとは、多様性という意味であり、**人材のダイバーシティ**とは、多様な人材の活用を意味します。組織は、人材のダイバーシティを進めることによって、人材の多様性を高め、多様な視点を組織に取り込むことができ、それが組織の活性化につながります。

人材のダイバーシティの具体的な方法としては、既存の採用プロセスを見直すことによって、従来とは異なるタイプの外部の人材を採用する方法や、既存の人事制度を見直すこと（新たな育児・介護休暇制度や**アファーマティブ・アクション**の導入など）によって、内部人材をより活用するという方法があります。

なお、**アファーマティブ・アクション**とは、例えば女性比率が少ない企業で女性に限った採用活動を行うなど、マイノリティに対してあえて優遇措置を取ることで、マイノリティの置かれている状況を改善しようという取り組みです。

> **すぐやる！過去問コーナー**
>
> ■ **組織文化**
> レベル1　R3-17, R2-10, H29-19, H27-21
> レベル2　R3-21, H29-21, H26-14, H25-10(1)
>
> ■ **組織改革**
> レベル1　R1-14, H30-18, H28-21, H27-20, H26-21(1), H25-17, H24-18, H24-19
> レベル2　R1-20(2), H27-18, H26-21(2)

16. 人的資源管理

> 各施策の頭文字を取って「幸の日（さちのひ）」で覚える

【雇用管理（採用・配置）】 さ

| 採用 → 配置・異動 → 退職 |

採用
要員計画
↓
採用活動
- ✓ 新卒採用
- ✓ 中途採用
- ✓ 職種別採用
- ✓ インターンシップ
- ✓ RJP

> 悪い情報もありのままに

雇用形態
- ✓ 正規雇用
- ✓ 非正規雇用

非正規雇用の企業側のメリット
- ✓ 需要や収益の変化に対応しやすい
- ✓ 人件費を変動費化できる

非正規雇用の企業側のデメリット
- ✓ モラールが低下しやすい
- ✓ 知識や技能が蓄積しにくい

施策
- ✓ ジョブローテーション
- ✓ 社内公募
- ✓ キャリア開発制度（CDP）
- ✓ 複線型人事

期待効果
- ✓ 従業員のモチベーションUP
- ✓ 教育効果
- ✓ 退職の防止

定年退職
> 70歳までの雇用確保が努力義務に

- ✓ 定年退職
  → 高年齢者雇用安定法
- ✓ 継続雇用制度
  → 勤務延長、再雇用制度
- ✓ 早期退職者優遇制度
  （＝選択定年）
- ✓ 役職定年（一律or役職別）

【報酬制度（賃金）】 ち

給料の払い方
- ✓ 時間
  → 時給、日給、月給、年俸
- ✓ 成果
  → 成果給（インセンティブ）

成果給の期待効果
- ✓ 成果主義、目標管理制度の徹底
- ✓ 賃金総額を抑えつつ、成果を挙げる従業員のモチベーションUP
- ✓ 経営への参加意識

その他の報酬
> 新株予約権を付与

- ✓ ストックオプション
- ✓ 従業員持ち株制度
- ✓ 福利厚生

【能力開発】 の

OJTとOff-JT

	OJT	Off-JT
メリット	短期間ででき低コスト きめ細かい	体系的 新しい知識が得られる
デメリット	短期志向になりがち 効果が上司次第 体系的でない	コストが高い 自社に合った実務能力がつくか不明

OJTと技術伝承
OJTは技術伝承の手段としても活用可能
→ 専任の熟練従業員の起用

自己啓発
従業員が自発的に行う能力開発
- ✓ 社外セミナー参加
- ✓ 通信教育
- ✓ 資格取得

【評価制度】 ひ

人事評価の目的
- ✓ 処遇の決定
- ✓ 配置・教育
- ✓ キャリアパスの計画

人事評価の体系

原因 → プロセス → 成果

職務能力	意欲・態度	職務遂行度
能力評価	情意評価	業績評価

人事評価の課題と対策

評価の課題
- ✓ ハロー効果
- ✓ 中央化傾向
- ✓ 寛大化傾向
- ✓ 論理誤差
- ✓ 対比誤差

← **対策**
- 考課者訓練
- 自己申告制度
- 多面評価（360度評価）

目標管理制度（MBO）

メリット
- ✓ 創意工夫・やる気UP
- ✓ コミュニケーションの機会が増える

デメリット
- ✓ わざと低い目標を立てる
- ✓ 業務による違いがあり統一的な評価が困難

成果主義

メリット
- ✓ 成果を上げる社員のモチベーションUP
- ✓ 人件費の適正配分

デメリット
- ✓ 短期的視点
- ✓ 個人主義になる
- ✓ 社歴の長い社員の士気低下

留意点
- ✓ 公平性・透明性の確保
- ✓ 評価者・被評価者の意思疎通
- ✓ 基準や手続きに関する十分な説明

社内表彰
- ✓ 優れた能力を持つ社員や業績を上げた社員を表彰してモチベーションUPを図る
- ✓ 正規社員にも非正規社員にも使える

コンピテンシーモデル
業務において高い成果を発揮する個人の行動特性をベンチマークとし、人事制度に活用

SHEET 16　　人的資源管理

　人的資源管理の方法には、採用や配置を管理する雇用管理、賃金を管理する報酬制度、人材の育成を行う能力開発、人材の能力や意欲、業績を評価する評価制度の4つがあります。これらの人的資源管理を適切に行うことで、従業員の**モラール**や**モチベーション**を向上させ、仕事の成果を高めるということが期待されます。なお、モラールとモチベーションは、どちらも意欲を意味する言葉ですが、**モラール**とは、団体として意欲もしくは士気が高まっている状態を表し、**モチベーション**とは、団体というよりは個人にフォーカスされており、個人が動機付けされている状態を表します。

雇用管理（採用・配置）

　雇用管理には、人材を組織に加える**採用**、組織の中の人材の処遇を変える**配置・異動**、人材が組織から去る**退職**があります。

採用

　採用においては、要員計画を立て、採用活動を行います。その際、どのような人材を必要としているかによって新卒採用にするのか、中途採用にするのかを検討する必要があります。

　新卒採用は組織文化の継承や愛社精神の育成がしやすく、将来の幹部候補として計画的な求人や研修ができる点がメリットです。それに対し、**中途採用**は即戦力であるため研修コストを抑えることができ、自社にない知識や経験が入手できる点がメリットです。

　採用の形態として職種別の採用なのか、総合職としての採用なのかという点も検討する必要があります。また、新卒採用では、人材のミスマッチを防ぐために、学生が企業で就業体験を行う**インターンシップ**や、企業の良い面だけでなく悪い面についての情報も含めた、ありのままの情報を提供する**RJP**（Realistic Job Preview）などを行う場合もあります。

　雇用形態としては、正規雇用、非正規雇用があります。非正規雇用は企業側にとっては需要や収益の変化に対応しやすい、固定費である人件費を変動費化することができるというメリットがありますが、正規社員と非正規社員の待遇の差などからモラールが低下しやすくなったり、知識や技能が蓄積しにくかったりというデメリットもあります。デメリットへの対応策としては、優秀な非正規社員の正規社員化などがあります。

配置・異動

配置・異動に関する施策としては、定期的に配置を変え、社内の様々な業務を経験させる**ジョブローテーション**や、企業が必要とするポストや職種などの条件を社員に公開し、希望者を公募する**社内公募**、従業員の長期的なキャリア目標を定め、キャリア形成を中長期的な視点で支援していく**キャリア開発制度**（CDP：Career Development Program）、画一的な人事制度を見直し、全国社員や地域限定社員など同じ企業内に複数のキャリアコースを設け多様な人事管理を行う**複線型人事**などがあります。

これらの配置・異動政策の期待効果としては、従業員のモチベーション向上や、教育効果、退職の防止などが挙げられます。

退職

退職には定年退職と自主退職がありますが、退職管理としては定年退職に関するものが中心となります。高齢者が働き続けられる環境整備を目的とした法律である**高年齢者雇用安定法**では、定年年齢は 60 歳以上と定められています。ただし、定年年齢を迎えた後も継続して勤務させる**勤務延長制度**や、一旦退職させた上で改めて雇用する**再雇用制度**などの継続雇用制度を導入していない場合、定年年齢は 65 歳以上となります。また、2021 年からは、70 歳までの雇用確保が努力義務になりました。

これらの制度は、熟練した従業員を継続して雇用できるというメリットがありますが、組織の新陳代謝が進まない、人件費が高止まりするというデメリットもあります。そのため、早期の退職を促す制度として、選択定年制とも呼ばれる**早期退職者優遇制度**や、組織の新陳代謝を促すための制度として、一定年齢になると管理職などの役職を外れる**役職定年制度**などを用いる企業もあります。また、役職定年制度では、一定の年齢で一律に役職を外れる場合と役職別に役職定年が設定されている場合とがあります。

報酬制度（賃金）

報酬の支払い方には、時給、日給、週給、月給、年俸といった、時間に対して給料が支払われるものと、成果給（インセンティブ）のように、その人があげた成果や行った仕事に対して給料が支払われるものがあります。

また、その他の報酬制度としては、従業員にあらかじめ決められた価格で株式を購入できる権利を新株予約権の付与という形で与える**ストックオプション制度**や、企業が従業員に対して自社株を保有させる制度である**従業員持ち株制度**などがあります。さらに、住宅補助制度などの**福利厚生**なども賃金とは別の形の報酬として挙げられます。

成果給は、成果主義や目標管理制度を徹底する、賃金総額を抑えつつ成果をあげる従業員のモチベーションを向上させる、経営の参加意識を高める、などの効果が期待されています。

能力開発

能力開発とは研修などによって、従業員の能力を高めることです。能力開発の種類としては OJT、Off-JT、自己啓発などの手段があります。

OJT とは、On the Job Training の略で、実際に業務を行いながら実施される研修のことです。OJT のメリットとしては、短い期間で研修をすることができ、コストも低く済むという点や、業務内容に応じて、きめ細かい研修ができるという点があります。しかし、短期志向の研修になりがちで、研修の効果が指導する上司次第となる傾向があり、体系的な研修は行いにくいという点はデメリットです。なお、OJT は、技術伝承の手段としても有効に活用することができ、その場合は、熟練作業員が専任で若手に対し OJT による指導を行う方法も有効です。

Off-JT とは、Off the Job Training の略で、業務の場を離れた場で行われる研修のことをいいます。メリットとしては、体系的な知識を得ることができ、新しい知識が得られるという点が挙げられますが、コストが高い、本当に自社に合った実務能力が身につくのかが不明である、という点がデメリットとして挙げられます。

自己啓発とは、従業員が自発的に行う能力開発のことであり、社外セミナーへの参加や通信教育の受講、資格取得などがあります。自己啓発の奨励のために、業務に関連した自己啓発に対し費用の援助を行ったり、時間的な配慮が行われたりする場合もあります。

評価制度

評価制度は、処遇の決定や、配置・教育、キャリアパスの計画を目的として行われます。人事評価の方法としては、仕事の成果を生み出す原因である職務能力を評価する**能力評価**、仕事を行っていくプロセスの中での意欲や態度を評価する**情意評価**、仕事の成果である職務遂行度を評価する**業績評価**があります。評価制度を導入する際は、透明性・公平性を担保することが重要となりますが、評価は人によって行われるものですので、他人の評価による限界も存在します。これを**心理的偏向**といい、代表的なものに**ハロー効果**、**中央化傾向**、**寛大化傾向**、**論理誤差**、**対比誤差**があります。

ハロー効果のハローとは「後光」を意味し、例えば、有名大学を卒業しているのであれば、人格も素晴らしい人だろう、と考えるといったように、何かある特定の項目が際立っている場合、それに引っ張られ、他の評価項目にもその評価が影響することをいいます。

中央化傾向とは、中心化傾向とも呼ばれ、例えば5段階評価のとき、1や5といった極端な評価を付けた際に被評価者からクレームが来ることを恐れて、3ばかりつけてしまうといったように、評価が中心に集まってしまう傾向のことをいいます。

寛大化傾向とは、評価に対する反発の恐れや被評価者への気遣いから、評価がついつい甘くなりがちな傾向のことをいいます。

論理誤差とは、事実を十分確認せずに、推論によって評価を行うことです。論理誤差の例としては、単にペーパーテストの成績が良いだけなのに、TOEIC900点だから英語でのコミュニケーションは完璧だろう、と判断してしまうといった例が挙げられます。

　対比誤差とは、絶対基準でなく、他者を基準において、対象者を比較してしまうことをいいます。相対基準での評価のため、比較対象によって評価がブレてしまいがちになります。

　これらの心理的偏向を防ぐための対策としては、評価を行う人の評価能力を高めるための考課者訓練や自己申告制度、360度評価のような多面評価などがあります。

　なお、**成果主義**とは、業務の成果や、それに至るまでの過程によって評価し、報酬や人事を決定する考え方のことを表しています。一方、社員を家族のように扱う考え方のことを**家族主義**といいます。

　成果主義は、高い能力を発揮する人材のモチベーションが向上し、人件費を適正に配分できるという点がメリットですが、短期主義的志向になりやすく長期的視点での行動が取られにくいという点や、個人主義になりがちで組織的連帯感が醸成されにくいという点、過程が軽視され人材育成が図りにくいという点がデメリットです。成果主義は、職務間の違いが大きい企業では公平な評価制度が難しいため導入が困難です。成果主義の導入にあたっては、公平性や透明性を確保し、情報開示を積極的に行うこと、評価者と被評価者が意見を交わしながら目標管理を実施するなど意思疎通の機会を持つこと、基準や手続きに関し従業員に十分な説明を行い理解を得ること、などについて留意する必要があります。

　目標管理制度（MBO：Management by Objectives）とは、上司と部下で相談して目標を設定し、その達成度を評価するという評価手法です。目標管理制度の導入のメリットには、目標を達成するために従業員が創意工夫を行うことによる従業員のモチベーションが向上する、目標設定の過程で上司と部下の間で十分なコミュニケーションが生じるという点が挙げられます。それに対し、デメリットには、目標を達成しやすいようにわざと低い目標を立てがちである、業務によって目標に大きな違いがあるため評価の公平性が担保しにくいといった点が挙げられます。

　社内表彰とは、例えば優れた接客技術などの社内で優れた能力を持っている社員や、優れた成果を上げた社員などを表彰する制度です。この制度は正規社員にも非正規社員にも用いることができ、従業員のモラール・モチベーションUPを図るものです。

　コンピテンシーモデルとは、人事制度に活用するため、業務において高い成果を発揮する個人の行動特性（コンピテンシー）をベンチマークし、モデル化したものです。

■ 人的資源管理
　レベル1　R2-23, H28-19, H28-20, H26-17, H26-26
　レベル2　R2-22, R1-21, H29-23, H27-13, H26-22, H25-23

コラム　企業経営理論の出題パターン

　企業経営理論は問題文や選択肢の日本語が長く、難解であることが問題を解きにくくする要因となっていますが、その出題方法には以下のようなパターンがあります。

出題パターン①：大きい/小さい、高い/低いといった程度を表す形容詞が逆になっている

　こちらのパターンは出題者側としても形容詞を入れ替えるだけで誤りの選択肢を作ることができ、問題を作りやすいため、非常によくあるパターンです。解答者としてもきちんとした知識を持っていれば、比較的気付きやすい問題ですが、長文の選択肢などでは読み流してしまい誤りに気付かないこともあります。そのため、問題文を読む段階で程度を表す形容詞には下線を引くなどして、意識してチェックすることが重要です。

出題パターン②：対となるような用語が入れ替わっている

　こちらも出題者側としては用語を入れ替えるだけで良いので作りやすい問題です。例えば企業ドメインと事業ドメインといったように、似たような2つの用語がある場合、誤りの選択肢の中でそれらが入れ替わっているという問題です。この対策としては、似たような意味を持つ用語は個別に覚えるのではなく、セットで覚えて違いを比較できるようにしておくことと、過去問で度々入れ替わって出題されている用語については、問題を見た時点で入れ替わっていないか疑いの目で見るということが挙げられます。

出題パターン③：長い文章の中で、因果関係のずれがわかりにくくなっている

　企業経営理論では、場合によっては4〜5行ほどの長さの文章の正誤を判断しなければいけません。長い文章の問題には、文章中の因果関係の誤りに気付きにくくさせるために、あえて余分な説明が追加されている場合があります。例えば、「AならばC」という説明だけだと多くの人が間違いに気付くような場合でも、「AならばB、BならばC」と書くことで、読んでいる側に「なんとなくそうなのかな」と思わせ間違いに気付きにくくするといったケースです。その対策としては、文章がA→B→Cのような構成になっている場合には、文章をA/B/Cで区切り、A→B、B→C、A→Cが因果関係上おかしくないかチェックすることで、読みやすくなり、誤りに気付きやすくなります。

出題パターン④：余分な説明や形容詞を挟むことで文章を長くし読みにくくしている

　問題の難易度を上げる目的で、本来なら1行で済む説明を余分な説明や形容詞を挟んで文章の長さを増やし、読みにくくしている場合があります。「この説明は本当に必要か」という観点で読みながら、不要な説明や形容詞には括弧（）を付けて読み飛ばす、といった対策を行うと読みやすくなります。

17. 労働基準法

就業規則・労働契約

【労働基準法の概要】

| 目的 | 労働者の保護 |

別枠
労使協定：免罰

優先順位
強 ①法令
　　②労働協約　組合↔使用者
　　③就業規則　企業の労働条件
弱 ④労働契約　労働者↔使用者

【就業規則】 パートも含む

常時10人以上の事業所は所轄労基署に届出

絶対的必要記載事項 ← 絶対書く
労働時間、賃金、退職

相対的必要記載事項 ← 定めがあれば書く
臨時の賃金、退職手当、
負担・安全関係

任意的記載事項 ← 任意

【労働契約】
労働者と使用者で、契約期間、労働時間、賃金、休日などを決める

契約期間　✓期間の定めなし　普通の会社員
　　　　　✓期間の定めあり

期間の定めがある場合

原則　3年が限度
　　　通算5年で無期契約に

(例)ダム建設に6年かかる

例外　3年超OK　　有期事業

　　　5年が上限 ┤ 専門知識が必要
　　　　　　　　└ 60歳以上

　　　Max10年まで　高度専門職
　　　上限なし　　　継続雇用の高齢者

公正な待遇の確保
同一企業内において、正社員と非正規社員の間で
✓不合理な待遇差を禁止：均衡待遇規定の明確化
✓差別的取扱いを禁止　：有期雇用労働者も
　　　　　　　　　　　　均等待遇規定の対象に

賃金

割増賃金　条件に応じ通常賃金に上乗せ

時間外	25％以上
休日	35％以上
深夜	25％以上
時間外＋休日	35％以上
時間外＋深夜	50％以上
休日＋深夜	60％以上

月60時間以上は50％
深夜は上乗せ
25％＋25％＝50％
月60時間以上は50％＋25％＝75％
35％＋25％＝60％

労働時間・休日

【労働時間】

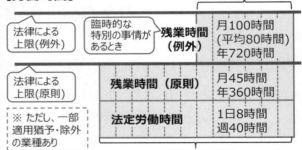

年間6か月まで

法律による上限(例外)	臨時的な特別の事情があるとき	残業時間(例外) 月100時間(平均80時間)年720時間
法律による上限(原則)		残業時間(原則) 月45時間 年360時間
		法定労働時間 1日8時間 週40時間

1年間＝12か月

※ただし、一部適用猶予・除外の業種あり

勤務間インターバル制度（努力義務）
1日の勤務終了後、翌日の出社までに一定時間以上の休息を確保する仕組み

フレックスタイム制度
フレックスタイムの労働時間の清算期間が3か月に拡充
労使協定で1日の労働時間を決めておく必要がある

休憩
6時間を超え8時間以下　→　45分以上
8時間を超える　　　　　→　1時間以上

休憩時間の与え方
✓労働時間の途中　✓一斉に　✓休憩時間は自由に

みなし労働時間制
✓事業所外の勤務のとき：労使協定は不要
✓専門業務型裁量労働制：使用者の指示が困難な業務
　労使協定＋届出が必要
✓企画業務型裁量労働制：使用者が指示しない業務
　対象者の同意＋労使委員会の4/5以上による決議
　　　　　　　　　　　　　　　　＋届出が必要

【休日】
休日
毎週少なくとも1回　　（例外）変形休日制→4週間で4日

有給休暇

発生要件
雇入れから6カ月継続して勤務
全労働日の8割以上出勤

付与方法
労働者の希望を聴き、希望を踏まえて時季を指定
年5日取得させる義務

年次有給休暇10日以上の労働者が対象

解雇

制限
✓業務上の休業中＋その後30日
✓産休中＋その後30日

※ただし以下の場合はOK
✓天災などやむを得ない理由で認定
✓休業期間3年以上かつ1,200日以上の打切補償

予告
少なくとも30日前　または
30日分以上の平均賃金の支払い

SHEET 17　　労働基準法

　労働基準法とその他の労働関係法規は、例年5問程度出題されます。基礎的な知識で解ける問題もありますが、社会保険労務士レベルの難しい問題が出題されることも多いため、試験対策上はあまり深入りせず、基本的なところを押さえるに留めておいた方が無難です。

就業規則・労働契約

労働基準法の概要

　労働基準法の目的は労働者の保護です。労働者と使用者の関係は各種**法令**の他、**労働協約**、**就業規則**、**労働契約**、**労使協定**などで定められていますが、これらには優先順位があります。

　最も優先順位が高いのが、民法、労働基準法、労働安全衛生法などの**法令**です。

　そして、2番目に優先度が高いものが**労働協約**です。労働協約とは、労働時間などの労働条件や団体交渉、組合活動などの労使関係のルールについて、労働組合と使用者が書面で取り交わした約束のことです。なお、労働協約で定める内容は、法令に違反してはいけません。例えば労働基準法では1日の労働時間の上限は8時間と定められていますが、労働協約でそれに反して10時間と定めることはできません。ただし、労働者にとって有利な条件に定めることは可能です。

　3番目に優先度が高いものは、**就業規則**です。就業規則とは、労働者が就業に際して守るべき規律や労働条件に関する具体的な内容について定められた規則のことです。就業規則では、法令や労働協約で定めた内容に反することは定めることができません。

　4番目は労働契約です。**労働契約**は、個々の労働者と使用者の間で結ばれる契約です。労働契約は労働者ごとに個別に締結することができますが、それよりも上位の法令、労働協約、就業規則に反するような内容を定めることはできません。

　以上の優先順位は「豊胸基礎契約（法、協、規則（きそ）、契約）」と覚えると良いでしょう。

　また、それ以外に使用者と組合の間で締結する**労使協定**というものもあります。労使協定は、労働者の過半数で組織する労働組合があるときはその労働組合と、ないときは労働者の過半数を代表する者と書面で結ばれる協定です。その代表例は時間外労働に関する協定である**36（サブロク）協定**で、本来であれば労働基準法の規制に抵触する内容に対し、免罰効果を発揮します。

就業規則

　常時10人以上の従業員を有する事業所は、**就業規則**を作成し、所轄の労働基準監督署に提出する必要があります。

　就業規則に記載する事項には、絶対的必要記載事項、相対的必要記載事項、任意的記載事項というものがあります。**絶対的必要記載事項**は、就業規則に絶対書かなければいけない項目で、具体的には、労働時間、賃金、退職に関する記載のことです。**相対的必要記載事項**は、もしその企業で何

87

らかの定めがあれば記載する必要がある項目で、具体的には、臨時の賃金、退職手当、負担や安全に関係することなどについて何かしらの定めがあれば記載するものです。**任意的記載事項**は、絶対的必要記載事項や相対的必要記載事項以外の内容について任意に記載するものです。

労働契約

労働契約とは、労働者と使用者の間で契約期間や労働時間、賃金、休日などを定めるものです。契約期間には期間の定めがない**無期雇用契約**と期間の定めがある**有期雇用契約**の2つの種類があります。

通常のサラリーマンの場合、期間の定めのない無期雇用契約が結ばれています。有期雇用契約の場合、契約期間は原則として**3年が限度**とされています。また、通算5年を超えて繰り返し契約が行われた場合は、労働者の側から無期雇用契約に転換することができます。ただし、例外として、例えばダム建設に6年かかるといったような有期事業の場合は、3年を超えた期間の契約が可能です。また、専門知識が必要な業務、もしくは60歳以上の労働者の場合は、5年を上限とした契約期間が可能となります。さらに年収1,075万円以上の高収入で高度な専門知識を持つ高度専門職は最大10年間、継続雇用の高齢者は上限なしとなっています。

また、働き方改革関連法により、公正な待遇を確保するために、同一企業内において、正社員と非正規社員の間で不合理な待遇差を禁止する均衡待遇規定が明確化され、有期雇用の労働者も差別的取扱いを禁止する均等待遇規定の対象となりました。

賃金

賃金は、通貨で支払うこと、直接労働者に支払うこと、全額支払うこと、毎月1回以上支払うこと、一定期日に支払うことが原則として定められています。

ただし、例外として、社会保険料や社宅などの費用や源泉徴収される所得税などは賃金から控除してよい、賞与や退職金など臨時で支払われる賃金は毎月支払わなくてよい、などの事項は認められています。

また、時間外労働などの際は、条件に応じて通常賃金に割増賃金が上乗せされます。具体的には、法定労働時間を超える時間外労働では、通常賃金の**25%以上**（ただし月**60時間以上**の場合は**50%以上**）、休日出勤では通常賃金の**35%以上**、夜10時以降の深夜労働では通常賃金の**25%以上**を割増賃金として賃金に上乗せする必要があります。

そして、これらの条件が重なった場合は、より割増率の大きい方が適用されます。さらに、深夜労働が重複した場合には深夜労働の割増率が上積みされます。具体的には、時間外かつ休日出勤の場合の割増率は**35%以上**、時間外かつ深夜労働の場合は時間外の25%に深夜の25%が追加され**50%以上**（ただし月**60時間以上**の場合は**75%以上**）、休日かつ深夜労働の場合は休日の35%に深夜労働の25%が追加され**60%以上**となります。

労働時間・休日

労働時間

　労働基準法では、法定労働時間は**1日8時間以内**、**1週間で40時間以内**と定められています（ただし10人未満の商業などは1週間で44時間まで）。

　また、法定労働時間を超えた時間外労働は36（サブロク）協定による「基準」で**月45時間**、**年間360時間**が上限と定められておりましたが、「特別条項」で限度枠を超える時間まで延長することが可能とされていました。しかし、働き方改革法案により「基準」が「法律」へと代わって罰則の対象となり、特別条項による延長は**年間6か月が限度**、時間外労働が年間720時間まで、時間外労働と休日労働の合計は**月100時間未満かつ2か月平均、3か月平均、4か月平均、5か月平均、6か月平均がすべて**80時間以内と定められました。ただし、これらの労働時間の上限に関するルールは、適用猶予もしくは適用除外されている業種も一部あります。

　勤務間インターバル制度とは、1日の勤務終了後、翌日の出社までに一定時間以上の休息を確保するための制度のことで、働き方改革関連法により、勤務間インターバル制度の導入が企業の努力義務となりました。

　また、フレックスタイム制度の拡充のため、フレックスタイムの労働時間の清算期間が1か月から**3か月**に拡充されました。なお、フレックスタイム制度を採用する場合には、労使協定で標準となる1日の労働時間を定めておく必要があります。

　休憩時間は、労働時間が6時間を超え8時間以下の場合は**45分以上**、8時間を超える場合は**1時間以上**を与えることが定められています。休憩時間の与え方は、労働時間の最後などではなく労働時間の途中に一斉に与え、休憩時間中は自由に過ごすことができるようにすることが定められています。

　また、労働時間を計測するのが困難な場合などには、**みなし労働時間制**を適用することも可能です。みなし労働時間制が適用されるのは、事業所外の勤務の場合と裁量労働性が適用される場合です。例えば、客先を回る営業職のような事業所外の勤務の場合で、労働時間を算出するのが難しい場合は、所定の労働時間働いたとみなす、みなし労働時間制が適用されます。この場合、労使協定は特に必要ありません。

　また、例えば新製品の研究開発を行う研究職のように、使用者が具体的な労働内容の指示が難しい専門的な業務の場合、**専門業務型裁量労働制**を適用することができます。専門型裁量労働制は、悪用されると労働者が企業の都合のいいように使われる恐れがあるため、採用のためには**労使協定**を締結し、所轄労働基準監督署長への届出が必要となります。

　企画業務型裁量労働制は、事業の運営に関する企画、立案、分析など、遂行の方法を労働者の裁量に委ねる必要があり、使用者が指示しない業務に適用されます。ただし、企画業務型裁量労働制は、専門業務型裁量労働制と異なり、対象となる業務の縛りがありません。そのため、悪用されることを防ぐため、労働者を代表する委員と使用者を代表する委員で構成される**労使委員会**を開催

し、その**5分の4以上**による決議と、労働基準監督署長への届出が必要となります。また、労使委員会の決議に基づいて労働者本人の同意を得ることも必要となります。

休日

法定休日は、**毎週少なくとも1回**と定められています。ただし、例外として、**変形休日制**の場合は**4週間のうち4日**と定めています。

有給休暇は、雇い入れから6月以上継続して勤務した場合かつ、全労働日の8割以上出勤した場合に与えられます。有給休暇は、使用者が労働者の希望を聞き、労働者の希望を踏まえて時季を指定することで取得できます。働き方改革関連法により、有給休暇10日以上の保有者に対し、年間5日以上の有給休暇取得が義務化されました。

解雇

労働者が業務上の傷病などで**休業中**の場合や**その後30日間**、もしくは**産休中**と**その後30日間**は解雇することができません。ただし、天災などのやむを得ない理由で事業が継続できなくなり、労働基準監督署長の認定を受けた場合や、傷病による休業期間が3年以上経っても治らず、平均賃金の**1,200日分**の**打切補償**を行った場合は解雇が可能となります。

また、解雇を行う場合は、解雇の少なくとも**30日前に予告**を行うか、30日分以上の平均賃金を支払う必要があります。

すぐやる！過去問コーナー

■ 就業規則・労働契約
レベル1　R3-24, H30-24, H30-26　　レベル2　H29-24, H28-22, H26-23

■ 賃金
レベル1　R3-26　　レベル2　H30-25, H29-26, H28-24, H27-22

■ 労働時間・休日
レベル1　なし　　レベル2　R2-24, R2-25, R1-22, H29-27, H25-20

■ 解雇
レベル1　R3-27, R1-24　　レベル2　H29-25, H24-24

90

コラム　1次試験の科目別の特徴(1)　暗記か？理論か？

　中小企業診断士試験の1次試験は7科目と科目数が多く、その中には暗記が重要になってくる科目も理解が重要になってくる科目もあります。

　暗記型の科目か、理論型の科目かという点は、学習を開始する順番に関係してくる観点です。

　学習の順番としては、基本的には理論型→暗記型の順番で学習を進めていくことが効果的です。なぜなら、理論型は理解し定着するまでに一定の期間を要する一方、一度理解をすれば比較的定着しやすいのに対し、暗記型は暗記さえすれば試験で得点できる一方、時間が経つとどうしても忘れてしまいやすいからです。

　中小企業診断士1次試験の試験科目でいうと、

暗記型　◀━━━━━━━━━━━▶　理論型
中小　情報　運営　法務　経営　経済　財務

と表すことができます。

　ゼロから学習を開始する場合は、この観点に加え、2次試験でも関連する科目かという観点を踏まえて学習を進めていくことを推奨します。7科目のうち、2次試験に関連する科目とは、本書（前編）に掲載されている、経営、財務、運営の3科目ですが、これらの科目に早めに着手することで、2次試験に必要な知識を時間をかけて定着させることができ、早い段階で2次試験の学習をスタートできるからです。

　以上を踏まえると、個々のバックグラウンドにもよりますが、独学でゼロからスタートという方ですと

経営→財務→運営→経済→法務→情報→中小

という順で学習することをおすすめします。

　ちなみに、1つの科目の中でも暗記要素が強い論点や理論要素が強い論点があります。

　例えば企業経営理論は最初に学習することをおすすめする科目ですが、その中には労働関連法規など暗記要素が強く2次試験でも問われることのない論点も一部含まれています。それらの論点については、最初の時点では軽く読み流す程度にし、直前期に改めて暗記するといったように同じ科目の中でも論点に応じてメリハリをつけて学習すると効率的です。

第1章　中小企業診断士試験とは

第3章　財務・会計

第4章　運営管理

18. 労働関連法規

【労働組合法】労働三権を具体化

団結権、団体交渉権、団体行動権

目的　不当労働行為の禁止

不当労働行為
- 不利益な取扱い
- 黄犬契約の締結
- 団体交渉拒否
- 支配介入
- 経費の援助

以下を理由にした解雇、昇給停止、減俸
- 組合員or組合への加入
- 組合の正当な行動
- 労働委員会への申立

最小限の事務所の提供はOK

【労働保険】労災保険と雇用保険の総称

労働者災害補償保険法（労災保険）
労災保険で行っていること
- 業務災害の補償
- 通勤災害の補償
- 社会復帰促進等事業
- 二次健康診断等給付

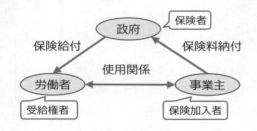

複数の企業に雇用されている労働者への労災保険給付
- すべての勤務先の負荷（労働時間やストレス）を総合的に評価して労災認定を判断
- 労災保険はすべての勤務先の賃金額を合算した額を基礎に給付額を決定

雇用保険法
労働者の雇用や生活の安定が目的
1人でも労働者を雇っている事業が対象

【社会保険】
国民の生活の保障のための公的保険制度

健康保険法
業務災害以外の疾病、負傷、出産、死亡に備える
事業主と被保険者が半分ずつ払う

介護保険法
介護保険料は健康保険料に包含して納付する

厚生年金保険法
公的年金について定めている
- 厚生年金基金：私的年金
- 厚生年金：報酬に比例 ― 事業主と被保険者の双方が支払う
- 国民年金：基礎年金

【労働安全衛生法】
労働者の安全と快適な職場環境の確保が目的

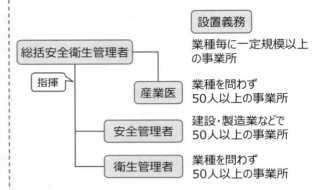

設置義務
- 総括安全衛生管理者：業種毎に一定規模以上の事業所
- 産業医：業種を問わず50人以上の事業所
- 安全管理者：建設・製造業などで50人以上の事業所
- 衛生管理者：業種を問わず50人以上の事業所

労働者に健康診断を受けさせること：義務
ストレスチェック：義務（50人未満は努力義務）
受動喫煙防止：努力義務

産業医の機能の強化
- 情報提供
  事業者は時間外・休日労働が月80時間を超えた労働者の情報を産業医へ提供
- 衛生委員会との関係強化
  事業者は、産業医から受けた勧告の内容を衛生委員会に報告
- 医師による面接指導
  時間外労働が月80時間超＋疲労の蓄積が認められる者
  労働者から申し出があったら、医師の面接指導を受けさせる

【男女雇用機会均等法】
男女の均等な雇用機会と待遇の確保が目的

均等な機会
- 募集
- 採用　アファーマティブ・アクションはOK

差別的な扱いの禁止
- 配置、昇進、降格、教育
- 住宅補助などの福利厚生
- 職種・雇用形態
- 退職・定年・解雇　など

【育児・介護休業法】
労働者が育児休業・介護休業を取得しやすくすることが目的

育児休業期間

原則 → 保育園に入れないとき → それでも保育園に入れないとき

1歳まで　　1歳6か月まで延長OK　　再度の申出で最長2歳まで延長OK

- 育休期間の延長に合わせて育児休業給付の支給期間を延長

事業主の義務
① 育児休業を取得しやすい雇用環境の整備
　→研修や相談窓口の設置など
② 制度の周知や休業の取得意向の確認
③ 上司・同僚からのマタハラ・パタハラの防止措置

SHEET 18　　労働関連法規

労働組合法

戦略次第
頻:A　難:3

労働組合法は、団結権、団体交渉権、団体行動権から成る労働三権を具体化したものです。
労働組合法の目的は以下のような**不当労働行為**の禁止にあります。

- 不利益な取り扱い（労働者が組合員であることや組合への加入、組合の正当な行為、不当労働行為の労働委員会への申し立てなどを理由とした解雇や昇給停止、減俸など）
- 黄犬（おうけん）契約（労働者の雇用時に、労働者が労働組合に加入しないことや労働組合から脱退することを条件として雇用をするという契約）の締結
- 正当な理由のない団体交渉の拒否
- 労働組合の運営などに対する支配介入や経費の援助（最小限の事務所の提供は除く）

労働保険

労働保険とは、**労災保険**（労働者災害補償保険法）と**雇用保険**（雇用保険法）の総称です。
労災保険では、政府が保険者、労働者が受給権者、事業主が保険加入者となり、事業主は政府に対して保険料を納付し、政府は労働者に対して保険給付を行います。また、業務災害や通勤災害が発生した際の補償、労働災害に遭った労働者の円滑な社会復帰を促進する社会復帰促進事業、労働安全衛生法に基づく定期健康診断で過労死などに関連する項目で異常が認められる場合に行われる二次健康診断等給付などを行っています。
なお、複数の企業に雇用されている労働者の場合、すべての勤務先の負荷（労働時間やストレス）を総合的に評価して労災認定が判断されます。また、労災保険はすべての勤務先の賃金額を合算した額を基礎に給付額が決定されます。
雇用保険は、労働者の雇用や生活の安定を目的とした法律で、1人でも労働者を雇っている事業者が対象となります。雇用保険の保険料は、事業主と被保険者が負担します。

社会保険

社会保険は、国民の生活の保障のための公的保険制度です。
健康保険は、業務災害以外の疾病、負傷、出産、死亡に備えるもので、保険料は事業主と被保険者が折半します。
介護保険は、介護が必要な人を支えるためのもので、保険料は健康保険料に包含して納付されます。
また、公的年金には基礎年金の**国民年金**、事業主と被保険者が保険料を折半する**厚生年金**、公的年金でありながら私的年金部分を含む**厚生年金基金**があります。

労働安全衛生法

労働安全衛生法は、労働者の安全と快適な職場環境の確保を目的としています。業種ごとに定められた一定規模以上の事業場では、<u>総括安全衛生管理者</u>を選任するとともに安全管理者、衛生管理者を指揮させ、労働者の危険や健康障害を防止するための措置などを統括管理させる必要があります。

安全管理者は50人以上の建設業や製造業など特定の業種の事業所で選任する必要があり、**衛生管理者**は業種を問わず50人以上の事業所で選任する必要があります。また、業種を問わず50人以上の事業所では<u>産業医</u>を設置することも義務付けられています。

事業主は労働者の健康の維持のため、労働者に健康診断を受けさせる義務や、ストレスチェック（50人未満の事業所は努力義務）を実施する義務、受動喫煙を防止する努力義務を負っています。

なお、働き方改革関連法によって、産業医の機能が強化され、事業者は時間外・休日労働が月80時間を超えた労働者の情報を産業医へ提供しなければいけなくなりました。また、産業医から勧告を受けた場合はその内容を衛生委員会に報告する必要があります。

時間外労働が月80時間超で、かつ、疲労の蓄積が認められる労働者から申し出があった場合は、医師（産業医でなくてもOK）の面接指導を受けさせる必要があります。

男女雇用機会均等法

男女雇用機会均等法は、男女の均等な雇用機会と待遇の確保を目的とした法律です。均等な機会とは、募集時や採用時に例えば男性だけもしくは女性だけといったように、性別によって機会を制限することを禁止したものです。ただし、1つの職種での女性社員の割合が4割以下であるといったように、男女間で格差がある状況を是正するために女性のみを募集するといった優遇措置である**アファーマティブ・アクション（ポジティブ・アクション）**は認められています。

また、配置や昇進、降格、教育といった措置や、住宅補助などの福利厚生、職種や雇用形態、退職、定年、解雇などに関して差別的な扱いをすることも禁止されています。

育児・介護休業法

育児・介護休業法は労働者が育児休暇・介護休暇を取得しやすくすることを目的とした法律です。育児休業は子が1歳に達するまでの間に取得できますが、子供が保育園に入れないときなどは、育児休業の期間を1歳6か月まで延長できます。さらに、子供が1歳6か月になっても保育園に入れないときなどは、再度申請を行うことで、子供が2歳に達するまで育児休業期間を延長できます。加えて、育児休業期間の延長に合わせて育児休業給付の支給期間も延長できます。

また、事業主は、
① 育児休業を取得しやすい雇用環境の整備に関する措置（研修や相談窓口の設置など）
② 本人又は配偶者の妊娠・出産を申し出た労働者に対して、面談や書面での情報提供により制度を周知し、休業の取得意向を確認する措置
③ 上司や同僚によって妊娠した女性に嫌がらせをするマタハラ（マタニティハラスメント）や育休などを取ろうとする男性に嫌がらせをするパタハラ（パタニティハラスメント）を防止するための措置

を取ることが義務付けられています。

すぐやる！過去問コーナー

■ 労働関連法規

レベル1　R2-26, H28-25　　レベル2　R1-23, R1-25, H27-24, H27-25

19. マーケティングコンセプト

マーケティングの定義とコンセプトの変遷

米国マーケティング協会（AMA 2007）の定義
マーケティングとは、顧客やクライアント、パートナー、さらには広く社会一般にとって価値のあるオファリングスを創造・伝達・提供・交換するための活動とそれに関わる組織・機関および一連のプロセスのことを指す

コトラーのマーケティングコンセプト

マーケティング1.0	→	マーケティング2.0	→	マーケティング3.0	→	マーケティング4.0
製品中心のマーケティング 製品の機能的価値を上げる 製品管理が重要		消費者志向のマーケティング 消費者のニーズを満たす 顧客管理が重要		価値主導のマーケティング 社会的価値にも焦点 ブランド管理が重要		自己実現のマーケティング 顧客の価値観と企業が提供する価値観の一致

ソーシャルマーケティング
- 社会的利益を考慮したマーケティング（ソサイエタルマーケティング）
- 非営利組織のマーケティング
- アイディアや社会的主張のマーケティング

グリーンマーケティング
環境負荷をかけないマーケティング

コーズリレーテッドマーケティング
商品やサービスの売上の一部を還元・寄付

（買って協力しよう）

サービスマーケティング

【サービスの特性とそれを踏まえた施策】

無形性（非有形性）	不可分性（同時性）	非均一性（品質の変動性）	非貯蔵性（消滅性）	需要の変動性
✓可視化	✓投資（拡大） ✓記録	✓接客マニュアル ✓サービス提供者の満足度向上	需給対策 ✓パートタイム ✓効率向上	✓予約制 ✓補完サービス

写真で可視化

映像を販売

（ハッピーアワー）

SERVQUAL
サービスの品質を判断する基準

信頼性　共感性
反応性　有形性　について
確実性

顧客の期待と実際の知覚を確認

インターナルマーケティング　従業員に向けた社内マーケティング

能力開発 / モチベーションUP → 従業員満足UP → 当事者意識UP → 顧客満足UP

インターナルマーケティング　　サービスプロフィットチェーン

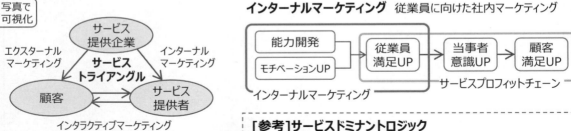

サービストライアングル
- サービス提供企業
- 顧客
- サービス提供者
- エクスターナルマーケティング
- インターナルマーケティング
- インタラクティブマーケティング

[参考]サービスドミナントロジック
事業や製品販売といった経済活動をすべてサービスとして捉える考え方

（モノとサービスが融合した価値提案が望ましい）

関係性マーケティング

【関係性マーケティング】
企業と外部集団の関係性に注目
双方向性・長期関係構築が鍵
- 80:20の法則(20%の顧客で80%の売上)
- 製品ライフサイクルの短命化
- 製品の高度化→アフターサービスの重要性

【ワントゥーワンマーケティング】
顧客ごとに個別の対応を行い、顧客シェアまたは顧客生涯価値（LTV）を最大化する

LTV = 平均購買単価×購買頻度×継続購買期間

マスカスタマイゼーションや長期的な学習関係を活用

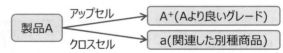

製品A —アップセル→ A⁺(Aより良いグレード)
製品A —クロスセル→ a(関連した別種商品)

【CRM】
顧客満足度と顧客ロイヤルティの向上を通して、売上の拡大と収益性の向上を目指す

RFM分析
最終購買日(R)
購買頻度(F)
購買金額(M)　で層別

FSP
Frequent Shoppers Program
高頻度で来る顧客にマーケティング

【IMC】統合型マーケティングコミュニケーション
自社・自社製品に一貫性を持たせるマーケティング
- 双方向的なコミュニケーション活動で消費者と長期的な関係を構築
- コンシューマーインサイトを活用
消費者情報を活用し消費者の心理的・行動的側面を理解

SHEET 19　　マーケティングコンセプト

マーケティングの定義とコンセプトの変遷

米国マーケティング協会（AMA 2007）の定義によると、マーケティングとは、「顧客やクライアント、パートナー、さらには広く社会一般にとって価値のあるオファリングスを創造・伝達・提供・交換するための活動とそれに関わる組織・機関および一連のプロセスのことを指す」と示されています。マーケティングのコンセプトは時代の変遷とともに変化してきました。コトラーはマーケティングの概念を時代の変遷に応じ、マーケティング1.0から4.0まで定義しています。

<u>マーケティング1.0</u>は製品中心のマーケティングで、製品の機能的価値を上げる製品管理に重点が置かれました。その次の段階の概念として提唱されたのが、消費者志向のマーケティングである<u>マーケティング2.0</u>です。マーケティング2.0では、消費者のニーズを満たすことに焦点が当てられ、顧客管理が重要とされました。<u>マーケティング3.0</u>は、消費者だけでなく、社会的価値にも焦点を当てた概念です。価値主導の「世界をより良い場所にすること」に焦点を当てたマーケティングで、社会的価値も考慮に入れたブランド管理が重要となります。そして近年、マーケティング3.0の先の概念として、<u>マーケティング4.0</u>という概念が提唱されています。マーケティング4.0は、マズローの欲求段階説（「13.モチベーション理論」シートを参照）における自己実現をもとにした概念で、人間が本来満たすべき欲求は自己実現であるという考えから、マーケティング施策もこの自己実現に焦点を当てるべきだ、という概念です。マーケティング4.0では、顧客の価値観と企業が提供する価値観が一致することを重要視しています。

ソーシャルマーケティング

社会的な観点を含んだマーケティングの概念である<u>ソーシャルマーケティング</u>には、社会的利益を考慮したソサイエタルマーケティングに加え、NPOなどの非営利組織のマーケティング、アイディアや社会的主張のマーケティングなどが含まれます。なお、ソサイエタルマーケティングの中には、環境負荷をかけないマーケティングである<u>グリーンマーケティング</u>、商品やサービスの売上の一部を還元・寄付する<u>コーズリレーテッドマーケティング</u>といった手法もあります。

サービスマーケティング

サービスの特性

<u>サービスマーケティング</u>とは、有形財である製品ではなく、無形財であるサービスのマーケティングのことです。サービスには有形財と異なる特性があり、それを踏まえたマーケティングを行っていく必要があります。有形財と異なるサービスの持つ特性として、<u>無形性（非有形性）</u>、<u>不可分性（同時性）</u>、<u>非均一性（品質の変動性）</u>、<u>非貯蔵性（消滅性）</u>、<u>需要の変動性</u>があります。

97

無形性（非有形性）とは、文字通り、形がないという性質です。そのため、消費者はサービスを購入する前にそれがどのようなものかを確認するのが困難で、内容がわからないと購買を躊躇する場合も多くあります。サービスの無形性への対策としては、サービスの可視化という方法が取られます。例えば、某ダイエットジムでは、テレビCMでビフォー・アフターを大々的に流し、このジムに通えば痩せられるということをアピールしていたり、学習塾では「東大合格者○名！」というように実績を数字でアピールしたりしています。これらの例のように、サービスを可視化することで、サービスで得られる効果を消費者にわかりやすく伝え、消費者の購買意欲を喚起することができます。

　不可分性（同時性）とは、サービスの生産と消費は同時になされ、切りはなすことができないという性質です。例えば、コンサートの場合、コンサートが開催されている時間に会場まで行かなければならず、満席であれば入場できないといったように、サービスは時間的・地理的・量的な制約を受けやすい性質を持っています。サービスの不可分性への対策としては、より広い会場で行ったり、映像や音声を記録して販売するといったように、施設拡大や人員の増強で一度に対応可能な消費者の人数を増やしたり、サービスを映像などに記録したりする方法があります。

　非均一性（品質の変動性）とは、例えば、美容院では、同じ料金でも腕の良い美容師と悪い美容師がいるというように、サービスの提供されるタイミングや提供者によって、サービスの品質が変動するという性質です。非均一性に対しては、マニュアルの整備や教育の徹底によりサービスの質を一定に保つ、人の手に頼らなくても良い部分を機械化するといった対策を取ります。

　非貯蔵性（消滅性）とは、サービスは貯蔵ができず、在庫が持てないという性質です。また、**需要の変動性**とは、サービスの需要量は季節、月、週、一日の時間帯などで異なるという性質です。非貯蔵性と需要の変動性への対策としては、ハッピーアワーなど需要の少ない時期や時間帯の割引や予約システムの導入のような需要管理、もしくは、パートタイムの活用やサービス効率の向上でピーク時の供給力を高めるような供給管理といった方法があります。

　また、サービスの品質を測定する基準として SERVQUAL という考え方があります。SERVQUAL の基準は、以下の5つです。
- 約束されたサービスが確実に提供されているかという**信頼性**
- 迅速にサービスを提供しているかという**反応性**
- 従業員が十分な知識を持ち、顧客の利益を優先した誠実な対応をしているかという**確実性**
- 顧客とのコミュニケーションが取れていて、関心や配慮が行き届いているかという**共感性**
- 施設、設備、従業員の服装など物理的なサービスが適切かという**有形性**

　サービス事業者は、SERVQUAL の5つの基準について、顧客の期待と実際の知覚を継続的に計測し、それらの差を確認することが推奨されています。

サービストライアングル

サービスマーケティングについて、サービスを提供する企業、サービス提供者、顧客という観点から見ると、サービス提供企業からサービス提供者に向けて行う**インターナルマーケティング**、サービス提供企業から顧客に向けて行う**エクスターナルマーケティング**、サービス提供者と顧客の間の**インタラクティブマーケティング**の3つがあります。この3者の関係を示した図を**サービストライアングル**といいます。

インターナルマーケティングとは、サービス供給企業がサービス提供者である従業員に向けて行う社内マーケティングのことをいいます。具体的には、接客能力向上研修の実施などの能力開発と、権限委譲や社内表彰の実施などのモチベーション向上策により、従業員満足度を向上させる取り組みのことをいいます。従業員満足度が向上すると、従業員の当事者意識が高まり、サービスの品質が向上することで、顧客満足度や顧客ロイヤルティが高まります。これを**サービスプロフィットチェーン**と呼びます。

エクスターナルマーケティングは、いわゆる一般的なマーケティングになりますが、有形財のマーケティングに加え、サービスの特性を踏まえた品質面、生産面の対応などが必要となります。

インタラクティブマーケティングとは、サービス提供者が顧客に対して行うマーケティングのことをいいます。サービスの品質はサービス提供者と顧客との相互作用に大きな影響を受けるため、双方の関係性の向上が重要となります。

[参考] サービスドミナントロジック

サービスドミナントロジックとは、事業や製品販売といった経済活動をすべてサービスとして捉える考え方です。この考え方に基づくと、製造業においても製品の使用価値を顧客が能動的に引き出せるようにモノとサービスを融合して価値提案を行うことが望ましいとされています。

関係性マーケティング

関係性マーケティング

関係性マーケティングとは、リレーションシップマーケティングともいい、企業と外部集団の関係性に着目したマーケティングです。顧客との双方向性や、長期的な関係構築に着目したもので、顧客との良好な関係を長期にわたって継続することで、企業利益の最大化を目指した考え方です。大半の企業は20％の顧客で80％の売上を上げているという80：20の法則から、20％の優良顧客のロイヤルティをいかに高めるかということが重要となっています。その背景には、製品の高度化や製品ライフサイクルの短命化により、既存顧客を繋ぎ止め、既存顧客から継続的な利益を生み出すことの重要性の高まりがあります。また、アフターサービスの重要性も高まっています。

CRM

CRM（顧客関係管理）とは、Customer Relationship Management の略で、顧客の情報を統合的に管理し、顧客満足度や顧客ロイヤルティを向上させることで、売上や収益性を向上させることを目的としています。

RFM分析とは、最後に注文した日からの経過日数を表す**最終購買日**（Recency）、累計の購入回数を表す**購買頻度**（Frequency）、累計の利用金額を表す**購買金額**（Monetary）で層別し、その分析結果に基づき優先順位付けした上で、マーケティング施策を立案します。

FSPとは、Frequent Shoppers Program の略で、特に顧客の来店頻度に着目し、高頻度で来店する顧客に集中して行うマーケティングのことをいいます。

ワントゥーワンマーケティング

ワントゥーワンマーケティングとは、顧客ごとに個別の対応を行い、**顧客生涯価値**（LTV：Life Time Value）を最大化するマーケティングのことをいいます。

顧客生涯価値とは、顧客が生涯を通じて企業にもたらす利益のことで、以下の式で表します。

$$LTV＝平均購買単価×購買頻度×継続購買期間$$

情報技術を活用し多数の顧客に個別に対応する**マスカスタマイゼーション**や顧客との長期的な学習関係によって個々の顧客に適したマーケティングを行っていきます。例えば、ある製品Aを買った顧客に対し、顧客の過去の購買履歴を参考に製品Aよりも少し高いグレードの製品A^+を勧める**アップセル**や、関連した別種の商品である製品aを勧める**クロスセル**などの方法があります。

IMC

IMC（Integrated Marketing Communications）とは、**統合型マーケティングコミュニケーション**と訳され、自社・自社製品に一貫性を持たせるマーケティングのことをいいます。具体的な方策としては、自社や自社製品について、消費者との間で双方向的なコミュニケーション活動を行って理解を促進し、消費者と長期的な関係を構築する、消費者情報を活用し消費者の心理的・行動的側面を理解する**コンシューマーインサイト**を活用する、といった方策があります。

すぐやる！過去問コーナー

■ マーケティングの定義とコンセプトの変遷
レベル1　R2-28, R2-35
レベル2　H30-33, H28-30(1)(2), H24-25(1)(2)

■ サービスマーケティング
レベル1　R2-37(1)(2), R1-33(1), H27-35, H26-29(2)(3)
レベル2　R1-33(2), H30-32(2), H27-34

■ 関係性マーケティング
レベル1　R3-38(1), H30-36(1)
レベル2　H30-36(2), H28-28

コラム　1次試験の科目別の特徴(2)　各科目の科目合格率の推移

以下のグラフは平成19年から令和3年までの各科目の科目合格率の推移を示したグラフです。このグラフからわかるように中小企業診断士の1次試験では、年度ごと、科目ごとに難易度にばらつきがあります。

そのため、ばらつきの度合いに応じた対応が必要となってきます。(P.115を参照)

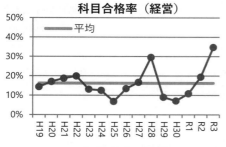
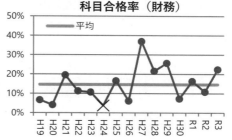
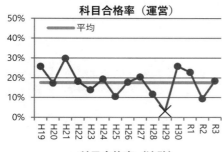
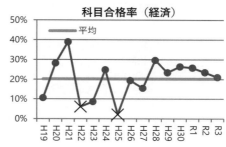
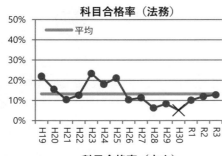
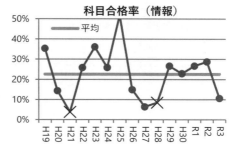
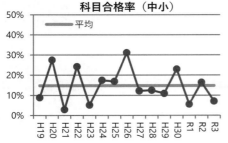

中小企業診断協会　H19～R3　統計資料より作成

※　難易度による得点調整が実施された科目・年度はグラフ中で×と表記している
　　（科目合格率は得点調整実施後の合格率）

※　科目合格率＝科目合格者/当該科目受験者

20. 消費者の購買行動

【準拠集団と関与】

準拠集団：人の価値観や行動に強い影響を与える集団　　**関与**：消費者のこだわり
✓外部から見えるものほど高関与
✓高価格低購買頻度のものほど高関与

下着よりスーツのブランドにこだわる
準拠集団の影響
→ブランド選択に影響
→カテゴリ選択に影響

自己高揚：自分に対する他者からの否定的な評価を避け、肯定的な評価を形成していこうとする欲求

高いと願望集団で使用されているブランドを好む

【購買行動分析モデル】

SRモデル（刺激・反応モデル）
- 刺激（Stimulus）
- ブラックボックス
- 反応（Response）

SORモデル
- 刺激（Stimulus）
- 生体（Organization）
- 反応（Response）
  - 消費者の心理的プロセス

情報処理モデル
能動的な消費
内部情報を使い、外部情報を解釈

精緻化見込みモデル
中心的ルートと周辺的ルートの2つがあるという考え方
中心的ルート：論理的
周辺的ルート：感情的

【購買決定プロセス】

問題認知：消費者が必要性を感じる ←消費者の内部/外部からの刺激で発生　（お腹すいた）

情報収集：消費者が問題解決のための情報を求める　（何を食べようかな？）
- 影響する要素
  - 内部探索：知識、記憶
  - 外部探索：パンフレット、HP
  - 関与：消費者のこだわり
- 行動タイプ
  - 定型的問題解決　関与の強さ 低い
  - 限定的問題解決
  - 拡大的問題解決　高い

代替品評価：数ある選択肢の中からどの製品を選ぶか　（牛丼？焼肉定食？ステーキどれにしよう？）

購買決定：製品・ブランドを選択する
→その際、心理的な近道をとる場合も（ヒューリスティック）
- ヒューリスティック
  - 連結型：消費者が望む条件のすべてを満たす
  - 辞書編纂型：消費者が最も重視している条件が最高のもの
  - 属性排除型：消去法で決める

（安い、早い、うまいから牛丼）
（味重視でステーキ）
（牛丼屋は遠いし、ステーキは高いから焼肉定食）

購買後の行動：口コミ（バイラルマーケティング）　認知的不協和の解消
（ステーキは高い割にまずそうだった、焼肉定食でよかった）

口コミ
✓新規顧客の獲得に有効
✓悪い口コミほど伝わりやすい
✓インターネット上の口コミは対面の口コミより広く速く伝わる
✓消費者の購買決定段階の後半になるほど影響が大きい

最後の決め手は口コミ！

【ロイヤルティ】

顧客が忠誠を示すこと
その対象を選好し、反復的に選択すること

態度的ロイヤルティ：選好に関わる
行動的ロイヤルティ：選択行動に関わる

ブランド・ロイヤルティ：製品に対して
ストア・ロイヤルティ：店舗に対して

（たまたま近くだから買う）
（大好きだからいつも買う）
（好きだけど買ってない）

	態度的ロイヤルティ 低	態度的ロイヤルティ 高
行動的ロイヤルティ 高	見せかけのロイヤルティ	真のロイヤルティ
行動的ロイヤルティ 低	ロイヤルティなし	潜在的ロイヤルティ

SHEET 20　　消費者の購買行動

準拠集団と関与

　消費者の購買行動に影響する要因の1つに**準拠集団**というものがあります。**準拠集団**とは、人の価値観や行動に強い影響を与える集団のことをいいます。準拠集団は、その人が所属している集団だけでなく、「あの集団のようになりたい」というようなあこがれの対象である願望集団や共感している集団も含まれますし、逆に「あの集団と一緒とは思われたくない」という所属を望まない分離集団も含まれます。

　関与は、消費者の購買行動に影響を与える、消費者のこだわりのことをいいます。一般的に、価格が低く購買頻度が高い必需品は関与が低く、価格が高く購買頻度が低い非必需品は関与が高くなります。また、必需品よりも非必需品の方がカテゴリの選択において準拠集団の影響を受けやすくなります。そのため、スーツのように外部から見られやすいものの方が、下着のように外部から見られにくいプライベートなものより関与が高くなります。なお、外部から見えやすいものはブランドの選択において準拠集団の影響を受けやすくなります。

　自己高揚とは、自分に対する他者からの否定的な評価を避け、肯定的な評価を形成していこうとする欲求です。自己高揚のレベルが高い消費者は願望集団で使用されているブランドとの結びつきを強める傾向があります。

購買行動分析モデル

　消費者がどのように購買行動を行うかについて分析したモデルが**購買行動分析モデル**です。その代表的なものとしては**SRモデル**、**SORモデル**、**情報処理モデル**、**精緻化見込みモデル**などがあります。

　SRモデルは、刺激（Stimulus）反応（Response）モデルともいい、消費者がマーケティングという刺激を受けた場合にどう反応するのかという点に着目したモデルです。ただし、刺激と反応の間は、ブラックボックスとされています。

　SORモデルは、消費者がマーケティングという刺激を受けると、消費者の中で心理的プロセス（生体）が働き、反応するというモデルで、SRモデルと異なり刺激を受けた後の消費者の心理的プロセスに着目したモデルです。

　情報処理モデルは、消費者を情報処理者と捉え、消費者は内部情報を使って外部情報を解釈し購買をするかどうかを決定するというモデルです。

　精緻化見込みモデルは、消費者が購買を決定する際は、論理的な考え方である中心的ルートと感情的な考え方である周辺的ルートの2つがあるというモデルです。

購買決定プロセス

　消費者が購買を決定する際は、問題を認知して、情報を収集し、代替品を評価し、購買を決定し、購買後に行動を取るというプロセスを経ます。

　まずは、例えば「お腹がすいた」といったように消費者の内部や外部からの刺激で、必要を感じる**問題認知**がなされます。

　次に、**情報収集**が行われますが、これは例えば、「何を食べようか」といったように、消費者が問題解決のために情報を求めるプロセスです。このときに影響する要素としては、消費者の過去の記憶や知識といった**内部探索**や、パンフレットやホームページといった**外部探索**、消費者のこだわりを意味する**関与**などがあります。

　情報収集の行動のタイプには、関与の強さによって**定型的問題解決**（日常的反応行動）や**限定的問題解決**、**拡大的（発展的）問題解決**があります。前者の方が低関与で、後者の方が高関与となります（詳しくは「22.製品戦略」シートを参照）。

　代替品評価とは、例えば「牛丼と焼肉定食とステーキのどれを食べよう」といったように、数ある選択肢の中からどの製品を選ぶかということです。

　購買決定は、検討の結果を踏まえて、製品やブランドを選択する行動です。その際、消費者は心理的な近道である**ヒューリスティック**という行動を取る場合があります。

　ヒューリスティックの代表的なものには、例えば、消費者が値段と提供時間と味という条件を望む場合、「安くて早くてうまいから牛丼」といったように消費者が望むすべての条件を満たすものを選択する**連結型**や、消費者が最も味を重視していた場合に「おいしいからステーキ」といったように、最も重視している条件が最高のものを選択するという**辞書編纂型**、「牛丼屋は遠いしステーキは高いから焼肉定食にしよう」といったように消去法で決める**属性排除型**といったものがあります。

　購買後の行動には、例えば、同僚に「あそこの定食屋は良かったよ」といったように伝える、**口コミ（バイラルマーケティング）**や、自分の選択を後から正当化するために、選択した選択肢の良い情報や選択しなかった選択肢の悪い情報を意図的に集める、**認知的不協和の解消**などの行動があります。

　口コミは、新規顧客の獲得に有効ですが、自社で完全にコントロールすることは難しく、悪い口コミほど伝わりやすく、インターネット上の口コミは対面の口コミより広く速く伝わる傾向があります。なお、口コミの影響は消費者の購買決定段階の後半になるほど大きくなります。

また、広告主が発信する「自分へのご褒美」といったメッセージは、高価な製品を購入してしまった場合などに生じる認知的不協和を緩和する効果を持っています。

ロイヤルティ

ロイヤルティとは、顧客が製品や店舗といった何らかの対象に忠誠を示すことです。ちなみに、忠誠とはその対象を選好して、反復的にそれを選択することを意味しています。

なお、忠誠を示す対象が製品である場合には**ブランドロイヤルティ**、店舗である場合には**ストアロイヤルティ**ともいいます。

顧客ロイヤルティは、顧客の選好、つまり、その製品やサービスが良いと思うことを示す**態度的ロイヤルティ**と、顧客の選択行動、つまり、顧客が製品やサービスを繰り返し購買することを示す**行動的ロイヤルティ**の2つに分類されます。

ただし、顧客の態度と行動は必ず一貫性を持つとは限りません。職場の近くの店だからたまたまいつも買っているというように、好んでいるわけではないものの反復的に選択をしている**見せかけのロイヤルティ**や、反対に、好意的な印象は持っているものの選択行動には結びついていない**潜在的ロイヤルティ**という状態もあります。

そのため、企業が長期的に利益を上げ続けるためには態度と行動が一貫した**真のロイヤルティ**の状態に顧客を導いていくことが重要になります。

― すぐやる！過去問コーナー ―

■ 消費者の購買行動
- レベル1　R3-29, R3-34, R1-34, H27-31(1)(2), H24-26(1)(2), H24-33(2)
- レベル2　R3-35(2), R2-33, H29-35, H25-25(2), H25-27(2), H24-27

105

21. ターゲットマーケティング、リサーチ

> 2次試験でも超重要！

ターゲットマーケティング

商品やサービスを提供する際には、（誰に）（何を）（どのように）提供するのかを決めることが重要

市場機会の分析
内部環境・外部環境の分析→PEST分析、SWOT分析、3C分析、5F分析 など

マーケティング目標の設定
目標の種類：売上高目標、利益目標（売上高利益率、資本利益率(ROI)）、マーケットシェア目標、企業・製品イメージ目標

市場細分化（セグメンテーション）

市場細分化の基準

市場細分化の基準	変数の例
ジオグラフィック（地理的）	地方、気候、人口密度
デモグラフィック（人口、統計的）	年代、性別、家族構成、所得
サイコグラフィック（心理的）	ライフスタイル、パーソナリティ
行動変数基準	求めるベネフィット、商品使用率

B to Bの場合
所在地、業種、業態、企業規模、業歴、購買決定者、利用頻度、注文規模 などで細分化

市場細分化の要件（＝効果的なセグメンテーションの条件）
（測定）（到達）（維持）（差別化）（実行）が可能

標的市場の選定（ターゲティング）

コトラーの標的市場選定法

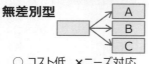

無差別型　○コスト低　×ニーズ対応
差別型　○売上最大　×コスト大
集中型　○有効活用　×リスク大

エーベルの標的市場選定法

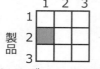

単一セグメント集中型　全市場浸透型　製品専門型　市場専門型　選択的専門型

立ち位置の明確化（ポジショニング）
ポジショニングマップ（知覚マップ）の作成などによりどのポジションを目指すかを決める
※空白のところに必ずしもニーズがあるとは限らない、カニバリゼーションに注意

共食い

マーケティングミックスの開発・実行
マーケティングミックス：マーケティングの4Pの組み合わせ

Product	**P**rice	**P**lace	**P**romotion
製品の機能、品質、ブランド、保証	製品の価格、値上げ・値下げ	販路、輸送頻度、倉庫の数・立地	広告、パブリシティ、人的販売、販売促進

マーケティングリサーチ
マーケティングの一環として、顧客のニーズをリサーチ

【消費者行動の分析】

ライフサイクルアプローチ：ライフサイクルの各段階で同質の集団を想定

独身 → 新婚 → フルネスト →エンプティネスト→ 高齢単身

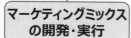

ライフコースアプローチ
人生のイベント（就職、結婚、出産）でどのような選択をしたかで、辿っていくコースが変わってくることに着目したもの

【調査方法】

観察法：調査対象者を直接観察＋調査者が体験
エスノグラフィー調査
専門調査員が家庭に入り込んで生活しながら記録
実験法：変数を変えて効果を調査
スプリットラン
広告などを地域ごとに変え、反応の良いものを探る

質問法：調査対象者に直接質問

> コストはかかる

デプスインタビュー
1対1でじっくりとインタビュー、本人も気付いてない深層心理を探る
グループインタビュー
集団でのインタビュー、それぞれの意見に刺激され、相乗効果が期待できる（グループダイナミクス）

SHEET 21　　ターゲットマーケティング、リサーチ

ターゲットマーケティング

マーケティングのSTP

商品やサービスを提供する際には、「誰に」「何を」「どのように」提供するのかを決めることが重要となります。この、「誰に」「何を」「どのように」と、マーケティングの施策を実施したことによる「**効果**」は、2次試験でも非常に重要なフレームワークとなります。

そして、これらを明確にするための1つの手法として、マーケティングのSTPがあります。

マーケティングのSTPは、市場機会を分析し、目標を設定して市場細分化（**セグメンテーション**）を行った上で、標的市場を選定（**ターゲティング**）し、市場での立ち位置を明確化（**ポジショニング**）し、マーケティングミックスを開発・実行するといった流れで行われます。

市場機会の分析とマーケティング目標の設定

市場機会の分析の段階では、PEST分析やSWOT分析、3C分析、5F分析といった内部環境分析や外部環境分析を行います（詳しくは「2.環境分析と戦略」シートを参照）。

次に、その分析結果を踏まえ、マーケティングを行う上での目標を設定します。目標には売上高に関する目標や、売上高利益率、資本利益率（ROI）などの利益に関する目標、市場シェアNo.1などのマーケットシェアに関する目標、企業や製品イメージ向上のための目標などがあります。

市場細分化（セグメンテーション）

市場細分化は**セグメンテーション**ともいい、対象とする市場を決定するために市場を一定の基準の下で細分化します。市場細分化の基準としては、地方や人口密度などの地理的要因である**ジオグラフィック基準**、年代や性別、家族構成、所得などの人口統計的な基準である**デモグラフィック基準**、ライフスタイルやパーソナリティーなどの心理的な基準である**サイコグラフィック基準**、製品に求めるベネフィット（利益）や商品使用率などによって定める**行動変数基準**などがあります。

BtoBの場合は、所在地、業種や業態、企業規模、業歴、企業の購買方針や購買決定者の重視する点、利用頻度、注文規模などによって細分化することができます。

セグメンテーションを意味のあるものにするためには、市場の規模や購買力を測定できる**測定可能性**、細分化された市場に到達できる**到達可能性**、細分化された市場が事業を行う上で十分な利益を得られ、事業を継続的に成長させることができる**維持可能性**、他のセグメントと有意な差別化ができる**差別化可能性**、その市場を惹きつけるマーケティング戦略を実行できる**実行可能性**を満たしていることが重要です。

標的市場の選定（ターゲティング）

市場を細分化した後は、細分化したそれぞれの市場について、どの市場をターゲットにするかという標的市場の選定（**ターゲティング**）を行います。標的市場の選定方法の代表的なものに**コトラーの標的市場選定法**と、**エーベルの標的市場選定法**があります。

まず、**コトラーの標的市場選定法**について解説します。コトラーは標的市場の選定と市場に合わせた製品・サービスの投入の組み合わせを**無差別型**、**差別型**、**集中型**の３つに分類しました。**無差別型**はすべてのターゲットに対し同じマーケティングを行う方法です。大きな市場を狙うため、製品当たりのマーケティングにかかるコストは低くなりますが、個々の消費者ニーズへの対応は難しくなります。**差別型**はそれぞれのセグメントに対して各々異なる方法でマーケティングを行う方法です。各セグメントに適切なマーケティングができるため、売上は大きくなりますが、マーケティングのためのコストも大きくなります。**集中型**は複数あるセグメントのうち、１つのセグメントだけに集中してマーケティングを行うものです。経営資源を有効活用できるため、経営資源が乏しい中小企業がよく用いる方法ですが、リスクの分散ができないというデメリットがあります。

次に**エーベルの標的市場選定法**について解説します。エーベルは標的市場と投入する製品の２つの軸で、市場と製品の組み合わせを５つのパターンに分類しました。単一の市場に単一の製品を展開するものを**単一セグメント集中型**、全市場に様々な製品を展開するものを**全市場浸透型**、複数の市場に単一の製品を展開するものを**製品専門型**、単一の市場に複数の製品を展開するものを**市場専門型**、特定の市場と製品を複数選ぶものを**選択的専門型**といいます。

立ち位置の明確化（ポジショニング）

立ち位置の明確化（**ポジショニング**）とは、自社製品の市場での位置付けのことを意味します。マーケティングを行う上では、競合他社に対して独自のポジションを築き差別化を図ることが重要です。ポジショニングマップ（知覚マップ）は、自社の製品がどのポジションを目指すのかということを示すために、異なる２つの軸で立ち位置を表したマップです。ちなみに、ポジショニングマップで空白の領域があったとしても、その部分に必ずしも消費者ニーズや市場性があるとは限りません。また、自社の既存製品と新製品が同じポジションになってしまうと、自社製品同士でシェアを奪い合ってしまう**カニバリゼーション**という現象が起こる恐れがあるため注意が必要です。

マーケティングミックスの開発・実行

マーケティングミックスとは、**マーケティングの4P**の組み合わせのことをいいます。マーケティングの4Pとは、Product（製品）、Price（価格）、Place（販路・チャネル）、Promotion（プロモーション）です。これらを適切に組み合わせることでマーケティングをより効果的なものにしていきます。それぞれの戦略については、「22.製品戦略」シート、「23.価格戦略」シート、「24.チャネル・物流戦略」シート、「25.プロモーション戦略」シートにて詳しく解説します。

マーケティングリサーチ

消費者行動の分析

消費者の行動を分析する視点としては、**ライフサイクルアプローチ**や**ライフコースアプローチ**などの方法があります。**ライフサイクルアプローチ**は、独身、新婚、フルネスト（満杯の巣）、エンプティネスト（空の巣）、高齢単身といったライフサイクルに着目し、各段階の消費者が同質のものと考える考え方です。また、**ライフコースアプローチ**とは、就職、結婚、出産といった人生のイベントでどんな選択をしたかで、辿っていくコースが変わってくるという点に着目した考え方です。

調査方法

マーケティングリサーチとは、マーケティングの一環として顧客のニーズをリサーチすることです。マーケティングリサーチには調査対象者を直接観察したり、調査者自身が体験したりする**観察法**、変数を変えて効果を調査する**実験法**、顧客に直接質問する**質問法**などがあります。

観察法は、店内の顧客や従業員の動線を観察する動線調査、他店の状況を調査する他店調査、商店街などで行われる通行量調査や、専門調査員が家庭または集団内部に入り長期間フィールドワークを行うことで、定性的な情報を入手する**エスノグラフィー調査**といった方法があります。

実験法は、例えば広告の有無や内容といった変数を地域ごとに変えるなどして効果を調査する方法です。広告などを地域ごとに変え、反応を探る**スプリットラン**などの方法があります。

質問法はその方式により、面接法、電話法、郵送法、留置法、インターネット調査があり、調査により得たい情報やかけることのできるコストにより方法を使い分けます。面接法は、調査員が直接消費者にインタビューを行う方法です。その中の１つの手法である**デプスインタビュー**は、１対１でじっくりとインタビューを行う方法で、本人も気付いていない深層心理を探ることもできますが、時間やコストがかかります。それに対し、**グループインタビュー**は複数人のグループに対するインタビューで、それぞれの意見に刺激され相乗効果（グループダイナミクス）が期待できますが、司会役の技術次第で得られる成果が変わってくる場合があります。

その他には、電話によるインタビューである電話法、アンケートを郵送し回答者に記入してもらう郵送法、事前にアンケートを郵送し後日調査員が回答者を訪問して回収する留置法、インターネット経由で行うインターネット調査などの方法があります。

すぐやる！過去問コーナー

■ **ターゲットマーケティング**
レベル1　R2-29(1), R1-32(1), H29-30(1)(2)　　レベル2　R1-27

■ **マーケティングリサーチ**
レベル1　R3-37, H28-29(1)(2)
レベル2　R2-32(1), R1-32(2), H26-27(2), H26-30(2)(3)

109

22. 製品戦略

製品の分類と品揃え

【製品の分類】

有形財と無形財
形のある製品か、そうでないか
有形財：形のある製品
無形財：形がないサービスなど

消費財と産業財
再加工されるかどうか
消費財：再加工されず最終消費者へ
産業財：産業財を再加工/産業財を使い再加工して最終消費者へ

産業財の特徴
顧客が専門知識を持つ場合が多い
中間流通業者は少ない
意思決定プロセスは複雑で検討期間が長い
極めて高いシェアを獲得・維持できる場合も

【消費財の分類】消費財は購買特性の違いから下記の4つに分類される

	最寄品	買回品	専門品	非探索品（保険）
購入頻度	高い	やや低い	とても低い	とても低い
価格	低い	やや高い	とても高い	いろいろ
計画性	小 日常的反応行動 （定型的問題解決）	中 限定的問題解決	高 拡大的問題解決 （発展的問題解決）	なし
チャネル	開放的チャネル	選択的チャネル	排他的チャネル	いろいろ
プロモーション	生産者による マスプロモーション	生産者と小売業者による 広告と人的販売	生産者と小売業者による ターゲットを絞った プロモーション	生産者と小売業者による 積極的な広告と 人的販売
その他	顧客の関与は低め	価格・品質・スタイルで ブランドを比較	強力なブランド選好、ブランドの比較はあまりしない	必要と思うまで 興味を持たない

【製品の品揃え】品揃えの幅と深さ

ライン 品揃えの幅 — 幅広いラインの100円ショップ ⇔ **アイテム** 品揃えの深さ — 豊富なアイテムの専門店

ブランド

【ブランドの分類と機能】

覚え方：出品戦士

分類
ナショナルブランド(NB)：メーカー
プライベートブランド(PB)：流通
ダブルチョップ：メーカー＋流通

機能
出所表示機能
品質表示機能
広告宣伝機能
資産価値（ブランドエクイティ）

✓ブランド認知
✓ブランドロイヤルティ
✓知覚品質
✓ブランド連想

プライベートブランド
✓安価なものが多かったが、近年は高付加価値な商品も
✓品揃えにPB商品の比率が高まると消費者の不満↑

【ブランド採用戦略】

覚え方：ファミリー分割、ダブルブランコ

		製品ライン間のイメージ・類似性	
		同質	異質
標的市場	同質	ファミリーブランド MUJI 分割ファミリーブランド	ダブルブランド
	異質	初心者モデル/上級者モデル ブランドプラスグレード	個別ブランド

【ブランド拡張戦略】

覚え方：Loveマシーン

		カテゴリ	
		既存	新規
ブランド名	既存	ライン拡張	ブランド拡張
	新規	マルチブランド	新ブランド

SHEET 22　　　製品戦略

製品の分類と品揃え

超重要
頻:B　難:1

製品の分類

　製品は形のある製品か、そうでないかによって**有形財**と**無形財**に分類することができます。**有形財**とはその名の通り、形がある製品のことです。それに対し、**無形財**とはサービスなどの形がない商品のことです。

　また、製品が購入された後、再加工されるかどうかによって**消費財**と**産業財**にも分かれます。**消費財**は、B to C の商品のことで、再加工されることなく最終消費者の手に渡ります。

　それに対し、**産業財**は B to B の商品で、産業財を再加工するなどして消費財を生産します。産業財は顧客が専門知識を持つ場合が多く、顧客が最初からある程度特定されるため中間流通業者は少ないですが、B to C の場合よりも意思決定プロセスは複雑で検討期間が長いことが特徴です。また、B to C では極めて高い市場シェアを獲得し長期的に維持することは難しいですが、産業財の場合はそれが可能となる場合もあります。

消費財の分類

　消費財は購買特性の違いから**最寄品**、**買回品**、**専門品**、**非探索品**の４つに分類することができます。

最寄品

　最寄品は、野菜やペットボトル飲料のように、最寄りのスーパーやコンビニで扱っているような商品のことです。最寄品は通常、購入頻度が高く、価格は低い商品です。どの商品を購入するかは事前に計画を立てることなく、店頭で判断する場合が多いです。このような、購買行動を起こす前に情報収集することなく、既に知っているブランドやいつも買っているブランドを選んで購入することを、**日常的反応行動**もしくは**定型的問題解決**といいます。

　最寄品は幅広い消費者に商品が届くことが重要ですので、チャネルは取引先の流通業者を限定せずに広い範囲にわたって流通させる**開放的チャネル**を取り、生産者により、広く一般向けのマスプロモーションが行われます。また、商品に対する顧客の関与、つまりこだわりは低めです。

買回品

　買回品は、洋服や家電のように専門店に行って買うことの多い商品のことです。買回品は通常、購入頻度はやや低く、価格はやや高い商品です。買回品を購入する際は、消費者はある程度その商品カテゴリに対する知識と計画性がありますが、購買に際しては事前に新商品についての情報を調

べたり、店頭でいくつかのブランドを見比べたりして、どの商品を買うかを決定します。これを**限定的問題解決**といいます。

買回品は、消費者に対してある程度詳しく説明する必要がありますので、チャネルの幅は比較的絞った**選択的チャネル**を取り、プロモーションは、生産者と小売業者による広告と、人的販売が中心となります。また、消費者は価格、品質、スタイルなどでブランドを比較する場合が多いです。

専門品

専門品は、例えば高級な宝飾品や住宅といった、購入頻度は非常に低く、価格がとても高い商品です。専門品の場合、消費者はその商品カテゴリについて十分な知識がないことが多いため、広く情報探索をして、複数の候補の中から自分に適するものを選ぼうとする**拡大的問題解決**（発展的問題解決ともいう）を取り、計画的に商品を購入します。

ブランドイメージのコントロールや、消費者に対する専門的な説明が求められるため、チャネルは特定の流通業者に限定した**排他的チャネル**を取ります。プロモーションは、生産者と小売業者によるターゲットを絞ったプロモーションを行います。また、専門品の場合、その商品カテゴリに対する知識は少ないですが、ブランドに関しては強力なブランド選好を持っている場合があり、そのような場合はブランド間での比較はあまり行わない傾向があります。

非探索品

非探索品は、例えば生命保険のように、消費者にその商品やサービスに対する必要性が生じるまでは、意識したり興味を抱いたりすることのないものをいいます。購入頻度はとても低く、価格は高いものから安いものまで様々です。

もともと買うつもりではありませんので、計画性はなく、販売のために取られるチャネルも様々です。非探索品を販売する企業は、生産者と小売業者によって、積極的な広告を行い、人的販売による販売を行います。

製品の品揃え

製品（もしくは商品）の品揃えとは、取り扱う製品の幅と深さを決めることです。品揃えの幅のことを**ライン**といい、製品の品揃えの深さのことを**アイテム**といいます。例えば100円ショップでは幅広いラインの製品が取り扱われていて、靴専門店では様々な色やデザインの豊富なアイテムが取り扱われています。

| ブランド  |  |

ブランドの分類と機能

ブランドの種類には、メーカーが商品につけたブランドである**ナショナルブランド**や、スーパーのような流通業者が商品に付けたブランドである**プライベートブランド**、メーカーと流通が共同で作るブランドで、双方の企業名が併記された**ダブルチョップ**などがあります。

ブランドの機能としては、どの企業がその製品を販売しているかということを示す**出所表示機能**、製品の品質を示す**品質表示機能**、消費者に製品の名前を覚えてもらい、他社と区別してもらうための**広告宣伝機能**、資産としてのブランドの価値である**ブランドエクイティ**といったものがあります。頭文字を取って出品戦士（出品宣資）と覚えると良いでしょう。なお、ブランドエクイティには、そのブランドがどういうものかということについて知っているという**ブランド認知**（知名度）、どれだけそのブランドが好きかという**ブランドロイヤルティ**、消費者が感じているブランドの品質である**知覚品質**、そのブランドを見たり、聞いたりしたときにどんなことを思いだすのかという**ブランド連想**の4つの要素があります。

プライベートブランドは、従来、安価なものが多かったのですが、近年は高付加価値な商品も販売されるようになりました。ただし、品揃えにプライベートブランドの比率が高まると、消費者の不満が高まる場合があります。

ブランド採用戦略

企業の中で複数の商品やサービスを扱う場合、それらにどのようにブランド名をつけていくかというブランドの採用戦略には、製品ライン間のイメージの類似性と標的市場の同質性・異質性によっていくつかの戦略があります。

製品ライン間のイメージ・類似性が同質で標的市場も同質の製品を展開する場合は、**ファミリーブランド**戦略を取ります。これは、ある企業で取り扱っている製品すべてに同じブランド名をつけていくという戦略で、例えば、無印良品では、様々な商品をすべて無印良品というブランド名で展開している、といったものです。

製品ライン間のイメージ・類似性が異質で、標的市場が同質の製品は、企業名と製品名の2つのブランドを用いる**ダブルブランド戦略**を取ります。ダブルブランド戦略の例としては、キリンラガーやキリン一番搾りといった例が挙げられます。

企業が扱っている製品をいくつかのタイプに分類して、企業内で複数のブランドを使う戦略を**分割ファミリーブランド**といいます。例えば、ファーストリテイリングでは、ユニクロとGUの2つのブランドを使っているという例が挙げられます。

製品ライン間のイメージ・類似性は同質で標的市場が異なる製品は、ブランド名に商品のグレードを追加して名前をつける**ブランドプラスグレード戦略**を取ります。例えば、メルセデスベンツは

ベンツのＳクラスとＡクラスを設けているといった例や、ラケットなどのスポーツ用品で初心者用と上級者用に分かれているといった例が挙げられます。

製品ライン間のイメージ・類似性が異質で、標的市場も異質な場合、個々のブランドをそれぞれ独立した形で用いる**個別ブランド戦略**を取ります。例えばコカ・コーラでは、コーラはコカ・コーラ、コーヒーはジョージア、水はいろはす、というように、製品ごとにブランド名を使い分けています。5つのブランドは順番に「ファミリー分割、ダブルブランコ（<u>ファミリー</u>、<u>分割</u>ファミリー、<u>ダブル</u>、<u>ブランド</u>プラスグレード、<u>個別</u>）」と覚えると良いでしょう。

ブランド拡張戦略

ブランド拡張戦略とは、新たな市場に製品を展開する際に既存のブランド名をつけるかどうかに関する戦略です。その製品カテゴリが既存か/新規かという軸と、ブランド名が既存か/新規かという2つの軸から、**ライン拡張戦略**、**ブランド拡張戦略**、**マルチブランド戦略**、**新ブランド戦略**の4つの戦略に分類されます。

ライン拡張戦略は、既に成功したブランド名を使って既存製品の製品ラインを広げる場合に取られる戦略です。

ブランド拡張戦略は、既に成功したブランド名を使って、新商品を異なるカテゴリに投入したり、異業種に参入したりする際に取られる戦略です。

マルチブランド戦略は、同じカテゴリに新規のブランドを投入する戦略です。同じブランドでさらなる市場浸透策が難しいと判断される場合にこの戦略が用いられます。ブランドの数を増やすことで、販売店でより多くの陳列スペースを確保できるというメリットがありますが、同じカテゴリの中で自社の製品がシェアを奪い合うカニバリゼーションが発生する恐れがあります。

新ブランド戦略は、新たなブランド名を新たな製品カテゴリに導入する戦略です。この場合、新たなブランドを作りますので、費用がかかるという点や、経営資源が分散しやすいという点に注意が必要です。

また、上記以外にも、同一カテゴリで更なる市場浸透を図る手段として、他社との共同開発という形をとり、自社のブランド名と他社の人気ブランド名の2つを同一製品で用いる**コ・ブランディング戦略**が用いられる場合があります。

すぐやる！過去問コーナー

■ 製品の分類と品揃え
レベル1　R1-29, H29-31(1)(2), H29-36　　　　　レベル2　なし
■ ブランド
レベル1　R3-36, R2-34(2), H28-31(1), H27-26(1)(2)(3), H24-30
レベル2　R2-34(1), H30-37, H30-38, H26-27(1), H26-32, H25-29

コラム 科目ごとの難易度のばらつきを踏まえた学習

　中小企業診断士の1次試験では、P.101のコラムで示した通り、年度ごと・科目ごとに難易度にばらつきがあります。難易度のばらつきは、学習の際の目標点の設定や科目受験の方の科目の選択に影響を与えます。ばらつきが大きい科目の場合、60点ちょうどを目標に勉強しても、その年の科目の難易度の変動次第では合格できないリスクがあります。

　実際にどれだけ難易度の変動があるのかということはP.101のコラムで示した通りですが、そこから求めた平成19年から令和3年までの難易度のばらつき*は下記のようになります。

ばらつき小 ⟵⟶ ばらつき大

法務　経営　運営　中小　財務　経済　情報

　経営・運営・中小のばらつきが比較的小さくなっているのは、試験時間が90分と長く、問題数が多いためであると考えられます。また、ばらつきが最も小さい科目は法務となっていますが、法務は平均の科目合格率も最も低く、高い難易度で安定しています。

　難易度のばらつきが大きい科目で合格を確実にするための対策は2点あります。

　1点目は難易度のばらつきが大きい科目については、少し高めの目標を設定して準備をすること、2点目は受験科目数を増やしリスクを分散することです。

　初学者の方は他資格による免除科目がない場合、元々7科目受験ですので、2点目の7科目受験は前提となっています。その場合に最初から不得意科目を他の科目でカバーすることを前提とした学習計画を立てていると、その不得意科目の難易度が高い年にあたってしまった場合、足切りとなってしまいかねません。そのため、7科目受験の方が1次試験で確実な合格を狙うのであれば、基本的にはどの科目も60点以上を目指すことが重要です。特にばらつきが大きい科目は、目標を足切り回避ではなく60点以上に設定し、それを目指す学習をすることが重要です。

　科目受験の方は、ばらつきが大きい科目を残している場合、目標点を60点ではなく70点に設定した学習をする、もしくは比較的難易度が安定した得意科目と組み合わせて受験することで、難易度の変動によるリスクを吸収することが重要です。

* 各科目のばらつきの大きさは、H19〜R3の科目合格率の偏差としています。

23. 価格戦略

【価格の影響要因】
- 企業・マーケティング目標
- 価格以外のマーケティング要素
- 競争地位別戦略
- コスト
- 需要の価格弾力性、交差弾力性
- マクロ経済状況、法規制

などの要因が価格に影響

交差弾力性
ある財Aの価格が変化したとき、その変化が他の財Bの需要量へどれだけ影響を与えるかを表す。
- 交差弾力性が正：代替財
- 交差弾力性が0：独立財
- 交差弾力性が負：補完財

【参照価格】
消費者が商品やサービスを買うときに、心理的に比較する価格

内的参照価格：消費者の過去の経験と比較
外的参照価格：他の商品と比較

内的参照価格を下げない方法
- クーポン
- 増量パック
- セット販売、おまけ
- ポイント、キャッシュバック

おまけ

【価格設定戦略】

	初期高価格戦略 スキミングプライシング	初期低価格戦略 ペネトレーションプライシング
メリット	利益大 利益の早期回収	シェア確保 コスト優位
条件	高品質 良いイメージがある 模倣困難	価格弾力性が高い 規模の経済 経験曲線効果が働く

【価格設定方法】

コスト志向　製造原価＋マージン
- コストプラス法
- マークアップ法（値入れ法） 〔流通だとマークアップ法という〕

需要志向　需要に重点
- 知覚価格法
  消費者がどう思っているかで価格を決定
- 差別価格法
  時間別、顧客別で価格を変える 子供料金やハッピーアワー
- ダイナミックプライシング
  市場の需要に応じて価格を変える ホテル代や航空券

競争志向　競合への対応に重点
- 実勢価格設定法
  プライスリーダーを念頭に置き価格を決定 〔消費者が価格に敏感な場合〇〕
- 入札による価格設定

【価格戦略】

心理的価格戦略

端数価格
198円とか、3,980円とか
スーパーや量販店で多い

198円

慣習価格
長期にわたり一定の金額に維持
価格を上げると急激に需要が減退する傾向
120円

名声価格（威光価格）
価格が高いと品質も高く見える
高級ブランド品
高級

プライスライニング
製品ラインのランクに応じた
段階的な価格設定

5千円
7千円
9千円

製品ミックス価格設定戦略

キャプティブ価格
主製品の価格を安くして売り、
高い付属製品で儲ける
インクは高いよ

価格バンドリング
セット価格
内的参照価格を下げないという
効果もある

セット

流通業者の価格戦略

ロスリーダー政策（おとり価格）
赤字覚悟で目玉商品を販売

本日の目玉
30円

ハイ・ロープライシング政策
特売日を設け価格を変化させる
内的参照価格低下の恐れも

月曜は冷凍食品半額セール

エブリデー・ロープライス政策（EDLP）
各商品を年間を通じて同じ低価格で販売
ローコストオペレーションの徹底
毎日安いよ

その他の価格戦略

サブスクリプション方式
提供する商品やサービスの数量ではなく
利用期間に対して対価を獲得する戦略
新規顧客獲得のハードルを下げ、
継続的な収益を確保

1か月800円で動画見放題

SHEET 23　価格戦略

価格の影響要因

　製品の価格には、企業やマーケティングの目標、製品・チャネル・プロモーションといった価格以外のマーケティング要素、競争地位別戦略における立ち位置、製品を生み出すために要したコスト、製品の需要の価格弾力性や交差弾力性、マクロ経済状況、法規制など様々な要因が影響します。価格戦略では、これらの要因を踏まえ、どのように価格を設定するかを決定します。

　ちなみに、交差弾力性とは、ある財Aの価格が変化したとき、その変化が他の財Bの需要量へどれだけ影響を与えるかを表したものです。交差弾力性が正であれば代替財、交差弾力性が0であれば独立財、交差弾力性が負であれば補完財となります。

参照価格

　参照価格とは、消費者が商品やサービスを買うときに参考とし、心理的に比較する価格のことで、**内的参照価格**と**外的参照価格**の2つに分類することができます。

　内的参照価格は、消費者の内部、つまり消費者自身の知識や過去の経験から想起する価格のことです。**外的参照価格**は、売り場にある他の商品との比較やパンフレットに記載された価格など、消費者の外部から入手できる価格のことをいいます。

　内的参照価格は消費者の記憶にある価格ですので、安売りを行うと消費者の内的参照価格は安売り時の値段に下がってしまい、通常の価格に戻すと高く感じてしまうことがあります。よって、長期的に見ると安易な値引きは望ましくなく、クーポンの発行や、増量パック、セット販売やおまけ、ポイントなど、単純な値引き以外の方法を検討する必要があります。

価格設定戦略

　新たな製品を市場に投入する際の価格戦略としては、主に**初期高価格戦略**と、**初期低価格戦略**という2つの戦略があります。

　初期高価格戦略は、**スキミングプライシング（上層吸収価格）**ともいわれ、発売初期に高めの価格設定をする価格戦略です。初期高価格戦略は、高い値段で販売するため、大きな利益が得られ、新製品の開発にかかったコストを早期に回収することができるという点がメリットです。しかし、その導入のためには、高い品質の製品である、製品やブランドに対し良いイメージが形成されている、他社が簡単には模倣できない製品である、といった高い価格でも売れるための条件を満たしている必要があります。

　初期低価格戦略は、**ペネトレーションプライシング（市場浸透価格）**ともいわれ、新製品投入の際、低い価格で販売することで、早期に市場シェアを確保し、他社への競争優位性を構築するという戦略です。早期に、大量に新製品を販売する戦略であるため、経験曲線効果も得られ、生産コス

ト面でも優位に立てるというメリットもあります。ただし、この戦略が適用できるのは、値段が下がると需要が大幅に増えるといった価格弾力性が高い製品であること、規模の経済や経験曲線効果が働くような性質の製品であることが条件です。

価格設定方法

価格設定の際、何に基準を置いて設定するのかによって、コスト志向、需要志向、競争志向の価格設定方法があります。

コスト志向の価格設定方法は、製造原価に企業の儲けであるマージンを加えるコストプラス法や、仕入原価に値入額を加えるマークアップ法があり、どちらも適切な利益の確保とコストの最小化を目指します。マークアップ法は特に流通業界で多く用いられる用語です。

需要志向の価格設定は需要に注目した価格設定方法です。需要志向の価格設定方法には、消費者がその製品に対してどう思っているかによって価格を決定する**知覚価格法**や、子供料金やハッピーアワーといったように、時間別、顧客別で価格を変化させる**差別価格法**などがあります。また、ホテル代や航空券の価格のように、市場の需要に応じて価格を変える**ダイナミックプライシング**という方法もあり、近年ではAIを価格設定に活用する企業も現れています。

競争志向の価格設定は、競合への対応に重点を置いた価格設定方法です。競争志向の価格設定方法にはプライスリーダーを念頭に置き価格を決定する**実勢価格設定法**や、入札による価格設定法があります。実勢価格設定法は、消費者が価格に敏感な場合によく取られる価格決定方法です。

価格戦略

心理的価格戦略

心理的価格戦略は、人の心理的な作用を利用した価格戦略です。

端数価格は、198円や3,980円といったように、スーパーや量販店でよく用いられている、切りの良い金額よりも少しだけ安い金額に設定することで、消費者に割安感を与える方法です。

慣習価格は、自動販売機のジュースやタバコの価格のように、長期にわたり一定の金額に維持されている価格です。消費者はその価格を長年受け入れているため、慣習価格であれば特に疑問を持たず購入しますが、それよりも少しでも高くなると急激に需要が下がる傾向があります。また、原材料費が上がった場合でもコストを価格に転嫁しにくいというデメリットがあります。

名声価格とは威光価格ともいい、価格が高いと品質も高く見えるという効果を利用した価格設定方法です。名声価格は、高価な製品でその品質を消費者が適正に判断しにくい性質の製品によく用いられます。

プライスライニングは、例えば、メガネやスーツなどの専門店でよく用いられる方法で、製品ラインのランクに応じた段階的な価格設定を行うことで、消費者が比較しやすくする効果や小売店の

価格設定の手間を軽減する効果を狙った価格設定方法です。ちなみに、**プライスゾーン**とは価格の幅を、**プライスポイント**は最も売れている価格のことを意味します。

製品ミックス価格設定戦略

製品ミックス価格設定戦略は、複数の製品における価格の組み合わせの価格戦略です。

キャプティブ価格は、例えば、プリンター本体は安く販売するが、インクを高く販売する、髭剃りの本体は安く販売するが、替え刃は高く販売するといったように、主製品の価格を安くすることで主製品を売り、高い付属製品によって利益を回収するという戦略です。

価格バンドリングは、いわゆるセット価格です。複数の製品を1つのセットとして個別に買うより割安にすることで、内的参照価格を下げずに消費者の購買を促進することができます。

流通業者の価格戦略

以下ではスーパーなどの流通業者でよく用いられる価格戦略を紹介します。

ロスリーダー政策は、おとり価格とも呼ばれ、赤字覚悟で目玉商品を販売し、その商品目当ての顧客を集めることで他の製品を販売しようというものです。赤字覚悟の価格のため、「お1人様○個まで」といった制限がついていることがよくあります。

ハイ・ロープライシング政策とは、特売日を設け、価格を変化させることで、消費者を頻繁に来店させる目的で用いられます。ただし、特売品の価格に消費者が慣れてしまうと、内的参照価格が低下してしまう恐れもあります。

それに対し、**エブリデー・ロープライス（EDLP）政策**は、全商品を年間通じて同じ価格で販売することで消費者を惹きつける戦略です。この政策を行うためには、大量仕入などによるローコストオペレーションの徹底が必要となります。

その他の価格戦略

サブスクリプション方式は、提供する商品やサービスの数量ではなく利用期間に対して対価を獲得する方法です。新規顧客獲得のハードルを下げ、継続的な収益を確保することを目的として、インターネット動画サービスを始めとした幅広い分野で導入されています。

すぐやる！過去問コーナー

■ 価格戦略
レベル1　R3-32(1)(2), R1-31(1)(2), H30-34, H29-28, H28-27, H27-28, H26-28(1)
レベル2　R2-29(2), H29-29(1)(2), H26-31

24. チャネル・物流戦略

チャネル戦略

 食料品や日用品
 家電や衣料品
 高級ブランド

【チャネルの種類】

	開放的チャネル	選択的チャネル	排他的チャネル
メリット	量販に有利	販売努力の集中 得意先管理の効率化	ブランドイメージの向上 アフターサービスの充実
デメリット	得意先管理の煩雑化 販売店の協力度の低下	十分な協力が得られない可能性	露出度が低いことによる低い認知度

広く浅く ←——————————————————→ 深く狭く

チャネルの幅と商圏

チャネルの幅　狭い ←→ 広い
商圏　　　　　広い ←→ 狭い

高級ブランド店は商圏が広く
スーパーやコンビニは商圏が狭い

たくさん → **マルチチャネル**
複数のチャネルを使うことで消費者が認知する可能性UP

連携 → **オムニチャネル**
店舗、インターネット、SNSなどのチャネルが互いに連携し消費者の利便性UP

【垂直的マーケティングシステム（VMS）】
製造から販売までの流通を一本化して、生産性や収益性をUPさせる

リーダーの力　強い／弱い

- 企業型VMS：製造から販売までの流通の全部を自社で行う
- 契約型VMS：契約関係で結ばれたVMS
　（例）フランチャイズチェーン、ボランタリーチェーン
- 管理型VMS：チャネルキャプテンがリーダーシップを発揮して、チャネル間の利害を調整

ユニクロ／コンビニ／メーカー

フランチャイズチェーン

フランチャイザー ⇄ フランチャイジー
経営権・商標／ロイヤリティー

覚え方：あいうえお順（ザ→ジ）

物流戦略

【延期・投機の理論】　生産・在庫のタイミングをどうするか

	キーワード	生産様式	生産拠点	中間在庫	配送	店舗在庫
延期の理論	消費者ニーズに適合	受注生産化	分散	分散	短サイクル 小ロット	少量化
投機の理論	規模の経済	見込生産化	集中	集中	長サイクル 大ロット	大量化

【パッケージング】

商品包装（消費者包装）
✓ 個装：商品の個々の包装で、商品を保護したり、価値を高めることが目的

工業包装（輸送包装）
✓ 内装：包装貨物の内部の包装　　（例）緩衝材や固定用具など
✓ 外装：パッキングともいう包装貨物の外部の包装　（例）輸送用のコンテナや段ボール

パッケージの価値
✓ 便宜価値：開けやすい、使いやすいといった機能的な価値
✓ 感覚価値：パッケージデザインの美しさなどの情緒的な価値

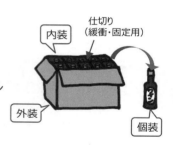
内装／仕切り（緩衝・固定用）／外装／個装

SHEET 24　　　チャネル・物流戦略

チャネル戦略

チャネルの種類

　チャネルの幅とは、生産者から卸、小売の流通の各段階で取引する流通業者の種類や数が多いか少ないかを表します。例えば、メーカーが特定の卸売業者だけに商品を卸し、その卸売業者も特定の小売業者だけに販売して製品が消費者に届くといった場合、チャネルの幅は狭くなります。それに対し、メーカーが多くの卸売業者に製品を卸し、さらにその卸売業者が多くの小売業者に製品を販売して多数の消費者に届くといった場合、チャネルの幅は広くなります。

　チャネルは、その幅に応じて、**開放的チャネル**、**選択的チャネル**、**排他的チャネル**に分類することができ、前者の方が幅が広く浅く、後者の方が深く狭くなります。

　開放的チャネルは、最もチャネルの幅が広く食料品や日用品によく用いられます。その特徴は、取引先の流通業者を限定せずに広い範囲に流通させるという点にあります。そのため、量販に有利で広く製品が行き渡る点がメリットです。しかし、多くの流通業者と取引するため、流通業者の管理が大変であり、販売店の協力も十分得られないため、生産者の意図に反して流通業者が安売り競争を行いブランドイメージが低下する恐れがある点がデメリットです。

　それに対し、**排他的チャネル**は、チャネルの幅を狭くし、流通業者を限定して流通を行う専門品に多く用いられるチャネル政策です。特定の流通業者と専属的な契約を結ぶこともあるため、**専属的チャネル**と呼ばれる場合もあります。流通業者の数を制限することで、チャネルの管理がしやすくなるため、ブランドイメージの向上やアフターサービスの充実がしやすいという点がメリットです。そのため、購入の際に消費者に専門的な説明が必要となるような商品では、排他的チャネルがよく用いられます。ただし、デメリットとしては、流通業者の数に制限を加えるため、露出度が低くなり、認知度が低くなるという点があります。

　選択的チャネルは、開放的チャネルと排他的チャネルの中間に位置付けられ、家電や衣料品などでよく用いられます。生産者がチャネルの幅をある程度限定し、チャネルメンバーに優先して販売するという形を取るため、販売努力を集中でき、得意先管理も効率的に行えるというメリットがありますが、十分な協力が得られない可能性もあります。

　なお、チャネルの幅と商圏は関連性があり、例えば、高級ブランド店のようにチャネルの幅が狭いと、商品を取り扱う業者が少なくなるため、商圏は広くなり、スーパーマーケットやコンビニエンスストアのようにチャネルの幅が広いと、商品を取り扱う業者が多くなるため、商圏は狭くなります。

また、インターネットやEコマース（EC）の発展に伴い、チャネルの選択肢が増えたことで**マルチチャネル**や**オムニチャネル**といったチャネル戦略を取る企業も増えてきました。

マルチチャネルのマルチという言葉には複数という意味があり、マルチチャネルとは、複数のチャネルで商品を扱うことで、消費者が認知する可能性を向上させるチャネル戦略のことをいいます。例えば、ある企業がマルチチャネル政策を取っている場合、同じ商品が店舗でも、インターネットショップでも買えるといったように、消費者は複数のチャネルで商品を購入することができます。

オムニチャネルのオムニという言葉にはすべてという意味があり、店舗やインターネット、SNSなど複数のチャネルが互いに連携して消費者の利便性を向上させることを目的としたチャネル戦略です。例えば、店舗に行ったけれど在庫がなかった場合に店舗からECサイトに発注し、商品を受け取れるようにするといったように、各チャネルが連携しているのがオムニチャネルです。

マルチチャネルとオムニチャネルの違いは、マルチチャネルはそれぞれのチャネルが独立しているのに対し、オムニチャネルではチャネルのすべてが連携しているという点にあります。

垂直的マーケティングシステム（VMS）

垂直的マーケティングシステム（VMS: Vertical Marketing System）は、製造から販売までの流通を一本化して、生産性や収益性を向上させるための仕組みです。垂直的マーケティングシステムの種類としては、**企業型**、**契約型**、**管理型**などの種類があり、この順番にチャネルリーダーの力が強くなっていきます。**企業型VMS**は、例えば、ユニクロのように製造から販売までの流通の全部を自社で行うものです。**契約型VMS**は、契約関係で結ばれたVMSで、例えば**フランチャイズチェーン**や、**ボランタリーチェーン**などがあります。また、**管理型VMS**は、チャネルキャプテンと呼ばれるチャネルを統制するリーダー企業がリーダーシップを発揮して、チャネル間の利害を調整するものです。

ちなみに、**ボランタリーチェーン**とは、独立した小売店が仕入費用や設備投資の軽減など同じ目的を持った小売店と連携して組織化し、チェーン展開を行っている団体のことをいいます。ボランタリーチェーンは加盟店が主体となっている組織であるため、加盟店同士の横のつながりがあります。

フランチャイズチェーンでは、加盟店を募集するフランチャイズ本部である**フランチャイザー**が、経験や商標を加盟店である**フランチャイジー**に提供し、フランチャイジーはその経験や商標を使って得られた収益のうち一部をロイヤリティーとしてフランチャイザーに納めるという形のチェーンのことをいいます。フランチャイザーとフランチャイジーがごっちゃになってしまうという方は、「あいうえお順（ザ→ジ）」と覚えておくと良いでしょう。

物流戦略

延期・投機の理論

　延期・投機の理論とは、生産や在庫のタイミングをどのようにするかについての理論です。

　延期の理論は、消費者ニーズへの適合がテーマとなります。延期の理論では、生産や在庫のタイミングをできるだけ消費者に近づけるため、生産は受注生産に近い形を目指し、生産拠点はできるだけ消費の場に近い分散した拠点とします。流通では中間在庫を分散して保有し、配送は短サイクル小ロットで行うことで、店舗在庫をできるだけ持たないようにします。

　投機の理論は、規模の経済によるコスト低減を重視したものです。生産はできるだけ大きなロットで見込み生産化し、生産拠点も集中させます。さらに、中間在庫も集中して保有し、配送は効率を重視した長サイクル大ロットとします。そのため、店舗在庫は多くなります。

パッケージング

　パッケージングには、消費者に向けた包装である**商品包装**と、輸送の際に製品を守り、取り扱いやすくするための包装である**工業包装**があります。**商品包装**は消費者が店頭で目にするパッケージで、商品の個々の包装で商品を保護したり、価値を高めたりすることを目的とした**個装**が行われます。**工業包装**には、緩衝材や固定用具などの包装貨物の内部包装である**内装**と、パッキングと呼ばれる輸送用のコンテナや段ボールのような外部の包装である**外装**があります。

　パッケージの価値には、開けやすい、使いやすいといった機能的な価値である**便宜価値**や、パッケージデザインの美しさなどの情緒的な価値である**感覚価値**などがあります。

すぐやる！過去問コーナー

■ **チャネル戦略**
レベル1　R3-31, H30-28, H30-32(1), H26-28(2), H26-29(1), H25-28
レベル2　H30-29, H28-26(1)

■ **物流戦略**
レベル1　H27-29(1)(2), H24-32　　　レベル2　R2-36

25. プロモーション戦略

【プロモーション手法】

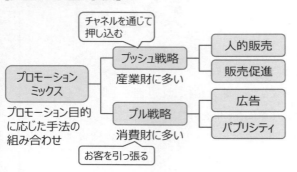

- プロモーションミックス：プロモーション目的に応じた手法の組み合わせ
- プッシュ戦略：チャネルを通じて押し込む、産業財に多い → 人的販売、販売促進
- プル戦略：お客を引っ張る、消費財に多い → 広告、パブリシティ

【人的販売】販売員が直接顧客に接触して販売

メリット
- ✓ 個別ニーズに対応
- ✓ 影響力が強い

デメリット
- ✓ 伝達可能な顧客数に限り
- ✓ 質が販売員に依存

【販売促進（セールスプロモーション）】
商品の販売を促進するためのインセンティブ

消費者向け
- ✓ 発表会・展示会
- ✓ プレミアム・ノベルティ
- ✓ POP広告
- ✓ ポイントカード

流通業者向け
- ✓ リベート
- ✓ アローワンス
- ✓ ディスプレイ提案

【広告の種類】各種メディアを活用

媒体	メリット	デメリット
インターネット広告	広告効果が明確、対象が選択可能、双方向性	運用に知識が必要
テレビ	音と映像でインパクト大、マス市場を十分カバー	コストが高い、露出が極めて短い
ラジオ	コストが低く、地理的・人口動態的に選択しやすい	音だけで注目度が低い、露出が極めて短い
新聞	タイムリーな情報提供、広い地域をカバー	短命、紙質に制約
雑誌	セグメント別に選択しやすい、長寿命で高品質	企画から掲載までの期間がかかる
屋外広告	再接触頻度が高い、低コスト	対象の選択がほぼ不可能
ダイレクトメール（DM）	対象が選択可能、内容の柔軟性が高い	すぐに捨てられ読まれないことがある

【広告効果】

①接触効果
広告にどれくらい接触したか
- ✓ 視聴率
- ✓ リーチ：一定期間に広告を1回以上見た人の割合
- ✓ フリークエンシー：一定期間に広告を見た平均回数

②心理効果
どれくらい認知度や知名度が上がったか
- ✓ ブランド認知（知名度）〔ベンツと言えば高級車〕
- ✓ ブランド再生〔高級車と言えばベンツ〕

③売上効果
広告でどれだけ売上が上がったか

【消費者の反応モデル】

AIDMA
注意－関心－欲求－記憶－行動

AISAS
注意－関心－検索－行動－共有
（インターネット購買のモデル）

【デジタルメディア】

- **ペイドメディア**（払う）広告：企業が費用を払い広告を出稿
- **オウンドメディア**（所有）自社：自社が持つHPやECサイト
- **アーンドメディア**（獲得）消費者：SNSやブログで消費者が発信する情報

3つ合わせてトリプルメディア

タッチポイント
企業やブランドと消費者の接点
売り場や広告だけでなく、SNS上の口コミもタッチポイントの1つ

ステルスマーケティング
宣伝だと消費者にばれないようにして行う宣伝
非難される場合が多く、企業の長期的利益にはつながらない

CGM（Consumer Generated Media）
一般ユーザが参加してコンテンツができていくメディア
（例）SNS、口コミサイト、動画共有サービス、ブログ

ティザー広告
情報を小出しにして消費者の注意を引く広告

【パブリシティ】〔広告とは別モノ〕
プレスリリースやニュース素材の提供でメディアに取り上げてもらう

メリット
- ✓ コストがあまりかからない

デメリット
- ✓ メディアに取り上げられるか不確実
- ✓ 内容をコントロールできない
- ✓ 持続性が低い

PR（パブリックリレーションズ）
パブリシティや広告の一環
メディアだけでなく広く社会一般との関係を構築する

〔従業員とその家族での社内運動会もPRの一環〕

SHEET 25　プロモーション戦略

プロモーション手法

プロモーションミックスとは、プロモーションの目的に応じた手法の組み合わせのことです。プロモーション手法には、**人的販売**、**販売促進**、**広告**、**パブリシティ**があり、そのうち人的販売、販売促進のことを**プッシュ戦略**、広告、パブリシティのことを**プル戦略**といいます。一般的に**プッシュ戦略**は産業財に対して多く用いられ、顧客に商品を押し込むといったイメージがあるのでプッシュ戦略といいます。また、**プル戦略**は消費財に対して多く用いられ、大衆を引っ張ってくるというイメージのためプル戦略といいます。

人的販売

人的販売とは、例えば小売店では化粧品の対面販売、生産財では客先企業へ営業担当者が出向いて営業するといったように、販売員や営業担当者が直接顧客に接客して販売する方法です。人的販売は、顧客の声を聞きながら個別のニーズに合った対応ができ、顧客に対する影響力が強いという点がメリットですが、販売員の人数は限られているため、伝達可能な顧客数に限りがあり、対応の質が販売員の能力に依存するという点がデメリットです。

販売促進（セールスプロモーション）

販売促進（セールスプロモーション）は、商品の販売を促進するための手法のことで、消費者、流通業者それぞれに向けて行われます。消費者向けには、商品発表会や展示会、購入特典であるプレミアム、無料配布の販促品であるノベルティ、試食や試供品の配布、店頭での商品の訴求であるPOP、ポイントカードなどの手法があります。流通業者向けには、代金の一部を割り戻す**リベート**、広告の掲載に対して支払う広告アローワンスや、指定の陳列をしたことに対して支払う陳列アローワンスのように、商品を販売してもらうためにメーカーが支払う協賛金である**アローワンス**、陳列方法を提案する**ディスプレイ提案**などの手法が取られます。

広告の種類

広告とは、消費者に製品やサービスの宣伝をすることにより、製品やサービスを認知させ、購買意欲を喚起するための方法です。広告では、ターゲットに応じて各種メディアを活用します。
インターネット広告は、低コストで双方向性があり、広告対象の選択が可能であるため、中小企業でも用いやすい広告方法です。また、他の媒体に比べて広告効果が可視化できる点がメリットで、大企業によるインターネット広告も増加しています。しかし、効果的に運用するためには一定の知識が必要となります。**テレビ**は、音と映像でインパクトが大きく、マス市場をカバーでき、番

組や時間帯に応じたターゲットに宣伝しやすいですが、コストが非常に高く、CMが流れている間だけの露出のため極めて短命であり、伝えられる情報も限られています。**ラジオ**は、コストが低く、放送エリアや番組により視聴者の属性が分かれているため、地理的・人口動態的にターゲットを絞りやすいですが、テレビと同様に露出が極めて短く、音だけのメディアであるため表現に限界があり、ながら聴取されやすいため注目度が低くなりがちです。**新聞**は、タイムリーな情報提供を行うことができ、地域の広い市場をカバーできますが、古い新聞は読まれることがなく、白黒印刷が中心で紙質もあまり良くないため表現に限界があります。**雑誌**は、届けたい読者のセグメントを選択しやすく、比較的長寿命であり、新聞と比べると高品質な印刷が可能ですが、企画から掲載までの期間がかかります。立て看板や電光掲示板、駅や街頭のポスターのような**屋外広告**は、同じ場所を通る人は毎回目にするため再接触頻度が高く、低コストですが、広告を届ける対象の選択がほぼ不可能です。**ダイレクトメール（DM）** は対象の選択が可能で内容の柔軟性も高く、比較的低コストなため、中小企業でもよく用いられる方法ですが、受け手が不要と判断すると読まずに捨てられてしまうため、読んでもらうための工夫が必要となります。

広告効果

　広告の効果には、消費者がどれだけ広告に接触したかという**接触効果**、どれだけ認知度や知名度が上がったかという**心理効果**、どれだけ売上が上がったかという**売上効果**があり、それぞれの効果を測定しながらより高い成果が得られるよう工夫していきます。

　接触効果は、**視聴率**や、一定期間に広告を1回以上見た人の割合である**リーチ**、一定期間に広告に接触した頻度である**フリークエンシー**によって測定されます。

　心理効果は、「ベンツといえば高級車」というようにそのブランドがどういうものか知っているという**ブランド認知（知名度）**、「高級車といえばベンツ」といったように、あるカテゴリを提示されればそのブランドが想起できるという**ブランド再生**などによって測定されます。

　また、その広告によってどれだけ売上が上がったのかという**売上効果**でも測定できます。

デジタルメディア

　ペイドメディアは企業が費用を払って出稿する広告で、例えばYahoo!のトップページにあるようなバナー広告やGoogleの検索結果の冒頭に表示されるようなリスティング広告などのことです。**オウンドメディア**は自社が持つホームページやECサイトです。オウンドメディアは自社保有のメディアなので自社の戦略にあわせた展開を取ることが可能です。**アーンドメディア**のアーンド（Earned）とは獲得したという意味で、消費者がSNSやブログなどで発信する情報のことです。発信内容は消費者の手に委ねられているため、情報をコントロールすることは困難ですが、消費者による情報発信なので、消費者が親近感を抱きやすくなります。ペイドメディア、オウンドメディア、アーンドメディアの3つは、**トリプルメディア**とも呼ばれています。

CGM（Consumer Generated Media）は、直訳すると消費者によって生み出されたメディアという意味で、SNSや口コミサイト、動画共有サービス、ブログ、キュレーションサイト（まとめサイト）のような一般ユーザが参加してコンテンツができていくメディアです。

タッチポイントとは、企業やブランドと消費者の接点のことをいいます。従来型の売り場や広告だけでなく、SNS上の口コミもタッチポイントの1つです。

ステルスマーケティングとは、宣伝だと消費者にばれないようにして行う宣伝のことをいいます。ステルスマーケティングは非難される場合が多く、企業の長期的利益にはつながらないと言われています。

ティザー広告とは、情報を小出しにして消費者の注意を引く広告のことで、「続きはネットで」といったTV CMなど、別のメディアに誘導するタイプのものもあります。

消費者の反応モデル

広告に対する消費者の反応と購買決定プロセスをモデル化したものに、AIDMAやAISASといったモデルがあります。これらは、購買決定プロセスの中で、消費者がどの段階にあるのかを見極めることで、購買に結びつけるという目的で用いられます。

AIDMAとは、Attention（注意）、Interest（関心）、Desire（欲求）、Memory（記憶）、Action（行動）の頭文字を取ったものです。また、AISASとは、AIDMAの考え方をインターネット上の消費行動にあてはめたものでAttention（注意）、Interest（関心）、Search（検索）、Action（行動）、Share（共有）の頭文字を取ったものです。

パブリシティ

パブリシティは、メディアに対しプレスリリースやニュース素材を提供することで、メディアに自社や自社の製品・サービスを取り上げてもらうことを目的としたプロモーション手法で、広告とは別物です。パブリシティは、メディアが取り上げて報じるため自社で広告宣伝費は払わず、コストが比較的低いというメリットはありますが、取り上げられるかは不確実で、内容を自社でコントロールすることもできないため、場合によっては悪い情報も流れる点や、メディアで取り上げられた直後は多くの顧客の注目を集めるものの、持続性は低い点に注意が必要です。

なお、PR（パブリックリレーションズ）はパブリシティの一環で、メディアだけでなく、広く社会一般との関係を構築する目的で行われるものです。従業員とその家族を対象にした社内運動会や部署旅行、従業員の家族を対象にした職場見学会などもPRの一環となります。

―― すぐやる！過去問コーナー ――
■ プロモーション戦略
レベル1　R3-33, R2-30, R1-30(1)(2), H27-27, H27-33, H25-30(1)(2), H24-33(1)
レベル2　R3 -35(1), R2-31, H30-35(1)(2), H29-34(1)(2), H25-27(1)(3), H24-31

第3章　　　　財務・会計

1.　　財務・会計の概要

　財務・会計は、ヒト・モノ・カネ・情報の経営資源の中でも特に「カネ」、お金をどう扱うかにフォーカスしたものです。

　この科目は「財務・会計」とひとくくりにされていますが、企業がどのようにお金を調達して、どのようにお金を使うか、といったようなお金の流れを表す「財務（ファイナンス）」と、企業の財務状況や利益を計算する方法である「会計（アカウンティング）」がセットになった科目です。

　実際の試験では、25問の出題がなされますが、そのうち前半の約半分が会計、後半の約半分が財務から出題されます。

　財務・会計は1次試験でも重要な科目ですが、2次試験でもダイレクトに財務・会計で学習した内容が問われます。そのため、企業経営理論と同様、1次試験の段階で2次試験を意識した学習が重要となります。

　本書も1次試験の流れに従い、前半を会計、後半を財務としましたが、あえて会計のうち、会計規則に関する論点は最後に取り上げました。理由は、会計規則に関する論点は、初学者にとって理解しにくい論点が多い上、実際の試験では会計士レベルの難しい内容が問われる場合が多いため、努力が結果につながりにくい性質を持っており、そこで躓いてしまうことで、その先の学習が上手く進まないということを防ぐためです。

　会計分野では、財務諸表とそれを作成するための簿記や会計規則、財務諸表を読み解き経営の状態を把握する経営分析、企業内部の関係者が意思決定を行うための情報を提供する損益分岐点分析や収益性分析、利益差異分析といった管理会計について学びます。この分野は先に述べた通り、試験の得点につながりにくい分野には深入りし過ぎず、2次試験でも重要な財務分析、損益分岐点分析に絞って学習すると効率的です。

　財務分野は、正味現在価値法をはじめとした投資を行うか行わないかを決めるための意思決定会計や、企業価値を評価し最大化するための企業財務論、個別証券に投資した場合のリスクとリターンや価格の変動リスクをヘッジするためのデリバティブなどに関する証券投資論について学習します。財務分野は、試験問題のパターンが限られているため、過去問を繰り返し解いて問われ方と解き方を学べば、財務系のバックグラウンドがない方でも十分高得点を狙えます。

　そのため、会計分野の財務分析と損益分岐点の論点を押さえたら、財務分野でしっかり得点を稼げるよう過去問演習を繰り返し、試験での問われ方を押さえるようにしましょう。

2.　まとめシート

S H E E T 1	財務諸表概論	・・・・・・・・	130
S H E E T 2	簿記①	・・・・・・・・	136
S H E E T 3	簿記②	・・・・・・・・	142
S H E E T 4	CF 計算書（間接法）	・・・・・・・・	146
S H E E T 5	CF 計算書（直接法）	・・・・・・・・	150
S H E E T 6	経営分析（収益性、効率性）	・・・・・・・・	154
S H E E T 7	経営分析（安全性）	・・・・・・・・	160
S H E E T 8	経営分析（その他）	・・・・・・・・	164
S H E E T 9	損益分岐点分析（CVP 分析）	・・・・・・・・	168
S H E E T 10	収益性分析と利益差異分析	・・・・・・・・	174
S H E E T 11	意思決定会計①	・・・・・・・・	178
S H E E T 12	意思決定会計②	・・・・・・・・	182
S H E E T 13	企業価値の計算	・・・・・・・・	186
S H E E T 14	株価の指標・債券価格	・・・・・・・・	190
S H E E T 15	資金調達と MM 理論	・・・・・・・・	196
S H E E T 16	証券投資論	・・・・・・・・	200
S H E E T 17	CAPM	・・・・・・・・	206
S H E E T 18	デリバティブ	・・・・・・・・	210
S H E E T 19	原価計算	・・・・・・・・	214
S H E E T 20	会計規則①	・・・・・・・・	218
S H E E T 21	会計規則②	・・・・・・・・	222

第1章　中小企業診断士試験とは

第2章　企業経営理論

第4章　運営管理

1. 財務諸表概論

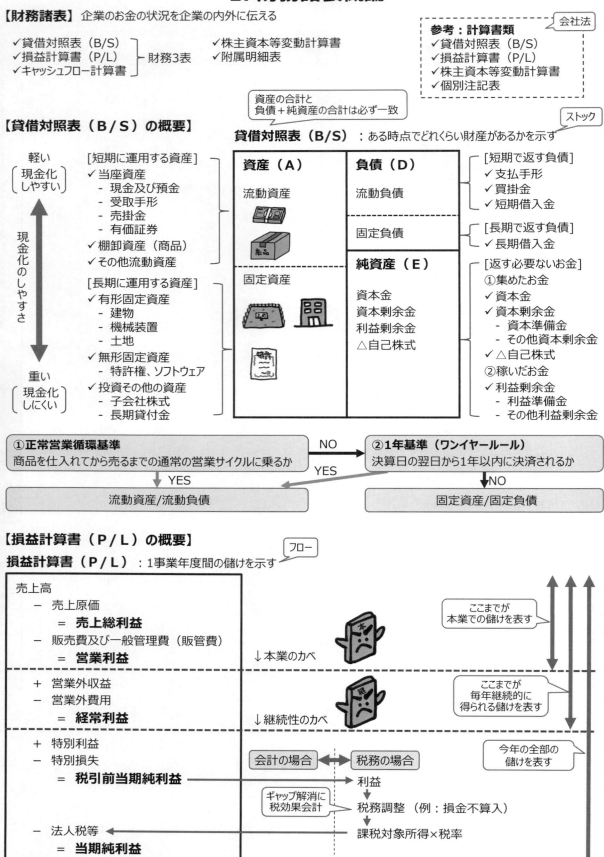

SHEET 1　　　財務諸表概論

財務諸表

　財務諸表とは、企業のお金の状況を企業の外部・内部に伝えるために作成されるもので、**貸借対照表（B/S）**、**損益計算書（P/L）**、**キャッシュフロー計算書（CF計算書）**、株主資本等変動計算書、附属明細表からなります。このうちB/S、P/L、CF計算書の3つを**財務3表**と呼びます。ちなみに、似たような言葉に**計算書類**というものもあります。財務諸表は金融商品取引法で作成が求められている書類ですが、計算書類は会社法上作成が求められているもので、B/S、P/L、株主資本等変動計算書、個別注記表からなります。

　本シートではその中でも特に重要なB/S、P/Lについて説明します。これらは、財務・会計のあらゆる論点の前提となっていますので、しっかりと理解を深めておくようにしましょう。

貸借対照表（B/S）の概要

　貸借対照表（B/S）とは、バランスシート（Balance Sheet）とも呼ばれ、ある時点で企業がどれだけの資産を持っていて、そのためのお金をどうやって調達したのかというストックの状態を示すものです。B/Sは大きく分けて、**資産**、**負債**、**純資産**の3つの項目から成り立ちます。

資産

　企業が事業を行っていく上では、利益を生み出すための製造設備や店舗のような様々なモノや、仕入のための現金といったカネを必要とします。B/Sの資産の欄には、それらのモノやカネがどれだけあるかということを記載します。資産は英語ではAssetというため、その頭文字を取ってAと表す場合もあります。

　資産は大きく分けると、短期で現金化されると想定される**流動資産**と、長期間にわたって保有する**固定資産**に分けられます。

　この短期か、長期かという点は、原材料を仕入れてから製造するまでのサイクルや、商品を仕入れてから販売するまでのサイクルといった企業の通常の営業サイクルに乗る性質を持ったものかどうか、もしくは決算日の翌日から1年以内に決済されるものかどうかという基準で分けられます。前者の基準を**正常営業循環基準**、後者の基準を**1年基準（ワンイヤールール）**といいます。流動資産の方が「流動」するので現金化しやすく、固定資産の方が「固定」されているので現金化しにくい、というイメージを持つと覚えやすいでしょう。

　流動資産は、その中でもさらに現金化しやすい現金および預金、受取手形、売掛金、有価証券などの**当座資産**と、商品の在庫である**棚卸資産（商品）**、当座資産でも棚卸資産でもない**その他流動資産**の3つに分けられます。当座資産に分類される**受取手形**とは、商品の販売などの際に受け取った手形のことで、手形とは、将来の特定の日に銀行でお金と交換してもらえる証券のことです。

131

売掛金とはいわゆるツケのことで、受取手形のような拘束力はありません。この受取手形と売掛金を合わせて**売上債権**といいます。また、その他流動資産には1年以内に現金化または費用化される前払費用、未収収益などが含まれています。（前払費用、未収収益については「3.簿記②」シートを参照）

　固定資産は、**有形固定資産**、**無形固定資産**、**投資その他の資産**の3つに分けられます。**有形固定資産**は、その名の通り形のある固定資産のことで、具体的には建物や機械装置、土地、車両運搬具などのことです。**無形固定資産**もその名の通り形のない固定資産のことで、具体的には特許権やソフトウェア（ただし、受注製作のソフトウェアの製作費は請負工事の会計処理に準じて処理されます）、営業権（のれん）などのことです（のれんについては「20.会計規則①」シートを参照）。**投資その他の資産**は、子会社株式や長期貸付金など1年以上にわたって保有する資産で、有形固定資産にも無形固定資産にも分類されないものをいいます。

負債

　負債とは、後で第三者に返す必要のあるお金ということで、**他人資本**と呼ばれることもあります。負債は英語ではDebtというため、その頭文字を取ってDと表す場合もあります。

　負債は大きく分けると、短期の負債である**流動負債**と、長期の負債である**固定負債**に分けられます。この短期、長期という分類は資産のときの分類と同様です。

　流動負債には具体的には、**支払手形**、**買掛金**、**短期借入金**があります。**支払手形**とは、商品の仕入などにより発行した手形のことで、**買掛金**とはいわゆるツケ払いのことです。この支払手形と買掛金を合わせて**仕入債務**といいます。**短期借入金**は1年以内に返す必要がある借入金のことをいいます。

　固定負債には、返済日が1年後の応当日（対応する日）より先の**長期借入金**があります。

純資産

　純資産とは、投資家から集めたお金と、企業がこれまで稼いだお金の合計です。負債と違って第三者に返す必要がないお金なので、**自己資本**とも呼ばれます。投資家から集めたお金は資本金や資本準備金、資本剰余金に、企業が稼いだお金は利益準備金や利益剰余金に分類されます。資本金・資本準備金・資本剰余金や利益準備金・利益剰余金がそれぞれどのように決められるのかということは「20.会計規則①」シートで詳しく説明しますが、まずは「資本○○金」というと投資家から集めたお金、「利益○○金」というと自社で稼いだお金だという理解で結構です。

　なお、**自己株式**という科目は、自社で保有している自社株のことをいいます。自社株を保有するということは、資本金として計上されるはずの発行済株式を自社で取得するということですので、株式の発行を一部取り消したのと同じ効果になります。そのため、B/S上はマイナスで記載されます。

132

B/S には様々な科目の名前が出てきて、初学者の方は覚えるのが大変かと思います。初学者の方は個々の科目名を一つ一つ覚える前に、まずは「B/S の項目には資産、負債、純資産の３つがある。そのうち資産は流動資産と固定資産に、負債は流動負債と固定負債に分かれる。さらに流動資産は当座資産、棚卸資産、その他流動資産に分かれる・・・」といったように、まずは大きなくくりを押さえて、それを徐々に細かく分類していくという流れで把握すると、意味の理解や記憶がスムーズにいくでしょう。

損益計算書（P/L）の概要

損益計算書は英語の Profit and Loss Statement の頭文字を取って **P/L** と呼ばれます。P/L とは、企業が一定期間（通常は１事業年度）にどれくらいの収益を生み出し、そのためにどれくらいの費用が発生し、結果としてどれだけの利益が上がったかということをまとめた表です。

企業がどれだけ儲けたかについては、企業の生み出した収益から発生した費用を差し引くことによって求められます。これを式で表すと、以下のように表せます。

$$利益（または損失）＝収益－費用$$

ただし、利益が上がったといっても、本業の営業成績が良くて儲かったのか、その年にたまたま遊休となっていた土地が高く売れたから儲かったのか、では企業の経営状況を見ていく上で大きな違いがあります。そのため、企業の利益について考える場合は、**売上総利益**、**営業利益**、**経常利益**、**税引前当期純利益**、**当期純利益**、という５つの段階に分けて利益の状況を見ていきます。

P/L には、各段階の収益、費用、利益がまとめられているため、P/L が読めれば企業がどの段階でどれだけ儲けているのかということを読み取ることができます。

売上総利益

売上総利益とは、粗利益（粗利）とも呼ばれ、売上高から売上原価を引いたもので、以下の式で表せます。

$$売上総利益＝売上高－売上原価$$

売上高とは製品・商品・サービスなどの販売によって得られた収益のことで、**売上原価**とは、それらを生み出すために発生した原材料費や仕入費用、製造に関わる従業員の人件費といった費用を意味します。**売上総利益**は、企業が提供する商品やサービス自体の強さを表しています。

営業利益

営業利益とは、本業での儲けを表す利益で、売上総利益から販売費及び一般管理費（販管費）を差し引いたもので、以下の式で表せます。

$$営業利益 ＝売上総利益－販売費及び一般管理費（販管費）$$
$$（＝売上高－売上原価－販売費及び一般管理費（販管費））$$

販売費及び一般管理費とは、広告宣伝費や営業担当者の給料といった販売活動にかかる費用である販売費と、事務所の家賃や総務、人事、経理などのスタッフ部門の従業員の給料といった本業の活動に直接関係のない管理活動にかかる費用である一般管理費を合わせたもので、略して販管費とも呼ばれます。

経常利益

　経常利益とは、本業・非本業含め毎年継続的に得られる経営活動全般での儲けを表す利益で、営業利益に営業外収益を加え、営業外費用を差し引いたもので、以下の式で表せます。

> 経常利益　＝営業利益＋営業外収益－営業外費用
> 　　　　　（＝売上高－売上原価－販管費＋営業外収益－営業外費用）

　営業外収益とは、受取利息や受取配当金のように本業の活動以外から得られる収益のことで、**営業外費用**とは、支払利息のように、本業の活動以外で発生する費用のことをいいます。

税引前当期純利益・当期純利益

　税引前当期純利益とは、税金を差し引く前の、例外的に発生した収益・費用も含めた当該年度における企業全体の利益を表すものです。また、**当期純利益**とは、その年度に企業が得た最終的な利益の金額を表し、税引前当期純利益から法人税等を差し引いたもので、以下で表せます。

> 税引前当期純利益＝経常利益＋特別利益－特別損失
> 　（＝売上高－売上原価－販管費＋営業外収益－営業外費用＋特別利益－特別損失）
> 当期純利益＝税引前当期純利益－法人税等
> 　（＝売上高－売上原価－販管費＋営業外収益－営業外費用＋特別利益－特別損失－法人税等　）

　特別利益とは、例えば未利用だった遊休地が高く売却できたときのように、その年だけ臨時に発生した利益のことをいい、**特別損失**とは、設備の売却損や火災による損失のように、その年だけ臨時に発生した損失のことをいいます。

　法人税等とは、国などに支払った税金を表します。しかし、会計上の利益と税務上の利益（課税所得）では違いが生じる場合があります。このギャップを調整し、税金の費用を適切に期間配分する手続きを**税効果会計**といいます（詳しくは「21.会計規則②」シート参照）。

─すぐやる！過去問コーナー─

■ 財務諸表概論

レベル1　H25-7, H24-12　　　　　　**レベル2**　R2-8

コラム アウトプット中心の学習

　試験の合否は点数によって決まります。そのため、どんなに知識があってもその知識を得点に結びつけられなければ、合格することはできません。当たり前のことかもしれませんが、受験勉強をする際、得点を意識できていない学習スタイルを取っている方は多数います。

　具体的には、テキストや予備校の講義などで知識のインプットはするのですが、演習問題や過去問を解くというアウトプットを十分行っていないという方です。このような方は真面目な方が多く、「問題を解くためにはまずは知識を十分得てからでないといけない」と考えている場合が多いのですが、中小企業診断士の試験範囲は非常に広いため、まずインプットを十分してからと考えているとそれだけで時間が過ぎてしまいます。その結果、時間をかけて勉強したものの、問題を解いてみるとあまり点が取れないということになり、自信ややる気を失ってしまうという残念な状態になってしまいがちです。

　せっかく時間をかけて真面目に勉強しているのに、そのような形で自信ややる気を失い試験にも合格できないというのはもったいないことです。

　試験に受かるという点にゴールを置くのであれば、知識を得るというのはあくまでもその手段です。試験に受かるというゴールを達成するためには、いくら知識があっても、試験で得点できる、つまり問題が解けるという状態になっていなければ意味がありません。

　では、問題が解けるようになるためにはどうすれば良いでしょうか。

　その1つの答えがアウトプット重視型の学習です。アウトプット重視型の学習では、テキストを読むことよりも問題を解くことを重視します。具体的には、ある程度各科目の概要を掴んだら、すぐに問題に取り掛かり、知識がどのような形で問題として問われているかを把握します。その上で、もし知らないことや理解できないことがあればテキストに戻り必要な部分を確認するという形で、テキストは読むというより参照するという使い方をします。実際の試験での問われ方をアウトプットを通じて確認しながら、問題が解けるようになるために必要な知識だけを効率良くインプットしていきましょう。

　本書の場合は、テキストの本文を読んでなんとなく理解したら、すぐに「すぐやる！過去問コーナー」の問題を解いてみるというのがおすすめの学習方法です。

　アウトプット重視型の学習では、必要な知識が一覧としてまとまっており、すぐに参照できるような教材が手元にあるとさらに効率良く学習を進めることができます。ぜひまとめシートを手元に置いて、アウトプット重視の学習を効率良く進めてください。

2. 簿記①

【簿記とは】
B/S、P/Lを作るためにお金の流れを記録する際のルール

借方と貸方
表の左側を借方、表の右側を貸方という

[覚え方] 借方（左） 貸方（右）
か**り**かた　か**し**かた

仕訳
取引（勘定科目ごとの金額の増減）の記録
金額が増える→勘定科目本来の居場所
金額が減る→勘定科目本来の居場所の反対側
例）商品を現金100で購入　　[シート3参照]

	借方	貸方
	商品 100	現金 100

資産が増える　本来の居場所（左）　｜　資産が減る　本来の居場所の逆(右)

※貸倒引当金、減価償却累計額、自己株式は
　マイナスの形で記載されているため上記の反対となる

【取引からB/S、P/Lができるまでの流れ】

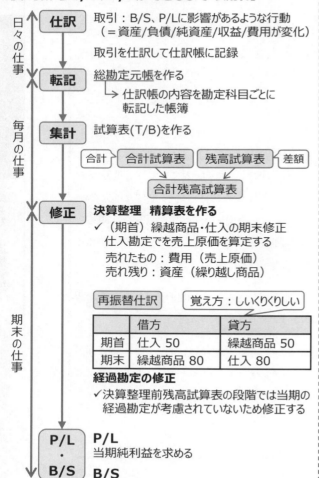

日々の仕事
- **仕訳**：取引：B/S、P/Lに影響があるような行動（＝資産/負債/純資産/収益/費用が変化）
- 取引を仕訳して仕訳帳に記録
- **転記**：総勘定元帳を作る → 仕訳帳の内容を勘定科目ごとに転記した帳簿

毎月の仕事
- **集計**：試算表(T/B)を作る
  - 合計 → 合計試算表　残高試算表 ← 差額
  - → 合計残高試算表

期末の仕事
- **修正**：決算整理 精算表を作る
  - ✓（期首）繰越商品・仕入の期末修正
    仕入勘定で売上原価を算定する
    売れたもの：費用（売上原価）
    売れ残り：資産（繰り越し商品）

  [再振替仕訳] [覚え方：しいくりくりしい]

	借方	貸方
期首	仕入 50	繰越商品 50
期末	繰越商品 80	仕入 80

  経過勘定の修正
  ✓決算整理前残高試算表の段階では当期の経過勘定が考慮されていないため修正する

P/L・B/S
- P/L　当期純利益を求める
- B/S　期末利益剰余金＝当期純利益＋繰越利益剰余金

【減価償却】　実際に現金は出ていかない

固定資産の価値の減少分をB/S、P/Lに反映させる

減価償却費の計算方法

[定額法]

$$減価償却費 = （取得原価 - 残存価額） / 耐用年数$$

取得原価：固定資産の購入金額＋付随費用（手数料や据付費用など）
残存価額：耐用年数経過後に、その資産を処分することにより回収できると予測される価値
耐用年数：設備などの使用可能期間

[定率法]

$$減価償却費 = （取得原価 - 減価償却累計額） \times 償却率$$

減価償却累計額：減価償却費の累計額
償却率：耐用年数によって定められている

 土地 ✕ 減価償却できない　　 建物 ◯ 減価償却できる

固定資産の売却

$$固定資産売却損益 = 売却価額 - 売却時点の簿価$$

売却時点の簿価：取得原価 - 減価償却累計額

【本支店会計】

本店と支店などがある場合に使われる制度

本店集中計算制度
すべての取引を本店が一括して処理
✓本店が各支店の状況を把握・管理できる
✓本店の仕訳処理が煩雑になる

支店独立計算制度
支店間の取引が支店間で直接行われたとして処理
✓本店の仕訳処理が簡単になる
✓支店間の取引の内容がわかりやすくなる
✓各支店の状況を把握・管理しにくくなる

[例] 大阪支店から福岡支店に現金10千円を送付した

本店集中計算制度

大阪支店
本店 10	現金 10

本店
現金 10	大阪支店 10
福岡支店 10	現金 10

福岡支店
現金 10	本店 10

支店独立計算制度

大阪支店
福岡支店 10	現金 10

本店
仕訳なし

福岡支店
現金 10	大阪支店 10

SHEET 2　　　簿記①

簿記とは

前シートで、企業の経営状態のストックとフローを表すB/SとP/Lについて説明しましたが、これらを作成するために日々のお金の流れを記録するためのルールのことを**簿記**といいます。

日々のお金の流れをB/S、P/Lに落とし込むためには、お金の流れを取引の2つの面から見た**複式簿記**という方法で記録します（例えば、現金100千円で商品100千円分を仕入れる取引をした場合、「現金が100千円減って商品が100千円分増える」と表します）。なお、このとき、記録するための「商品」や「現金」といった項目名を**勘定科目**といいます。（「3.簿記②」シート参照）

複式簿記で記録する目的は最終的にB/S、P/Lに落とし込むことであり、B/S、P/Lに落とし込みやすいように取引の2つの面を左右に分けた形で下記のように記録します。これを仕訳といい、表の左側を借方（かりかた）、右側を貸方（かしかた）と呼びます。借方の「り」は左向き、貸方の「し」は右向き、と覚えると覚えやすいです。

このとき、どちらの項目が左（借方）に来て、どちらの項目が右（貸方）に来るのかについてはルールがあります。「商品が増え

仕訳の例

借方	金額	貸方	金額
商品	100	現金	100

る」といったように勘定科目が増える場合は最終的なB/S、P/Lの本来の場所に、「現金が減る」といったように勘定科目が減る場合は最終的なB/S、P/Lの本来の場所とは逆側に記載します。

初学者の方は、まずはそれぞれの勘定科目の本来の居場所（「3.簿記②」シート参照）がどこなのかということを徐々に覚え、それが増えるのか、減るのかで右側に書くのか左側に書くのかを判断するようにしましょう。（なお、貸倒引当金、減価償却累計額、自己株式については、マイナスの形でB/Sに記載されているため仕訳の際は貸借が逆になります。）

取引からB/S、P/Lができるまでの流れ

以下では、日々の取引からどのような流れでB/S、P/Lが作成されるのかについて説明します。

日々の取引は**仕訳**によって**仕訳帳**に記録され、それを勘定科目ごとにまとめる**転記**がなされ、**総勘定元帳**に記録されます。毎月または期末に**集計**を行い、それらが正しいかどうかを**試算表**により確認します。それを元に期末に**精算表**を作成し修正を行い、B/S、P/Lができます。

仕訳

日々の業務の中でB/S、P/Lに影響があるような行動、つまり、資産・負債・純資産・収益・費用のいずれかが変化する活動のことを**取引**と言います。これらの取引は**仕訳**という形で**仕訳帳**に記録します。

転記

企業が活動を行うと、日々多くの取引が発生します。これらの取引は日付を追って仕訳帳に記載されます。それらを勘定科目ごとにまとめ、整理した**総勘定元帳**という帳簿を作成することを**転記**といいます。

集計

仕訳や転記が正しいか確認するために、月末や期末に**試算表**を作成してチェックを行います。試算表は Trial Balance の略で T/B とも記載されます。試算表には、**合計試算表**、**残高試算表**、**合計残高試算表**の3つの種類があります。**合計試算表**とは、総勘定元帳の勘定ごとに借方、貸方それぞれの合計をまとめた表です。**残高試算表**とは、総勘定元帳の勘定ごとに、残高、つまり借方の合計と貸方の合計の差額をまとめた表です。**合計残高試算表**とは、合計試算表と残高試算表を一体化した表です。試算表では、どれも借方合計欄もしくは借方残高欄の合計金額と貸方合計欄もしくは貸方残高欄の合計金額は一致します。もし一致しなければ、どこかが間違っているということですので、間違いを探し、訂正する必要があります。

修正

ここまで集計してきた試算表は、期中に発生した取引をまとめたものです。期末には毎期の経営状況を正しく反映するため、期末修正、決算整理を行います。その際、決算整理前の試算表に決算整理仕訳を加えて、P/L と B/S を作成するまでの過程を1つの表にまとめた**精算表**を作成します。決算整理では、主に商品・仕入の期末修正、経過勘定の修正、貸倒引当金の繰入、固定資産の減価償却費などの処理が行われます。

商品を販売する場合、その年度中に仕入れた商品をその年度中に全部売るとは限りません。例えば、前年度に仕入れていた商品があったり、今年度仕入れた商品が売れ残ってしまったりという場合です。当該年度の売上原価を計算するためには、当該年度の売上につながった仕入分だけを売上原価として計上する必要があります。その際、売れたものは費用として、売れ残ったものは資産として計上します。そのための仕訳を**再振替仕訳**といいます。**再振替仕訳**では、期首に前期から繰り越された商品がある場合は、これを当期分の仕入高として計上するために期首の繰越商品（資産）を仕入（費用）に振り替えます。また、期末に売れ残った商品がある場合、これを次期の繰越商品として計上するため、期末の仕入（費用）を繰越商品（資産）に振り替えます。例えば期首に前期から繰り越された商品が 50 千円分、期末に売れ残った商品が 80 千円あった場合、以下のように仕訳します。「しいくりくりしい」と唱えて覚えると良いでしょう。

	借方	金額	貸方	金額	
（期首）	仕入	50	繰越商品	50	しい、くり
（期末）	繰越商品	80	仕入	80	くり、しい

なお、残高試算表の段階では、期中に発生した取引のみが記載されていますが、年度を跨いだ支払いや売上がある場合は経過勘定（「3.簿記②」シート参照）が発生します。そのため、精算表を作成する際に経過勘定を考慮した修正を行う必要があります。

　貸倒引当金は、貸倒れ（取引先が倒産などで支払い不能になること）に備えて見積もっておく引当金です。貸倒引当金は当期中に貸倒れが発生しなければ使われることなく残ります。決算時に再度貸倒引当金を見積もり、貸倒引当金の残高と貸倒引当金の見積額の差額を求め、足りない分を補充もしくは余った分を戻し入れます。

　決算時の減価償却費の仕訳の方法には**直接法**と**間接法**の2通りの方法があります。

　直接法は、固定資産の勘定科目を貸方（右側）に仕訳し、固定資産の金額を直接減らす方法です。**間接法**は、固定資産の金額は購入したときの金額そのままで、減価償却累計額という勘定科目を使うことで、固定資産の減価償却額を表す方法です。この場合、**減価償却累計額**はB/Sではマイナスの資産として資産の欄に記入されます。そして、仕訳ではマイナスの資産ですので貸方（右側）に仕訳されます。

P/L・B/S の作成

　精算表で修正を行った結果を元に**P/L**の作成を行い、当期の最終的な利益である、当期純利益を求めます。また、精算表で修正を行った結果を元に**B/S**の作成を行います。

減価償却

　減価償却費とは、建物や設備のような土地以外の固定資産において、仕様や経年による老朽化によって生じた価値の減少分を表した費用です。また減価償却費は、長期にわたって継続して使用する資産を獲得した場合、収益は長期にわたって入ってくるため、費用をその使用期間に応じて毎年計上するためのものであるという考え方もあります。

　ここではイメージしやすいように前者の場合で説明します。例えば、100万円の機械装置を購入した場合、購入した直後は100万円の価値がありますが、使用していくにつれ傷がついたり古くなったりして、その機械装置の価値は年々低下していきます。そのため、数年後に売却しようとすると、100万円より安い値段でしか売却できなくなってしまいます。減価償却費は、このような価値の減少分をあらかじめ費用として計上するための勘定科目とイメージいただくと良いでしょう。そのため、土地のように時間の経過や使用により価値が減少しないものは減価償却の対象にはなりません。

　減価償却費の計算方法には毎年一定額を減価償却する**定額法**と、毎年一定比率を減価償却する**定率法**という2通りの方法があります。

　定額法による減価償却費の具体的な計算式は以下のように表せます。

$$減価償却費 ＝（取得原価－残存価額）÷ 耐用年数$$

139

取得原価とは、その固定資産を購入した金額と、例えば購入手数料や機械を据えつけるために発生した据付費用などの付随費用を合計した金額のことを、**残存価額**とは、耐用年数が経過した後に、その資産を処分することによって回収できると予測される価値のことをいいます。実際の問題では、「残存価額は取得原価の10%」といったようにパーセンテージで表されることが多いです。

　なお、**耐用年数**とは設備の使用可能期間を表し、実際にその資産を用いる期間ではなく、例えば木造建築物は22年、鉄筋コンクリートの建築物は47年といったように、法律によって品物ごとに定められている期間のことを指します。残存価額と耐用年数は、試験問題では問題文の中で与えられていますので、覚える必要はありません。

　具体的な計算例を紹介すると、取得価格が100万円、残存価格が取得原価の10%、耐用年数が5年の機械装置の減価償却費は（100万円－100万円×10%）÷ 5年＝18万円、と計算できます。

　また、**定率法**による減価償却費の具体的な計算式は以下のように表せます。

$$減価償却費＝（取得原価－減価償却累計額）× 償却率$$

減価償却累計額とは、その名の通り減価償却費の累計額で、償却率は耐用年数によって定められた値を用います。試験の場合、耐用年数と同様、問題文中で与えられます。

　なお、固定資産の売却を行う場合、固定資産売却損益は以下の式で表せます。

$$固定資産売却損益＝売却価額－売却時点の簿価$$

ちなみに、売却時点の簿価は取得原価から減価償却累計額を差し引いた額として求めることができます。

本支店会計

　本支店会計は、本店に加えて支店にも会計帳簿がある場合の会計制度のことです。本支店会計には全ての取引を本店が一括して処理する**本店集中計算制度**と、支店間の取引が支店間で直接行われたとして処理する**支店独立計算制度**の2つの制度があります。

　本店集中計算制度は、本店が各支店の状況を把握、管理できますが、本店の仕訳業務が煩雑になってしまいます。それに対し、**支店独立計算制度**は、本店の仕訳処理が簡素化され、支店間の取引の内容がわかりやすくなりますが、各支店の状況を本店が把握、管理することが難しくなります。

　すぐやる！過去問コーナー

■ 簿記①
レベル1　R3-2, R3-13, R2-9, H30-2, H25-12
レベル2　R3-3, R1-4, H30-7, H27-5, H24-1

コラム 財務・会計の学習方法（1）

　財務・会計は学習者のバックグラウンドにより、スタート地点がかなり異なる科目です。

　そこで、以降のコラムでは業務経験や他資格を学習した経験がある方（P.159）、計算が得意な方（P.159）、業務経験や他資格を学習した経験がない方（P.195）、計算が苦手な方（P.205）それぞれの場合について学習法を紹介します。

　本コラムでは、まずはすべての方に共通する時間配分の重要性について説明します。

　財務・会計の試験では例年 25 問の問題が出題され、それを 60 分で解答する必要があります。1 問当たり平均すると 2 分 24 秒となり、かなり短時間で問題を処理する必要がありますので、時間制限に対する対策については、どの方も共通して意識する必要があります。

　時間制限に関しては、2 点対策があります。

　1 点目は、どの問題にどれだけ時間がかかるかを把握し、目標時間を定めるという点です。問題を解くのに慣れてきたら、ストップウォッチなどを使い、1 問解くのにどれだけ時間がかかるかを測定します。そうすると、論点別に短い時間で解ける問題とそうでない問題が見えてきます。それが見えてきたら、問題別に目標時間を定め、目標時間内に解けるように練習しましょう。もし、目標時間内に解けなかった場合は、問題の解き方がわからず時間がかかったためなのか、問題の見極めが不十分で適切な目標時間が設定されていなかったのか、途中の計算で手間取って時間がかかってしまったのか、というように理由を振り返り、次回以降に活かすようにしましょう。そうすることで、問題の難易度を見極めて必要な時間を見積もる目を養い、目標時間内に問題を処理する力を身につけることができます。

　2 点目は、問題を解く順番を見極めるという点です。

　財務・会計でよくある失敗が、問題を 1 問目から順番に解き、わからない問題で時間をかけすぎてしまい、最後まで解けなかったり、後半にある簡単な問題を焦りのため取りこぼしたりという、問題を解く優先順位付けができていないことから生じる失敗です。この対策としては、普段から問題の難易度や必要な時間を見積もる目を養うことが重要となります。試験開始の冒頭 2 分くらいで難易度や時間を見積もり、簡単で時間がかからない問題→簡単だが時間がかかる問題→難しい問題の順で解いていく経験を過去問や模試で意識して重ねましょう。自身の実力によっては、あえて数問を捨てて、その分の時間を確実に解ける問題を確実に解くための時間に充てるという判断も良いでしょう。そうすることで、得点が取れる問題で確実に得点し、実力を 100％得点に反映することができます。

3. 簿記②

まずはざっくり覚える

【各勘定科目の本来の居場所】

借方	貸方
資産（A） 流動資産 　現金及び預金 　受取手形 　売掛金 　　△貸倒引当金 　有価証券 　商品 　前払費用(前払利息など) 　未収収益(未収利息など) 固定資産 　建物 　　△減価償却累計額 　機械装置 　土地 　建設仮勘定 　特許権 　投資有価証券 　子会社株式	**負債（D）** 流動負債 　支払手形 　買掛金 　短期借入金 　前受収益(前受利息など) 　未払費用(未払利息など) 　賞与引当金 固定負債 　長期借入金 **純資産（E）** 資本金 資本準備金 その他資本剰余金 利益準備金 その他利益剰余金 △自己株式 新株予約権
費用（L） 仕入 給料 水道光熱費 貸倒引当金繰入額 減価償却費 支払家賃 支払利息 有価証券売却損 固定資産売却損	**収益（P）** 売上 貸倒引当金戻入益 受取利息 受取配当金 有価証券売却益 固定資産売却益

B/S 貸借対照表
P/L 損益計算書

【値引・戻り/戻し・割戻・割引】

売上○○なら収益、仕入○○なら費用
- **値引**：見切り品を安く売るなど
- **戻り/戻し**：商品を返品された/したとき
- **割戻**：ボリュームディスカウント、キックバックなど
　→引いた後の金額で計上
- **割引**：支払期日より早く支払ったとき
　→ P/L上では
　　売上割引なら営業外費用
　　仕入割引なら営業外収益

早く払ってくれてありがとう

✓値引、戻り、割戻は売上控除だが、割引は売上控除にならない

【引当金】

引当金の要件
- ✓将来の特定の費用または損失であること
- ✓その発生が当期以前の事象に起因すること
- ✓発生の可能性が高いこと
- ✓その金額を合理的に見積ることができること

引当金の種類と分類

評価性引当金	貸倒引当金	—
負債性引当金	収益控除性引当金 売上割戻引当金 返品調整引当金	債務性引当金
	費用性引当金 商品保証引当金 賞与引当金 退職給付引当金	
	修繕引当金 債務保証損失引当金 損害補償損失引当金	非債務性引当金

評価性引当金 ⇔ 負債性引当金
将来入ってくるはずの収入が失われるリスクに備える ／ 将来の支出に備える

収益控除性引当金 ⇔ 費用性引当金
収益から控除 ／ 費用に計上

債務性引当金 ⇔ 非債務性引当金
法律的に支払いの義務が確定している ／ 法律的に支払いの義務が確定していない

貸倒引当金 貸し倒れに備える

貸し倒れた債権が発生したのが

当期のとき	前期のとき
貸し倒れた分の売掛金、受取手形の金額を減らす ＋貸し倒れた額を貸倒損失として計上	貸し倒れた分の売掛金、受取手形の金額を減らす ＋貸倒引当金を取り崩す

貸倒引当金の仕訳方法

洗替法	差額補充法
期末の貸倒引当金残高を全額戻し入れる → 貸倒見積額を改めて貸倒引当金に繰り入れる	期末の貸倒引当金と貸倒見積額の差額を繰り入れ/戻し入れる

【経過勘定】 あるサービスを年度を跨いで受けたり提供したりするときに使われる勘定科目

見越の「み」は未収/未払いの「み」

収益/費用の繰延（前受収益、前払費用）

```
開始時一括で費用支払い
    2/1      3/31 決算日    7/31
    ├────────┼──────────────┤
    │ 家賃半年分 6,000       │
    │当期分2,000│次期分4,000 │
                  └→前払費用
```

※一括で支払ってもらえる収益の場合は前受収益

収益/費用の見越（未収収益、未払費用）

```
              2/1      3/31 決算日    7/31
              ├────────┼──────────────┤
              │ サービス料半年分 6,000  │
              │当期分2,000│次期分4,000 │
                 └→未払費用
                                    終了時一括で費用支払い
```

※一括で支払ってもらえる収益の場合は未収収益

SHEET 3　　　　簿記②

各勘定科目の本来の居場所

簿記では様々な勘定科目が登場します。簿記を始めて学習される方は、まとめシートを参照しながら、代表的な勘定科目としてはどのようなものがあるのかとその場所についてまずは押さえておくようにしましょう。以下では試験で時々問われる勘定科目を紹介します。

引当金

引当金とは、将来に発生する可能性のある費用や損失に備えるための勘定科目で、貸倒引当金、売上割戻引当金、商品保証引当金、賞与引当金、修繕引当金など様々なものがあります。会計上は、以下のような要件を満たすものが引当金として計上されるべきとされています。

- 将来の特定の費用または損失であること
- 発生が当期以前の事象に起因すること
- 発生の可能性が高いこと
- その金額を合理的に見積ることができること

引当金はその性質からいくつかの種類に分類することができます。

まず、将来の損失に備えるか、将来の支出に備えるかという観点で、**評価性引当金**と**負債性引当金**に分類されます。評価性引当金の代表例は貸倒引当金で、将来入ってくるはずの売掛金や受取手形が回収できなくなって、収入が失われてしまうというリスクに備えるものです。負債性引当金は、貸倒引当金以外の大半の引当金が該当します。

負債性引当金は、その中で2つの観点で分類することが出来ます。計上方法の観点からは、対応する金額を収益から控除する**収益控除性引当金**と計上と同時に費用が発生する**費用性引当金**に分類されます。前者の例としては、売上割戻引当金、返品調整引当金が、後者の例としては、商品保証引当金、賞与引当金、修繕引当金などがあります。

また、法律的に支払いの義務が確定しているかどうかという観点からは、法的義務が確定している**債務性引当金**と法的義務が確定していない**非債務性引当金**に分類されます。

貸倒引当金

貸倒とは、取引先が倒産するなどして、売掛金や受取手形といった債権が回収できなくなってしまうことです。**貸倒引当金**とは、もし今期に計上している売掛金や受取手形が次期以降に貸し倒れてしまった場合にあらかじめ備えるための勘定科目です。そのため、B/Sでは資産の売掛金や受取手形の欄の下にマイナスとして記載します。なお、貸倒引当金は、現時点の売掛金が次期以降に貸し倒れた場合に備える勘定科目であるため、貸倒引当金を設定していない売掛金や受取手形が貸し倒れてしまった場合は、全額を**貸倒損失**として費用に計上します。

143

また、前期に貸倒引当金を設定していた売掛金、受取手形が貸し倒れてしまった場合は、その分の売掛金、受取手形の金額を減らすとともに、設定していた貸倒引当金を取り崩す（＝減らす）という処理をします。貸し倒れた金額が、設定していた貸倒引当金を超えてしまった場合は、差額を貸倒損失として費用に計上します。

貸倒引当金は決算時に設定しますが、その方法には洗替法と差額補充法があり、洗替法は期末の貸倒引当金残高を戻し入れてから貸倒見積額を貸倒引当金に繰り入れます。それに対し、差額補充法は期末の貸倒引当金と貸倒見積額の差額を繰り入れ、もしくは戻し入れます。

値引・戻り/戻し・割引・割戻

似て非なる会計用語として**値引**、**割戻**、**割引**といった用語があります。

値引とは、例えば不良品や見切り品を安く販売する、といったように販売価格を下げることですので、値引をした場合、売上額は通常の販売価格から値引額を差し引いたものになります。

売上戻りとは、売り上げた商品が送り返されることで、**仕入戻し**とは仕入れた商品を送り返すことです。どちらも返品ですので、「売上」勘定または「仕入」勘定を減額する処理を行います。

割戻とは、いわゆるボリュームディスカウントのことで、例えば1個100円ですが、100個買ってくれたら1個90円にする、といったようなものです。割戻をした場合、値引と同様に売上額は通常の販売価格から割戻額を差し引いたものになります。

割引とは、掛取引などの際に、支払期限より前に支払いがあった場合に、商品やサービスの代金を安くすることをいいます。掛代金の中には代金を後払いする期間に応じた利息が含まれている場合が多いため、早く払ってもらった場合は、その利息相当分を割り引くという考え方です。そのため、割引はP/L上では営業外費用として扱います。

経過勘定

経過勘定とは、あるサービスを年度を跨いで受けたり、提供したりするときに使われる勘定科目のことです。B/S、P/Lはある時点（通常は期末）での企業のストックやフローを表すものです。しかし、例えば、会社の決算日が3月31日で、家賃は2月1日から7月31日の半年払いの契約になっているといったことはよくあることです。そのとき、2月1日に半年分の事務所家賃として6,000千円支払っているので、当期の家賃は6,000千円、次期は0円とすると、次期も引き続きその事務所を使っているのに費用が発生していないことになり、会社の一定期間の正しい損益計算が財務諸表に反映されません。経過勘定はこのようなサービス提供の時期と費用の発生時期を調整するために使われます。

経過勘定には大きく**繰延勘定**と**見越勘定**の2種類があり、前払費用と前受収益は繰延勘定に、未払費用と未収収益は見越勘定に該当します。覚える際は「みこし」勘定は「みばらい」費用と「みしゅう」収益でどちらも「み」がつく、と覚えると覚えやすいです。

繰延勘定とは、サービス開始時点で費用をすべて一括で支払った/支払われた場合に、その費用を次期分に繰延べるために使われます。先ほどの、2月1日から7月31日までの半年分の家賃6,000千円を支払った場合の例で考えると、2月1日から3月31日までの2か月分の家賃2,000千円は当期分、4月1日から7月31日までの4か月分の家賃4,000千円は次期分の費用となります。そのため、次期分の4,000千円は本来次期に支払う費用を先に支払ったということで**前払費用**として計上し、当期分の費用とは区別する必要があります。逆に、自社が事務所を貸す側で6,000千円を先に一括払いされた場合、次期分の収益を事前に受け取った収益ということで**前受収益**とします。前払費用は、次期の費用を当期に既に支払ったものであり、資産性を有すると考えられるため資産の欄に、前受収益は次期の収益を当期に既に受け取ったものであり、負債とみなすことができるため負債の欄に計上します。

　見越勘定とは、繰延勘定とは逆に終了時点で一括払いする/される予定の費用を事前に計上しておくための科目です。例えば6,000千円相当のメンテナンスサービスを2月1日から7月31日までの6か月間提供を受け、サービス料をサービス終了時に一括で支払う契約を結んでいた場合、2月1日から3月31日までの2か月分のサービス料2,000千円は当期分、4月1日から7月31日までの4か月分のサービス料4,000千円は次期分の費用となります。そのため、まだ実際には支払っていない2,000千円は、**未払費用**として計上し、費用が発生したことがわかるようにする必要があります。逆に、自社がサービスを提供する側であれば、サービスを提供したけれど受け取っていない収益ということで**未収収益**として計上します。未払費用は、次期に支払わないといけない費用ですので負債の欄に、未収収益は次期にもらえる予定の収益ですので資産の欄に計上します。

すぐやる！過去問コーナー

■ 簿記②
レベル1　R3-1, R3-5, R2-2, H30-3, H28-2, H27-2, H24-3
レベル2　R3-11, H29-2, H26-2, H26-4

145

4. CF計算書（間接法）

【CF計算書（キャッシュフロー計算書）とは】

1事業年度間の現金及び現金同等物の増減（CF）を示す財務諸表のこと、最終的に現金がいくら手元に残ったのかがわかる

CF計算書の区分

営業活動によるCF	＋	投資活動によるCF	＋	財務活動によるCF	＝	企業全体のCF

企業の営業活動での
現金の増減を示す
プラスだと健全経営

固定資産や有価証券の
取得や売却など、投資
活動によるCFを示す
プラスだと資産の売却を、
マイナスだと投資を行った

借入や社債・株式発
行などの資金調達およ
び返済など、財務活動
によるCFを示す
プラスだと資金調達を、
マイナスだと借入金の
返済などを行った

企業活動全体での
CFを示す

CF計算書の記載方法

直接法	商品の販売や仕入れ、経費や給料の支払いなどの主要な取引ごとにCFの総額を表す方法 キャッシュの流れを詳細に把握できるが作成に手間がかかる
間接法	税引前当期純利益から現金の動きに関連する部分をピックアップして計算する方法 B/S、P/Lから作成することができるので作りやすい

【間接法による営業CFの計算】 B/S、P/LからCF計算書を作成

考え方

① スタート　税引前当期純利益

> 実際に現金は出ていっていないので足し戻す

② 非資金費用の修正
＋ 減価償却費
＋ 貸倒引当金増加額

③ 営業利益に戻す
－（営業外収益－営業外費用）
－（特別利益－特別損失）

④ 営業活動に関連する資産と負債の調整
－ 売上債権増加額
－ 棚卸資産増加額
＋ 仕入債務増加額

⑤ 経過勘定などの修正
± 経過勘定などの修正

⑥ 小計　①〜⑤の小計

⑦ その他の取引による収支
＋ 利息・配当金の受取額
（受取利息＋前受利息増加額－未収利息増加額）
－ 利息の支払額
（支払利息＋前払利息増加額－未払利息増加額）
－ 法人税の支払額
（法人税等－未払法人税等の増加額）

⑧ 営業CF　⑥、⑦の合計

CF計算書の記載

> 符号

		符号
① 税引前当期純利益	・・・	ベース
② 減価償却費	・・・	＋
貸倒引当金増加額	・・・	＋
③ 営業外収益－営業外費用	・・・	－
特別利益－特別損失	・・・	－
④ 売上債権増加額		
棚卸資産増加額		
仕入債務増加額	・・・	＋
⑤ 経過勘定などの修正	・・・	±
⑥　　小計		
⑦ 利息・配当金の受取額	・・・	＋
利息の支払額	・・・	－
法人税等の支払額	・・・	－
⑧　　合計		

> 何度も書いて流れと＋－を覚える

> 利息や配当の受取は投資活動によるCFに利息の支払は財務活動によるCFに表示する方法もある

[参考] 運転資本と正味運転資本

> 大きいと資金繰りは安定

運転資本
企業が営業活動を行う上で必要となる資金

運転資本＝売上債権＋棚卸資産－仕入債務

正味運転資本
1年以内に現金として利用可能な額がどれだけあるか

正味運転資本＝流動資産－流動負債

SHEET 4　　　CF計算書（間接法）

CF計算書（キャッシュフロー計算書）とは

シート4、5
あわせて

超重要
頻:A 難:1

　本シートでは、財務3表の3つ目の財務諸表である、**CF計算書**について説明します。CF計算書は2次試験でも重要となる論点で、過去の2次試験ではB/S、P/Lを元にCF計算書を作成する問題が何度も出題されています。CF計算書作成の問題は、きちんと手順を覚えれば確実に得点できる問題ですので、作成までの流れを確実に身につけるようにしておきましょう。

　CF計算書は、1事業年度間のキャッシュフロー（現金および現金同等物の増減）の明細を示す財務諸表で、CF計算書を見ることで、最終的に現金がいくら手元に残ったのかということを知ることができます。

　CF計算書は、**営業活動によるCF**、**投資活動によるCF**、**財務活動によるCF**の3つに区分でき、これらの合計が企業全体でのCFとなります。

　営業活動によるCF（以下、営業CF）は、企業の通常の営業活動での現金の増減を示すものです。営業利益を実際の現金の出入りを踏まえて修正したものとイメージしていただくと良いでしょう。営業CFは本業での現金の増減ですので、プラスであることが望ましく、逆にマイナスであれば、本業で十分キャッシュを稼げていない不健全な状況にあることを表します。

　投資活動によるCF（以下、投資CF）は、固定資産の取得や売却といった投資活動に伴う現金の増減を示すものです。投資CFがマイナスであるということは、設備の取得などに投資を行っていることを表し、そのマイナス分を営業CFや財務CFで賄えている場合は、投資CFがマイナスであっても問題なく、むしろ健全に成長のための投資が行われている企業であると判断できます。

　財務活動によるCF（以下、財務CF）とは、借入や社債の発行のような財務活動での現金の増減を示し、借入などの資金調達を行うとプラスに、借入金の返済などを行うとマイナスになります。

　CF計算書の中でも特に重要である営業CFの記載方法には、**直接法**と**間接法**という2通りの記載方法があります。

　直接法は、商品の販売や仕入、経費や給料の支払いなどの主要な取引ごとにCFの総額を表す方法です。キャッシュの流れを詳細に把握することができますが、CF計算書の作成に手間がかかってしまいます。

　間接法は、税引前当期純利益から現金の動きに関連する部分をピックアップして計算する方法です。B/S、P/Lに記載されている値を使って作成することができるので作りやすく、経営分析にも活用しやすいのが利点です。

間接法による営業 CF の計算

　これから、具体的な CF 計算書の作成方法について説明しますが、まずは、過去の 2 次試験で複数回問われている間接法による営業 CF の作成方法について説明します。なお、1 次試験はマークシート形式なので、CF 計算書の作成は問われませんが、各項目の符号が問われる問題などが出題されます。その場合でも、個別に暗記をするよりは、作成の流れを踏まえて覚えた方が覚えやすいので、CF 計算書作成の流れをしっかり押さえましょう。

①　スタート

　間接法による営業 CF の作成は、税引前当期純利益からスタートします。P/L より当期の税引前当期純利益の値を転記し、税引前当期純利益が黒字であればプラス、赤字であればマイナスの値を記載します。また、B/S の各勘定科目について当期と前期を比較して増減額を計算しておきます。

②　非資金費用の修正

　非資金費用とは減価償却費や貸倒引当金のように実際には現金は支出していないにもかかわらず、P/L 上は費用として計上される項目のことをいいます。非資金費用の修正では、減価償却費（注意：差額でなく当期の値を使用）を加え、前期から当期の貸倒引当金増加額を加えます。

③　税引前当期純利益を営業利益に戻す

　税引前当期純利益を営業利益に戻す作業を行います。具体的には、税引前当期純利益から営業外収益と営業外費用の差額を引き、さらに特別利益と特別損失の差額を引くという下記のような計算を行います。

> 税引前当期純利益－（営業外収益－営業外費用）－（特別利益－特別損失）

④　営業活動に関連する資産と負債の増減額の調整

　当期の正確な現金の増減額（CF）を示すためには、営業活動に関連する資産および負債の増減額の調整が必要です。つまり、現金による取引ではない売上の対価である受取手形や売掛金といった売上債権（資産）や、仕入の対価である支払手形や買掛金といった仕入債務（負債）、ならびに現金を支出しているもののまだ売上原価に計上できず、現時点では現金化できない繰越商品といった棚卸資産（資産）の「勘定科目」の増減額を、「現金」の増減額に置き換える調整が必要です。この調整のため、下記のような計算を行います。B/S の左側（借方・資産）の増加は－、右側（貸方・負債）の増加は＋と覚えておくと良いでしょう。

> －売上債権増加額－棚卸資産増加額＋仕入債務増加額

⑤ 経過勘定の修正

前払費用や未払費用のような経過勘定の修正を行います。

⑥ 小計

①から⑤をすべて計算し、小計を求めます。

⑦ その他の取引による収支

小計の後、その他の取引による収支として、利息・配当金の受取額を加え、利息の支払額を引き、法人税の支払額を引きます。CF計算書では実際の現金の出入りを記載するため、これらは経過勘定を考慮した値を用います。つまり、以下のように計算された値を用います。

> その他の取引による収支＝利息・配当金の受取額－利息の支払額－法人税の支払額
> 利息・配当金の受取額＝受取利息＋前受利息増加額－未収利息増加額
> 利息の支払額＝支払利息＋前払利息増加額－未払利息増加額
> 法人税の支払額＝法人税等－未払法人税等増加額

⑧ 営業CF

⑥で求めた小計に⑦のその他の取引による収支を加えることで、営業CFを求めます。

> 営業CF＝⑥小計＋⑦その他の取引による収支

［参考］運転資本と正味運転資本

運転資本とは、企業が営業活動を行う上で必要となる資金のことを表し、以下の式で求めます。この式で売上債権＋棚卸資産の増加は現金が減る要素、仕入債務の増加は現金が増える要素であり、運転資金が増えるということは手元の現金が減り、借入が必要だということを表しています。

> 運転資本＝売上債権＋棚卸資産－仕入債務

正味運転資本とは1年以内に現金として利用可能な額がどれだけあるかを表し、以下の式で求めます。

> 正味運転資本＝流動資産－流動負債

正味運転資本が大きいとその企業の資金繰りは安定しているといえます。

すぐやる！過去問コーナー

■ **CF計算書（シート4、5あわせて）**
レベル1　R3-9, R2-13, R1-12, H29-13, H28-9(1), H27-9, H25-4, H24-14
レベル2　H30-12, H24-4

149

5. CF計算書（直接法）

【直接法による営業CFの計算】 主要項目ごとに整理して記載

考え方 　　　　　　　　　　　　　　　　　　　　　　　　計算方法

① 営業収入
- ベース： 現金が増える売上 → 売上高
- 修正1： 売上≠現金収入の取引 → − 売上債権増加額
- 修正2： 売上が計上されない現金収入 → + 前受金増加額
- → − 当期貸倒額

当期貸倒額＝
当期貸倒損失
＋貸倒引当金の取崩額

貸倒引当金　［BOX図で計算］

期首	取崩額
当期繰入額	
	期末

② 仕入支出
- ベース： 現金が減る仕入 → 売上原価
- 修正1： 仕入≠現金支出の取引 → + 棚卸資産増加額
- → − 仕入債務増加額
- 修正2： 仕入が計上されない現金支出 → + 前払金増加額

売上原価＋棚卸資産増加額
を当期仕入高と表記する場合も

③ 人件費支出
- ベース： 現金が減る人件費 → 人件費の支出
- 修正1： 経過勘定の調整 → − 未払給与増加額＋前払給与増加額

④ その他の営業支出
- ベース： 現金が減るその他の支出 → その他営業費の支出
- 修正1： 経過勘定の調整 → − 未払営業費増加額＋前払営業費増加額

⑤ 小計
- ①−②−③−④　［間接法と同じ値］

⑥ その他の取引による収支
- ［以下は間接法と一緒］
- ＋ 利息・配当金の受取額
  （受取利息＋前受利息増加額−未収利息増加額）
- − 利息の支払額
  （支払利息＋前払利息増加額−未払利息増加額）
- − 法人税の支払額
  （法人税等−未払法人税等の増加額）

⑦ 営業CF
- ⑤、⑥の合計

CF計算書の記載

① 営業収入	・・・	+
② 仕入支出	・・・	−
③ 人件費支出	・・・	−
④ その他の支出	・・・	−
⑤ 小計		
⑥ 利息・配当金の受取額	・・・	+
利息の支払額	・・・	−
法人税等の支払額	・・・	−
⑦ 合計		

【投資CFの計算】

- − 有形固定資産の取得による支出
- + 有形固定資産の売却による収入
- − 有価証券の取得による支出
- + 有価証券の売却による収入
- − 貸付による支出
- + 貸付の回収による収入

［BOX図で計算］

期首の簿価	売った（当期売却）
買った（当期取得）	減価償却
	期末の簿価

※BOX図から求められるのは簿価なので、CF計算のときは売却益を加える、または売却損を減らすのを忘れないようにする

【財務CFの計算】 ［B/Sに書いてある項目がメイン］

- + 株式の発行による収入
- + 社債の発行による収入
- − 社債の償還による支出
- + 短期/長期借入金の借入による収入
- − 短期/長期借入金の返済による支出
- − 配当金の支払による支出

【CF計算書の「現金」とは】

ほぼ現金とみなしていいもの

現金	現金同等物
✓手許現金	✓定期預金
✓普通預金	✓譲渡性預金
✓当座預金	✓コマーシャルペーパー

3ヶ月以内の短期投資

SHEET 5	CF 計算書（直接法）

直接法による営業 CF の計算

　直接法は、主要項目ごとに CF 計算書を整理して記載する方法で、主要項目とは①営業収入、②仕入支出、③人件費支出、④その他の営業支出の 4 つで、これらを合算したものが小計です。小計の値は間接法で求めた値と等しく⑥その他の取引による収支の計算は間接法の場合と同じです。

①営業収入

　営業収入の項目のベースは現金が増加する売上で、そこに売上が現金収入に結び付かない取引である売上債権や、売上に計上できない現金収入である前受金、当期貸倒額の調整を行います。具体的には以下のように計算します。

営業収入＝売上高－売上債権増加額＋前受金の増加額－当期貸倒額

　このうち、当期貸倒額は、当期発生債権の貸倒れと前期以前発生債権の貸倒れが含まれています。当期発生債権の貸倒れは、当期貸倒損失として費用計上されており、前期以前発生債権の貸倒れは、貸倒引当金を取り崩す形で処理されるため、当期貸倒額は以下のようになります。

当期貸倒額＝当期貸倒損失＋貸倒引当金の取崩額

貸倒引当金の取崩額＝期首の貸倒引当金＋当期の貸倒引当金繰入額－期末の貸倒引当金

　この取崩額は、以下に示すような BOX 図を書いて求めると良いでしょう。BOX 図とは、四角の箱を左右に区切り、その中をさらに項目別に区切った図で、左右の箱の合計は必ず一致します。図の中のいずれかの項目の値を求めるときに用いられ、項目や数値を視覚的に理解できます。例えば貸倒引当金が期首は 230、期末は 120、当期の貸倒引当金繰入額が 100 だった場合、BOX 図の枠の中にそれぞれの数値を書き込みます。左右の箱の合計は一致するので、230＋100＝X＋120 より、X＝210 となり、貸倒引当金を取崩した金額は 210 です。

貸倒引当金の取崩額の算出

貸倒引当金の取崩額 X	期首の貸倒引当金　230
	当期の貸倒引当金繰入額 100
期末の貸倒引当金 120	

※230＋100＝X＋120　　X＝210
よって、貸倒引当金を取崩した
金額は 210

②仕入支出

　仕入支出の項目のベースは現金が減少する売上原価です。そこに棚卸資産や現金支出ではない仕入の対価である仕入債務や仕入に計上されない現金支出である前払金の影響を考慮して以下のように計算します。

仕入支出＝売上原価＋棚卸資産増加額－仕入債務増加額＋前払金増加額

　売上原価に棚卸資産増加額を加えた額を当期仕入高とし以下のように表記する場合もあります。

仕入支出＝当期仕入高－仕入債務増加額＋前払金増加額

③人件費支出

人件費支出の項目のベースは現金が減少する人件費です。それに経過勘定の調整を行い、人件費支出の項目を算出します。具体的には以下のように計算します。

> 人件費支出＝人件費の支出－未払給与増加額＋前払給与増加額

④その他の営業支出

その他の営業支出の項目のベースは現金が減少するその他営業費の支出です。それに経過勘定の調整を行い、その他の営業支出の項目を算出します。具体的には以下のように計算します。

> その他の営業支出＝その他営業費の支出－未払営業費増加額＋前払営業費増加額

⑤小計

①から④をすべて計算し、小計を求めます。

⑥その他の取引による収支

小計の後、その他の取引による収支として、利息・配当金の受取額を加え、利息の支払額を引き、法人税の支払額を引きます。CF計算書では実際の現金の出入りを記載するため、これらは経過勘定を考慮した値を用います。つまり、

> その他の取引による収支＝利息・配当金の受取額－利息の支払額－法人税の支払額
>
> 利息・配当金の受取額＝受取利息＋前受利息増加額－未収利息増加額
>
> 利息の支払額＝支払利息＋前払利息増加額－未払利息増加額
>
> 法人税の支払額＝法人税等－未払法人税等増加額

として計算された値を用います。この計算は間接法の計算と同様のものです。

⑦営業CF

⑤で求めた小計に⑥のその他の取引による収支を加えることで、営業CFを求めます。

> 営業CF＝⑤小計＋⑥その他の取引による収支

投資CFの計算

投資CFは、投資活動によって生じたキャッシュの増減を表します。固定資産の取得および売却、有価証券の取得および売却、貸付および貸付の回収によって発生した現金の合計によって求めることができ、具体的には以下のように計算します。

> 投資CF＝ －有形固定資産の取得による支出＋有形固定資産の売却による収入
>
> 　　　　 －有価証券の取得による支出＋有価証券の売却による収入
>
> 　　　　 －貸付による支出＋貸付の回収による収入

また、有形固定資産の取得による支出または売却による収入について、直接の値が与えられていない場合は下記のようなBOX図を書くことによって求められます。例えば期首の簿価が1,900、

期末の簿価が 1,200、当期の減価償却費が 300、当期の有形固定資産の取得はなかった場合、BOX 図の左右の箱の合計は一致することから、1,900＋0＝X＋300＋1,200 という関係式を作ることができ、これを解くと X＝400 が求まります。よって、この場合当期の有形固定資産の売却額（簿価）は 400 となります。

　この BOX 図で求められるのはあくまでも簿価ですので、もし売却益や売却損が発生した場合この BOX 図によって求めた値に売却益を加える、または売却損を減らす必要があります。

有形固定資産の売却

期首の簿価 1,900	売った　X （当期の有形固定資産の売却）	※　1,900＋0＝X＋300＋1,200
買った　0 （当期の有形固定資産の取得）	当期の減価償却費 300	X＝400 よって当期の有形固定資産の売却額（簿価）は 400
	期末の簿価 1,200	

財務 CF の計算

　財務 CF は、財務活動によって生じたキャッシュの増減を表します。株式の発行や社債の発行及び償還、借入金の借入及び返済、配当金の支払いによって発生した現金の合計によって求めることができ、具体的には以下のように表せます。

> **財務 CF＝株式の発行による収入＋社債の発行による収入－社債の償還による支出**
> **＋短期/長期借入金の借入による収入－短期/長期借入金の返済による支出**
> **－配当金の支払による支出**

　営業 CF と投資 CF、財務 CF の合計額は、現金の増減額です。このことを利用すれば、CF の計算結果と現金増加額の一致を確認することで、検算を行うことができます。

CF 計算書の現金とは

　CF 計算書では、最終的に企業の手元に残る現金を計算します。この「現金」の中には、実際に企業が手元に保有している現金と、ほぼ現金と同様なものと言ってよい現金同等物の 2 つが含まれます。

　現金と分類される資金としては、紙幣や硬貨など手元に保有している手許現金と、いつでも引き出せる預金である普通預金、当座預金などがあります。

　現金同等物は、ほぼ現金と同様とみなすことができる資産です。簡単に換金でき価格変動リスクも極めて少ない、取得日から満期日または償還日までの期間が 3 か月以内の短期投資資金が該当します。現金同等物の例としては、定期預金、定期預金の一種で他人に譲渡できる性質を持った譲渡性預金、企業が短期で資金調達するために発行する約束手形であるコマーシャルペーパーなどがあります。

153

🌈 6. 経営分析（収益性、効率性）

【経営分析の観点】

B/S、P/Lの数字を使い (収益性) (効率性) (安全性) の観点から分析 ← 2次でも超重要！

重要な財務指標：同業他社や自社の過去の実績と比較して、経営状況を把握

収益性	効率性	安全性		
✓売上高総利益率	✓有形固定資産回転率	資本構成上の安全性	長期安全性	短期安全性
✓売上高営業利益率	✓棚卸資産回転率	✓自己資本比率	✓固定比率	✓流動比率
✓売上高経常利益率	✓売上債権回転率	✓負債比率	✓固定長期適合率	✓当座比率

【収益性】 企業が利益を獲得する力

投資が利益に結びついているか

$$\frac{利益}{資本} = \frac{利益}{売上高} \times \frac{売上高}{資本}$$

売上がどれだけ利益になっているか（**収益性**）

投資が売上に結びついているか（**効率性**）

資本利益率　　売上高利益率　　資本回転率

P/L

売上高
　売上原価　　　・・・⑤
　　売上総利益・・・①
　販管費　　　　・・・⑥
　　営業利益　・・・②
　営業外収益
　営業外費用　　・・・⑦
　　経常利益　・・・③
　特別利益
　特別損失
　　当期純利益・・・④

太字の指標は特に重要

利益に関する指標

①売上高総利益率（粗利益率）

$$\frac{売上総利益}{売上高} \times 100 （\%）$$

商品の収益性は高い/低い？

②売上高営業利益率

$$\frac{営業利益}{売上高} \times 100 （\%）$$

本業の収益性は高い/低い？

③売上高経常利益率

$$\frac{経常利益}{売上高} \times 100 （\%）$$

総合的収益性は高い/低い？

④売上高当期純利益率

$$\frac{当期純利益}{売上高} \times 100 （\%）$$

費用に関する指標

⑤売上高売上原価率

$$\frac{売上原価}{売上高} \times 100 （\%）$$

⑥売上高販管費率

$$\frac{販管費}{売上高} \times 100 （\%）$$

⑦売上高金融費用比率

$$\frac{金融費用}{売上高} \times 100 （\%）$$

金融費用≒営業外費用のとき

$$\frac{営業外費用}{売上高} \times 100 （\%）$$

【効率性】 企業が資産をどれだけ効率良く使って売上を稼いでいるか

太字の指標は特に重要

個別の資産の効率性に注目した指標

有形固定資産回転率

$$\frac{売上高}{有形固定資産} （回）$$

設備は有効活用できてる？

棚卸資産回転率

$$\frac{売上高}{棚卸資産} （回）$$

在庫を過剰に抱えてない？

売上債権回転率

$$\frac{売上高}{売上債権} （回）$$

素早く回収できてる？

※ 売上債権＝受取手形＋売掛金

全体の資産の効率性に注目した指標

総資本回転率

$$\frac{売上高}{総資本} （回）$$

経営資本回転率

$$\frac{売上高}{経営資本} （回）$$

※ 経営資本＝
総資本－（建設仮勘定＋投資その他の資産＋繰延資産）

B/SとP/Lを組み合わせて計算する際、今年度のB/Sと前年度のB/Sが与えられている場合は、今年度と前年度の平均をとる

SHEET 6　　経営分析（収益性、効率性）

経営分析の観点

シート6、7、8
あわせて

超重要
頻:A　難:1

経営分析は1次試験でも重要な論点ですが、2次試験でも必ず毎年問われる超重要論点です。

特に「6.経営分析（収益性、効率性）」、「7.経営分析（安全性）」シートの太字の指標については確実に押さえるようにしましょう。また、計算式だけでなく、その指標がどのようなときに良く、もしくは悪くなるのかをしっかり理解し説明できるようにしましょう。

経営分析の観点としては、収益性、効率性、安全性、生産性、成長性といった観点が用いられます。指標を使い、現在の自社の実績を同業他社や自社の過去の実績と比較することで、経営状況を把握し、長所や短所、課題を明らかにしていきます。診断士試験では、上記の5つの中でも**収益性**、**効率性**、**安全性**という3つの観点が特に重要となります。

経営分析では、多くの指標が出てきますが、特に重要な指標は、**収益性**として、売上高総利益率、売上高営業利益率、売上高経常利益率、**効率性**として、有形固定資産回転率、棚卸資産回転率、**安全性**として、資本構造の安全性を示す自己資本比率と負債比率、長期安全性を示す固定比率と固定長期適合率、短期安全性を示す流動比率と当座比率があります。各指標の内容については後で詳しく説明します。

まずは、上記で挙げた重要指標を押さえ、余裕があれば他の指標も覚えていくようにしましょう。

収益性

収益性とは、企業が利益を獲得する力を表します。単に「収益性」というと、売上がどれだけ利益に結びついているのか、という売上高利益率を指します。

売上高利益率に資本回転率（投資がどれだけ売上に結びついているのかという効率性を示す指標）を乗じることで、資本利益率（行った投資がどれだけ利益に結びついているかを示す指標）を求めることができます。以下では、まずは売上高利益率に関連する指標について説明します。

売上高利益率は、売上高に対する利益の割合、つまり「利益÷売上高」で表されます。「1.財務諸表概論」シートで説明した通り、利益は売上総利益、営業利益、経常利益、税引前当期純利益、当期純利益という5つの段階に分かれています。これらの利益を売上高で割ったものが収益性の指標となります。（なお税引前当期純利益を売上高で割った売上高税引前当期純利益率、という指標はあまり使われることはありませんのでここでは割愛します。）

それぞれどういった性質のもので、それが業界平均や競合と比較して大きいもしくは小さいときはどのようなときなのかということを理解しておくことは、2次試験においても重要ですし、実際に企業の診断をする際も非常に重要となりますので、十分に理解を深めておきましょう。

利益に関する指標

① 売上高総利益率

売上高総利益率とは、**粗利益率**ともいい、売上高に対する売上総利益の割合です。

$$売上高総利益率（\%）＝（売上総利益÷売上高）×100$$

売上高総利益率は、企業が提供する商品やサービス自体の強さを表しています。呼称は「売上高売上総利益率」ではないので注意しましょう。この指標が高いということは、他社と差別化された商品を高く売ることができているということです。もしくは、企業努力により原材料を効率的に使えていたり、仕入値を安く抑えられたりできている（＝売上原価が小さい）ということを表します。逆に製品が他社と差別化できておらず、取引先からの値下げ要請に応じざるを得ない（＝利益額が小さい）、資源価格の上昇などで原材料費が高騰している（＝売上原価が大きい）場合などは売上高総利益率が低くなります。

② 売上高営業利益率

売上高営業利益率とは、売上高に対する営業利益の割合です。

$$売上高営業利益率（\%）＝（営業利益÷売上高）×100$$

営業利益は、売上高から売上原価と販管費を引いたものです。そのため、売上高総利益率は同程度なのにもかかわらずこの指標が低い場合は、他社と比べて広告宣伝費や事務所の家賃が高かったり、スタッフ部門の人件費がかさんでいたりといったように、販管費が高くなっていると考えることができます。逆に販管費が低い場合、営業利益は高くなります。

③ 売上高経常利益率

売上高経常利益率とは、売上高に対する経常利益の割合です。

$$売上高経常利益率（\%）＝（経常利益÷売上高）×100$$

経常利益は営業利益に営業外損益を加味したものです。通常、営業外損益に影響を与える最大の要因は借入に対して支払われる金利ですので、借入が多く金利負担が大きい場合は売上高経常利益率が低くなり、借入が少なく金利負担が小さい場合は売上高経常利益率が高くなります。

④ 売上高当期純利益率

売上高当期純利益率は、売上高に対する当期純利益の割合です。

$$売上高当期純利益率（\%）＝（当期純利益÷売上）×100$$

当期純利益は、売上高に対する当該年度の最終的な利益を表します。この指標には、当該年度の例外的な利益・損失である特別利益・特別損失が加味されているため、同業他社や自社の過去の業績との比較に使われることは少ないです。

費用に関する指標

これまで、収益性の指標として、利益に関する指標について説明しましたが、費用に焦点を当てた指標もあります。

⑤ 売上高売上原価率

売上高売上原価率は、売上高に対する売上原価の割合を示す指標です。売上高売上原価率が高ければ、製品の原価が高いということを意味します。

⑥ 売上高販管費率

売上高販管費率は、売上高に対する販管費の割合を示す指標です。売上高販管費率が高ければ、販管費が高いということを意味します。

⑦ 売上高金融費用比率

売上高金融費用比率は、売上高に対する金融費用（支払利息や社債利息など）の割合を示す指標です。営業外費用が金融費用とほぼ同じ場合は、売上高に対する営業外費用の割合によって計算される場合もあります。この指標が高ければ、金融費用、つまり金利負担が大きいということを意味します。

効率性

効率性とは企業が資産をどれだけ効率良く使って売上を稼いでいるかということを表します。個別の資産の効率性に注目した、**有形固定資産回転率**、**棚卸資産回転率**、**売上債権回転率**といった指標と、全体の資産の効率性に注目した**総資本回転率**、**経営資本回転率**といった指標があります。同業他社や自社の過去の実績との比較の際は、個別の資産の効率性に着目した有形固定資産回転率、棚卸資産回転率、売上債権回転率といった指標の方が用いられる場合が多いです。

効率性は資産に対する売上高の比率から求められます。ここで、P/L に表される売上高は 1 事業年度を通じての値ですが、B/S に表される資産は年度末時点における値であるため、対象としている期間が異なります。そのため、問題文中に前年度末時点の B/S も示されている場合の資産の値は、前年度末（≒期首）と当年度末（期末）の平均の値を用いて求めます。ただし、前年度末の B/S に関する情報がない場合は、当年度末の値のみを用います。

なお、経営分析に用いる大半の指標の単位が「％」であるのに対し、効率性における回転率の指標は「回」となりますので、単位を間違えないよう注意しましょう。

個別の資産の効率性に注目した指標

有形固定資産回転率とは、工場の建物や機械、もしくは店舗といった有形固定資産がどれだけの売上に結びついているかを表す指標です。

有形固定資産回転率（回）＝売上高÷有形固定資産

有形固定資産回転率は売上高を有形固定資産で割った値ですので、この指標が悪い(低い)ということは、工場の稼働率に余剰があったり、店舗や施設を無計画に拡大したりして有形固定資産を有効活用できていない場合や、逆に工場や店舗に有効な投資がなされておらず、老朽化して有形固定資産が売上に貢献していない場合が考えられます。

　棚卸資産回転率とは、製品や商品などの販売が効率良く行われているかを表す指標です。

$$棚卸資産回転率（回）＝売上高÷棚卸資産$$

　棚卸資産回転率は売上高を棚卸資産で割った値ですので、この指標が悪い(低い)ということは、在庫が過剰だったり、商品の品揃えが悪く売れ行きの悪い商品を抱えていたりして、製品や商品の回転が悪くなっているということを表します。

　売上債権回転率とは、受取手形や売掛金といった、企業の売上債権の回収がどれだけ効率的に行われているかを表す指標です。

$$売上債権回転率（回）＝売上高÷売上債権$$

　この指標が悪い(低い)ということは、取引先に対する交渉力が弱いなどで、売上債権の回収に時間がかかってしまっているということを表しています。

全体の資産の効率性に注目した指標

　総資本回転率とは、企業の資本がどれだけ効率的に売上高に結びついているのかを表す指標で、企業の資産全体の効率性を表します。

$$総資本回転率（回）＝売上高÷総資本$$

　この指標が良ければ（高ければ）、少ない元手で大きな売上高を上げているということを表しています。

　経営資本回転率とは、企業が本来の経営活動に使用している資産がどれだけ効率的に売上に結びついているのかを表す指標です。

$$経営資本回転率（回）＝売上高÷経営資本$$
$$経営資本＝総資本－（建設仮勘定＋投資その他の資産＋繰延資産）$$

　経営資本とは総資本から、企業の本来の経営活動に利用されていない、建設仮勘定、投資その他の資産、繰延資産の項目を差し引いたものです。

─ すぐやる！過去問コーナー ─

■ 経営分析（シート6、7、8あわせて）
レベル1　R3-10(1)(2), R2-11, R1-11(1)(2), H30-10, H29-11, H29-12, H28-9(2)
　　　　　H27-11(1)(2), H26-9, H25-5(1)(2), H24-10(1)(2)
レベル2　R2-12, R1-22(1), H26-10

コラム　財務・会計の学習方法（2）

業務経験・他資格保有の方

　既に業務経験や会計系の他資格をお持ちの方は、診断士試験においてかなり有利な立ち位置にあります。そのような方は、基本は十分理解されていると思いますので、早めにアウトプット中心の学習を行っていただくことをおすすめします。本テキストで診断士試験の論点をさっと学習したら、「すぐやる！過去問コーナー」で紹介している過去問を実際に解きながら、試験での問われ方や解答の仕方を押さえてください。余裕があれば、2次試験の事例Ⅳの問題にも早い段階から触れておくと、2次試験でも有利になります。

　ただし、経験がある方は、得意論点にこだわり過ぎるとかえって学習効率が低下することがある点には注意が必要です。特に簿記系の資格をお持ちの方は、得意な会計論点で点を稼ごうと考える場合があります。しかし、会計論点の問題では管理会計分野の非常に難しい問題も含まれていることがあり、それらを完璧に解こうとすると会計士レベルの知識が必要となることもあるため、深入りすると非効率です。

　それに対し、診断士試験の財務分野は出題パターンがある程度決まっており、一定の練習を積めば確実に得点が見込める分野です。もし、学習開始時点で会計分野は得意だけれど財務分野はそれほど得意ではないという状態でしたら、まずは財務分野をしっかり学習し、財務分野でもしっかりと得点が稼げるようになるという状態を目指しましょう。

計算が得意な方

　財務・会計で出てくる計算は四則演算を中心とした基礎的な計算が主ですので、計算が得意な方は大きな苦労はされないと思います。また、文字式の計算に慣れた方などは、多くのテキストが公式などを日本語で説明してあるため、逆に理解しにくかったり、違和感を覚えたりする場合もあるでしょう。そのような場合は、自分の手で別途文字式に置き換えてみても良いでしょう。本書では、購入特典 PDF に「（参考）理系のための財務指標」として財務指標の計算で使う項目を文字に置き換えたものを用意しました。文字式の計算に慣れた方は、こちらで記号として財務指標を覚えると良いでしょう。購入特典 PDF のダウンロード方法につきましては最終ページで紹介しておりますので、そちらをご参照ください。

　なお、計算が得意という意識がある方は、その意識があるが故に、計算ミスをした際も「ちょっと間違えただけ」と軽く捉えてしまい、対策を取らない場合があります。マークシートの選択肢として数字が出ている 1 次試験であれば途中でミスに気付き、修正することができますが、記述式の 2 次試験では計算ミスは命取りになります。

　ですので、計算が得意な方も計算ミスは「ちょっと間違えただけ」と軽く捉えず、どこでなぜミスをしたのかを記録に残すなど、計算ミスを防ぐ対策をしっかり行うようにしましょう。

159

 7. 経営分析（安全性）

【安全性】 倒産の危険はないか？

資本構成上の安全性	長期安全性	短期安全性
返さなくてはならないお金と返さなくてもいいお金の比率を見る	固定資産のための資金が長期安定的に調達されているかを見る	短期的な運転資金がきちんと調達されているかを見る

【資本構成上の安全性】

①自己資本比率

（大きいほど安全）

$$\frac{\text{自己資本}}{\text{資産}} \times 100 \ (\%)$$

資産をどれだけ自己資本で賄えているか

②負債比率

（小さいほど安全）

$$\frac{\text{負債}}{\text{自己資本}} \times 100 \ (\%)$$

自己資本に対する負債の比率
100%以下が望ましい

■分子　■分母

①自己資本比率　　②負債比率

（図：資産／負債・純資産＝自己資本）

【長期安全性】

③固定比率

（小さいほど安全）

$$\frac{\text{固定資産}}{\text{自己資本}} \times 100 \ (\%)$$

固定資産のための資金が返さなくてもいい自己資本でどれだけ賄われているか
100%以下が望ましい

④固定長期適合率

（小さいほど安全）

$$\frac{\text{固定資産}}{\text{自己資本}+\text{固定負債}} \times 100 \ (\%)$$

固定資産のための資金がどれだけ返さなくてもいい自己資本と安定した固定負債で賄われているか
100%以下とすべき

③固定比率　　④固定長期適合比率

（図：流動資産／流動負債、固定負債／固定資産／純資産＝自己資本）

【短期安全性】

⑤流動比率

（大きいほど安全）

$$\frac{\text{流動資産}}{\text{流動負債}} \times 100 \ (\%)$$

企業の短期支払い能力があるか
200%以上が望ましい

⑥当座比率

（大きいほど安全）

$$\frac{\text{当座資産}}{\text{流動負債}} \times 100 \ (\%)$$

企業の短期支払い能力があるか（すぐに現金化できる資産に着目）
100%以上が望ましい

⑤流動比率　　⑥当座比率

（図：流動資産（当座資産等）／流動負債、棚卸資産、固定負債／固定資産／純資産＝自己資本）

小さいほど良い
コテコテの負債

当座資産 ＝
　流動資産 －（棚卸資産＋その他流動資産）

大きい方が安全性が高い指標
✓自己資本比率
✓流動比率
✓当座比率

小さい方が安全性が高い指標
✓固定比率
✓固定長期適合率
✓負債比率

SHEET 7　　経営分析（安全性）

安全性

　安全性とは、企業が倒産してしまう危険度合いを見るための観点です。安全性は、さらに**資本構造上の安全性**、**長期安全性**、**短期安全性**という3つの観点に分類することができます。

　資本構造上の安全性とは、第三者に返す必要のあるお金と返す必要のないお金の比率を見るもので、返す必要のないお金の比率が高いほど安全性は高いといえます。

　長期安全性とは、企業の長期支払い能力に関する観点で、固定資産を取得するための資金がどうやって調達されているかを見るものです。

　短期安全性とは、企業の短期支払い能力、つまり流動性に関する観点で、企業の運転資金がきちんと調達されているかを見るものです。

　安全性の指標はB/Sに記載されている項目から求めることができます。

資本構成上の安全性

　資本構成上の安全性を示す指標には、**自己資本比率**と**負債比率**があります。

① 自己資本比率

　自己資本比率とは、企業が使う資産のうちどれだけが第三者に返す必要のない自己資本で占められているか、ということを表す指標です。

$$自己資本比率（\%）＝自己資本÷資産×100$$

　自己資本比率が大きいということは、負債の割合が少なく、企業がこれまで得てきた利益の蓄積である利益剰余金や利益準備金といった内部留保が大きく自己資本が大きい場合です。そのため、この指標は高いほど安全性が高いことを表しています。

② 負債比率

　負債比率とは、自己資本に対する負債の比率を表す指標です。

$$負債比率（\%）＝負債÷自己資本×100$$

　負債比率が大きいということは、設備投資などに必要とされる資金の多くを自己資本ではなく第三者からの負債によって賄っているということです。そのため、この指標は低いほど安全性が高いことを表しています。負債比率は、100%以下の値が望ましいとされています。

長期安全性

長期安全性を表す指標には、**固定比率**と**固定長期適合率**があります。

③ 固定比率

固定比率とは、固定資産のための資金が、どれだけ返さなくても良い自己資本で賄われているか、ということを表す指標です。

$$\boxed{\text{固定比率（\%）＝固定資産÷自己資本×100}}$$

固定比率が小さいということは、建物や設備のように長期にわたって利用する固定資産のための費用を、第三者への返済が不要な自己資本で賄うことができているということを意味します。そのため、この指標は小さいほど安全性が高いことを表しています。固定比率は、固定資産がすべて自己資本で賄われている状態である100%以下であることが望ましいとされています。

④ 固定長期適合率

固定長期適合率とは、固定資産のための資金が、どれだけ返さなくても良い自己資本と長期的に安定した資金調達元である固定負債で賄われているか、ということを表す指標です。

$$\boxed{\text{長期固定適合率（\%）＝固定資産÷（自己資本＋固定負債）×100}}$$

長期借入金や社債などの固定負債は、第三者に返さなくてはならないお金ではありますが、返済が長期にわたるものであり比較的安定しているため、自己資本に準じた長期安全性があるとみなされています。そのため、固定資産がどれだけ長期的に安定した資金で賄われているか、ということを見る目的でこの指標が用いられています。この指標は小さい方が安全性が高く、この指標が100%を上回った場合、1年以上の長期にわたって使用する固定資産のための資金の一部を1年以内に返さなくてはならない流動負債で賄っているということを意味しますので、不健全な財務状態であるといえます。そのため、固定長期適合率は100%以下とすべきといわれています。

短期安全性

短期安全性を表す指標には、**流動比率**と**当座比率**があります。

⑤ 流動比率

流動比率とは、企業の短期的な支払能力を表す指標です。

$$\boxed{\text{流動比率（\%）＝流動資産÷流動負債×100}}$$

流動負債とは1年以内に返さなくてはならないお金であり、その流動負債を1年以内に現金化される流動資産でどれだけ賄うことができるかを表しているのがこの指標です。この指標は大きい方が望ましく、この指標の値が小さいと、短期で返済しなくてはならない資金を返済することができず、最悪の場合、借入金の返済不能による倒産という事態となることもあります。一般的には流動比率は200%以上であることが望ましく、100%を切っていると非常に危険な状態であるといえます。

⑥ 当座比率

当座比率とは、企業の短期的な支払能力を流動比率よりも厳密に評価するための指標です。

$$当座比率（\%）＝当座資産÷流動負債×100$$

当座資産とは、流動資産から製品や商品などの在庫である棚卸資産と前払費用や短期貸付金などのその他流動資産を差し引いたもので、現金、売掛金、受取手形、有価証券といった現金化しやすい資産のことを表します。現金化しやすい当座資産に対し、棚卸資産は製品や商品が売れないと現金化できませんし、前払費用や短期貸付金といったその他流動資産もすぐに現金化することは通常困難です。流動比率はこれらの比較的現金化しにくい流動資産も含めた指標ですが、当座比率は現金化しやすい資産に絞ったものですので、流動比率よりも厳密に短期安全性を評価することができます。当座比率は大きい方が短期安全性が高く、100％以上が望ましいとされています。B/S を見た際に棚卸資産が大きければ、この当座比率が小さくなっていないかを注意して見る必要があります。

　安全性の指標については、比率が大きい方が望ましい指標と小さい方が望ましい指標がそれぞれあります。本シートで紹介した指標の中では、自己資本比率、流動比率、当座比率は大きい方が望ましく、固定比率、固定長期適合率、負債比率は小さい方が望ましい指標です。「小さいほど良いコテコテの負債（固定比率、固定長期適合率、負債比率）」と覚えると良いでしょう。

163

8. 経営分析（その他）

【資本利益率】投資が収益に結びついているか

① 自己資本利益率（ROE）
投入した自己資本によって得られた最終的な利益の比率

$$\frac{当期純利益}{自己資本} \times 100 \ (\%)$$

（投資家（＝株主）にとっての投資とリターンの比率）

② 経営資本営業利益率
本業への投資と、本業で得られた利益の比率

$$\frac{営業利益}{経営資本} \times 100 \ (\%)$$

経営資本 ＝ 総資本 －（建設仮勘定＋投資その他の資産＋繰延資産）

③ 総資本事業利益率（ROA）
全投資に対する企業の全体的な収益力

$$\frac{事業利益}{総資本} \times 100 \ (\%)$$

事業利益 ＝ 営業利益 ＋ 営業外収益（受取利息配当金）

④ 総資本経常利益率
全投資に対する継続的に得られる利益の比率

$$\frac{経常利益}{総資本} \times 100 \ (\%)$$

【生産性】投資などのインプットに対しどれだけの付加価値（アウトプット）が生み出されるか

生産性の定義

$$\frac{産出量（アウトプット）}{投入量（インプット）}$$

- 付加価値
- もうけの原資（ヒト・モノ）

付加価値額

付加価値額
＝ 経常利益 ＋ 労務費 ＋ 人件費 ＋（支払利息 － 受取利息）
　　企業の分　　　従業員の分　　　　　銀行の分
＋ 賃借料 ＋ 減価償却費 ＋ 租税公課
　貸主の分　　建物の分　　　国の分

（いろんな要素が考慮されてる）

労働生産性
（＝付加価値生産性）

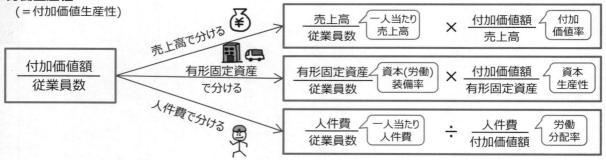

【成長性】前期と比較した成長率

成長率

$$（当期の指標 － 前期の指標）÷ 前期の指標 \times 100 \ (\%)$$

【その他の安全性の指標】

インタレスト・カバレッジ・レシオ
どの程度余裕を持って借入金の利息を賄えているかを表す
高い方が望ましい

$$\frac{事業利益}{金融費用} \ (倍)$$

※金融費用≒営業外費用のとき

$$\frac{営業利益 ＋ 営業外収益}{営業外費用} \ (倍)$$

| SHEET 8 | 経営分析（その他） |

本シートでは、財務分析のうち、資本利益率、生産性、成長性、その他の安全性の指標について説明します。2次試験でも重要な指標である、収益性、効率性、安全性について説明した「6.経営分析（収益性、効率性）」、「7.経営分析（安全性）」シートと比較すると、本シートの優先度は下がります。まずは「6.経営分析（収益性、効率性）」、「7.経営分析（安全性）」シートの内容をしっかり押さえ、余裕があればこちらのシートも参照してください。

資本利益率

資本利益率とは、投資がどれだけ収益に結びついているのかを表します。資本利益率に関する指標には、**自己資本利益率（ROE）**、**経営資本営業利益率**、**総資本事業利益率（ROA）**、**経営資本経常利益率**などがあります。

① 自己資本利益率（ROE）

自己資本利益率とは、ROE（Return On Equity)ともいい、投入した自己資本によって得られた最終的な利益の比率を表す指標です。

$$自己資本利益率（\%）＝（当期純利益÷自己資本）×100$$

自己資本利益率は、投資家である株主が出資した自己資本を使って、企業が最終的な利益をどれだけあげたかということを表します。最終的な利益は投資家への配当などのリターンの原資になります。つまり、自己資本利益率は投資に対する稼いだリターンの原資の比率を表す指標だということです。自己資本利益率は、株式の評価手法としても用いられます。

② 経営資本営業利益率

経営資本営業利益率とは、本業への投資と本業で得られた利益の比率を示す指標です。

$$経営資本営業利益率（\%）＝（営業利益÷経営資本）×100$$

経営資本とは、総資本から企業の本来の経営活動に利用されていない建設仮勘定、投資その他の資産、繰延資産の項目を差し引いたものです。よって、経営資本営業利益率は、企業本来の経営活動に使われている経営資本をどれだけ効率良く使って、本業の利益を稼いでいるかということを表しています。

③ 総資本事業利益率（ROA）

総資本事業利益率とは、ROA（Return On Asset）ともいい、全投資に対する企業の全体的な収益力を示す指標です。

$$総資本事業利益率（\%）＝（事業利益÷総資本）×100$$

事業利益とは、営業利益と、受取利息や配当金といった金融収益（≒営業外収益）の合計です。

165

総資本事業利益率が高いということは、企業が保有している資産が、きちんと利益に結びついているということを表しています。この指標は、株式の評価手法としても用いられます。

④ 総資本経常利益率

総資本経常利益率とは、全投資に対する継続的に得られる利益を表す指標で、以下のように表すことができます。

$$
総資本経常利益率（\%）＝（経常利益÷総資本）×100
$$

生産性

生産性とは、以下の式で示すように、投資などの投入（インプット）に対し、どれだけの付加価値が産出（アウトプット）されるかということを表す指標です。

$$
生産性＝産出量（アウトプット）÷投入量（インプット）
$$

生産性について考える場合のアウトプットである産出量とは付加価値額のことを意味し、企業にとっての利益だけでなく、企業を取り巻く関係者すべての利益を合わせたものであり、以下のように表すことができます。

$$
付加価値額（円）＝経常利益＋労務費＋人件費＋（支払利息－受取利息）\\
＋賃借料＋減価償却費＋租税公課
$$

またインプットである投資とは、利益の原資となる経営資源であるヒト・モノのことをいい、投入したヒトに対する生産性を**労働生産性**、投入したモノに対する生産性を**資本生産性**で表します。

その他、生産性に関連した指標として、**1人当たり売上高**、**付加価値率**、**資本（労働）装備率**、**1人当たり人件費**、**労働分配率**などの指標があります。

労働生産性とは付加価値生産性ともいい、従業員1人当たりどれだけの付加価値を生むことができたかという指標で、以下のように表すことができます。

$$
労働生産性（円/人）＝付加価値額÷従業員数
$$

資本生産性とは、企業の持つ生産設備などを示す有形固定資産によって、どれだけの付加価値を生むことができたかという指標で、以下のように表すことができます。

$$
資本生産性（\%）＝（付加価値額÷有形固定資産）×100
$$

1人当たり売上高は、従業員1人当たりの売上高を示す指標で、以下のように表せます。

$$
1人当たり売上高（円/人）＝売上高÷従業員数
$$

付加価値率は、売上高のうち付加価値が占める割合を表す指標で、以下のように表せます。

$$
付加価値率（\%）＝（付加価値額÷売上高）×100
$$

資本装備率は、労働装備率とも呼ばれ、従業員1人当たりの有形固定資産を表す指標で、以下のように表せます。

$$
資本装備率（円/人）＝有形固定資産÷従業員数
$$

資本装備率は、生産活動を行うのに従業員が利用する設備が多いか、少ないかということを表しています。

1人当たり人件費は、従業員1人当たりの人件費を表す指標で、以下のように表せます。

$$1人当たり人件費（円/人）＝人件費÷従業員数$$

労働分配率は、適正な人件費の水準を把握する場合に用いられる、付加価値に占める人件費を表す指標で、以下のように表せます。

$$労働分配率（\%）＝（人件費÷付加価値額）×100$$

これらの指標については、労働生産性を売上高、有形固定資産、人件費それぞれで分けた場合

$$労働生産性＝1人当たり売上高×付加価値率$$
$$＝資本（労働）装備率×資本生産性$$
$$＝1人当たり人件費÷労働分配率$$

と表すことができます。

成長性

成長性とは、前期と比較した成長率を表す指標です。

$$成長率（\%）＝\{（当期の指標－前期の指標）÷前期の指標\}×100$$

具体的には売上高の成長率を示す売上高成長率、営業利益の成長率を示す営業利益成長率、経常利益の成長率を示す経常利益成長率、総資産の増加率を示す総資産増加率、純資産の増加率を示す自己資本増加率などがあります。

その他の安全性の指標

安全性を表すその他の指標として、**インタレスト・カバレッジ・レシオ**という指標があります。インタレスト・カバレッジ・レシオとは、どの程度余裕を持って借入金の利息を賄えているかを表す指標です。

$$インタレスト・カバレッジ・レシオ（倍）＝事業利益÷金融費用$$

なお、金融費用（≒営業外費用）とは支払利息など借入に関連する費用のことで、金融収益とは受取利息や配当金などの収益のことです。

インタレスト・カバレッジ・レシオは値が大きい方が望ましく、値が大きければ、借入金の金利を余裕を持って返済することができます。

9. 損益分岐点分析（CVP分析）

【損益分岐点分析で用いられる項目】

損益分岐点分析（CVP分析）：費用（C）、営業量（V）と利益（P）の関係についての分析手法

項目	概要	記号/式
売上高	売上高	S
変動費	売上に比例して増減する経費(原材料費、水道光熱費など)	VC
限界利益	売上高から変動費を引いたもの、固定費に充てることができる利益	S - VC
固定費	売上高に関わりなくかかる経費(人件費、減価償却費など)	FC
利益	売上高から費用(変動費、固定費)を除いた利益、通常は営業利益	P

【損益分岐点分析の式】

$$S - VC - FC = P$$
$$S(1 - \alpha) - FC = P$$
$$\alpha = \frac{VC}{S}$$
α：変動費率

損益分岐点：$P = 0$ となる点

※1単位当たりで見た場合
$$pV - vV - FC = P$$

p：1単位当たりの価格
v：1単位当たりの変動費
V：営業量（販売量）

損益分岐点売上高（S_0）
$$S_0 = \frac{FC}{1 - \alpha}$$
S_0：損益分岐点売上高

損益分岐点比率
$$\frac{S_0}{S} \times 100 \, (\%)$$

安全余裕率
$$\left(1 - \frac{S_0}{S}\right) \times 100 \, (\%)$$

営業レバレッジ
$$\frac{\Delta P/P}{\Delta S/S} = \frac{限界利益}{P} \, (倍)$$

[参考] 営業レバレッジが安全余裕率の逆数として表せる理由

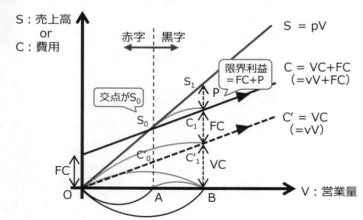

OA：損益分岐点売上高（S_0）
OB：売上高（S）

損益分岐点比率 = $\frac{OA}{OB}$ （低い方が良い）

安全余裕率 = $\frac{AB}{OB} = \frac{P}{FC+P}$ （=限界利益）（高い方が良い）

【損益分岐点分析で問われる問題のタイプ】

① 損益分岐点売上高（S_0）を求める
  →損益分岐点売上高の式を参照

② 損益分岐点比率/安全余裕率を求める
  →損益分岐点比率の式を参照

③ 利益○○達成のためのS/VC/FCは？
  →目的とするS/VC/FCをxと置いて解く

④ 経常利益を求める
  →営業外損益を固定費として計算

⑤ S/VC/FCが○○だけ変化したときの○○は？
  → S/VC/FCを変化させ、CVP分析の式に代入

⑥ 連立方程式タイプ
  →CVP分析の式を2つ作り、連立方程式を解いて目的の値を求める

SHEET 9　　損益分岐点分析（CVP 分析）

損益分岐点分析で用いられる項目

　損益分岐点とは、事業が赤字と黒字に分かれる分岐点のことをいい、Break-even Point の頭文字を取って BEP と呼ばれる場合もあります。損益分岐点分析では、コストと営業量、利益の関係について分析を行うことで、損益分岐点がどの程度なのか、コストが変動したら利益はどの程度変化するのか、といったことについての分析を行います。

　損益分岐点分析は、コスト（**C**ost）の C、営業量（**V**olume）の V、利益（**P**rofit）の P の頭文字を取って、CVP 分析とも呼ばれます。損益分岐点分析は 2 次試験でもよく問われる論点ですので、典型的な問題は 1 次試験の段階で確実に解けるようになっておきましょう。

　損益分岐点分析を行う際は、費用を**変動費**と**固定費**に分解して考えます。**変動費**とは、原材料費や外注加工費など営業量に比例して増減する費用のことで、**固定費**とは、人件費（固定給）や減価償却費のような営業量に関係なくかかる費用です。

　利益は通常は営業利益を指し、売上高から変動費と固定費を合わせた費用を引いたものとして表すことができます。

　限界利益とは、売上高から変動費を引いたものです。**損益分岐点**は、限界利益が固定費と等しくなり利益も損失も発生していない、いわゆる「収支がトントン」の状態です。

　売上高、変動費、固定費、利益は、それぞれの英語表記の頭文字を取って、
　S（Sales）、VC（Variable Cost）、FC（Fixed Cost）、P（Profit）と表します。

損益分岐点分析の例

　損益分岐点分析を行うにあたって、まずは具体的な例として、下記のようなラーメン屋を挙げて説明します。このラーメン屋では、1 杯 1,000 円のラーメンを提供し、麺やスープの材料といったラーメン 1 杯の原価が 1 杯当たり 350 円、店舗の家賃が月 15 万円、スタッフの人件費が月 40 万円、その他の経費が月 10 万円かかるとします。

　損益分岐点分析はこのラーメン屋の場合、最低何杯のラーメンを売れば赤字を回避できるのか、ある量のラーメンを売ったときの利益はいくらになるのか、などを分析する際に用いられます。

（例）ラーメン屋の損益分岐点を求める

ラーメンの価格　1 杯当たり　1,000 円　　　ラーメンの原価　1 杯当たり　350 円

店舗の家賃　1 月当たり　15 万円　　　スタッフの人件費　1 月当たり　40 万円

その他経費　1 月当たり　10 万円

　この例の場合、もしラーメンが月 2,000 杯売れれば、売上は 1,000 円×2,000 杯＝200 万円となります。原価は 1 杯当たり 350 円ですから、変動費は 350 円×2,000 杯＝70 万円です。また、家

賃が月15万円、人件費が月40万円、その他経費が月10万円ですから、固定費は15万円＋40万円＋10万円＝65万円で、利益は売上から変動費と固定費を差し引いて、200万円－70万円－65万円＝65万円となり、65万円の黒字となります。

逆に、月800杯しか売れなければ、売上は1,000円×800杯＝80万円、変動費は350円×800杯＝28万円、固定費は売上に関係なく65万円発生するため、利益は80万円－28万円－65万円＝－13万円となり、13万円の赤字となります。

2,000杯売れたとき

売上		1,000円×2,000杯	200万円
変動費	原価	350円×2,000杯	70万円
固定費	家賃		15万円
	人件費		40万円
	他経費		10万円
利益		200－70－15－40－10	65万円

65万円の黒字

800杯売れたとき

売上		1,000円×800杯	80万円
変動費	原価	350円×800杯	28万円
固定費	家賃		15万円
	人件費		40万円
	他経費		10万円
利益		80－28－15－40－10	-13万円

13万円の赤字

なお、ラーメン1杯当たりの売上から変動費を引いた、1杯当たりの限界利益が1,000円－350円＝650円ですので、赤字を回避し、収支をトントンとするためには、固定費の65万円を賄うために、650,000÷650＝1,000より、1か月当たり1,000杯のラーメンを売る必要があります。

損益分岐点分析の式

損益分岐点分析で用いる基本的な式は下記の通りです。

$$売上高－変動費－固定費＝利益 \qquad \cdots ①$$

上記の式を変動費を売上高で割った変動費率を用いて表すと

売上高－売上高×変動費率－固定費＝利益となり、さらに整理すると下記のようになります。

$$売上高×（1－変動費率）－固定費＝利益 \qquad \cdots ②$$
$$※ 変動費率＝変動費÷売上高$$

ラーメン1杯当たり1,000円といったように1単位当たりの価格が与えられている場合は、①式を

$$1単位当たりの価格×営業量－1単位当たりの変動費×営業量－固定費＝利益 \qquad \cdots ③$$

とも表すことができます。営業量とは販売量、つまりラーメンが売れた数を意味します。

売上高：S、変動費：VC、固定費：FC、利益：P、変動費率：αとし、文字式で表すと、

$$S－VC－FC＝P \qquad \cdots ①$$
$$S（1－\alpha）－FC＝P \qquad \cdots ②$$
$$※ \quad \alpha＝VC/S$$

となります。

170

また、1単位当たりの価格：p、1単位当たりの変動費：v、営業量：V と置くと

$$pV-vV-FC=P \quad \cdots ③$$

とも表せます。ご本人のバックグラウンドの違いにより、言葉での表記が理解しやすい方も文字式での表記の方が理解しやすい方も両方いらっしゃると思いますが、損益分岐点分析の問題では、式の変形を行う必要がある問題も多いですので、できれば文字式での表記に慣れていくようにしましょう。

損益分岐点は利益＝0 となる点のことですので、そのときの売上高である損益分岐点売上高：S_0は②式の利益を 0 とおいた上で整理する（固定費を移項し、両辺を[1−変動費率]で割る）と、

$$損益分岐点売上高＝固定費÷（1−変動費率）$$ もしくは

$$S_0＝FC/（1−\alpha）$$

と表すことができます。

損益分岐点を使って事業の安全性を表す場合の指標としては、**損益分岐点比率**、**安全余裕率**という指標が用いられます。

損益分岐点比率とは、売上高に対する損益分岐点売上高の比率を表す指標で、以下のように表すことができます。

$$損益分岐点比率（\%）＝ （損益分岐点売上高÷売上高）×100$$
$$＝（S_0/S）×100$$

損益分岐点比率は低い方が望ましく、損益分岐点比率が低ければ、売上が低下したときも赤字に陥りにくいということを意味しています。

安全余裕率とは、売上高に対する売上高と損益分岐点の差の比率を表す指標で、以下のように表すことができます。

$$安全余裕率（\%）＝（1−売上高÷損益分岐点売上高）×100$$
$$＝（1−S/S_0）×100$$

安全余裕率は高い方が望ましく、この比率が高ければ、経営に余裕があるということを表します。なお、損益分岐点比率と安全余裕率の式を見ればわかる通り、損益分岐点比率と安全余裕率の合計は必ず 1、つまり 100%になります。

営業レバレッジ

また、売上の変化が利益の変化に与える影響を見るための指標として**営業レバレッジ**という指標もあります。営業レバレッジは、売上高の変化に対する利益の変化の割合のことで、限界利益を利益で割ることによって求めます。

$$営業レバレッジ ＝利益の変化分÷売上高の変化分 ＝限界利益÷利益（倍）$$
$$＝（\Delta P/P）/（\Delta S/S） ＝限界利益/P （倍）$$

171

営業レバレッジは、利益の予想を立てる際にも用いることができ、

利益の変化率＝営業レバレッジ×売上高の変化率

というように、営業レバレッジを計算しておけば売上高の予想変化率から、利益の予想を立てることができます。この指標が大きいということは、売上高が少し変化すると、利益が大きく変化するということを意味し、経営は不安定になってしまうということを意味します。

　営業レバレッジは売上高から変動費を引いた限界利益を、売上高から変動費と固定費を引いた利益で割ったものですので、

営業レバレッジ＝（S－VC）／（S－VC－FC）

とも表すことができ、つまり、固定費（FC）が大きいほど営業レバレッジが大きくなるということがいえます。なお、営業レバレッジは安全余裕率の逆数としても表すことができます。

　以下に理由を説明しますが、ここを理解いただく必要は全くありませんので数学が苦手な方は読み飛ばしていただき、結論だけ押さえていただければ結構です。

（参考）営業レバレッジが安全余裕率の逆数として表せる理由

　売上高・費用を縦軸に、営業量を横軸に取ったグラフを考えます。その場合、売上高は原点を通る右上がりの直線 S、費用は切片が FC の右上がりの直線 C となり、直線 S・C の交点が損益分岐点 S_0 となります。また、原点を O として横軸上に点 A：損益分岐点売上高となる営業量、点 B：実際の営業量（販売量）を取ると、安全余裕率は AB/OB と表すことができます。

　また、直線 C に平行で原点 O を通る直線を直線 C' とおき、営業量が B のときの直線 S、C、C' との交点を S_1、C_1、C'_1 と置くと、利益は S_1C_1 、限界利益は $S_1C'_1$ と表すことができます。営業量が A のときの直線 S、C' との交点を S_0、C'_0 と置いたとき、直線 C と直線 C' は平行なので、OB：AB＝OC'_1：$C'_0C'_1$＝OC'_1：S_0C_1 であり、三角形 OC'_1S_1 で見た場合、OC'_1：S_0C_1 ＝$S_1C'_1$：S_1C_1 となるため、OB：AB＝限界利益：P と表すことができ、営業レバレッジは安全余裕率の逆数と等しくなります。

損益分岐点分析で問われる計算問題のタイプ

① 損益分岐点売上高（S_0）を求める

　このタイプの問題は、本シートで紹介した、損益分岐点売上高の式に問題文中の数値を代入することで解くことができます。「すぐやる！過去問コーナー」の問題ですと H27 年 第 10 問（設問1）が該当します。

② 損益分岐点比率/安全余裕率を求める

　このタイプの問題は、本シートで紹介した、損益分岐点比率もしくは安全余裕率の式に問題文中の数値を代入することで解くことができます。また、損益分岐点比率が悪化もしくは改善した要因について問われる場合もあります。「すぐやる！過去問コーナー」の問題ですと R2 年第 21 問（設問1、2）、H28 年 第 8 問（設問 2）、H27 年 第 10 問（設問 2）、H25 年 第 8 問が該当します。

③ 利益○○達成のための S/VC/FC は？

目標利益達成のための売上高が問われているタイプの問題では、求める対象となる値を X と置いた式を作り、それを解くことによって X を求めます。「すぐやる！過去問コーナー」の問題ですと H30 年 第 11 問（設問 1）、H26 年 第 7 問が該当します。

④ 経常利益を求める

損益分岐点の計算では、通常、「利益」というと営業利益を指しますが、このタイプの問題では経常利益について問われます。このような経常利益が問われている問題では、営業外損益を固定費として扱って解いていきます。古い問題になりますが、このタイプの問題は H20 年 第 12 問が該当します。

⑤ S/VC/FC が○○だけ変化した時の○○は？

売上高または変動費、固定費が変化した場合の他の値の変化を求める問題です。このような問題では、問題に従い売上高または変動費、固定費を変化させ、損益分岐点分析の式に代入することで、目的とする値を求めます。「すぐやる！過去問コーナー」の問題ですと、H30 年 第 11 問（設問 2）が該当します。

⑥ 連立方程式タイプ

このような問題では、2 つの損益分岐点分析の式を作り、連立方程式を解いて目的の値を求めるという方法で解きます。また、2 期分の売上高と利益だけが与えられたときの固定費や変動費率を求める問題も出題されたことがあります。古い問題になりますが、このタイプの問題は H23 年 第 11 問が該当します。

最近ではあまり出題されていませんので、連立方程式の計算が苦手な方は無理にできるようになろうとしなくても良いかもしれません。

損益分岐点分析の計算は、実際に何度も過去問を解いて、問われ方のパターンを確実に身につけるようにしましょう。

すぐやる！過去問コーナー

■ 損益分岐点分析（CVP 分析）
レベル1　R3-12, R2-21(1)(2), H30-11(1)(2),H28-8(2), H27-10(1)(2), H26-7, H25-8
レベル2　H24-11

10. 収益性分析と利益差異分析

収益性分析

【セグメント別業績評価】　企業全体への利益の貢献度合いをセグメントごとに評価

貢献利益
全社的利益の獲得のために各セグメントが貢献した利益

> 貢献利益＝売上高－変動費－個別固定費
> 貢献利益率＝貢献利益÷売上高

固定費の分類

個別固定費：　各セグメントに直接関連付けられる固定費

共通固定費：　各セグメントに共通で、直接関連付けられない固定費

セグメントの撤退可否の判断
セグメントの貢献利益≧0　撤退すべきでない
セグメントの貢献利益＜0　撤退すべき

※セグメントの営業利益がマイナスであっても貢献利益がプラスであれば共通固定費の一部をそのセグメントで負担できているため撤退すべきでない

【セールスミックス】

複数の製品を扱っている企業が、利益が最大となる製品の組み合わせを考える

基本方針	制約条件があるとき
限界利益の最大化	単位当たりの限界利益が最大となるものから生産

	製品A	製品B	製品C
単位当たり販売価格	40千円	80千円	90千円
単位当たり変動費	30千円	52千円	54千円
単位当たり限界利益	10千円	28千円	36千円
単位当たり設備稼働時間	1時間	2時間	3時間
1時間当たり限界利益	10千円	14千円	12千円
優先順位	③	①	②

（優先順位に従って生産）

【差額原価収益分析】

いくつかのオプション（選択肢）の中から企業にとって最も有利なものを選択する方法で、比較的短期の意思決定で使われる

A案とB案があった場合　　（例）A案：部品を自社で生産　B案：部品を社外から購入

差額収益	差額原価	差額利益
A案の収益－B案の収益	A案の原価－B案の原価	差額収益－差額原価

差額利益＞0　なら、A案を採用する

[参考] サンクコスト
代替案の選択によって金額に差異が生じないコスト
将来の意思決定に無関連な原価

（埋没費用ともいう）

利益差異分析

売上高差異分析　計画した販売価格・数量と実際の販売価格・数量を比較する

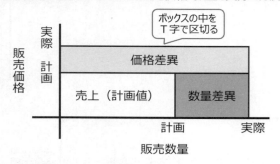

販売価格
実際＞計画：有利差異　計画＞実際：不利差異

販売数量
実際＞計画：有利差異　計画＞実際：不利差異

（企業にとって有利な差が有利差異で、企業にとって不利な差が不利差異）

利益差異分析のステップ

① ボックスを描き、中にT字の区切りを入れ、縦軸を価格、横軸を数量とする
② 内側に計画・外側に実際と書く（実際の＋－は関係ない）
③ 実際と計画を比較し、有利差異か不利差異かをチェックする（計算ミス防止）
④ ボックスの面積を求めることで、価格差異・数量差異を求める

SHEET 10　　収益性分析と利益差異分析

収益性分析

戦略次第
頻:C　難:1

セグメント別業績評価

　複数の事業や製品を取り扱う企業では、どの事業や製品が企業全体の利益に貢献しているのかについて事業や製品別（セグメント別）に評価する必要があります。各セグメントが企業の全社的利益を獲得するためにどれだけ貢献しているかを判断するためには**貢献利益**を求めます。

　貢献利益とは、各セグメントの売上高から、その売上高に直接結びついている変動費と個別固定費を差し引いたもので、以下のように表すことができます。

$$貢献利益＝売上高－変動費－個別固定費$$

　また、売上高に対する貢献利益の比率を**貢献利益率**といい、以下のように表すことができます。

$$貢献利益率（\%）＝（貢献利益 \div 売上高）\times 100$$

　個別固定費とは、例えばそのセグメントに所属する従業員の給料やそのセグメントのみで使う設備の減価償却費のように、各セグメントに直接関連付けられる固定費です。それに対し、**共通固定費**とは、本社スタッフ部門の人件費や、各セグメントが共通で利用する建物の減価償却費など、セグメントに関係なく企業全体として共通して発生する固定費のことをいいます。

　貢献利益は、各セグメントの撤退可否の判断にも用いられ、もし、営業利益がマイナスの事業でも、貢献利益が０以上であれば撤退すべきではなく、貢献利益がマイナスであれば撤退すべきと判断されます。これは、営業利益がマイナスであっても、貢献利益がプラスであれば、少なくとも共通固定費の一部をそのセグメントの収益により負担することができているためです。

セールスミックス

　セールスミックスとは売上の組み合わせのことで、複数の製品を取り扱っている企業が、利益が最大となる製品の組み合わせを考える場合に用いる考え方です。

　セールスミックスの基本方針は、限界利益の最大化です。そして、設備の稼働時間や使用できる原材料の量といった制約条件がある場合は、単位当たりの限界利益が最大となるものから優先順位をつけて生産します。セールスミックスの問題の考え方について以下を例に解説します。

（例）セールスミックスの問題

１個当たり販売価格　　製品Ａ：40千円、製品Ｂ：80千円、製品Ｃ：90千円

１個当たり変動費　　　製品Ａ：30千円、製品Ｂ：52千円、製品Ｃ：54千円

１個当たり生産所要時間　製品Ａ：1時間、製品Ｂ：2時間、製品Ｃ：3時間

製品の最大需要　製品Ａ：300個、製品Ｂ：200個、製品Ｃ：150個

設備の稼働可能な時間が1,000時間のとき、製品Ａ、Ｂ、Ｃを何個作れば良いか？

セールスミックスの考え方に基づくと、限界利益を最大化するよう単位時間当たりの限界利益が大きい製品から作ることになります。この場合、まずは単位当たり販売価格と変動費から限界利益を求めます。限界利益は、販売価格−変動費ですので、製品A、B、Cをそれぞれで10千円、28千円、36千円となります。製品を1つ作るのに製品A、B、Cでそれぞれ1時間、2時間、3時間かかるので、1時間当たりの限界利益は、10千円、14千円、12千円となり、製品B、C、Aの順で大きくなります。そのため生産の優先順位は、製品B、C、Aの順となり、優先順位に従って最大需要量まで生産します。

まず、製品Bを製造しますが、需要量は200個なので、製造には200×2＝400時間かかります。設備は1,000時間の稼働が可能なので、次に製品Cを製造します。需要量は150個なので150×3＝450時間かかります。そのため、設備が稼働できる残り時間は、1,000−400−450＝150時間となります。製品Aの需要量は300個ですが、設備は残り150時間までしか稼働できないため、製品Aは150個製造することになります。以上から製品A、B、Cはそれぞれ150個、200個、150個生産するのが良いという結論になります。

以上のように、セールスミックスの問題は、手順を追えば確実に計算することができます。しかし、必要な手順が比較的多いため、1次試験本番では他の問題の難易度との兼ね合いで処理する優先順位を検討するようにしましょう。

また、セグメント別業績評価、セールスミックスの問題は2次試験でも出題実績がありますので、まずは1次試験の問題をしっかり解けるように対策しておきましょう。

差額原価収益分析

差額原価収益分析とは、いくつかのオプション（選択肢）があった場合に、その中から企業にとって最も有利なものを選択する方法のことで、比較的短期の意思決定で使われることが多い方法です。

例えば、部品を自社で生産する案と社外から購入する案のようなA案とB案、2つの案があった場合について考えます。このとき、予想されるA案の収益とB案の収益の差を差額収益といいます。原価の場合も同様で、予想されるA案の原価とB案の原価の差を差額原価（差額費用）といいます。そして、差額収益と差額原価の差を差額利益といい、この場合であれば、差額利益がプラスであれば、A案を採用するということになります。

実際の問題の場合は、複数の案で差額収益と差額原価から差額利益を求めることによって、採用すべき案を選択します。

ちなみに、代替案の選択によって金額に差異が生じず、将来の意思決定に無関連な原価のことをサンクコスト、もしくは埋没費用といいます。差額原価を求める際は、差額原価とサンクコストをしっかりと見極めることが必要となります。

利益差異分析

利益差異分析とは、計画した売上やコストに対し、実際の売上やコストがどうだったか、ということを確認するために行う分析です。例えば、売上が計画より良かったという場合、その理由として計画していた販売価格より高く売れたから売上が良かったのか、それとも計画していた販売量よりも多く売れたから売上が良かったのかということを、価格・数量それぞれの観点に分け分析します。

利益差異分析のうち、売上高の観点から行う分析を**売上高差異分析**といいます。

売上高差異分析では、計画した販売価格・数量と実際の販売価格・数量の比較を行います。実際の販売価格と計画した販売価格の差異を**価格差異**といい、実際の販売価格が計画より大きければ**有利差異**、小さければ**不利差異**といいます。また、実際の販売数量と計画した販売数量の差異を**数量差異**といい、実際の販売数量が計画より大きければ有利差異、小さければ不利差異といいます。

売上高差異は、販売価格と数量の図を書いて求めます。そのための手順を以下に説明します。

① まず、ボックスを描き、中にＴ字の区切りを入れます。そして、縦軸を販売価格、横軸を販売数量とします。Ｔ字の上部分が価格差異、右下部分が数量差異です。

② 内側に計画・外側に実際と書きます。値として、実績よりも計画の方が大きい場合も、計画が内側、実績が外側となるので注意してください。

③ 差異の計算に移る前に、有利差異なのか不利差異なのかのチェックを行います。そして、あらかじめボックスの中に有利差異であれば＋、不利差異であれば－を書き込んでおきます。こうすることで後々有利差異と不利差異を取り違えるというミスを減らすことができます。

④ 最後にボックスの面積を求めることで、価格差異・数量差異を求めます。

利益差異分析は図を省略せずに書き、符号を間違えなければ確実に解ける問題がほとんどですので、確実に得点できるようにしましょう。

すぐやる！過去問コーナー

■ 収益性分析
レベル１　R1-10, H25-16, H24-9　　　　　レベル２　H26-12

■ 利益差異分析
レベル１　R3-8, R1-9, H28-7, H27-8, H24-8　　レベル２　H30-9, H29-9, H25-10

11. 意思決定会計①

 貨幣の時間的価値

【貨幣の時間的価値】

将来価値
割引率を考慮した場合のn年後の価値

$$FV_n = PV(1+r)^n$$

FV_n：n年後の将来価値
PV：現在価値
r：割引率

現在価値
n年後の貨幣の価値を現在に換算した価値

$$PV = \frac{FV_n}{(1+r)^n}$$

割引率
将来価値/現在価値を換算する際の利率
投資家から見た場合：期待収益率
企業から見た場合：資本コスト

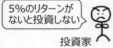

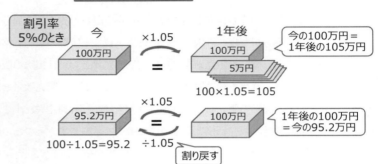

【複利現価係数と年金現価係数】

$\frac{1}{(1+r)^n}$ などをいちいち計算するのは大変なので、事前に計算してくれている

毎年同じだけの利益がある場合など

$$複利現価係数 = \frac{1}{(1+r)^n}$$

$$年金現価係数 = \frac{1}{(1+r)^1} + \frac{1}{(1+r)^2} + \cdots + \frac{1}{(1+r)^n}$$

n：年数
r：割引率

例：割引率5%のとき

3年目の複利現価係数 $= \frac{1}{(1+0.05)^3} = 0.864$

2年目の年金現価係数 $= \frac{1}{(1+0.05)^1} + \frac{1}{(1+0.05)^2} = 1.859$

	1年	2年	3年
複利現価係数	0.952	0.907	0.864
年金現価係数	0.952	1.859	2.723

※ 複利現価係数・年金現価係数は問題内で示される

 企業価値

【フリーキャッシュフロー(FCF)】

企業の資金提供者が自由にできるお金

タックスシールド

$$FCF = (CIF - COF)(1-t) + Dep \times t - \varDelta WC - I$$
$$= (CIF - COF - Dep)(1-t) + Dep - \varDelta WC - I$$
$$= (1-t)営業利益 + Dep - \varDelta WC - I$$

支払利息は資本コストで考慮されるため

CIF：現金収入
COF：現金支出
t：税率
Dep：減価償却費
$\varDelta$WC：運転資本の増減
I：投資額

【正味現在価値(NPV)】 複数年にわたる投資の価値を現在の時点での価値に換算

$$n年間にわたる投資のNPV = FCF_0 + \frac{FCF_1}{(1+r)^1} + \frac{FCF_2}{(1+r)^2} + \cdots + \frac{FCF_n}{(1+r)^n}$$

FCF_n：n年目のFCF
r：割引率

※ 投資は0年目（現時点）のみで、1年目からn年目に一定のCFが得られるとき

$$n年間にわたる投資のNPV = -I + CF \times n年目の年金現価係数$$

CF：得られるCF

SHEET 11　意思決定会計①

貨幣の時間的価値

戦略次第
頻:C　難:1

貨幣の時間的価値

　意思決定会計は、新しい設備の導入や取替のための投資を行う際にその投資を評価し、投資の是非の意思決定を行うために用いられます。設備投資を行った場合、その費用は複数年かけて回収されます。このような複数年の投資の評価を行う際には、貨幣の時間的価値という概念を考慮する必要があります。

　例えば、今100万円貰えるのと1年後に100万円貰えるのとどちらか好きな方を選べる場合、どちらを選ぶでしょうか？大半の人が今100万円を貰うことを選ぶでしょう。なぜなら、今もらった100万円を銀行に預けておけば、1年後には銀行の金利がつくのですから、今100万円を貰って銀行に預けておいた方が得だからです。

　上記のように金利を考慮した場合のお金の将来の価値のことを**将来価値**といいます。

　企業が市場からお金を調達する場合は、株式や社債を用います。株式には配当が、社債には利子が必要となりますが、企業が市場から資金を調達するために必要となる金利に相当するコストは**資本コスト**といいます。逆に、投資家の側から見ると、企業が資金調達に投じるコストとは、投資家が得られるリターンを意味します。投資家から見た、企業に資金を提供しても良いと考えるだけのリターンの大きさを**期待収益率**といい、期待収益率と資本コストは等しくなります。企業の意思決定会計では、**割引率**として、期待収益率や資本コストを使用します。

　将来価値は、割引率を考慮した場合の貨幣の将来の価値であり、n年後の将来価値は

$$\text{n年後の将来価値} = \text{現在価値} \times (1 + \text{割引率})^n$$

つまり、以下のように表せます。

$$FV_n = PV(1+r)^n \quad \cdots ①$$

FV_n：n年後の将来価値　　PV：現在価値　　r：割引率

　例えば、割引率が5%のときの3年後の100万円の将来価値について計算してみます。3年後の将来価値＝100万円×$(1+0.05)^3$ですから、100万円×1.05×1.05×1.05＝約115.8万円となり、100万円の3年後の将来価値は約115.8万円となります。

　逆に割引率を考慮した場合のお金の現在の価値のことを**現在価値**といいます。n年後の貨幣の現在価値は、①式を変形して、以下のように表せます。

$$\text{現在価値} = \text{n年後の将来価値} \div (1 + \text{割引率})^n$$

$$PV = FV_n / (1+r)^n$$

　例として、金利5%のとき3年後に100万円貰えるということは今いくら貰えるのと同等なのか、つまり、3年後の100万円の現在価値を計算してみましょう。現在価値は「n年後の将来価値÷$(1+$割引率$)^n$」と表せますので、現在価値＝100万円÷$(1+0.05)^3$より、100万円÷(1.05

×1.05×1.05）＝約86.4万円となり、3年後の100万円の現在価値は約86.4万円となります。つまり3年後の100万円は今の約86.4万円と等しいということです。複数年にまたがる投資の評価を行う際は、投資によって将来得られるお金が、現在だといくらに相当するかということを考えますので、この現在価値という考え方が重要になってきます。

複利現価係数と年金現価係数

投資の現在価値を考える際、先ほどの例のような100万円÷（1＋0.05）³といった計算を手計算で行うのは非常に大変です。そのため、試験の際はこれらの面倒臭い計算の結果を事前に示してくれています。**複利現価係数**とはnを年数、rを金利としたとき、以下を計算したものです。

$$1/(1+r)^n$$

例えば、割引率5%のときの3年後の複利現価係数は、1/（1＋0.05）³＝0.864ですので、3年後の100万円の現在価値は100万円×0.864＝86.4万円となります。

また、投資案を検討する場合、投資によって得られる利益が複数年にわたるということはよくあります。割引率5%のときの複利現価係数は1年目：0.952、2年目：0.907、3年目：0.864ですので、1年後から3年後まで毎年100万円が貰える場合、現在価値の合計がいくらになるか考えると、100万円×0.952＋100万円×0.907＋100万円×0.864、と計算できます。しかし、この計算は手計算では少々面倒です。このような場合、1年後から毎年同じ利益が得られる場合のn年後の現在価値の合計を簡単に求められるよう年金現価係数という係数が用いられます。

年金現価係数は、nを年数、rを割引率としたとき、

$$1/(1+r)^1+1/(1+r)^2+\cdots+1/(1+r)^n$$

の値を事前に計算したもので、つまり、割引率5%の年金現価係数は1年目は複利現価係数と同じ0.952、2年目は0.952＋0.907＝1.859、3年目は0.952＋0.907＋0.864＝2.723となります。

なお、複利現価係数、年金現価係数は、問題の中で示され、必要に応じてその値を用いることができます。

企業価値（FCF）

フリーキャッシュフロー

フリーキャッシュフロー（FCF） とは、企業が本来の事業活動を行うことによって得られたCFのうち、企業の資金提供者（投資家と債権者）に回すことができるお金のことで、以下のように表せます。

$$FCF=（現金収入－現金支出）×（1－税率）＋減価償却費×税率－運転資本の増減－投資額$$

$$FCF=(CIF-COF)(1-t)+Dep×t-\Delta WC-I \quad \cdots ②$$

CIF：現金収入　COF:現金支出　t：税率　Dep：減価償却費　⊿WC：運転資本の増減　I：投資額

これは、現金収入から現金支出を引いた額から税金の支払いを考慮し、非資金費用である減価償却費には税金がかからないためそれを足し戻し、売上債権や棚卸資産、仕入債務といった現金でない売上・仕入を表す運転資本の増減分を差し引き、投資分も差し引いた額が投資家と債権者に残る金額である、ということを意味しています。「減価償却費×税率」は実際に支出されていない費用である減価償却費によって税金を支払う額を減らすことができるので、税金に対する盾、ということで**タックスシールド**と呼ばれています。なお、②式を変形すると、

$$FCF = (現金収入 - 現金支出 - 減価償却費) \times (1-税率) + 減価償却費 - 運転資本の増減 - 投資額$$
$$FCF = (CIF - COF - Dep)(1-t) + Dep - \Delta WC - I \quad \cdots ③$$

とも表せ、現金収入−現金支出−減価償却費=営業利益であるため、以下のように表せます。

$$FCF = 営業利益(1-税率) + 減価償却費 - 運転資本の増減 - 投資額$$
$$FCF = 営業利益(1-t) + Dep - \Delta WC - I \quad \cdots ④$$

④式からわかる通り、FCFには経常利益ではなく、営業利益が使われています。これは、債権者への支払いである利息の支払いは、資本コストによって割り引くことで考慮されており、経常利益を使うと二重に差し引いてしまうことになるためです。試験問題で営業外損益の値が与えられている場合がありますが、これはダミーの値ですので間違ってFCFを経常利益で計算しないように気をつけましょう。なお、資本コストによる割引がなされていない場合には、別途利息分の考慮が必要です。

なお、上記②、③、④式は、形式が違うだけでどれも同じ意味ですので、問題で与えられた条件によって使いやすい式を選んで使います。

正味現在価値（NPV）

複数年にわたる投資の価値を現在の時点での価値に換算した価値を**正味現在価値**（NPV：Net Present Value）といいます。NPVは投資によって得られた各年度のFCFを、投資をした時点の現在価値に直して合計したもので、以下のように表すことができます。

$$n年間にわたる投資のNPV = FCF_0 + \frac{FCF_1}{(1+r)^1} + \frac{FCF_2}{(1+r)^2} + \cdots + \frac{FCF_n}{(1+r)^n} \quad \cdots ⑤$$

投資は0年目（現時点）のみ行われ、1年目からn年目まで一定のFCFが得られる場合、⑤式は、以下のように求めることができます。

$$n年間にわたる投資のNPV = -I + FCF \times n年目の年金現価係数$$

すぐやる！過去問コーナー

■ 貨幣の時間的価値
- レベル1　R2-17, R1-16, H27-15(2)
- レベル2　H27-15(1)

■ 企業価値(FCF)
- レベル1　R3-18, R2-23, H29-15, H24-13
- レベル2　H26-13

181

12. 意思決定会計②

【投資判断のための評価方法】

収益性を評価する方法
投資によって得られる収益の大きさで評価
- ✓ 正味現在価値（NPV）法
- ✓ 内部収益率（IRR）法
- ✓ 収益性指数（PI）法

安全性を評価する方法
投資額を回収できるまでの期間で評価
- ✓ 回収期間（PP）法
- ✓ 割引回収期間（DPP）法

不確実性を考慮した方法
不確実性を考慮し、調整したCFにより収益性を評価
- ✓ リスク調整割引率法
- ✓ 確実性等価法

【正味現在価値（NPV）法】 NPV>0ならば投資を行う

$$NPV = -I + \frac{CF_1}{(1+r)^1} + \frac{CF_2}{(1+r)^2} + \cdots + \frac{CF_n}{(1+r)^n} \geqq 0$$

※ 0年目は投資のみ、1年目以降の投資・運転資金の増減なしの場合
CF_n：n年目のCF
I：投資額　r：割引率

複数案の投資の比較の場合は、NPVが最大のものを選択する

（例）初年度80千円の投資を行い、1年後から3年後まで30千円のCFが得られるとき（割引率5%）

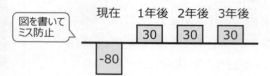

※ 割引率5%・3年の年金現価係数は2.723

$NPV = -80 + 30/(1.05)^1 + 30/(1.05)^2 + 30/(1.05)^3$
$= -80 + 30 \times 2.723 = 1.69$千円 > 0
NPV>0なので投資を行う

【内部収益率（IRR）法】 IRRが資本コストより大きければ投資を行う

$$IRR：-I + \frac{CF_1}{(1+IRR)^1} + \frac{CF_2}{(1+IRR)^2} + \cdots + \frac{CF_n}{(1+IRR)^n} = 0 \text{ となるときの値}$$

IRR：内部収益率

複数案の投資の比較の場合は、IRRが最大のものを選択する
※ただし、投資の規模は考慮されていないためNPV法との併用が望ましい

【収益性指数（PI）法】 PIが1より大きければ投資を行う

$$PI = \frac{各年のCFの現在価値の合計}{I} > 1$$

複数案の投資の比較の場合は、PIが最大のものを選択する
※ただし、投資規模は考慮されていないためNPV法との併用が望ましい

【回収期間（PP）法、割引回収期間（DPP）法】 投資期間内に回収できれば投資を行う

$$PPまたはDPP < 投資期間$$

※ 投資額から各年のCFを順番に引いて求める（PP法の場合は現在価値への割引は行わず、DPP法の場合は割引を行った値を用いる）
複数案の投資の比較の場合は、回収期間が最も短いものを選択する

【リスク調整割引率法】 資本コストにリスクプレミアムを加えたとき NPV>0ならば投資を行う

$$NPV = -I + \frac{CF_1}{(1+r+γ)^1} + \frac{CF_2}{(1+r+γ)^2} + \cdots + \frac{CF_n}{(1+r+γ)^n} > 0$$

r：割引率
γ：リスクプレミアム

【確実性等価法】 CFに確実性等価係数を乗じて求めたとき NPV>0ならば投資を行う

$$NPV = -I + \frac{α_1 \cdot CF_1}{(1+r)^1} + \frac{α_2 \cdot CF_2}{(1+r)^2} + \cdots + \frac{α_n \cdot CF_n}{(1+r)^n} > 0$$

$α_n$：確実性等価係数

SHEET 12　　意思決定会計②

投資判断のための評価方法

　意思決定会計のNPV法の問題は2次試験でも毎年のように出題される論点です。2次試験のNPV法の問題は非常に難しい問題も多いですが、1次試験のうちから慣れておくことで、2次試験の対応力が高まります。CVP分析と同様に、基本的なことを押さえたら、実際の問題をどんどん解いて問われ方を知ることが重要です。また、ある程度基本的な解き方をマスターしたら、少し難しい問題に挑戦してみるのも2次試験を見据えた対策として良いでしょう。

　意思決定会計は、ある投資をするのかしないのか、もしくは、複数の投資案があるときにどれを選ぶのか、ということを決める判断材料となるデータを提示するものです。投資判断の観点には、**正味現在価値（NPV）法**や**内部収益率（IRR）法**、**収益性指数（PI）法**のように、投資によってどれだけ儲かるかという収益性や、**回収期間（PP）法**や**割引回収期間（DPP）法**のように、どれだけ短い期間で投資額を回収できるかという安全性の観点などがあります。

　また、**リスク調整割引率法**や**確実性等価法**のように、収益性を考慮する際に投資の不確実性を考慮する評価の方法もあります。以下でそれぞれの評価方法について説明します。

正味現在価値（NPV）法

　正味現在価値法は**NPV**（Net Present Value）法ともいい、「11.意思決定会計①」シートで説明した、投資の正味現在価値の計算を行い、NPVが0より大きければ投資を行うという方法です。複数の投資案がある場合は、そのうちNPVが最も大きい案に投資をするという判断を行います。

　NPV法について、試験でよく問われるパターンとしては、初年度の期首に投資を行い、初年度の年度末からCFが得られるというパターンです。

　例えば、初年度の期首に80千円の投資を行い、1年後から3年後まで30千円のCFが得られる場合を考えます。なお、割引率は5%で、「割引率5%・3年の年金現価係数は2.723」とします。

　この例の場合、初年度の期首の投資により80千円支出しますのでCFは−80です。また、1年後から3年後は毎年30千円のCFが得られますので、CFは各年+30です。NPVは各年のCFを現在価値に割り引いたものですので、NPV＝$-80+30/(1.05)^1+30/(1.05)^2+30/(1.05)^3$ となり、割引率5%・3年の年金現価係数、つまり $1/(1.05)^1+1/(1.05)^2+1/(1.05)^3$ は、2.723ですので、NPV＝$-80+30×2.723=1.69$ 千円となります。NPVが0より大きくなるため、投資を行うという判断をします。

　NPVの計算を行う際は、CFの発生時期を明確にしておかないと計算間違いをしてしまう恐れがあります。条件が複雑になる2次試験では、投資やCF発生のタイミングを把握することは特に重要となりますので、1次試験の学習の段階からNPVの問題を解くときは投資やCFの発生タイミングを図に書いて解く、ということを習慣付けておくことをおすすめします。

内部収益率（IRR）法

内部収益率法は <u>IRR</u>（Internal Rate of Return）<u>法</u>ともいいます。IRR とは、NPV＝0 となる割引率のことで、IRR 法は IRR を求め資本コストと比較を行い、IRR が資本コストより大きければ投資を行うという判断をします。

NPV＝0 となる IRR が大きいということは、資本コストが大きい、つまり高利でお金を借りても収支がプラスとなるということです。そのため、複数の投資案を比較する場合は、より IRR が大きい方が有利な投資といえます。

ただし、IRR による評価では、投資の規模を考慮に入れることができませんので、10 万円の投資も 1 億円の投資も同じ土俵で評価されてしまうという欠点があります。そのため、複数の投資案の比較の際は IRR 法に加え NPV 法などを併用することが望ましいといえます。

収益性指数（PI）法

収益性指数法は、<u>PI 法</u>（Profitability Index）ともいいます。各年の CF の現在価値の合計額を投資額で割った値を PI とし、PI の値が 1 を上回れば投資を行い、1 を下回れば投資を行わないという判断をします。また、複数案の投資の比較の場合は、PI が最大のものを選択しますが、IRR 法と同様、PI 法では投資の規模が考慮されていないため NPV 法と併用することが望ましいです。

回収期間（PP）法、割引回収期間（DPP）法

回収期間法、割引回収期間法は <u>PP 法</u>（Payback Period）、<u>DPP 法</u>（Discount Payback Period）ともいい、投資を行ってから回収までの期間がどの程度かということを求めることによって、投資の安全性を判断するものです。回収期間を求め、それが投資期間もしくは、企業の内部であらかじめ決められた回収期間を下回れば投資を行うという判断をします。また、複数の投資案を比較する場合は、より回収期間が短い投資案を選択します。

回収期間法による計算の際は、投資額から投資によって得られる毎年の CF を順番に引いていくことによって回収期間を求めます。例えば、下表の初年度に 100 万円の投資を行う場合の投資案の回収期間を計算してみましょう。

投資案（例）

	初年度	1 年後	2 年後	3 年後	4 年後
CF	-100	30	40	40	40

この例の場合、初年度に 100 万円の投資を行い、1 年後には 30 万円の CF が得られますので、残りは 70 万円となります。また、2 年後には 40 万円の CF が得られますので、残りは 30 万円となります。そして 3 年後に得られる 40 万円で残りの投資額を回収することができます。最後の年

は回収すべき残額÷その年に得られる回収金額の計算を行い、回収期間は 2＋30÷40＝2.75 年、と計算することができます。

回収期間法による計算は算出過程が単純なためわかりやすいというメリットがありますが、時間的価値を考慮していないというデメリットもあります。

割引回収期間法とは、そのデメリットを克服するため、時間的価値を考慮し、毎年の CF を現在価値に割り引いた値を使って回収期間を求める方法です。

リスク調整割引率法

次に、投資の不確実性を考慮に入れた収益性の評価方法について説明します。不確実性を考慮に入れた方法は、投資の収益性を評価する NPV 法で用いる各年の CF を投資の不確実性を踏まえて調節した値によって評価する方法です。

リスク調整割引率法は、資本コストに**リスクプレミアム**、つまり、リスクを引き受ける対価として上乗せされる利益を加えた割引率を用いて現在価値に割り引くことでリスクを考慮します。資本コストにリスクプレミアムを加えた割引率で割り引いた NPV が 0 より大きければ投資を行い、そうでなければ投資を行わないという判断をします。

確実性等価法

確実性等価法は、CF に 0 より大きく 1 より小さい値の確実性等価係数を乗じることで不確実性を考慮する方法です。CF に確実性等価係数を乗じた上で求めた NPV が 0 より大きければ投資を行い、そうでなければ投資を行わないという判断をします。

すぐやる！過去問コーナー

■ 意思決定会計②
レベル1　R3-19, R1-23, H27-16(1)(2), H25-17
レベル2　H30-22(1)(2), H28-17, H26-16, H25-18, H24-18

13. 企業価値の計算

【ファイナンスの概要】 ファイナンスの目的は企業価値の最大化

企業価値の求め方

フローの考え方
事業によって得られたお金(FCF)を調達にかかった資本コストで割り引く

インカムアプローチ
- ✓ DCF法
- ✓ 割引配当モデル

ストックの考え方
負債価値+株式価値から求める

コストアプローチ
- ✓ 簿価純資産法
- ✓ 時価純資産法

マーケットアプローチ
- ✓ 市場株価法
- ✓ マルチプル法

総資産 企業価値 → 最大化
負債 負債価値
自己資本 株式価値

DCF法・WACC

企業が生み出すFCFを加重平均資本コストで割り引くことで企業価値を求める

$$企業価値 = \frac{FCF_1}{(1+WACC)^1} + \frac{FCF_2}{(1+WACC)^2} + \cdots + \frac{FCF_n}{(1+WACC)^n} + \cdots$$

$$\fallingdotseq \frac{FCF}{WACC} \quad ※FCFが毎年同額のとき$$

FCF_n：n年目のFCF
WACC：加重平均資本コスト

$$WACC = \frac{E \times 自己資本の資本コスト + D \times (1-t) \times 負債の資本コスト}{E+D}$$

[時価] E：資本　D：負債　t：税率

自己資本の資本コストと負債の資本コスト(利子率)の加重平均

株式価値など

【株式価値の算出（割引配当モデル）】

ゼロ成長モデル
配当が一定のとき

$$P = \frac{d}{r_E}$$

定率成長モデル
成長率が一定のとき

$$P = \frac{d_{n+1}}{r_E - g} \quad 注意$$

株主の期待収益率
1年でどれくらい儲かるか

$$r_E = \frac{d_{n+1}}{P_n} + \frac{P_{n+1} - P_n}{P_n}$$

値上がり率＝キャピタルゲイン
配当利回り＝インカムゲイン

P：株価　d：配当　d_{n+1}：1年後の配当
r_E：株主の期待収益率　g：成長率　P_n：今期の株価　P_{n+1}：1年後の株価

【負債価値の算出】

$$負債価値 = \frac{負債の利子額}{負債の利子率}$$

株式の場合と考え方は同じ

負債の利子額 → 銀行が貰えるCF
負債の利子率 → 銀行から見た期待収益率

【簿価純資産法】 簿価から求める

企業価値 ＝ 総資産(簿価)
株式価値 ＝ 総資産(簿価) － 負債(簿価)

【時価純資産法】 時価から求める

企業価値 ＝ 総資産(時価)
株式価値 ＝ 総資産(時価) － 負債(簿価)

一般的に負債は簿価≒時価のため

【市場株価法】 市場の株価から求める

株式価値 ＝ P・S

P：株価
S：発行済株式総数

【マルチプル法】

非上場企業の株式価値は、類似の上場企業の株価に関する指標（PERやPBRなどの倍率）に、自社の財務数値（当期純利益や純資産）を乗じて推定する

SHEET 13　企業価値の計算

ファイナンスの概要

本シートでは企業価値の求め方について説明します。企業価値とはその名の通り企業の価値のことで、ファイナンスの目的はこの企業価値を最大化することにあります。

一言に企業価値といっても、着目する観点からそれを算出するための方法は多数あります。大きな分類としては、企業が事業を行うことによって生み出したキャッシュフローに着目し、キャッシュフローをその事業を行うための資金の調達にかかった資本コストで割り引くというフローの考え方と、負債価値と株式価値を合計することで求めるストックの考え方の2つがあります。

フローの考え方に基づく企業価値の算定方法は、**インカムアプローチ**と呼ばれ、**DCF法**や当期純利益を資本還元率という指標で割ることで求める**収益還元法**があります。

ストックの考え方に基づく企業価値の算定方法には、資産や負債の額を元にした**簿価純資産法**、**時価純資産法**などの**コストアプローチ**、市場の株価を元にした**市場価格法**や**マルチプル法**などの**マーケットアプローチ**があります。

DCF法・WACC

DCF法は、企業が生み出すFCFを企業が資金を調達するためにかかるコストを示す**加重平均資本コスト（WACC）**で割り引くことにより、企業価値を求める方法です。

企業がn年目に生みだすFCFをFCF_nとすると、これをWACCで割り引いた値は、$FCF_n/(1+WACC)^n$となります。そのため企業が永続すると仮定した場合、企業価値は、$FCF_1/(1+WACC)^1 + FCF_2/(1+WACC)^2 + \cdots + FCF_n/(1+WACC)^n + \cdots$と表せます。

FCFが一定であれば、WACC≠0のとき、$1/(1+WACC)^1 + 1/(1+WACC)^2 + \cdots + 1/(1+WACC)^n + \cdots ≒ 1/WACC$と近似できますので、企業価値は以下のように求めることができます。（なぜそのような近似ができるのか、という理由を説明しだすと数学の教科書になってしまいますのでここでは割愛して結論だけにしています。）

$$企業価値 ≒ FCF / WACC$$

なお、**加重平均資本コスト（WACC）**とは、自己資本の資本コストと負債の資本コスト（利子率）の加重平均として下記の式で求めることができます。（E：自己資本、D：負債、t：税率）

$$WACC = \frac{E×自己資本の資本コスト+D×(1-t)×負債の資本コスト}{E+D}$$

ちなみに負債コストには節税効果があるため、それを考慮し、(1−t)を掛けます。

DCF法による企業価値の計算は2次試験でも出題される可能性がありますので、1次試験の段階で、しっかりと計算ができるようになっておきましょう。

株式価値など

戦略次第
頻:C 難:1

株式価値の算出（割引配当モデル）

次に、フローの考え方に基づく株式価値の算出方法について説明します。

まず、配当が一定という**ゼロ成長モデル**を仮定した場合について考えます。

株式価値＝株価と考えると、株式価値は投資家が受け取れる CF である配当を、株主の期待収益率で割った以下の式で表せます。

$$\text{株価}＝\text{配当}÷\text{株主の期待収益率}$$
$$P=d/r_E \quad P：株価、d：配当、r_E：株主の期待収益率$$

この計算は、先ほど DCF 法で説明したものと考え方は同じです。また、配当が毎年一定の割合で成長する**定率成長モデル**を仮定した場合、以下の式で表せます。

$$\text{株価}＝1\text{年後の配当}÷（\text{株主の期待収益率}－\text{成長率}）$$
$$P=d_{n+1}/(r_E-g) \quad g：成長率、d_{n+1}：1年後の配当$$

（こちらも、なぜこのような式になるのか、という理由を説明しだすと数学の教科書になってしまいますので割愛して結論だけにしています。）

なお、**株主の期待収益率**とは、株主が1年でどれくらいの儲けを期待しているかということを表すものです。つまり、1年後に配当から得られる配当利回り（インカムゲイン）に1年後に想定される値上がり率（キャピタルゲイン）を加えたもので、以下の式で表せます。

$$\text{株主の期待収益率}＝1\text{年後の配当}÷\text{現在の株価}＋（1\text{年後の株価}－\text{現在の株価}）÷\text{現在の株価}$$
$$r_E=d_{n+1}/P_n+(P_{n+1}-P_n)/P_n \quad P_n：現在の株価、P_{n+1}：1年後の株価$$

負債価値の算出

負債価値も株式価値で説明した場合と同じ考え方で算出します。銀行から見た場合、負債の利子額は銀行が貰える CF、負債の利子率は銀行から見た期待収益率といえるため、以下の式で表せます。

$$\text{負債価値}＝\text{負債の利子額}÷\text{負債の利子率}$$

簿価純資産法

ここまで、フローの考え方を元にした計算方法を説明してきましたが、次にストックの考え方に基づく方法について説明します。ストックの考え方に基づく方法としては、コストアプローチの1つである**簿価純資産法**という方法があります。

簿価純資産法は、簿価を企業価値とみなす方法で、株式価値は総資産の簿価から負債を引いたものであるとしており、以下の式で表せます。

$$\text{企業価値}＝\text{総資産（簿価）}、\quad \text{株式価値}＝\text{総資産（簿価）}－\text{負債（簿価）}$$

時価純資産法

簿価を元にした簿価純資産法に対し、実際の資産の価値と簿価の間には相違があることから、資産を時価で評価した額を企業価値とみなす方法を**時価純資産法**といいます。株式価値は総資産の時価から負債を引いたものであるとしており、以下の式で表せます。

$$企業価値＝総資産（時価）、\quad 株式価値＝総資産（時価）－負債（簿価）$$

ここで、負債が簿価とされているのは、資産は時価と簿価で大きく異なる場合がある一方、負債の簿価と時価の違いは少ないため、より簡単に算出することができる簿価を用いるものとしているためです。

市場株価法

市場株価法はマーケットアプローチによる企業価値の算出方法の1つです。企業価値を市場の株価から求めるもので、

$$株式価値＝株価×発行済株式総数 \quad 株式価値＝P・S \quad P：株価、S：発行済株式総数$$

と表すことができます。

マルチプル法

市場株価法は企業価値を市場価格から求める方法でしたが、上場されていない企業などは、市場の株価がわかりません。そのため、非上場企業は、類似の上場企業の株価に関する指標（PERやPBRなどの倍率）に、自社の財務数値（当期純利益や純資産）を乗じて株式価値を求める**マルチプル法（株価倍率法）**により、企業価値を推定します。

ただし、マルチプル法はどの企業を類似企業として参考にするかによって評価が変わってしまいますので、留意が必要です。

― すぐやる！過去問コーナー ―

■ DCF法・WACC
レベル1　R3-15, R3-22(1), R1-21, H29-24, H28-14(1)(2), H27-14, H25-14
レベル2　H26-20(3), H24-16

■ 株式価値など
レベル1　H29-18, H28-16, H26-19　　　レベル2　R3-22(2), H26-20(1)

14. 株価の指標・債券価格

株価の指標

株価の指標はパズル問題対策のため、記号で覚える

S：発行済株式総数　D：配当総額　P：時価総額　E：当期純利益　B：純資産
d：1株当たり配当金　p：1株当たり株価　　（参考）d・S=D　p・S=P

基本法則 $\dfrac{\text{略語の前の文字}}{\text{略語の後ろの文字}}$

例：DPS場合
略語の前の文字Dが分子、
略語の後ろの文字Sが分母

配当に関連する指標

一株当たり配当金(DPS)

$$DPS(円) = \frac{D}{S} = d$$

1株当たりの配当金

配当利回り

$$配当利回り(\%) = \frac{d}{p} \times 100 = \frac{D}{P} \times 100$$

株価に対する
配当の比率

配当性向

$$配当性向(\%) = \frac{D}{E} \times 100$$

稼いだ利益をどれだけ
株主に還元しているか

株主資本配当率(DOE)

$$DOE(\%) = \frac{D}{B} \times 100$$

株主から調達した資本に対し
どれだけ還元しているか

略称と記号が
違うので注意

当期純利益に関連する指標

一株当たり当期純利益(EPS)

$$EPS(円) = \frac{E}{S}$$

1株当たりの当期純利益

株価収益率(PER)

$$PER(倍) = \frac{P}{E}$$

株価が割安かどうか見る
値が小さい方が割安

純資産に関連する指標

一株当たり純資産額(BPS)

$$BPS(円) = \frac{B}{S}$$

1株当たりの純資産額

株価純資産倍率(PBR)

1より小さいとお買い得
過ぎて買収リスクあり

$$PBR(倍) = \frac{P}{B}$$

株価が割安かどうか見る
値が小さい方が割安

（参考）自己資本利益率（ROE）　　$$ROE(\%) = \frac{E}{B} \times 100$$

債券価格

割引債（ゼロクーポン債）

満期まで金利は貰えず、満期に債券の額面価格（償還価格）を貰えるタイプの債券　n期の受け取りのみ

現在　1期　2期　・・・　n期
P_0　0　0　・・・　P_n

$$P_0 = \frac{P_n}{(1+r)^n}$$

P_0：割引債の価格
P_n：満期のときの償還価格
r：金利

利付債（クーポン債）

満期までの一定期間ごとに金利（クーポン）が貰えて、満期に債券の額面価格（償還価格）も貰えるタイプの債券

現在　1期　2期　・・・　n期
P_0　C　C　・・・　$C+P_n$

$$P_0 = \frac{C}{(1+r)^1} + \frac{C}{(1+r)^2} + \cdots + \frac{C+P_n}{(1+r)^n}$$

C：クーポン

SHEET 14　　株価の指標・債券価格

株価の指標

本シートでは株価の評価のための指標について説明します。それぞれの指標の値をどのように求めるのかを覚えておくようにしましょう。

また、この論点では、複数の指標をパズルのように掛けたり割ったりしながらある指標を求める形の問題もよく出題されます。そのようなパズル問題は、試行錯誤して解くと時間がかかりますが、各指標の元となる項目を記号に置き換えて解くと短時間でスムーズに解くことができますので、株価の指標はぜひ記号で覚えて記号で解くことに慣れていきましょう。

各指標の記号の元となる項目は下記の通りです。

- S ：発行済株式総数　Share（株式）
- D ：配当総額　Dividend（配当）
- P ：時価総額　Price（価格）
- E ：当期純利益　Earnings（利益）
- B ：純資産　Book-value（簿価）
- d ：1株当たり配当金　D（配当総額）の小文字
- p ：1株当たり株価　P（時価総額）の小文字

なお、d、pはそれぞれ1株当たりの配当、株価を表しているため、発行済株式総数Sをかけると、d×S=D、p×S=Pと表すことができます。株価の指標は、DPSやPERのようにアルファベット3文字で表されるものが多いですが、一部例外を除いて、「略語の前の文字/略語の後ろの文字」で表されます。似たようなアルファベット3文字の略語が多いため混乱しがちですが、略語の元の英語を覚えておくと間違いにくいです。

配当に関連する指標

<u>1株当たり配当金</u>は、<u>DPS</u>（Dividend Per Share）とも呼ばれ、その名の通り、1株当たりの配当金がいくらか、ということを表します。そのため、上記で紹介した記号で表すと、以下のように表すことができます。

$$\text{DPS（円）}=D/S\ (=(d\times S)/S=d)$$

<u>配当利回り</u>とは、株価に対してどれだけの配当が貰えるかという、株価に対する配当の比率のことを意味し、以下のように表すことができます。

$$\text{配当利回り（％）}=d/p\times 100=D/P\times 100$$

配当性向とは、企業が稼いだ利益である当期純利益をどれだけ株主に配当として還元しているかという度合いで、以下のように表すことができます。

$$配当性向（\%）＝D/E×100$$

株主資本配当率は、DOE（Dividend on Equity）とも呼ばれ、株主から調達した資本である純資産に対してどれだけ株主に還元しているか、つまり、純資産に対する配当の割合で、以下のように表すことができます。DOEは上記で説明した略称と記号が「略語の前の文字/略語の後ろの文字」という形になっていませんので注意してください。

$$DOE（\%）＝D/B×100$$

当期純利益に関連する指標

1株当たり当期純利益は、EPS（Earnings Per Share）とも呼ばれ、その名の通り、1株当たりの当期純利益がいくらか、ということを意味し、以下のように表すことができます。

$$EPS（円）＝E/S$$

株価収益率は、PER（Price Earnings Ratio）とも呼ばれ、企業の収益に対する株価の比率を表します。株価が割安かどうかを判断するために用いられ、以下のように表すことができます。

$$PER（倍）＝P/E$$

PERが小さければ、企業の収益に対して株価が割安であるということを意味しています。

純資産に関連する指標

1株当たり純資産額は、BPS（Book-value Per Share）とも呼ばれ、その名の通り、1株当たりの純資産額がいくらかということを意味し、以下のように表すことができます。

$$BPS（円）＝B/S$$

株価純資産倍率とは、PBR（Price Book-value Ratio）とも呼ばれ、企業の自己資本である純資産に対する株価の比率を表します。株価が割安かどうかを判断するために用いられ、以下のように表すことができます。

$$PBR（倍）＝P/B$$

PBRが小さければ、企業の持つ純資産に対して株価が割安であるということを意味しています。ただし、PBRが1より小さければ、企業の持つ純資産の方が株価よりも高い、ということになってしまいます。つまり、市場でその企業の株を買って、企業の純資産を全部売った方が得であるということを意味するため、買収のリスクが発生します。

[参考] 自己資本利益率（ROE）

　ちなみに、株価の指標の問題では、株価の指標ではありませんが、収益性の指標として「8.経営分析(その他)」シートでも取り上げた**自己資本利益率（ROE）**もよく登場します。ROEとはReturn on Equityの頭文字を取ったもので、以下のように表すことができます。

$$ROE（\%）＝E/B×100$$

　実際の試験では、これらの記号を組み合わせることで必要な指標を計算するという問題がしばしば出題されますので、ここで出題例と解き方について紹介します。

（出題例）H25 第20問

次のデータに基づき、以下の設問に答えよ。

PBR	ROE	自己資本比率	配当性向	配当利回り
1.2	10%	60%	36%	3%

（設問1）自己資本配当率（DOE）として、最も適切なものはどれか。

　ア　3.6%　　イ　7.2%　　ウ　21.6%　　エ　43.2%

（設問2）PERとして、最も適切なものはどれか。

　ア　2倍　　イ　3.3倍　　ウ　12倍　　エ　40倍

　このような問題の場合、まずは与えられたデータをすべて記号を使った式で表します。この場合、各指標は以下のように表せます。

$$\frac{P}{B}＝1.2 \qquad \frac{E}{B}＝0.1 \qquad \frac{B}{総資産}＝0.6 \qquad \frac{D}{E}＝0.36 \qquad \frac{D}{P}＝0.03$$

　設問1ではDOEが問われています。DOEを式で表すとD/Bとなります。与えられたデータを記号で表した各指標を見ると、D/PとP/BもしくはD/EとE/Bの値を掛け合わせるとPまたはEが消えるので、

$$\frac{D}{P}×\frac{P}{B}＝0.03×1.2＝0.036 \qquad または \qquad \frac{D}{E}×\frac{E}{B}＝0.36×0.1＝0.036$$

とすることができ、答えは3.6%でアとなります。

　設問2も同様で、PERを式で表すとP/Eとなります。与えられたデータを記号で表した指標の中でPとEがあるのは、P/BとE/BもしくはD/PとD/Eとなります。ということは、E/BもしくはD/Pの分子と分母をひっくり返す、つまり、E/BもしくはD/Pで割れば、BもしくはEを消せます。つまり、

$$\frac{P}{B}÷\frac{E}{B}＝\frac{P}{B}×\frac{B}{E}＝1.2×\frac{1}{0.1}＝12 \qquad または \qquad \frac{P}{D}÷\frac{E}{D}＝\frac{P}{D}×\frac{D}{E}＝\frac{1}{0.03}×0.36＝12$$

とすることができ、答えは12倍でウとなります。このように、一度すべての項目を文字式に直して見比べると試行錯誤せずスムーズに解くことができます。

債券価格

次に債券価格の計算について説明します。債券には、満期まで金利は受け取れず、満期に債券の額面価格（償還価格）が受け取れるタイプの債券である**割引債**と、満期までの一定期間ごとに金利が受け取れ、満期に債券の額面価格（償還価格）も受け取れるタイプの債券である**利付債**の2つのタイプがあります。満期までの金利のことをクーポンというため、満期まで金利が受け取れない割引債を**ゼロクーポン債**、金利が受け取れる利付債を**クーポン債**ともいいます。

割引債は、第 n 期に満期が来て、償還価格 P_n を受け取れるので、金利を r としたとき現在の割引債の価格は、以下のように表すことができます。

$$P_0 = P_n / (1+r)^n$$

利付債は、第 n 期に満期が来て、それまでの各期ごとにクーポン C を受け取れ、さらに第 n 期に償還価格 P_n を受け取れるので、金利を r としたとき現在の利付債の価格は、以下のように表せます。

$$P_0 = C/(1+r) + C/(1+r)^2 + \cdots + C/(1+r)^n + P_n/(1+r)^n$$

すぐやる！過去問コーナー

■ 株価の指標
レベル1　R1-19, H26-20(2), H25-20(1)(2)　　　レベル2　H24-20(1)

■ 債券価格
レベル1　なし　　　レベル2　R2-20, H30-13, H26-5

コラム 財務・会計の学習方法（3）

業務経験・他資格保有なしの方

　財務・会計関連の経験がない方の中には、財務・会計のテキストや問題を見て「用語もわからないし計算問題もあるし、果たしてこれが解けるようになるだろうか」と不安を感じている方もいるかもしれません。しかし、努力の方向性を間違えなければ、全くの未経験者でも財務・会計で高得点を取ることは十分可能です。筆者も診断士試験の勉強を始めるまでは財務・会計に関連する業務経験もなく、関連した資格の勉強経験もありませんでしたが、それでも1年間の勉強で84点を取ることができました。また、他にも同じくゼロから始めて80点台、90点台を取っている方も多くいます。

　未経験者が高得点を取れるようになるためのポイントは2点あります。

　1点目は、完璧な理解を求めすぎず、まずは手を動かして問題の解き方を身につけることです。未経験者は、用語も意味がわからず、なぜその計算をするのかということもよくわからない場合もあるでしょう。その際、まだ十分理解できていないと考え何度もテキストを読むのではなく、まずは簡単な問題から解いてみることを試してみてください。わからないときは、問題集の解説に書かれている手順を書き写しながら、解き方をなぞってみるのも良い方法です。問題を解くことを通じて問題のパターンを掴むことができ、用語の意味やなぜその計算をするのかという意図も後からわかるようになります。本書では、まとめシートの部分に式や考え方をまとめて、テキストの部分に細かい解説を記載する構成にしています。したがって、まとめシートを手元に置きながらまずは問題を解いてみるということにぜひ挑戦してみてください。理解は後からついてきます。

　2点目は、得点しやすい論点から確実に押さえることです。

　試験問題は前述の通り、会計分野は比較的得点しにくく、財務分野は得点しやすい問題が多くなっています。そのため、まずは比較的得点しやすい財務分野に力を入れ、財務分野を得点源とすることを目指してください。

　そして、会計分野は2次試験でも問われる財務分析、CVP分析以外の問題は後に回し、どうしても理解が難しければ、場合によっては手をつけなくても大丈夫です。それでも十分60点は確保できますし、さらに高得点を狙うことができます。また、基礎を身につけるために簿記を学ぶというのは、比較的時間に余裕がある方にとっては1つの有効な方法ですが、時間の限られている方にとっては遠回りとなりかねませんので、ご自身の時間的な余裕を十分考慮するようにしましょう。本テキストの重要度分類も参考として効率的に学習を進めていきましょう。

15. 資金調達とMM理論

資金の調達

【資金の調達方法の分類】

調達方法	自力で調達? 外部から調達?	企業の内部? 企業の外部?	直接? 間接?	長期? 短期?
企業間信用 （買掛金・支払手形）	他人資本	外部金融		短期資金
短期借入金の借入	他人資本	外部金融	間接金融	短期資金
長期借入金の借入	他人資本	外部金融	間接金融	長期資金
社債の発行	他人資本	外部金融	直接金融	長期資金
株式の発行	自己資本	外部金融	直接金融	長期資金
利益の内部留保 （または減価償却費）	自己資本	内部金融		

【配当政策】

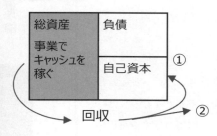

企業が稼いだ利益の行き先
① 内部留保：企業の自己資本が増えるのでキャピタルゲイン↑

↕ 相殺されるので①でも②でもたいして変わらない

② 配当　　：株主に利益還元で株主のインカムゲイン↑
　　　　　　ただし自己資本は増えない

財務レバレッジ効果

負債をレバレッジ（てこ）にする

財務レバレッジ効果：①ROA＞負債利子率のとき、②負債比率が大きいと、③ROEが増える

ROAとROEの関係式

$$\text{ROE} = (1-t)(\text{ROA} + 負債比率 \times (\text{ROA} - i))$$

t：税率
i：負債利子率

MM理論

完全資本市場を仮定した理論モデル
完全資本市場：情報取得コスト0、法人税0、商品の流動性が十分ある市場

最初はとりあえず第一命題を覚えればOK

切捨率：資本コストのようなもの

MMの命題
法人税がない市場について
第1命題：どんな資本構成でも企業価値は変わらない
第2命題：企業の利益配分と企業価値は無関係である
第3命題：投資のための切捨率は資金調達方法に関わりなく一意に決定される

MMの修正命題
法人税のある市場について
負債比率が高まると負債の節税効果によって節税効果の現在価値分だけ企業価値が向上する

企業価値は上がりWACCは下がる

$$借入のあるときの企業価値 = 借入のないときの企業価値 + t \times 負債（借入額）$$

t：税率

SHEET 15　　　資金調達、MM理論

資金の調達

資金の調達方法の分類

　企業が資金を調達する方法は様々ですが、主に買掛金や支払手形といったすぐに現金で支払いを行わず支払期間に猶予を持たせる企業間信用、短期借入金の借入、長期借入金の借入、社債の発行、株式の発行、利益の内部留保の利用、といった方法があります。これらの資金の調達方法は以下のように分類することができます。

　まず、資金を自力で調達するか、外部から調達するかという観点です。自力で調達する資金調達方法としては、株式の発行、利益の内部留保の利用があります。これらはB/Sでいうと自己資本の欄に入る資金ですので、これらの資金のことを**自己資本**といい、逆に他人から調達するB/Sの負債の欄に入る資金を**他人資本**といいます。

　また、企業の内部から資金を調達するのか、外部から調達するのか、という観点もあります。企業がこれまで稼いだ利益の蓄積である内部留保や、費用として計上されるものの実際には現金が出ていかない減価償却費は、企業の内部から調達できる資金です。この内部留保や減価償却費を**内部金融**といいます。それに対し、企業間信用や短期借入金の借入、長期借入金の借入、社債の発行、株式の発行はどれも企業の外部からの資金調達ですので、**外部金融**といいます。

　そして、資金の調達を市場から直接行うのか、銀行から間接的に行うのかによって分類することもできます。市場から直接資金を調達する社債の発行や株式の発行を**直接金融**、銀行から間接的に資金を調達する短期借入金、長期借入金の借入を**間接金融**といいます。

　さらに、資金調達の期間によっても分類することができます。企業間信用や短期借入金の借り入れは**短期資金**、長期借入金の借入や社債の発行、株式の発行などは**長期資金**に分類されます。

配当政策

　配当政策とは、企業が稼いだ最終的な利益である、税引後当期純利益の行き先をどうするのかについて決めることです。

　企業が稼いだ利益の行き先としては、大きく**内部留保**と**配当**の2つがあります。

　内部留保は、稼いだ利益を利益剰余金として企業の自己資本に組み込むということです。利益が自己資本に組み込まれ自己資本が増えることで、企業の価値が向上します。また、それによって株価が値上がりすることで、株主が株式を売却したときの売却益であるキャピタルゲインは上昇します。

　それに対し、稼いだ利益を貯め込まず、株主に配当として還元するという方法もあります。この場合、株主は配当による利益であるインカムゲインを得ることができますが、企業の自己資本は増えません。

この内部留保によるキャピタルゲイン向上の効果と、配当によるインカムゲイン向上の効果は相殺されるため、企業がどちらの配当政策を取っても最終的に株主が得られる利益は変わらないと考えられています。

財務レバレッジ効果

財務レバレッジ効果とは、①ROA＞負債利子率のとき、②負債比率が大きいと、③ROEが増えるという効果のことです。レバレッジとはテコを意味し、負債がテコのように働いて投資効率を引き上げるため、財務レバレッジ効果という名前がついています。このことは、以下のROAとROEの関係式から示すことができます。

$$ROE = (1-t)(ROA + 負債比率 \times (ROA - i)) \quad t:税率 \quad i:負債利子率$$

この式を見ると、①ROA＞負債利子率つまり、ROA－i＞0のとき、②負債比率が大きいと、ROA＋負債比率×（ROA－i）が大きくなり、③ROEが増えるというということがいえます。

この式は結論だけ押さえておけば結構ですが、なぜこのような式が成り立つのかということを念のため下記に説明します。（理屈を知っていると式を思い出しやすいので紹介しますが、無理に理解する必要はありませんので、難しければ読み飛ばしていただいて結構です。）

（参考）ROAとROEの関係式の求め方

ROA＝事業利益÷総資産　より、事業利益＝総資産×ROA

事業利益＝営業利益＋営業外収益

税引前当期純利益＝営業利益＋営業外収益－営業外費用

より

税引前当期純利益＝事業利益－営業外費用　　　営業外費用＝負債×i　のとき

税引前当期純利益＝事業利益－負債×i

　　　当期純利益＝（1－t）×（事業利益－負債×i）

ROE＝当期純利益÷自己資本　より

ROE＝（1－t）×（総資産×ROA－負債×i）÷自己資本

総資産＝負債＋自己資本　なので

ROE＝（1－t）×（負債×ROA÷自己資本＋ROA－負債×i÷自己資本）

負債比率＝負債÷自己資本　なので

ROE＝（1－t）×（ROA＋負債比率×（ROA－i））

MM 理論

MM 理論とは、完全資本市場を仮定した理論モデルで、法人税が存在しない理論上の完全資本市場では、以下のような命題が成立します。

第1命題：どんな資本構成でも企業価値は変わらない

第2命題：企業の利益配分と企業価値は無関係である

第3命題：投資のための切捨率は資金調達方法に関わりなく一意に決定される

ちょっと難しそうに思えますが、とりあえず最初は第1命題の企業の資本構成や配当政策は企業価値に影響を与えず、どのような資本構成や配当政策でも企業価値は同じになるという点を押さえておけばOKです。なお、完全資本市場というのは、情報取得のためのコストが全くかからず、法人税もなく、商品の流動性が十分あるという理論上の市場のことを意味します。また、第3命題の切捨率とは、資本コストのようなもので、投資のための資本コストはどんな方法で資金を調達してもある一定の値に決定されるということです。

ちなみに、法人税が存在する場合は、**MMの修正命題**として、負債比率が高まると負債の節税効果によって、節税効果の現在価値分だけ企業価値が向上するという定理が示されています。これはつまり、以下のように表すことができます。

> 借入のあるときの企業価値＝借入のないときの企業価値＋税率×負債（借入額）

この式から、法人税がある場合は、借り入れがあると、負債の節税効果によって、企業価値が上がることがわかります。なお、WACCは下がります。

このMM理論の考え方を活用すれば、一見複雑な計算が必要に見える問題でも、実はあまり計算せずに解けるという場合があります。

―すぐやる！過去問コーナー―

■ 資金の調達

レベル1　R3-14, R3-16, R1-20, H29-14, H28-10, H27-12, H24-15

レベル2　H25-15

■ 財務レバレッジ効果

レベル1　H30-21(2)

レベル2　H30-21(1), H26-15(1), H24-17(1)

■ MM理論

レベル1　R1-22(2), H29-17, H27-13(1)(2), H26-15(2), H24-17(2)

レベル2　R3-17, R2-24

16. 証券投資論

証券投資論

【リスクとリターン】

A証券

状況	確率	収益率	期待収益率	偏差	偏差²	偏差²×確率	分散	標準偏差
好況	30%	10%	0.3×10 +0.5×8 +0.2×5 =8 よって8%	10-8=2	4	4×0.3=1.2	1.2 +0 +1.8 =3	$\sqrt{3}$ ≒1.73
不変	50%	8%		8-8=0	0	0×0.5=0		
不況	20%	5%		5-8=-3	9	9×0.2=1.8		

B証券

状況	確率	収益率	期待収益率	偏差	偏差²	偏差²×確率	分散	標準偏差
好況	30%	20%	0.3×20 +0.5×8 +0.2×-5 =9 よって9%	20-9=11	121	121×0.3=36.3	36.3 +0.5 +39.2 =76	$\sqrt{76}$ ≒8.72
不変	50%	8%		8-9=-1	1	1×0.5=0.5		
不況	20%	-5%		-5-9=-14	196	196×0.2=39.2		

（期待収益率の列：リターン）
（標準偏差の列：リスク）

【共分散と相関係数】

証券Aと証券Bの共分散

共分散＝Σ（各状況のAの偏差×Bの偏差×確率）

※上記の表の例の場合
＝2×11×0.3+0×(-1)×0.5+(-3)×(-14)×0.2＝15

- 共分散：2つのデータのばらつきの度合いを表す
- ↓
- 相関係数：2つのデータのばらつきの度合いを-1から1の間の値で表す

証券Aと証券Bの相関係数(ρ)

$$\rho = \frac{AとBの共分散}{Aの標準偏差 \times Bの標準偏差}$$

相関係数と2証券の動き

- ρ=1 ：全く同じ動き
- 0<ρ<1 ：同じ方向に動く
- ρ=0 ：相関関係なし
- -1<ρ<0 ：逆の方向に動く
- ρ=-1 ：全く逆に動く

ポートフォリオ理論

【効率的ポートフォリオ】

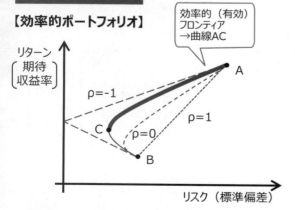

ρ≠1のときリスク分散効果がある
→証券A、Bを組み合わせることで、各個別証券のみを
保有する場合のリスクより低いリスクの選択が可能となる

【安全資産を含む効率的ポートフォリオ】

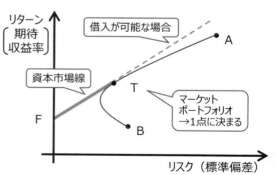

安全資産：リスクが0（標準偏差＝0）
F：リスクフリーレート（安全資産100%）
T：市場ポートフォリオ（安全資産0%）　のときの
資本市場線は直線FT （安全資産と市場ポートフォリオの組み合わせ）

SHEET 16　　　証券投資論

証券投資論

リスクとリターン

証券投資論では、不確実性のある市場で価格が変動する証券に投資を行った際、その変動の可能性であるリスクや、収益であるリターンがどのようになるのかについて学んでいきます。

ここで、リスクとリターンという言葉を使いましたが、まずはリスクとリターンとはどのようなものなのかについて説明したいと思います。

証券投資における**リターン**とは、投資によって得られる収益のことを指し、不確実性のある市場において、状況によって得られる収益率が異なる場合、各状況における収益率の期待値である**期待収益率**のことを示します。

期待収益率は各状況における発生確率と収益率の積を合計したものとして、以下のように表すことができます。

$$期待収益率 = \Sigma (各状況の発生確率 \times 各状況の収益率)$$

例えば、下記の表のように市場が好況になる確率が30％、現状と変わらない確率が50％、不況となる確率が20％だったとします。ある証券Aの収益率は好況時10％、不変時8％、不況時5％だとすると、収益の期待値は0.3×10+0.5×8+0.2×5＝8となり、期待収益率つまりリターンは8％となります。

リスクとリターンの計算の例

状況	確率	収益率	期待収益率	偏差	偏差^2	偏差^2×確率	分散	標準偏差
好況	30%	10%	0.3×10	10-8=2	4	4×0.3=1.2	1.2	
不変	50%	8%	+0.5×8	8-8=0	0	0×0.5=0	+0	$\sqrt{3}$
不況	20%	5%	+0.2×5=8 よって8%	5-8=-3	9	9×0.2=1.8	+1.8 =3	≒1.73

また、証券投資における**リスク**とは、その証券の収益率の変動のことを指し、その証券の期待収益率から各状況の収益率がどれだけ乖離しているのかという**標準偏差**のことを表します。標準偏差は、以下のように表すことができます。

$$標準偏差 = \sqrt{\Sigma (各状況の収益率 - 期待収益率)^2 \times 各状況の発生確率}$$

この式を見ると難しく感じるかと思いますが、具体的な例で手順を追っていけばそれほど複雑な計算ではありませんので、先ほどの期待収益率の例と同じ上記の表の例を用いて具体的な手順を説明します。

前頁で説明した通り、証券Aの期待収益率は8%と計算できました。

偏差とは、各状況の収益率から期待収益率を引いたものであり、好況時は10−8＝2で2、不変時は8−8＝0で0、不況時は5−8＝−3で−3となります。これを2乗すると好況時は4、不変時は0、不況時は9となります。

そして、ここで求めた偏差の2乗に各状況の発生確率をかけると、好況時は4×0.3＝1.2、不変時は0×0.5＝0、不況時は9×0.2＝1.8となります。これらの合計を分散といい、今回の例の場合ですと1.2＋0＋1.8＝3となります。

この分散の平方根である$\sqrt{3}$が標準偏差、つまりリスクです。

手計算で平方根の値を求めるのは困難ですので、1次試験の問題の場合は、分散の値も一緒に求めさせたり、整数でおおよその値がわかっていれば選べたりするような選択肢の作りとなっているはずです。リスクとリターンの問題は上記の表を作る手順さえ覚えれば、正解できますので、表を作成できるようにしましょう。

投資を行う際、このようなリスクとリターンを踏まえ、同じリスクであればよりリターンの大きい投資を、同じリターンであればよりリスクの小さい投資を選ぶ投資家のことを**リスク回避的投資家**と呼びます。ファイナンスで単純に投資家とのみ表記されている場合は通常、このリスク回避的投資家のことをいいます。

共分散と相関係数

これまで1つの証券のリスクとリターンについて説明してきましたが、証券投資では2つ以上の証券を組み合わせて投資することもよくあります。この組み合わせのことを**ポートフォリオ**と呼びます。ポートフォリオを考える上で重要となる2つの証券の値動きの方向性を表す指標として**共分散**と**相関係数**という指標があります。

共分散とは2つのデータのばらつきの度合いを表すもので、**相関係数**はそのばらつきの度合いを他とも比較できるように−1から1の間の値で表したものです。

証券Aと証券Bの共分散は、下記のように求められます。

共分散＝Σ（各状況のAの偏差×Bの偏差×各状況の発生確率）

先ほどと同じく具体的な例を使って見ていきましょう。

次頁のような証券AとBの共分散について考えます。

証券A、Bの偏差はそれぞれ好況時2%、11%、不変時0%、−1%、不況時−3%、−14%です。好況となる確率は30%、不変である確率は50%、不況となる確率は20%の場合、上記の式に当てはめると、共分散は 2×11×0.3＋0×（−1）×0.5＋（−3）×（−14）×0.2＝15となります。

また、証券ＡとＢの相関係数（ρ：「ロー」と読みます）は、下記のように求められます。

$$\rho ＝証券ＡとＢの共分散 ÷ （Ａの標準偏差×Ｂの標準偏差）$$

具体例を示しますと、先ほど求めたように証券ＡとＢの共分散は15、証券Ａの標準偏差は$\sqrt{3}$、証券Ｂの標準偏差は$\sqrt{76}$ですので、$\rho ＝15/（\sqrt{3}×\sqrt{76}）＝0.99$ と計算できます。

リスクとリターンの計算の例（証券Ａ）

状況	確率	収益率	期待収益率	偏差	偏差^2	偏差^2×確率	分散	標準偏差
好況	30%	10%	$0.3×10$	$10-8=2\%$	4	$4×0.3=1.2$	1.2	
不変	50%	8%	$+0.5×8$ $+0.2×5=8$	$8-8=0\%$	0	$0×0.5=0$	$+0$ $+1.8$	$\sqrt{3}≒1.73$
不況	20%	5%	よって8%	$5-8=-3\%$	9	$9×0.2=1.8$	$=3$	

リスクとリターンの計算の例（証券Ｂ）

状況	確率	収益率	期待収益率	偏差	偏差^2	偏差^2×確率	分散	標準偏差
好況	30%	20%	$0.3×20$	$20-9=11\%$	121	$121×0.3=36.3$	36.3	
不変	50%	8%	$+0.5×8$	$8-9=-1\%$	1	$1×0.5=0.5$	$+0.5$ $+39.2$	$\sqrt{76}≒8.72$
不況	20%	-5%	$+0.2×-5=9$ よって9%	$-5-9$ $=-14\%$	196	$196×0.2=39.2$	$=76$	

相関係数は－1から1の値を取りますが、相関係数と2つの証券の動きは、以下のように表すことができます。相関係数の値は、絶対値が大きいほど相関関係は強いといえます。

$$
\begin{array}{ll}
\rho ＝1 & ：全く同じ動き \\
0<\rho <1 & ：同じ方向に動く \\
\rho ＝0 & ：相関関係なし \\
-1<\rho <0 & ：逆の方向に動く \\
\rho ＝-1 & ：全く逆に動く
\end{array}
$$

ポートフォリオ理論

超重要 頻:B 難:1

効率的フロンティア

次に、2つの証券の組み合わせについて考えていきます。2つの証券Ａ、Ｂを組み合わせたときの各状況における収益率は以下のように表せます。

$$各状況の収益率＝証券Ａの各状況の収益率×証券Ａの比率$$
$$＋証券Ｂの各状況の収益率×証券Ｂの比率$$

203

この各状況の収益率から求めたリターンやリスクが証券A、Bを組み合わせた場合のリターンやリスクになります。A証券とB証券のリターンとリスクの関係をグラフにすると、「く」の字型のグラフとなります。最もリスクが低くなる点をCと置き、証券Aのリターンとリスク＞証券Bのリターンとリスクのとき、証券Aの割合が0%、証券Bの割合が100%のときの点をBとし証券Aの割合が100%、証券Bの割合が0%のときの点をAとします。証券Aが0%から徐々に増えていく場合、ρが1でないときは、最初は証券Aの割合が増えるとその分リターンが増え、組み合わせによる効果でリスクも減っていきます。点Cまで行くとリスクが最小になりますが、それ以後は証券Aの割合が増えるにつれてリスクが増加していきます。この場合、同じリスクでより高いリターンが望める曲線AC上の点があるので、リスク回避的な投資家であれば、曲線CB上の組み合わせは取らず、曲線AC上の点を取ります。この曲線ACを<u>効率的フロンティア</u>と呼びます。

安全資産を含む効率的ポートフォリオ

　これまで、市場の変動の可能性がある証券の話を中心としてきましたが、国債のように収益率の変動の可能性がほぼ0の資産もあります。このような変動の可能性、つまりリスクが0の資産のことを<u>安全資産</u>といいます。そして、国債の金利のようにリスクが0の資産の期待収益率のことを<u>リスクフリーレート</u>といいます。それに対し、これまで説明してきた市場の変動の可能性があるリスクが0でない資産のことを<u>危険資産</u>といいます。

　この安全資産をポートフォリオに組み入れた場合、最もリスクを嫌う投資家はすべて安全資産に投資します。また、証券A、Bと安全資産の組み合わせは曲線AB上の点と点Fを結んだ直線上にあります。このとき、同じリターンでリスクが最小となるのは、点Fから曲線ABに接点Tで接するように引いた線上にあり、この線を<u>資本市場線</u>と呼びます。また、このときの接点Tをマーケットポートフォリオと呼びます。安全資産を含むポートフォリオの場合、リスクとリターンの組み合わせは線分FT上にあります（まとめシートの図の実線の部分）。

　さらに、もし借入が可能な場合は、リスクフリーレートでお金を借り、マーケットポートフォリオと同じ比率で資産に投資することができます。その場合、リスクとリターンの組み合わせは線分FTをT方向に伸ばした線上にあります（まとめシートの図の点線の部分）。

すぐやる！過去問コーナー

■ 証券投資論
レベル1　R2-19, H30-17, H30-18, H29-16, H27-17(1)(2)
レベル2　H28-15(1)(2), H26-17, H24-19

■ ポートフォリオ理論
レベル1　R2-22, R1-17, H29-19, H28-18(1)(2), H27-19
レベル2　R3-20, R1-15, H29-23

コラム　財務・会計の学習方法（5）　計算が苦手な方

　計算が苦手な方は「食わず嫌い」の方と、本当に計算の基礎がわかっていない方の2タイプに分けられます。計算が苦手だと考えている方は下記のチェックリストを確認してみてください。

① 整数・小数の四則演算（足し算、引き算、掛け算、割り算）が問題なくできる
② 分数の四則演算（足し算、引き算、掛け算、割り算）が問題なくできる
③ 一次方程式の計算（$2x+4=8$ のとき x は？といった計算）ができる
④ $a×（b+c）$（$a=2, b=1, c=3$）といったように文字で表された計算ができる
⑤ 連立方程式の計算（$x+y=3, 2x+3y=8$ のとき x,y は？といった計算）ができる
⑥ $\sqrt{}$ の概念がわかる（$a^2=10$ のとき a は3～4の間だなということがわかる）

①～⑥くらいならわかる、という方

「食わず嫌い」なタイプです。中小企業診断士の財務・会計で使う計算であればこのレベルまでできれば十分ですので、あとは繰り返し問題を解いて食わず嫌いを治しましょう。繰り返し解くうちに、計算のスピードも上がってきますので、あとは場数です。また、計算ミスが多くて苦手意識を持っている方は、どこでなぜ計算ミスをしたのかを記録する「ミスノート」をつけ、同じミスを繰り返さない工夫をするようにしましょう。

①～③までは問題ないけれど、④～⑥のいずれかに問題があるという方

　致命的ではありませんが、いくつかの分野で苦労する可能性があります。経済学・経済政策でも必要となる計算ですので、できればこの機会に計算のやり方を含めて勉強しましょう。しかし、どうしても理解できない場合、ご自身が学習にかけられる時間や他の科目の得意・不得意の状況によってはこれらの計算が必要とされている論点を諦めるという選択肢を取ることも1つの戦略です。ただし、その場合は、他でカバーするために必要な労力と計算を身につけるのに必要な労力を比べ、カバーする労力の方が小さいと判断できた場合に限るようにしましょう。

①～③のいずれかにチェックのある方

　まずは基礎的な計算の仕方を身につける必要があります。残念ながらこの状態では、おそらく受験校に通っていたとしても理解に苦労すると考えられますし、問題を解く際もかなり苦戦するでしょう。回り道に思えるかもしれませんが、まずは基本的な計算ができるようになるところから始めた方が最終的には近道です。大人になって今さら、と思うかもしれませんが、場合によっては苦手な分野が掲載されている計算ドリルを購入して、必要な部分だけ解いてみるということも検討してみてください。

17. CAPM

【証券のリスク】

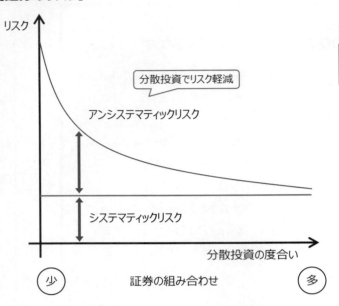

証券のリスク

証券のリスク ＝ 個別リスク ＋ 市場リスク

覚え方：「あんこ」
（アンシステマティック＝個別）

個別リスク：アンシステマティックリスク
市場に連動しない個別証券のリスク

市場リスク：システマティックリスク
市場に連動するリスク
分散投資でもコントロールできない

証券のβ値

市場の値動きに対する個別証券の値動きの度合い
市場リスクの基準を1と置き、市場に対して個別証券が
ローリスクかハイリスクかを比較するために使う

$$\beta = \frac{証券Aと市場ポートフォリオの共分散}{市場ポートフォリオの分散}$$

もしくは

$$\beta = \rho \times \frac{証券Aの標準偏差}{市場ポートフォリオの標準偏差}$$

※ $\rho = \dfrac{証券Aと市場ポートフォリオの共分散}{証券Aの標準偏差 \times 市場ポートフォリオの標準偏差}$

βの値と個別証券のリスク（値動き）

> β＝1.5なら市場の動きの
> 1.5倍の値動き

- $\beta > 1$ ：市場の値動きより激しく動く
- $\beta = 1$ ：市場の値動きと同じ動き
- $\beta < 1$ ：市場の値動きより小さい動き
- $\beta = 0$ ：市場の値動きとの相関関係なし
- $\beta < 0$ ：市場の値動きと逆の動き
- $\beta < -1$ ：市場の値動きと逆に激しく動く

β値（絶対値）が大きい＝リスクが大きい
β値（絶対値）が小さい＝リスクが小さい

※ β＝0の資産を安全資産という
　β＝1のリスク資産の期待収益率は、
　市場ポートフォリオの期待収益率と同じ

【CAPM】　個別証券が持つβ値から、期待収益率を計算するための考え方

$$E_i = R_f + R_i$$

$$E_m = R_f + R_m$$

$$R_i = \beta \cdot R_m$$

E_i ：個別証券の期待収益率
R_f ：リスクフリーレート
R_i ：個別証券のリスクプレミアム
E_m ：市場の期待収益率
R_m ：市場のリスクプレミアム

これより

$$E_i = R_f + \beta(E_m - R_f)$$

SHEET 17　　　CAPM

証券のリスク

証券のリスク

　証券の持つリスクは、証券を発行している企業の売上の動向や経営方針といった、証券発行企業固有のリスクである**個別リスク**と、政治の動向や全国的な気候や災害といった、市場に参加するあらゆる企業に関係するリスクである**市場リスク**の合計として、以下のように表せます。

$$証券のリスク＝個別リスク＋市場リスク$$

　市場に連動しない個別リスクのことを**アンシステマティックリスク**、市場に連動する市場リスクのことを**システマティックリスク**ともいいます。アンシステマティックリスクは、分散投資を行うことでリスクを限りなく低減させることが可能ですが、システマティックリスクは、市場に連動するリスクですので、分散投資を行ってもコントロールすることができません。なお、これらは混同しがちですので「あんこ（アンシステマティック＝個別）」と覚えると良いでしょう。

証券のβ値

　市場の値動きに対する個別証券の値動きの度合いを示す指標を**β値**といいます。β値は市場の値動き、つまり、リスクの基準を1と置き、市場に対して個別証券がローリスクなのかハイリスクなのかについて比較する場合に用いられます。ある証券Aのβ値は、

$$β＝証券Aと市場ポートフォリオの共分散÷市場ポートフォリオの分散$$

　もしくは、相関係数（ρ）＝証券Aと市場ポートフォリオの共分散÷（証券Aの標準偏差×市場ポートフォリオの標準偏差）より、以下のように表すことができます。

$$β＝ρ×証券Aの標準偏差÷市場ポートフォリオの標準偏差$$

β値と個別証券のリスク（値動き）

　β値は市場の値動きに対する個別証券の値動きの度合いを表します。β値が1より大きければその個別証券の値動きは市場の値動きより激しく、1より小さければ緩やかであるということを意味します。例えば、ある証券Xのβ値が1.5のとき、株式市場全体の価格が1％値上がりすると証券Xは1.5％値上がりしますし、1％値下がりすると、証券Xは1.5％値下がりします。また、β値が1のときは、証券Xは完全に市場と同じ値動きをすることを意味します。なお、β＝1のリスク資産の期待収益率は市場ポートフォリオの期待収益率と同じと考えることができます。さらに、β値が0のときは、証券Xは市場の動きとは全く関係ない動きをすることを意味します。なお、β値が0の資産は安全資産といいます。β値の絶対値が大きくなるほど証券Xの値動きの幅、つまりリスクは大きくなり、β値の絶対値が小さくなるほど証券Xの値動きの幅、つまりリスクは小さくなります。また、β値がマイナスのとき、証券Xの値動きは市場と逆の動きをとります。

CAPM

CAPMは、個別証券が持つβ値から、その証券に投資をしている投資家がどのくらいの収益率を期待するのかを計算するための考え方です。個別証券の期待収益率を求めることで、株式の資本コストを計算することができます。CAPMの計算は1次試験では毎年のように問われている頻出論点ですので、確実にできるようにしておきましょう。

リスクを伴う投資を行う際、投資家はそのリスクに見合うだけのリターンを要求します。個別証券に投資する投資家は、国債のような**無リスク資産**に投資していれば得られるはずのリターンに加え、リスクに見合う追加的なリターンが得られると思えたとき、その個別証券に投資します。

前者の無リスク資産に投資していれば得られる収益率を**リスクフリーレート**、個別証券のリスクに応じて投資家が追加的に要求する収益率を**リスクプレミアム**といいます。これを式で表すと、以下のように表すことができます。

$$\boxed{個別証券の期待収益率 = リスクフリーレート + 個別証券のリスクプレミアム}$$

$$\boxed{E_i = R_f + R_i} \quad \cdots ①$$

E_i：個別証券の期待収益率、R_f：リスクフリーレート、R_i：個別証券のリスクプレミアム

また、個別証券ではなく、市場全体で見た場合、証券市場の期待収益率は、無リスク資産に投資していれば得られる収益率に、株式市場全体のリスクに応じて投資家が追加的に要求するリスクプレミアムを加えた、以下の式で表すことができます。

$$\boxed{市場の期待収益率 = リスクフリーレート + 市場のリスクプレミアム}$$

$$\boxed{E_m = R_f + R_m} \quad \cdots ②$$

E_m：市場の期待収益率、R_f：リスクフリーレート、R_m：市場証券のリスクプレミアム

β値は市場リスクに対する個別証券のリスクの度合いを表す値なので、以下のように表せます。

$$\boxed{個別証券のリスクプレミアム = \beta \times 市場のリスクプレミアム}$$

$$\boxed{R_i = \beta \cdot R_m} \quad \cdots ③$$

①〜③式より、個別証券の期待収益率は、以下のように表せます。

$$\boxed{個別証券の期待収益率 = リスクフリーレート + \beta（市場の期待収益率 - リスクフリーレート）}$$

$$\boxed{E_i = R_f + \beta(E_m - R_f)}$$

なお、試験では、上記の「市場の期待収益率」と「市場のリスクプレミアム」を間違って答えさせるような引っ掛け問題が出題されることもありますので、注意しましょう。

すぐやる！過去問コーナー

■ CAPM
  H30-16, H29-20, H28-12(1)(2), H26-21
レベル2　H27-18, H26-14, H26-18, H25-21

コラム　勉強時間の目安

　中小企業診断士の学習範囲は幅広く、受験生のバックグラウンドも様々です。

　そのため、例えば既に情報系の資格をお持ちで、情報システムは科目免除の権利をお持ちの方や、金融系のお仕事をされている方で、財務・会計はほとんど勉強しなくても大丈夫な方、理系で数字を扱うのが得意な方や逆に苦手な方など、バックグラウンドに応じてスタートラインも様々です。

　よって、それぞれ事情によって必要な勉強時間は異なってきますが、特に前提となる知識をお持ちでない方の場合、1次試験の突破のためには、7科目で約1,000時間の勉強時間を目安とされると良いでしょう。

　もちろん、それ以下の勉強時間でも合格されている方はいますし、「勉強は時間で計るものでなく、質で計るものだ」というご意見があるということも承知しています。しかし、合格のために必要とされるプロセスである、知識インプットから問題演習のための時間を考えると、ある程度まとまった時間はどうしても必要となります。さらに、知識を試すマークシート式試験であるという1次試験の性質上、勉強時間と合格率との間には一定の相関関係があると考えらえます。

　合格者によるブログなどを見ますと、実際に短時間で合格している方も見られるため、短時間合格はそれほど難しくないようにも見えますが、それはごくわずかな成功例が表に出ているだけで、その裏には同じ時間だけ勉強したけれど合格することができなかったさらに多くの方がいるのも事実です。

　多少苦労してもストレートで確実に合格したいという方は、この1,000時間を目安に勉強時間を確保した上で効率良く勉強して、さらに合格可能性を高めていくことが重要です。

　また、もし勉強の開始時期が遅かった、仕事との兼ね合いで時間の確保は難しいが、どうしても今回の試験の合格のチャンスを狙いたいという場合には、得点を確保しやすい論点や問題から優先順位付けをしていくことが重要です。どうしても時間が限られている場合は、すべての論点を薄く広く学習するのではなく、本書の重要度分類なども参考にして、重要な論点から順番に確実に身につけていきましょう。

　本書は、今年の合格のために必要な論点についてポイントを絞って掲載していますので、時間が限られている方は、まず本書でポイントを押さえ、インプットの時間を節約し、すぐに過去問の演習に取りかかると良いでしょう。

18. デリバティブ

先物取引と先渡取引

両方とも、ある資産を将来の特定の期日に特定の価格で売買することを事前に約束して行う取引
※現物決済を行う先渡取引はデリバティブではない

状況	相手	取引方法	決済日	決済方法	委託証拠金
先渡取引	ある程度決まっている（相対取引）	店頭で個別の交渉で決める	満期日前の決済には交渉が必要	現物の受渡しが中心	不要
先物取引	不特定多数（取引所での取引）	取引所で標準化されている	満期日前でもOK	反対売買による差金決済が中心	必要

例：FX

 オプション取引 ある資産を将来の特定の期日に特定の価格で売買する**権利**の取引

> モノではなく権利を売り買いする

【コールオプション】
ある資産を将来の特定の期日に特定の価格で**買う**ことができる権利

インザマネー
満期日の価格 ＞ 権利行使価格 のとき
→権利行使価格で買う

> 利益が発生する状態

アットザマネー
満期日の価格 ＝ 権利行使価格 のとき

アウトオブザマネー
満期日の価格 ＜ 権利行使価格 のとき
→権利を行使しない

> 権利を使うだけ損

【プットオプション】
ある資産を将来の特定の期日に特定の価格で**売る**ことができる権利

アウトオブザマネー
満期日の価格 ＞ 権利行使価格 のとき
→権利を行使しない

> 権利を使うだけ損

アットザマネー
満期日の価格 ＝ 権利行使価格 のとき

インザマネー
満期日の価格 ＜ 権利行使価格 のとき
→権利行使価格で売る

> 利益が発生する状態

コールオプションの損益図

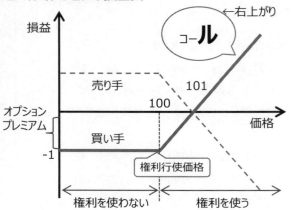

→輸入のときはコールの買い

プットオプションの損益図

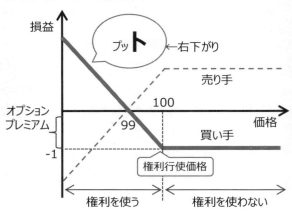

→輸出のときはプットの買い

【オプションの種類】
ヨーロピアンタイプ：満期日にだけ権利が行使できる
アメリカンタイプ　：満期日までの間いつでも行使ができる

SHEET 18　デリバティブ

　デリバティブとは、金融派生商品のことを意味し、株式や債券、為替などの金融商品の価格変動によるリスクを低下させたり、逆にリスクを取って高い収益性を得たりするための手法として考案された取引方法のことをいいます。
　試験では、金融商品の価格変動によるリスクを低減させる手段としてのデリバティブについて出題されることが大半です。デリバティブに関する知識問題は、2次試験でも出題実績がありますので、基本的な知識を持っておくようにしましょう。

先渡取引と先物取引

　先渡取引と**先物取引**は、どちらもある資産を将来の特定の期日に特定の価格で売買することを事前に約束して行う取引です。
　先渡取引は相手先がある程度決まっている相対取引で、取引の方法は個別で決め、現物の受渡しにより決済がなされます。また、満期より前に決済を行いたい場合は相手先との交渉が必要となります。
　それに対し、**先物取引**は、FXのように取引所で不特定多数の相手を対象に標準化された取引がなされ、反対売買による差金決済によって満期より前の日でも決済が可能です。ちなみに、**差金決済**とは、売買の対象となっている元の資産の受け渡しを行わずに、買った額と売った額の差額をやり取りすることで決済する方法のことをいいます。また、先物取引の場合、取引の際は、証券会社等に差し入れる担保金である委託証拠金が必要になります。
　なお、金融商品会計基準では、差金決済を行う先物取引はデリバティブとして扱われますが、現物の受渡しを条件としている大半の先渡取引は、デリバティブとして扱われません。

オプション取引

　オプション取引とは、ある資産を将来の特定の期日に特定の価格で売買する権利の取引のことで、モノではなく権利を売買する取引です。オプション取引には、**コールオプション**と**プットオプション**があり、それぞれにオプションの売り、買いのポジションがあります。診断士試験では、オプション取引の問題は基本的に買いのポジションの場合について問われます。

コールオプション

　コールオプションは、ある資産を将来の特定の期日に特定の価格で買うことができる権利で、権利の購入代金である**オプションプレミアム**を支払うことで、将来ある資産が権利行使価格より値上がりした場合でも、権利行使価格で購入することができる権利です。

211

例えば、ドルと円の為替取引において、満期時の権利行使価格が1ドル100円、オプションプレミアムが1円のコールオプションを購入した場合について考えます。

もし満期時、1ドル103円となった場合、オプションの買い手は権利を行使することで、1ドル100円で購入することができ、オプションプレミアムの1円を差し引いた2円の利益を得ることができます。このようにオプションの買い手が権利を行使する価値がある状態のことを**インザマネー**といいます。

また、同じ取引でもし満期時1ドル97円となった場合、オプションの買い手は権利を行使すると逆に損をしてしまうため、権利を行使せずに市場からドルを購入します。そのため、オプションの買い手は、オプションプレミアム分の1ドル当たり1円の損失を被ります。このようにオプションの買い手が権利を行使する価値がない状態のことを**アウトオブザマネー**といいます。

なお、権利行使価格と市場価格が同じ場合は**アットザマネー**といいます。

コールオプションの損益を縦軸に損益、横軸に価格を取った損益図で表した場合、コールオプションの買い手の損益は、権利行使価格までは一定のオプションプレミアム分の損失で、権利行使価格以降は右上がりのグラフとなります。また、売り手は買い手と上下対称のグラフとなります。片仮名の「ル」の右側の部分は右上がりの形になっているので、それと同じと覚えると覚えやすいです。

コールオプションは、掛け取引の決済などで後日現地通貨を調達する必要がある輸入業者が為替リスク（将来の円安による仕入価格の上昇等）をヘッジ（回避）するために用います。

プットオプション

プットオプションは、ある資産を将来の特定の期日に特定の価格で売ることができる権利で、権利の購入代金である**オプションプレミアム**を支払うことで、もし将来ある資産が権利行使価格より値下がりした場合でも、権利行使価格で売却することができる権利です。

例えば、ドルと円の為替取引において、満期時の権利行使価格が1ドル100円、オプションプレミアムが1円のプットオプションを購入した場合について考えます。

もし満期時、1ドル97円となった場合、オプションの買い手は権利を行使することで、1ドル100円で売却することができ、オプションプレミアムの1円を差し引いた2円の利益を得ることができます。このようにオプションの買い手が権利を行使する価値がある状態のことを**インザマネー**といいます。

また、同じ取引でもし満期時1ドル103円となった場合、オプションの買い手は権利を行使すると逆に損をしてしまうため、権利を行使せず市場で円を売却します。そのため、オプションの買い手は、オプションプレミアム分の1ドル当たり1円の損失を被ります。このようにオプションの買い手が権利を行使する価値がない状態のことを**アウトオブザマネー**といいます。

なお、権利行使価格と市場価格が同じ場合は**アットザマネー**といいます。

プットオプションの損益を縦軸に損益、横軸に価格を取った損益図で表した場合、プットオプションの買い手は市場価格が安いほど収益が高く、権利行使価格までは右下がりのグラフとなり、権利行使価格以降は一定のオプションプレミアム分の損失となります。また、売り手は買い手と上下対称のグラフとなります。片仮名の「ト」は右下がりの形になっているので、それと同じと覚えると覚えやすいです。

　プットオプションは、掛け取引などで後日現地通貨を円に替える必要がある輸出業者が為替リスク（将来の円高による手取りの減少等）をヘッジするために用います。

　輸出業者と輸入業者どちらがプットオプションを使い、どちらがコールオプションを使うのかがごっちゃになりがちですが、その場合は「プっと出る（プット＝輸出）」と覚えると覚えやすいです。

オプションの種類

　オプションには、行使できるタイミングにより、ヨーロピアンタイプとアメリカンタイプの2種類があります。**ヨーロピアンタイプ**は満期日にだけ権利が行使できるもので、**アメリカンタイプ**は満期日までの期間であればいつでも権利が行使できるものです。

　アメリカンタイプの方がいつでも権利が行使できるので「アメリカの方が自由」と覚えておくと良いでしょう。

　ちなみに、通常、日本で取引されるオプションはヨーロピアンタイプです。

すぐやる！過去問コーナー

■ **先渡取引と先物取引**
レベル1　R3-23, R2-15, H29-21, H25-22, H24-22　　レベル2　H30-14

■ **オプション取引**
レベル1　H29-25, H24-21
レベル2　R1-14, H30-15, H30-19, H26-22, H25-23

213

19. 原価計算

【原価の分類】

製品販売価格		
総原価		営業利益
製造原価	販管費	

直接材料費	直接労務費	直接経費	間接材料費	間接労務費	間接経費
製造直接費			製造間接費		
直接材料費	加工費				

※ 営業外費用・特別損失は原価に入らない

実際原価 ⇔比較して差異分析⇔ **標準原価**
実際に製品を製造して、後から計算した原価 / 製品を作る前に設定した標準的な原価

【原価計算】

売上原価の計算
当期に売れた商品にかかった仕入れの金額を計算する

売上原価 ＝ 期首商品 ＋ 当期仕入 － 期末商品

商品の単価の計算方法

先入先出法：先に仕入れた商品から順番に売っていくと仮定して単価を計算する方法

移動平均法：商品の受け入れの都度、在庫の平均単価を計算し、それを払出単価とする方法

[参考] 棚卸減耗損と商品評価損

棚卸減耗損：何らかの原因で実地棚卸数量が帳簿棚卸数量を下回る場合の差額

棚卸減耗損 ＝（帳簿棚卸数量 － 実地棚卸数量）× 原価

商品評価損：商品を仕入れたときの原価と決算時点の時価の差額（ただし、原価≦時価のときは原価）

商品評価損 ＝（原価 － 時価）× 実地棚卸数量

BOX図を使うと求めやすい

```
原価@120  | 商品評価損 22,000  | 棚卸減耗損
          | (120-100)×1,100   | 12,000
時価@100  |                    | (1,200-1,100)
          |                    | ×120
            1,100個              1,200個
            実地棚卸数量         帳簿棚卸数量
```

個別原価計算〈個別生産〉 ⇔ 総合原価計算〈連続生産〉

個別原価計算：製造指示書ごとに区別して原価を計算
- 製造直接費：製造指示書ごとに計算
- 製造間接費：指定された方法で按分（製造直接費の額、運転時間など）

引渡済：売上原価へ
完成品：製品へ
未完成品：仕掛品へ

総合原価計算：1カ月に発生した原価の総額を集計して計算
- 直接材料費：最初に全部投入されるものとして計算
- 加工費：進捗度に応じて投入されるものとして計算

期首仕掛品があった場合
先入先出法：期首仕掛品の分は完成品へ、残りの投入分を完成品と期末仕掛品に按分
平均法　：期首仕掛品と投入分の単価の平均を完成品と期末仕掛品に按分

直接原価計算〈社内向け〉 ⇔ 全部原価計算

直接原価計算：CVP分析等で使い、変動費・固定費に分ける
変動費：製品原価　固定費：期間原価

全部原価計算：製品の生産やサービス提供に関わる全ての費用

全部原価計算の営業利益 ＝ 直接原価計算の営業利益 ＋（期末製品に含まれる固定製造費 － 期首製品に含まれる固定製造費）

覚え方：ぜんちょくマッシュ

生産量と販売量	棚卸資産の量	営業利益
生産量＝販売量	期首＝期末	直接原価計算＝全部原価計算
生産量＞販売量	期首＜期末	直接原価計算＜全部原価計算
生産量＜販売量	期首＞期末	直接原価計算＞全部原価計算

SHEET 19　　原価計算

原価の分類

　ここでは、特に製造業における原価について説明します。製造業では、製品を作るために使用した原材料や製造のためにかかった人件費などを内部で計算して原価を求める必要があります。原価はどの項目を考慮に入れるか、何のために原価を求めるかによっていくつかに分類できます。

　まず、販売費及び一般管理費（販管費）を含むか、含まないかによって**総原価**と**製造原価**に分類することができます。

　総原価は、販管費を含む原価で、製造原価に販管費を加えたものです。

　製造原価は、販管費を含まない原価で、例えばPCのモニタ用液晶パネルのように製品に直接使用される材料などの**直接材料費**、その製品を組み立てるための作業員の人件費などの**直接労務費**、その製品の製造ラインを動かすための電気代といったような**直接経費**、工場で共通して使用される接着剤やはんだなどの**間接材料費**、工場全体を管理する工場長や事務スタッフの給料などの**間接労務費**、工場全体の減価償却費などの**間接経費**が含まれます。個別の製品に直接紐付けできる、直接材料費、直接労務費、直接経費のことを**製造直接費**といいます。そして、工場全体で共通して使用され、個別の製品に直接紐付けすることのできない、間接材料費、間接労務費、間接経費のことを**製造間接費**といいます。

　また、別の分類方法としては、**直接材料費**と、それ以外の直接労務費、直接経費、間接材料費、間接労務費、間接経費を総称した**加工費**の2つに分類するという方法もあります。

　なお、費用の中でも、営業外費用や特別損失といった費用は原価には入りません。

　以上は、費用の発生源に関する分類方法でしたが、それ以外に計画と実績を比較し、今後の改善につなげるための分析に用いる**実際原価**と**標準原価**という考え方があります。

　実際原価は、実際に製品を製造して、その後から実績としてどれだけの費用がかかったか計算することで求められる原価です。

　標準原価は、製品を製造する前に設定した標準的な原価のことをいいます。

　この実際原価と標準原価を比較して「10.収益性分析と利益差異分析」シートで説明したものと同様の**差異分析**を行うことで、製造コストの状況を分析し、今後の改善に繋げていきます。

原価計算

売上原価の計算

　売上原価とは、当期に売れた商品にかかった仕入れの金額のことをいいます。売上原価の計算では、当期に売れた商品をいくらで仕入れていたのかを計算します。

　売上原価は以下の式によって求めることができます。

$$売上原価＝期首商品＋当期仕入－期末商品$$

215

[参考] 棚卸減耗損と商品評価損

売上原価の計算の際は、期末商品の評価を行う必要があります。これは、破損や紛失などによって実際の商品の数が帳簿上の数より少なくなってしまったり、時間の経過や陳腐化などによって商品の価値が下がってしまったりする場合があるからです。

前者の何らかの原因で実際の商品の数である**実地棚卸数量**が帳簿上の商品の数である**帳簿棚卸数量**を下回ってしまった場合の差額を**棚卸減耗損**といいます。棚卸減耗損は以下の式で求めることができます。

棚卸減耗損＝（帳簿棚卸数量－実地棚卸数量）×原価

また、後者の商品を購入したときの原価より決算時点の時価の方が下回ってしまった場合の差額を商品評価損といいます。商品評価損は以下の式で求めることができます。

商品評価損＝（原価－時価）×実地棚卸数量

なお、時価が原価と等しい、もしくは原価を上回ったときは、時価で評価せず、原価のままとして処理します。

棚卸減耗損と商品評価損を求める場合は BOX 図を書いて求めると計算ミスを防ぐことができます。

商品の単価の計算方法

売上原価を計算する際、原価が一定の金額であれば計算しやすいのですが、実際は、あるときには 100 円で仕入れることができた商品が、あるときには 120 円になってしまったというように仕入れた時期によって単価が異なる場合があります。そのような場合に商品の単価を決める主な方法としては、**先入先出法**や**移動平均法**といった方法があります。

先入先出法は、先に仕入れた商品から順番に売っていくと仮定して単価を計算する方法です。また、**移動平均法**は、商品の受け入れの都度在庫の平均単価を計算し、それを払出単価とする方法です。

どちらの方法を使うかについては問題文中で指定がされますが、先入先出法で計算させる問題がほとんどですので、まずは先入先出法の計算方法から押さえていくようにしましょう。

個別原価計算

個別原価計算は製造指示書ごとに区別して原価を計算する方法です。個別原価計算では、製造直接費は製造指示書ごとに求めます。一方で、製造間接費は、製造直接費の総額や運転時間といった指定された方法で按分することで求めます。また、期中に製品が引渡済の場合は売上原価へ、完成品のものは製品へ、未完成品のものは仕掛品へ分類します。

総合原価計算

総合原価計算は、1か月に発生した原価の総額を集計して計算する方法です。総合原価計算では、直接材料費を最初に全額投入されるものとして、加工費を加工進捗度に応じて投入されるものとして計算します。ここで、**加工進捗度**とは作業の進み具合のことを表し、完成品を100%としたときの仕掛品の仕上がり具合のことをいいます。

また、期首仕掛品があった場合、**先入先出法**による計算では、期首仕掛品の分は完成品へ、残りの投入分を完成品と期末仕掛品に按分し、**移動平均法**による計算では、単純に期首仕掛品と投入分の単価の平均をとり、完成品と期末仕掛品に按分します。

直接原価計算

直接原価計算は、費用を変動費と固定費に区分して、そのうち変動費を製品原価として、固定費を期間原価として計算するもので、製品の売上に直接かかる費用のみを計算するものです。

売上に直接かかる費用のみを計算するため、企業の現状を把握しやすいですが、どれを変動費としてどれを固定費にするか、といった点は企業によって計算方法が異なるため、社内向けの分析によく用いられます。なお、制度会計上は全部原価計算の考え方が採用されており、直接原価計算は認められていません。

全部原価計算

全部原価計算は、製品の生産やサービス提供に関わるすべての費用を原価として計算するものです。すべての費用を原価として計算するため、前月から繰り越された製品の原価は含まれず、逆に当月に販売できず、在庫となった製品の分まで原価に含まれます。

全部原価計算により求めた営業利益と直接原価計算により求めた営業利益の関係は下記のように表すことができます。特に深い意味はないですが、「ぜんちょくマッシュ（全、直、末、首）」と唱えているとなんとなく耳に残って覚えられるかと思います。

全部原価計算の営業利益＝直接原価計算の営業利益 　　　　　＋（期末製品に含まれる固定製造費－期首製品に含まれる固定製造費）

また、この式から、もし生産量が販売量より大きければ、期末製品の方が期首製品よりも多くなるため、全部原価計算による営業利益の方が直接原価計算による営業利益より大きくなり、逆に生産量が販売量より小さければ、期末製品の方が期首製品よりも少なくなるため、全部原価計算による営業利益の方が直接原価計算による営業利益より小さくなることがわかります。

―― すぐやる！過去問コーナー ――

■ 原価計算
レベル1　R3-7, R1-1, H29-8, H28-1, H28-8(1), H27-1, H27-6, H27-7, H25-11, H24-7
レベル2　R2-10, H29-1, H29-10, H24-6

20. 会計規則①

資本金に関連するルール

目的　債権者が知らないうちに自己資本が
どんどん処分されると困るのでそれを防ぐ
→配当などによりキャッシュアウトすること

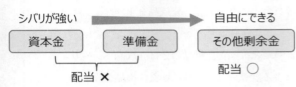

出資を得たとき
資金が払い込まれたら、資本金の半分
までは資本準備金にしても良い

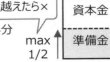

配当可能な金額

処分可能なお金（分配可能額）=
　その他資本剰余金＋その他利益剰余金－自己株式

B/Sの純資産の欄

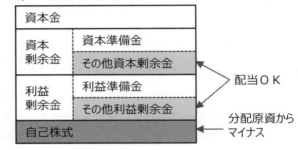

剰余金の配当による準備金への計上

配当をするときは配当額の一部を準備金に積み立てないと
いけない

①・② 小さい方を
その他剰余金→準備金に振り替える
① 配当額の1/10
② 資本金×1/4 －（資本準備金＋利益準備金）

資本連結とのれん

【連結法】
子会社に適用
親会社と子会社の財務諸表を合算し、親会社の投資と子会社の
資本を相殺

子会社の要件
① 親会社が50%超の議決権を保有
② 親会社が40%以上50%以下の議決権を保有し、実質的に
親会社に支配されているとみなされる一定要件を満たす

【持分法】
関連会社や非連結子会社に適用
親会社の持分比率に応じて、投資額や損益などに
ついて自社に帰属する分を反映

関連会社の要件
① 親会社が20%以上の議決権を保有
② 親会社が15%以上20%未満の議決権を
保有し、実質的に親会社から重要な影響を
受けるとみなされる一定の要件を満たす

非支配株主持分があるときののれんの計算

非支配株主持分：
親会社以外の株主の持分
① 親会社持分、非支配株主持分を求める
② 株式購入額－親会社持分＝のれん
とする

(例)
P社がS社（純資産1,500）の株式の80%を
2,000で買ったとき

① P社持分：
1,500×80%=1,200

非支配株主持分：
1,500-1,200=300

② のれん：
2,000-1,200=800

のれん

買収のときに支払った金額のうち、買収先の企業の純資産を上回った額
※買収先の純資産額＝資産（時価）－負債（時価）

買収される企業の 資産（時価）	買収される企業の 負債（時価）
	取得原価 （時価）
のれん	

✓ のれんがマイナスとなるときは
「負ののれん」
✓ のれんは資産計上した上で
後で償却

SHEET 20　　　会計規則①

資本金に関連するルール

戦略次第
頻:B　難:2

　B/Sの純資産の欄には、資本金、準備金、その他剰余金などの項目があります。これらはすべて自己資本ですが、債権者保護の観点などからその取り扱いに関するルールが異なります。これは、債権者が知らないうちに自己資本が処分（配当などにより自己資本を外部に流出させてしまうこと）され、資本構成が変わり、債権者が不利益を被ることを防ぐためです。

　純資産の取り扱いに関しては、資本金が最も制約が強く、その次に準備金、比較的自由にできるのがその他剰余金となります。以下で純資産の取り扱いに関するルールについて3点紹介します。

　1点目は出資を得たときのルールです。会社の設立や株式の発行をした際に得られた資金は資本金となります。しかし、そのうちの**2分の1を超えない額**については、縛りの強い資本金ではなく、それよりも少し縛りの緩い資本準備金にしても良い、と会社法で定められています。逆に言うと会社の設立や株式の発行で得られた資金のうち、半分以上は資本金としなければいけません。

　2点目は配当可能な金額に関するルールです。純資産のうち、配当に充てても良い金額のことを**分配可能額**といいます。配当に充てても良いのは資本金のうち、その他資本剰余金とその他利益剰余金です。分配可能額は、会社法により以下のように定められています。

> 分配可能額＝その他資本剰余金＋その他利益剰余金－自己株式

　3点目は剰余金の配当による準備金への計上に関するルールです。剰余金から配当を行う場合、配当額の一部を準備金に積み立てることが会社法により定められています。このとき、積み立てなければいけない金額は下記の通りです。

> 下記の①・②のうち小さい方をその他剰余金から準備金に振り替える
> ①　配当額の1/10
> ②　資本金×1/4－（資本準備金＋利益準備金）

　配当をその他資本剰余金から行った場合は、上記の金額を資本準備金に、その他利益剰余金から行った場合は、利益準備金に振り替える必要があります。

資本連結とのれん

後回しOK
頻:B　難:3

　子会社や**関連会社**などを持つ企業は、グループ全体の財務諸表である**連結財務諸表**を作成します。連結財務諸表を作成することによって、グループ企業全体の経営成績や財産の内容を正確に把握することができます。

　連結財務諸表の作成にあたっては、**子会社**には**連結法**が適用され、**関連会社**などには**持分法**が適用されます。以下では、連結法、持分法それぞれについて解説していきます。

219

連結法

連結法とは、**子会社**に適用される方法で、親会社の財務諸表と子会社の財務諸表を合算し、親会社の子会社に対する投資と、これに対応する子会社の資本を相殺して消去するための一連の方法のことをいいます。2つの会社の財務諸表を合体させるイメージです。

なお、**子会社**とは、財務や営業または株主総会などの事業の方針を決定する機関を他の会社（親会社）によって支配されている会社のことで、次の要件を満たすものです。

子会社の要件

子会社の要件は下記の①、②のいずれかを満たす場合です。

① 親会社が50%超の議決権を保有する

② 親会社が40%以上50%以下の議決権を保有し、役員等の構成員が親会社の役職員で50%超を占めていたり、資金調達総額に対する親会社からの融資額が50%超であったりといったように実質的に親会社に支配されているとみなされる一定要件を満たす

のれん

企業の買収などが行われた場合、買収した親会社の投資金額（親会社における子会社株式の簿価）と子会社における純資産の簿価が必ずしも一致しない場合があります。

のれんとはこの差額のことであり、以下の式により求めることができます。

> のれん＝親会社保有の子会社株式－子会社の純資産

もしくは、BOX図を使って、以下のように求めることもできます。

> のれん＝買収される企業の負債（時価）＋取得価格（時価）－買収される企業の資産（時価）

企業の買収などでのれんが発生した場合、のれんは資産計上し、後に償却を行います。

のれんの償却期間は、会計上は最大20年以内とされていて、20年以内であれば自由にのれん償却期間を設定できます。また、子会社の純資産の方が親会社保有の子会社株式より大きいときののれんを**負ののれん**といいます。負ののれんは会計上、取得時に特別利益として認識します。

持分法

持分法とは、**関連会社**などに適用される方法で、親会社の持分比率に応じて、投資額や損益などについて自社に帰属する分を反映する方法です。親会社の財務諸表に追加を行うイメージです。

なお、**関連会社**とは、実質的に親会社が重要な影響を与えることができる会社のことで、次の要件を満たすものです。

関連会社の要件

関連会社の要件は下記の①、②のいずれかを満たす場合です。
① 親会社が20％以上の議決権を保有する
② 親会社が15％以上20％未満の議決権を保有し、役員等への就任や重要な融資の実施など、実質的に親会社から重要な影響を受けるとみなされる一定の要件を満たす

非支配株主持分があるときののれんの計算

親会社以外の会社の株式の持分である、非支配株主持分があるときののれんの求め方について説明します。

非支配株主持分があるときののれんは、まず親会社の持分と非支配株主持分を求め、次に親会社が子会社株式の購入のために支払った金額から、子会社の純資産のうち親会社の持分を引くことによって求めることができます。

具体的には、例えばP社が純資産1,500百万円のS社の株式の80％を2,000百万円で買ったとき、まず親会社の持分と非支配株主持分を求めると、P社の持分は1,500百万円×80％＝1,200百万円、非支配株主持分は1,500百万円－1,200百万円＝300百万円となります。株式購入に要した額は2,000百万円、P社の持分は1,200百万円なので2,000百万円－1,200百万円＝800百万円より、800百万円がのれんとなります。

すぐやる！過去問コーナー

■ 資本金に関連するルール
レベル1　R2-4, H25-2　　　レベル2　H29-3, H28-5(1)(2), H27-4
■ 資本連結とのれん
レベル1　H30-4　　　　　　レベル2　R3-4, R2-6, R1-3

21. 会計規則②

税効果会計

【税効果会計】

目的 会計上の税額と税法上の税額は違うので、その違いを調整し、税金費用を適切に期間配分する

将来減算一時差異の例
- 減価償却超過額
- 引当金の繰入超過額
- 評価損の損金不算入額

将来加算一時差異の例
- 圧縮記帳の損金算入額 など

永久差異の例
- 受取配当金の益金不算入額
- 交際費や寄付金、罰科金の損金不算入額

		税効果会計適用	B/Sへの反映	損金算入
一時差異	将来減算	○	繰延税金資産	損金不算入
一時差異	将来加算	○	繰延税金負債	損金算入
永久差異		×	B/Sには反映されない	損金不算入or益金不算入

【圧縮記帳】

目的 税務上の課税の繰り延べを行うための会計処理
補助金を貰ったときなどに、その年度の税負担を軽減
→ あくまでも課税の繰り延べで、免税制度ではない

直接減額方式
- 国庫補助金と同額の費用（固定資産圧縮損）を発生させ、国庫補助金収入と相殺
- 補助金をもらった年の税金は減額されるが、固定資産圧縮損分だけ固定資産の簿価が安くなる
- その後の減価償却費も安くなり、その分税金が多く取られる

積立金方式
- 圧縮積立金として積み立てた額を損金扱いとする
- 固定資産の簿価を実際の金額と同じ金額にできるが、会計処理が複雑
- 納税額は直接減額方式と同じ

リース取引

ファイナンスリース
- 基本的に解約できない（ノンキャンセラブル）
- リース物件の経済的便益を享受し、リース物件の使用で生じるコストを負担（フルペイアウト）
- 固定資産の取得方法の一つで融資のようなもの
- 通常の売買処理に準じてB/S上で処理される
- リース資産は原則として内容・減価償却の方法を注記

オペレーティングリース
- 通常の賃貸借処理に準じてP/L上で処理される
- 解約できないものにかかる未経過リース料は原則として注記

会計規則・その他

【金融商品に関する会計区分】

有価証券の時価が簿価と異なるときの処理

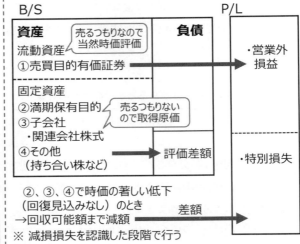

②、③、④で時価の著しい低下
（回復見込みなし）のとき
→回収可能額まで減額
※ 減損損失を認識した段階で行う

【固定資産の減損処理】

減損損失の認識基準

割引前将来CF ≧ 帳簿価格 ：減損損失を認識しない
割引前将来CF ＜ 帳簿価格 ：減損損失を認識する

回収可能額

資産を売却した場合の価額
時価 − 処分に必要な費用*

資産を使い続けたときに得られる収益
収益 − 処分に必要な費用*
の将来CFの割引現在価値

*見込額

【費用・収益の認識の原則】

費用は発生主義、収益は実現主義で計上

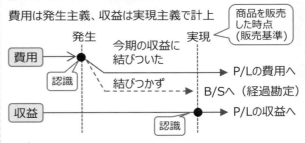

販売をいつと捉えるか？

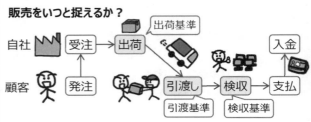

例外
割賦販売：（原則）販売基準　（容認）回収基準
工事：工事進行基準もしくは工事完成基準

SHEET 21　会計規則②

税効果会計

税効果会計

　企業の業績の把握が目的の**企業会計**と、公平な課税が目的の**税務会計**の間には、会計上は損失に計上されるものの税法上は損金にできない費用などがあるため、ズレが生じる場合があります。
　税効果会計はこのズレを調整し、税金費用を適切に期間配分する方法です。ズレの中には、その後ズレが解消されるものとされないものがあり、解消されるものを**一時差異**といいます。
　その中でも将来税金が減額される方向に働く差異を**将来減算一時差異**、増額される方向に働く差異を**将来加算一時差異**といいます。また、ズレが解消されないものを**永久差異**といいます。
　将来減算一時差異となる項目は、企業会計上は費用に計上できるものの、税務会計上は損金に算入することができない減価償却超過額や、引当金の繰入超過額、評価損の損金不算入額などです。これらは、当期には企業会計上、費用と計上されても税務会計上、損金に計上できないため、企業会計上は当期の税金を余分に払っているものです。しかし、次期以降に損金と計上でき、将来的にはズレが解消されます。そのため、見方を変えると税金を前払いしていると捉えることもでき、この前払いした税金に相当する額を**繰延税金資産**としてB/S上に反映させます。
　逆に、企業会計上は費用に算入しないものの、税務会計上は損金に算入することができる圧縮記帳の損金算入額などは**将来加算一時差異**として、法人税の未払い分に相当する額を**繰延税金負債**としてB/S上に反映させます。
　また、将来に亘り解消されないズレである**永久差異**としては、受取配当金の益金不算入額や交際費や寄付金、罰科金の損金不算入額などがあり、これらはB/Sにも反映されません。

圧縮記帳

　圧縮記帳とは、税務上の課税の繰り延べを行うための会計処理で、補助金を受け取ったときなどに、その年度の税負担を軽減するために用いられます。ただし、圧縮記帳は、あくまでも課税の繰り延べのための会計処理で、免税制度ではありません。
　圧縮記帳の方法には、**直接減額方式**と**積立金方式**があります。
　直接減額方式は、国庫補助金と同額の費用として固定資産圧縮損を発生させ、国庫補助金収入と相殺するものです。補助金をもらった年の税金は減額されますが、固定資産圧縮損分だけ固定資産の簿価が安くなります。そのため、固定資産圧縮損を発生させた固定資産の減価償却費は安くなり、減価償却費が安くなった分だけ税金が多く取られるようになります。
　積立金方式は、圧縮積立金として積み立てた額を損金扱いとする方法です。直接減額方式と異なり、固定資産の簿価を実際の金額と同じ金額にできますが、会計処理は複雑です。なお、納税額は直接減額方式も積立金方式も同じです。

223

リース取引

リース取引とはある資産を貸手が借手に対して合意した期間だけ貸し、借手は貸手に対しその使用料を支払う取引のことをいいます。リース取引には**ファイナンスリース**と**オペレーティングリース**の2種類があり一言で「リース」というと通常はファイナンスリースのことを指します。

ファイナンスリースは、①リースの途中で解約が不能または解約をするときに多額の違約金を払わなくてはならない（**ノンキャンセラブル**）、②借手がリース物件からもたらされる経済的利益を実質的に享受することができ、リース物件の使用で生じるコストを実質的に負担する（**フルペイアウト**）という2つの条件を満たしたリースのことをいいます。ファイナンスリースは固定資産の取得方法の1つで、融資のようなものとも考えることができ、通常の売買処理に準じてB/S上で処理されます。また、リース資産は原則として内容や減価償却の方法を注記する必要があります。

それに対し、**オペレーティングリース**は、ファイナンスリース以外のリースのことをいい、通常の賃貸借処理に準じて、P/L上で処理されます。なお、解約できないものにかかる未経過リース料は原則として注記する必要があります。

会計規則・その他

金融商品に関する会計区分

株式のような有価証券は、市場の取引の状況により価格が変化するため、簿価と時価が異なってくる場合があります。簿価と時価が異なった場合の処理については、有価証券の保有目的別に方法が定められています。有価証券の保有目的としては**売買目的**、**満期保有目的**、**子会社・関連会社株式**、**その他**があります。

売買目的有価証券は、売買により利益を得ることを目的に保有している有価証券ですので、評価の方法は時価評価です。また、時価評価による評価損・評価益はP/L上に反映されます。

満期保有目的の有価証券は、満期まで保有して利息や償還を受けることを目的とした有価証券です。そのため、時価による評価は行わず取得原価または償却原価をB/S上に計上します。

子会社・関連会社株式は子会社や関連会社の支配を目的として保有している株式です。これらは事業に対する投資ですので、時価による評価は行わず取得原価をB/S上に計上します。

その他有価証券は、持ち合い株などの長期的に保有し、直ちに売却は行わない有価証券です。これらは直ちに売却するものではありませんので、時価の変動をP/L上には反映しませんが、将来的には売却も想定されるため、時価の変動をB/S上の純資産の欄に評価差額として反映します。

なお、長期的に保有することが見込まれる満期保有目的、子会社・関連会社株式、その他の有価証券についても、時価の著しい低下があり、回復の見込みがないときは、回収可能額まで減額する減損処理を行い、差額をP/L上の特別損失として計上します。なお、減損処理は減損損失を認識した段階で行います。

固定資産の減損処理

減損損失を認識するかどうかは、資産（または資産グループ）の帳簿価格とその資産を使い続けた場合に得られる収益と処分に必要な見込み費用を合計した割引前将来CFを比較することによって判断します。帳簿価格より割引前将来CFが大きい、もしくは同じ場合は減損損失は認識しません。それに対し、割引前将来CFより帳簿価格の方が大きい場合は減損損失を認識します。

また、回収可能額は**正味売却価額**と**使用価値**のいずれか大きい方とします。ちなみに、正味売却価額とは、資産を売却した場合の価額のことで、資産の時価から処分に必要な費用の見込額を差し引いた価額です。使用価値とは、資産を使い続けた場合に得られる収益と処分に必要な見込み費用を合計した将来CFの割引現在価値のことです。

費用・収益の認識の原則

P/Lを作成するとき、費用と収益を認識するタイミングにはルールがあります。

費用に対しては、費用が発生した時点で認識する**発生主義**の考え方が適用されます。そして、発生した費用が収益に結び付けば当期の費用としてP/Lに記載され、結びつかなければ経過勘定として計上しB/Sに記載されます。

収益に対しては実際に収益が実現した時点で認識する**実現主義**の考え方が適用されます。実現した収益は、当期の収益としてP/Lに記載されます。ちなみに、実現とは、一般的には商品を販売した時点のことで、代表的な適用例に販売基準があります。なお、「販売」をいつと捉えるかについては、商品の出荷の時点を販売とみなす**出荷基準**、商品を顧客に引き渡した時点を販売とみなす**引渡基準**、商品が顧客に検収された時点を販売とみなす**検収基準**といった基準があり、その基準が合理的なものであれば、継続を前提にこれらの基準を選択できます。

なお、例外として分割払いにより商品を販売する**割賦販売**では、原則として商品を引き渡した時点で収益が認識されますが、実際に入金があった時点で収益を認識することも容認されています。また、工事契約の場合、完了までに時間がかかるものが多いことから、販売とは異なり原則として発生主義である**工事進行基準**が適用されます。ただし、短期間の工事などは実現主義である**工事完成基準**が適用される場合もあります。

すぐやる！過去問コーナー

■ 税効果会計
レベル1 H29-6　　**レベル2** R3-6, R1-2

■ リース取引
レベル1 R2-7, H25-13　　**レベル2** H30-6, H28-4, H26-6

■ 会計規則・その他
レベル1 R2-3, R2-5　　**レベル2** H29-5

第4章　　　運営管理（オペレーション・マネジメント）

1.　　運営管理の概要

　運営管理は、ヒト・モノ・カネ・情報という企業の経営資源のうち、特に「モノ」である製品や商品、サービスの生産方法や販売方法にフォーカスした科目です。

　この科目には、大きく分けて製品の生産方法について学ぶ生産管理と、商品やサービスの販売方法について学ぶ店舗・販売管理の2つの分野が含まれています。

　生産管理は、生産計画や生産統制、生産方式、資材・在庫管理、IE、品質管理、製造に関わる情報システムなど、特に製造業における生産の管理方法に関して学びます。この分野は2次試験の事例IIIでも問われる分野です。2次試験の事例IIIに登場するC社は、生産管理に何らかの問題を抱えており、そのどこが問題で改善するためにはどうすれば良いのかということについて助言する必要があります。そのため、企業経営理論や財務・会計と同様に、1次試験の段階で2次試験を意識し、本来の生産現場のあるべき姿はどうなのか、ということを理解しておくことが重要となります。

　店舗・販売管理では、店舗施設に関する法律や店舗設計、商品管理、物流・輸配送管理、販売・流通に関わる情報システムなど、特に流通・小売業における商品の流通・販売の管理方法について学びます。2次試験では店舗管理の一部を除き、直接問われることは少ないですが、覚えるべきことも多いため、効率的な知識の習得が必要です。

　運営管理は、2次試験でも問われる科目ですので、2次試験で頻出の論点については、単なる暗記を超えて、自分の言葉で説明ができるレベルまで理解を深めておくことが重要です。

　また、近年は、本試験で初めて目にし、計算方法をその場で考える必要がある計算問題など、単なる暗記では対応が難しい問題も増えつつあります。そのため、単に用語を覚えるだけでなく、計算問題についてもきちんと対処できるよう練習しておくようにしましょう。また、そのような問題は解くのに時間がかかる傾向もありますので、試験問題を解くときは優先順位を考慮しながら解くことが重要になります。

2. まとめシート

ＳＨＥＥＴ 1	生産管理の基本用語	・・・・・・・	228
ＳＨＥＥＴ 2	生産形態・生産方式	・・・・・・・	232
ＳＨＥＥＴ 3	SLP（Systematic Layout Planning）	・・・・・・・	236
ＳＨＥＥＴ 4	ライン生産方式、セル生産方式、トヨタ生産方式	・・・	240
ＳＨＥＥＴ 5	その他の生産方式、設計・開発	・・・・・・・	244
ＳＨＥＥＴ 6	生産計画と生産統制①	・・・・・・・	248
ＳＨＥＥＴ 7	生産計画と生産統制②	・・・・・・・	254
ＳＨＥＥＴ 8	在庫管理・購買管理	・・・・・・・	258
ＳＨＥＥＴ 9	IE①	・・・・・・・	262
ＳＨＥＥＴ 10	IE②	・・・・・・・	266
ＳＨＥＥＴ 11	IE③、生産情報システム	・・・・・・・	270
ＳＨＥＥＴ 12	品質管理	・・・・・・・	274
ＳＨＥＥＴ 13	設備管理、外注管理	・・・・・・・	278
ＳＨＥＥＴ 14	廃棄物等の管理、店舗立地、ショッピングセンター	・・・	282
ＳＨＥＥＴ 15	まちづくり三法	・・・・・・・	286
ＳＨＥＥＴ 16	店舗施設、照明と色彩	・・・・・・・	290
ＳＨＥＥＴ 17	商品予算計画	・・・・・・・	294
ＳＨＥＥＴ 18	販売計画と在庫	・・・・・・・	298
ＳＨＥＥＴ 19	ISM、販売データ分析	・・・・・・・	302
ＳＨＥＥＴ 20	仕入れ、物流	・・・・・・・	306
ＳＨＥＥＴ 21	物流関連用語	・・・・・・・	310
ＳＨＥＥＴ 22	販売流通情報システム	・・・・・・・	314
ＳＨＥＥＴ 23	販売・流通関連用語	・・・・・・・	318

1. 生産管理の基本用語

【PQCDSME】
生産管理で考慮すべき点

- P Productivity　生産性　$= \dfrac{産出量(Output)}{投入量(Input)}$
- Q Quality　品質
- C Cost　価格
- D Delivery　数量/納期
- S Safety　安全性　（他のSとの混同に注意）
- M Morale　意欲（モラール）
- E Environment　環境　（環境負荷の少ないもの）

【生産の4M（+I）】生産管理に活用

Material　**M**achine　**M**an　**M**ethod　**I**nformation
原料/部品　機械設備　作業者　作業方法　情報

【3S】生産の合理化の基本原則

Simplification　**S**tandardization　**S**pecialization
単純化　　　　　　標準化　　　　　　専門化

【5S】職場の管理の前提

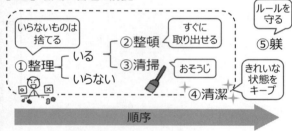

①整理（いらないものは捨てる／いる・いらない）→ ②整頓（すぐに取り出せる）→ ③清掃（おそうじ）→ ④清潔（きれいな状態をキープ）→ ⑤躾（ルールを守る）

順序

【ECRSの原則】改善の原則

検討の順番 ↓

- E Eliminate　排除　なくせないか？
- C Combine　結合　一緒にできないか？
- R Rearrange　交換　順番を変えられないか？
- S Simplify　簡素化　簡単にできないか？

覚え方：ないじゅか

【安全衛生管理の指標】

時間の比率

$$度数率 = \dfrac{死傷者数}{延べ実労働時間数} \times 100万$$
（災害の頻度①）

$$強度率 = \dfrac{延べ労働損失日数}{延べ実労働時間数} \times 1{,}000$$
（災害の強さ）

人数の比率

$$年千人率 = \dfrac{年間死傷者数}{平均労働者数} \times 1{,}000$$
（災害の頻度②）

【自主管理活動】職場改善の自主的な活動

QCサークル　改善のための自主的な小グループ活動
ZD（Zero Defects）運動　不良をなくすための活動

【リードタイム】

リードタイム

発注 →（ここの時間）→ 納入　or　素材 →（ここの時間）→ 完成品

生産リードタイム：一般的なリードタイムと区別

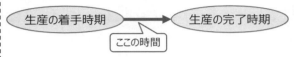

生産の着手時期 →（ここの時間）→ 生産の完了時期

【複数台持ち作業】
作業者が複数台の機械を受け持つ

多工程持ち
多能工が必要

旋盤 → フライス盤 → ボール盤

（いろんな工程見るぞ）

- ○ ✓作業時間・工程間のばらつきを吸収できる
  ✓仕掛品の減少
  ✓柔軟な対応
- × ✓習熟期間が必要

多台持ち
単能工でOK

旋盤①　旋盤②　旋盤③

（まとめて見ます）

- ○ ✓作業者の稼働率UP
- × ✓機械干渉が生じる
  →受持台数の最適化

【付加価値】
（あくまでも作り手の目線）
自社の活動の結果として<u>新たに付与された価値</u>

原材料 → 製品

【歩留り】Inputに対してOutputがどれくらいか

$$歩留り(\%) = \dfrac{産出された品物の量}{投入された原材料の量} \times 100$$

【稼働率】人・設備が稼働していた時間の割合

$$稼働率(\%) = \dfrac{有効稼働時間}{人の就業時間\ or\ 機械の利用可能時間} \times 100$$

【直行率】
投入したもののうち、最後まで一度も手戻りなく製品になって出荷できたものの割合

【遊休時間】
動作可能な状態にある作業者が作業を停止している時間

SHEET 1　　　　生産管理の基本用語

PQCDSME

生産管理では考慮すべき基本的な観点として、**QCD** の3つの観点が用いられます。Qは **Quality（品質）**、Cは **Cost（コスト）**、Dは **Delivery（数量/納期）** を表し、生産管理とは顧客の求める QCD を満たす、もしくは QCD を最適化していく活動のことをいいます。QCDに加え、生産管理における重要な観点の頭文字を取ったものが **PQCDSME** です。Pは **Productivity（生産性）** つまり産出量（Output）÷投入量（Input）を、Sは **Safety（安全性）** を、Mは **Morale（意欲）** を、Eは **Environment（環境）** または **Ecology（環境）** を表します。なお、SやEは試験では他の用語と入れ替えて出題されることが多いので、正確に覚えておくようにしましょう。

生産の4M+I

生産の4M とは、Material（原料/部品）、Machine（機械設備）、Man（作業者）、Method（作業方法）の頭文字を取ったものです。これらは、企業が生産活動を行っていく上で活用すべき主要な内部資源であり、生産管理ではこれらを適切に管理することが必要となります。

また、4M に Information（情報）を加え、**4M+I** という場合もあります。

3S

3S とは、部品や作業の数を減らしたり、複雑さを排除したりすることで、よりシンプルにする **Simplification（単純化）**、部品や作業方法をバラバラではなく、標準的なものに統一する **Standardization（標準化）**、特定の機能に特化させる **Specialization（専門化）** の頭文字を取ったものです。これらは生産を合理化していく上で基本となる原則で、これらの原則を用いて生産が合理化できないかを検討します。

5S

5S とは、**整理**、**整頓**、**清掃**、**清潔**、**躾（しつけ）** のローマ字表記の頭文字を取ったもので、職場管理の前提となるものです。

まず、**整理**で「いるもの」と「いらないもの」を選別し、いらないものは捨てるようにします。次に、**整頓**で選別された「いるもの」を決められた場所に置いていつでも取り出せるようにしておき、**清掃**で掃除、つまり汚れを除去します。そして、整理・整頓・清掃によりきれいな状態を維持した**清潔**な状態とし、**躾**により決められたルールを守らせます。試験ではこれらの用語が入れ替わって出題されることや、順序が問われることもありますので、用語の意味や順序を正確に覚えておくようにしましょう。

229

ECRS の原則

ECRS の原則とは、Eliminate（排除）、Combine（結合）、Rearrange（交換）、Simplify（簡素化）の頭文字を取ったもので、生産の改善を行う上での考え方を示したものです。生産の改善を検討する際は、E・C・R・S の順で、まずは無駄な作業を「なくせないか」と考え、次に複数の作業を「一緒にできないか」と考えます。そして、「作業の順番を変えることで効率化できないか」、最後に作業をより「簡単にできないか」と考えます。日本語の頭文字を取り「ないじゅか」と覚えても良いでしょう。

安全衛生管理の指標

安全衛生管理活動の実績を計るための指標として、よく用いられる指標に**度数率**、**強度率**、**年千人率**という指標があります。災害の頻度を時間的な比率で表したものが**度数率**と**強度率**です。**度数率**は以下の式で表します。

$$度数率＝（死傷者数÷延べ実労働時間数）×100 万$$

式の最後に 100 万という数字がありますが、1 人の労働者の年間労働時間はだいたい 2,000 時間位ですので、イメージとしては 500 人位の事業所で年間何人が死傷するかを表したものです。

強度率は、災害の強さを表す指標です。度数率は小さなケガから死亡事故まで含む一方、強度率は労働損失日数を分子にしており、災害のインパクトを表しています。災害の「強さ」を表しているので「強度率」と覚えておきましょう。強度率は以下の式で表します。

$$強度率＝（延べ労働損失日数÷延べ実労働時間数）×1,000$$

災害の頻度を人数の比率で表した指標は、**年千人率**といい、以下のように表します。

$$年千人率＝（年間死傷者数÷平均労働者数）×1,000$$

この指標は、労働者 1,000 人のうち年間何人がケガをするかを示しています。

自主管理活動

自主管理活動とは、職場改善のために従業員がボトムアップ的に取り組む自主的な活動です。**QCサークル**は、第一線の従業員が職場内で取り組む小グループ活動のことで、QC サークルに取り組むことにより、生産活動の見直しや改善を行い、製品やサービスの質の向上を図ります。

ZD 運動は、Zero Defects 運動の略で、仕事の欠陥、つまり製品不良や労働災害などの問題をゼロにするために従業員が自発的に取り組む活動のことをいいます。

リードタイム

リードタイムとは、発注から納入まで、もしくは素材が準備されてから完成品になるまでの時間のことです。これに対し、**生産リードタイム**とは、生産の着手から生産の完了までの期間のことをいいます。この 2 つの用語は別物ですので区別できるようにしておきましょう。

複数台持ち作業

複数台持ち作業とは、作業者が複数の機械を受け持つ作業のことで、**多工程持ち**と**多台持ち**があります。**多工程持ち**は、1人の作業員が複数の工程を担当する作業で、作業時間や工程間のばらつきを吸収することができ、仕掛品を減らし、柔軟な対応を行うことができますが、**多能工**を必要とするため習熟期間が必要となります。**多台持ち**は、1人の作業員が同じ工程の複数の機械を担当する作業で、作業員は**単能工**でよく、作業員の稼働率を向上させることができます。しかし、手元の機械を扱っている間に他の機械の加工が終了し、作業者の手が回らず遊びが発生する場合（これを機械干渉といいます）があるため、受け持ち台数の最適化が必要となります。

付加価値

付加価値とは、自社の活動の結果として新たに付与された価値のことです。新たに付与された価値とは、消費者側ではなく、製造側の視点として付与された価値のことを示します。

歩留り

歩留りとは、原材料などのインプットに対して、製品などのアウトプットがどのくらいの比率でできるかということを表し、以下の式で表せます。

$$歩留り（\%）＝（産出された品物の量÷投入された原材料の量）\times 100$$

稼働率

稼働率とは、人または機械が稼働していた時間の割合を示し、以下の式で表せます。

$$稼働率（\%）＝\{有効稼働時間÷（人の就業時間\ or\ 機械の利用可能時間)\}\times 100$$

直行率

直行率とは、投入したもののうち、最後まで一度も製品不良などで手戻りすることなく製品になって出荷できたものの割合のことをいいます。

遊休時間（手待ち）

遊休時間（手待ち）とは、動作可能な状態にある作業者が作業を停止している時間のことをいいます。

─ すぐやる！過去問コーナー ─

■ **生産管理の基本用語**
- **レベル1** R3-1, R3-16, R2-1, R2-21, R1-1, R1-17, H30-1, H29-1, H27-1, H26-1, H26-6, H25-1, H25-18, H24-2
- **レベル2** H29-15, H24-19

2. 生産形態・生産方式

仕事の流し方	個別生産（船舶）	ロット生産（部品）	連続生産（鉄鋼）
生産量	少	中	多
主な生産形態	個別受注生産	繰返し受注生産	見込生産
設計	都度設計が必要	都度設計は不要	
品種と生産量	多種少量生産	中種中量生産	少種多量生産
製品の流し方（レイアウト）	固定式レイアウト	ジョブショップ型 機能別レイアウト	フローショップ型 製品別レイアウト
段取り頻度	多：原則注文ごと	中：ロットサイズによる	少：製品切り替えのとき
単価	高	中	低

【個別生産】
個々の注文に応じてその都度生産

【受注生産】

個別受注生産 / **繰返し受注生産**
都度設計が必要 / 都度設計は不要

課題
① リードタイム短縮、納期遵守
② 受注の平準化

対応策
① 生産計画の作成頻度や対象範囲を適正化する
② 設計要素のモジュール化
③ 資材・部品の共通化
④ 生産統制を徹底させる

【多種少量生産】

課題
① モノの動きが錯綜しやすい
② 受注変動により生産設備の能力の過不足が発生
③ 設備の能力設計や製造予定が立てにくい

対応策
① 部品の共通化・標準化、グループテクノロジーの適用
② 専用設備→汎用設備
③ 柔軟な生産統制

【機能別レイアウト】
同じ種類の機械や設備を集めて配置

 ○
① 仕様変更への対応が容易
② 機械・設備の稼働率の向上
③ 従業員が技術を習得しやすい

 ×
① 加工経路が複雑
② 工程間の仕掛品が増加する
③ 管理が複雑

【ロット生産】
品種ごとに生産量をまとめて複数の製品を交互に生産

ロットサイズ
1ロットの生産単位

ロットサイジング（適切な設定が重要）
ロットサイズの設定
材料調達、設備、管理面から決定

	ロットサイズ大	ロットサイズ小
メリット	✓管理効率高 ✓段取り替え少	✓生産サイクル短 ✓トレース細
デメリット	✓生産サイクル長 ✓トレース粗	✓管理効率低 ✓段取り替え多

段取り替え
次の作業の準備

ロットサイズ 小 → 段取り替え 多

ポイント
段取り替え時間をいかに短くするか
→生産性改善に寄与

対策
① 段取り作業の標準化
② 作業員の教育
③ 内段取りの外段取り化
④ 内段取りの停止時間短縮

内段取り / 外段取り
ラインを停止 / ラインを停止しない

〔10分以内：シングル段取り〕

【連続生産】
同一製品を一定期間続けて生産

【見込生産】
過剰在庫や機会ロスのリスク

課題
① 需要予測の精度向上
② 柔軟な生産体制

対応策
① 需要予測に基づく柔軟な生産計画の見直し
② デカップリングポイントの設定

デカップリングポイント
在庫をどの工程で持つか

効果
✓需要変動に柔軟に対応
✓死蔵在庫の削減
✓納品リードタイムが短縮できる
※ 生産リードタイムは短縮されない

【少種多量生産】
① 規模の経済・経験曲線効果
② 単能工による作業が可能（専門工でも可）
③ 作業が単調

【製品別レイアウト】
生産設備を原材料から製品までの工程に従って配置

○
① 運搬が少なくなり、効率的に生産できる
② 仕掛品が少なくなる
③ 工程管理が容易

×
① 生産の変動に対応困難
② 一部の機械が故障するとライン全体が停止

SHEET 2　　　　生産形態・生産方式

　生産形態や生産方式は、様々な観点から分類できます。仕事の流し方の観点からは個別生産・ロット生産・連続生産に、注文と生産のタイミングの観点からは受注生産・見込生産に、生産する製品の種類と量の観点からは、多種少量生産・中種中量生産・少種多量生産に、製品レイアウトの観点からはジョブショップ型とフローショップ型などに分類できます。それぞれの特徴や課題などは、2次試験でもよく問われますので、1次試験の段階で理解を深めておきましょう。

個別生産

　仕事の流し方による分類において、例えば船舶の製造のように、個々の注文に応じてその都度生産する方式を**個別生産**といいます。個別生産は、注文を受けて都度設計を行ってから生産します。そのため、次の作業の準備である段取り替えは、原則として注文ごとに行う必要があり、製品の単価も高い傾向があります。

ロット生産

　仕事の流し方による分類において、例えば機械部品のように、生産量をまとめて複数の製品を交互に生産する方式を**ロット生産**といいます。一度に同じ条件でまとめて作る製品の単位のことを**ロット**といい、1ロットの生産単位のことを**ロットサイズ**といいます。また、このロットサイズを設定することを**ロットサイジング**といいます。ロットサイズは、材料調達、設備、管理の都合を考慮して、100台、1,000台、1日分といったように決められます。各ロットを識別できるようにすると、市場で不良が発生した際に、製造日、作業者などを追跡することができます。

　ロットサイズが大きい場合、段取り替えの回数が減って管理効率が高くなるという点がメリットですが、次の製品を生産するまでのサイクルが長くなる点はデメリットです。また、ロットサイズが小さい場合、次の製品を生産するまでのサイクルを短くできる点はメリットですが、ロットサイズを小さくしすぎると段取り替えの回数の増加により、生産効率が低くなる点がデメリットです。ロットサイズは、受注や出荷の状況を踏まえ、適切に設定する必要があります。

　なお、**段取り替え**とは、ロットごとに行う製品のライン切り替えのように、次の作業を行うための準備のことで、段取り替え時間の短縮は生産性改善の面で重要となります。段取り替え時間を短くするための具体的な方策としては、①段取り替え作業の標準化、②作業員の教育、③内段取りの外段取り化、④内段取りの停止時間の短縮などがあります。ここで、**内段取り**とはラインを停止して行う段取り替え作業のことで、10分以内に行われる段取り替えのことを**シングル段取り**といいます。また、ラインを停止しないで行う段取り替えのことを**外段取り**といいます。

233

連続生産

仕事の流し方による分類において、例えば鉄鋼のように、同一の製品を一定期間続けて生産する生産方法を**連続生産**といいます。連続生産は段取り替えが基本的には製品切り替えのときのみですので非常に少なく、生産効率が高いため、単価の低い製品に適した生産方法です。

受注生産

受注生産は、注文と生産のタイミングによる分類で、注文を受けてから生産を開始する生産方法です。受注生産は、注文を受けてから都度設計を行う**個別受注生産**と、事前に設計までは行っておき、注文の都度設計は行わない**繰り返し受注生産**の2つに分類できます。

受注生産では、注文を受けてからの生産になりますので、①受注から納入までのリードタイムの短縮もしくは納期の遵守、②受注の平準化が重要な課題となります。

これらの課題を解決するための対応策としては、①生産計画の作成頻度や対象範囲を適正化する、②設計要素をモジュール化して設計期間を短縮する、③資材や部品の共通化を進めて調達期間を短くする、④余力管理や進捗管理などの生産統制（「6.生産計画と生産統制①」、「7.生産計画と生産統制②」シート参照）を徹底させる、といった方策があります。

見込生産

見込生産は、注文と生産のタイミングによる分類で、注文を受ける前に製品を生産しておく生産方式です。事前に生産しておいた製品を在庫として保有し、顧客からの注文に応じて製品を販売します。

見込生産は、顧客の注文の前に生産を行っておく方式のため、過剰在庫や在庫不足による機会ロスのリスクを有しています。そのため、①需要予測の精度向上、②需要に応じた柔軟な生産体制の確保が重要な課題となります。

これらの課題を解決するための対応策としては、①需要予測に応じて柔軟に生産計画を変更する、②デカップリングポイントを設定する、といった方策があります。

なお、**デカップリングポイント**の設定とは、例えば様々な色違いの製品を生産している企業で、色を塗る前の製品を在庫として保有しておき、それぞれの色の製品の売れ行きの状況を見ながらどの色をどれだけ塗るかを決める、といったように中間製品の在庫を置くポイントを適切に設定することです。デカップリングポイントを設定することで、需要の変動に柔軟に対応し、最終製品の在庫を必要以上に持つ過剰在庫を減少できるほか、中間在庫からの生産になるため、納品リードタイム（製造リードタイムではない点に注意）が短縮できるという効果が期待できます。

多種少量生産

生産する製品の種類と量による分類で、多くの種類の製品を少量ずつ生産する方式を**多種少量生産**といいます。多種少量生産は、生産量の少ない個別生産や受注生産に多い生産形式で、多様な種類の製品の生産を行うため、①モノの動きが錯綜しやすい、②受注変動により生産設備の能力の過不足が発生する、③設備の能力設計や製造予定が立てにくいといった課題があります。これらの課題に対する対応策としては、①部品の共通化・標準化や製品間の類似性に基づいてグルーピングを行う技術である**グループテクノロジー**の適用により、取り扱う部品や工程の種類を少なくする、②生産設備を専用機から汎用機にする、③柔軟な生産統制を行うといった方策があります。

少種多量生産

生産する製品の種類と量による分類で、少ない種類の製品を大量に生産する方式を**少種多量生産**といいます。少種多量生産は、①規模の経済・経験曲線効果が得られる、②単能工・専門工による作業が可能なため作業員の育成が比較的容易、③作業が単調なため作業員の肉体的・精神的な疲労が大きく、モチベーションが下がりやすいという点が特徴です。

機能別レイアウト

機能別レイアウトは、ジョブショップ型レイアウトともいい、多種少量生産でよく用いられるレイアウト方法で、同じ種類の機械や設備を集めて配置する方法です。①仕様変更への対応が容易、②機械・設備の稼働率を向上させることができる、③従業員が技術を習得しやすいというメリットがありますが、①加工経路が複雑になりやすい、②工程間の仕掛品が増加する、③管理が複雑になりやすいというデメリットもあります。

製品別レイアウト

製品別レイアウトは、フローショップ型レイアウトともいい、少種多量生産で多く用いられるレイアウト方法で、生産設備を原材料から完成品までの工程に従い配置する方法です。①運搬が少なくなり効率的に生産できる、②仕掛品が少なくなる、③工程管理が容易であるというメリットがありますが、①生産の変動への対応が難しい、②一部の機械が故障するとライン全体が停止してしまうというデメリットもあります。

―すぐやる！過去問コーナー―

■ 生産形態・生産方式

レベル1　R3-2, R1-2, H30-2, H28-2, H27-2, H24-9　　　　レベル2　H26-9

3. SLP (Systematic Layout Planning)

【工場レイアウトとSLP】

工場レイアウト
施設における機能の配置

SLP
工場レイアウトの代表的手法

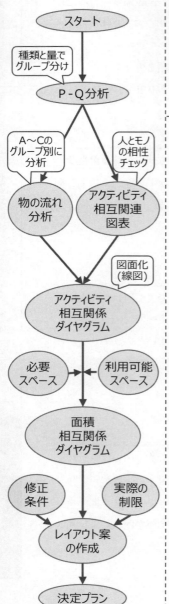

その他のレイアウト方法
- コンピュータを活用した評価方法
- DI分析 ← 弱点を発見
  → 職場や生産現場の近接性を距離と強度の観点から分析

【P-Q分析】
製品の種類（※数ではない）と生産量でグループ分け

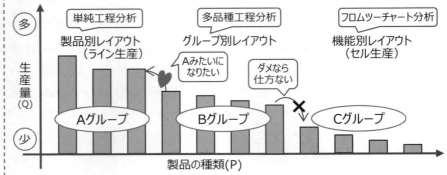

【物の流れ分析】

Aグループ：単純工程分析
「〇：加工」と「□：検査」のみで表せる

【アクティビティ相互関連図表】

生産に関わるアクティビティの相互関係を検討

(例) A：絶対必要
 I：重要
 O：普通
 X：望ましくない

Bグループ：多品種工程分析

製品	1	2	3	4	5	6
A	①		②	③	④	⑤
B	①	②	③	④	⑤	⑥
C		②	①	③	⑤ ④	⑥

工程・経路の類似した製品・部品をグループ化するための図

工程が全く同じ → 専用ライン化
一部違うが ┐ ロット生産を流れ作業化し
ほぼ同じ ┘ 違う工程のみ分岐
ほとんど共通性なし → 機能別レイアウト

Cグループ：フロムツーチャート
→ 正流（レイアウト順の流れ）

	工程A	工程B	工程C
A		A→B 1m 3kg	
B			B→C 2m 5kg
C	C→A 4m 1kg		

← 逆流（レイアウトと逆の流れ）

前工程と後工程の関係を定量化
① 行・列に工程をレイアウト順に記入
② fromとtoの交点に延べ運搬距離・重量を書く
③ 延べ運搬重量の多いものを近接させる

順番の覚え方：あいうえお順
アクティビティ相互関連**図表**（ず）
アクティビティ相互関係**ダイヤグラム**（だ）

【アクティビティ相互関係ダイヤグラム／面積相互関係ダイヤグラム】

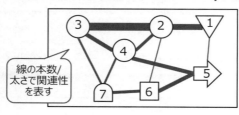

線の本数／太さで関連性を表す

前工程と後工程の関係を定量化
アクティビティの順序と近接性を線図化
→ 近接性が高いものは近づける
→ 極力線が重ならないようにする
各アクティビティに必要な面積を反映

SHEET 3　　SLP（Systematic Layout Planning）

工場レイアウトとSLP

　工場レイアウトとは、施設における機能の配置方法のことであり、代表的な方法にSLPがあります。**SLP**とはSystematic Layout Planningの略で、工場の設備レイアウトを効率的に設定する方法のことです。

　SLPでは、まず製品を種類と生産量によってA～Cのグループに分け、製品の動きについて、A～Cのグループ別に物の流れ分析によって検討を行います。また、生産に関わる様々な構成要素であるアクティビティについて、アクティビティ間の相性をアクティビティ相互関連図表によって整理・検討します。これらの検討を踏まえ、前工程と後工程の関係をアクティビティ相互関連ダイヤグラムで図面化し、そこに必要なスペースと利用可能なスペースを加味した上で面積を割りつける、面積相互関係ダイヤグラムを作成します。さらに、修正条件や実際の制限事項を考慮した上でレイアウト案を作成し決定します。以降では個々の工程の詳細を説明します。

　なお、工場レイアウトの設定方法としては、SLPの他にコンピュータを活用したレイアウト方法やDI分析などの手法も用いられています。

　コンピュータを活用したレイアウト方法では、一般的に製品などの総移動距離にそれぞれの工程の間で移動する製品の重量のような重み付けを行うことによって求めた加重総移動距離などが評価関数として使われています。

　また、**DI分析**とは、Distance-Intensityの頭文字を取ったもので、職場や生産設備の近接性を職場や生産設備の距離（Distance）と関係強度（Intensity）の観点から検討する手法です。DI分析を行うことで、現状のレイアウトの弱点を発見することができます。

P-Q分析

　P-Q分析では、工場で生産する製品を**製品（Product）**と**生産量（Quantity）**によって分類する分析方法で、縦軸に生産量、横軸に製品の種類を取り、生産量が多い順に左から並べた図を用います。ちなみに、横軸は製品の種類であり、数ではないので注意しましょう。生産量の多い順にA、B、Cの3つのグループに分け、生産量の多いAグループは少種多量生産に向いた製品別レイアウトによるライン生産を、生産量が少ないCグループは多種少量生産に向いた機能別レイアウトを、その中間であるBグループはグループ別レイアウトを生産方法として主に採用します。

　なお、**グループ別レイアウト**とは、**グループテクノロジー**を用いて、製品間で共通な工程を可能な部分は共通ラインとし、製品別レイアウトに近い形で生産が行えるようにしたレイアウトのことです。

物の流れ分析

物の流れ分析は、P-Q分析の結果を踏まえて、製品の生産方法別に最も効率的な製品の移動方法を検討するための方法で、A～Cグループそれぞれに合った方法で効率的な製品の移動方法を検討します。

生産量の多いAグループは、製品別レイアウトのライン生産を採用するため、運搬の必要がなく、工程は加工と検査だけで良いので単純工程分析を行います。単純工程分析は、原料から製品になるまでの工程の流れを「○：加工」と「□：検査」の記号で表し、製品の生産プロセスを分析する方法です。

生産量が中程度のBグループは、多品種工程分析を行い、工程・経路の類似した製品・部品のグループ化を行います。多品種工程分析の結果、工程が全く同じ部分は専用ライン化を、ほとんど共通性がない部分は機能別レイアウトの採用を検討します。一部は違うものの、ほとんど同じ工程を用いるような製品を生産する場合は、共通の工程を流れ作業化し、違っている一部の工程のみをラインから分岐させるレイアウトを検討します。

生産量の少ないCグループは、フロムツーチャートによって以下のような流れで生産工程の前工程と後工程の関係を定量化することで、工程間の相互関係を分析します。

① 行と列に工程をレイアウト順に記入する。

② 行・列の方向と同じ正順であれば右上側、行・列の方向と逆の逆順であれば左下側の交点に延べ運搬距離と重量を記入する。

例えば、工程A→Bに3kgのものが1m移動する場合、正順なので右上のA行とB列の交点に1m、3kgと記入する。

工程C→Aに1kgのものが4m移動する場合は逆順なので左下のC行とA列の交点に4m、1kgと記入する。

③ 図を見ながら延べ運搬重量の多いものをレイアウト上、近接させる。

アクティビティ相互関連図表

アクティビティ相互関連図表は、生産に関わるアクティビティの相互関係を検討するための図表です。生産に必要な要素であるアクティビティの間には、近くに配置した方が良いものや、離れても問題がないもの、逆に近くには配置しない方が良いものがあります。そのため、2つのアクティビティ間の近接性の重要度を一覧の図表にして、各アクティビティの配置を検討します。

アクティビティ相互関係ダイヤグラム ／ 面積相互関係ダイヤグラム

物の流れ分析、アクティビティ相互関連図表による検討結果を踏まえ、各工程間の関係性の強さを図式化して俯瞰できるようにするために**アクティビティ相互関係ダイヤグラム**を作成します。アクティビティ相互関係ダイヤグラムでは、アクティビティの順序と近接性を線図化し、近接性が高いものは近づけた上で、極力線が重ならないようにし、おおよそのレイアウトを俯瞰します。

そして、各アクティビティに必要な面積を反映し、**面積相互関係ダイヤグラム**を作成します。

アクティビティ相互関連図表とアクティビティ相互関係ダイヤグラムは似たような名前なので順番が混乱しがちですが、「あいうえお順（ず：アクティビティ相互関連図表→だ：アクティビティ相互関係ダイヤグラム）」と覚えておくと混乱を防ぐことができます。

すぐやる！過去問コーナー

■ SLP（Systematic Layout Planning）
レベル1　R3-3, R3-7, R2-3, R1-3, H30-3, H27-4, H27-5, H26-2, H24-3
レベル2　H29-5, H25-3

4. ライン生産方式、セル生産方式、トヨタ生産方式

【ライン生産方式】
生産ライン上の各作業ステーションに製品が流れ生産ラインを移動するにつれ加工が進む方式

メリット
① 単能工でも作業が可能
② 作業員の間接作業が少ないため生産性が高い
③ 物の流れが単純なため工程管理が容易
④ 製品運搬の機械化が容易なため運搬コストが低い

デメリット
① レイアウトの変更がしにくい
② 製品の仕様・生産量の変化に対する柔軟性が低い
③ 作業者が単能工化し負荷変動の対応が困難
④ 作業が単調なため労務面の問題が発生しやすい

ラインバランシング：作業ステーション間の作業量の均一化

目的 稼働率・作業能率の向上、省力化・省人化
生産リードタイムの短縮、仕掛品の削減

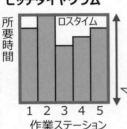

ピッチダイヤグラム

サイクルタイム

$$サイクルタイム = \frac{生産期間}{期間中の生産量}$$

編成効率
（ピッチダイヤグラムの■の部分/□全体）

$$編成効率（\%）= \frac{各作業ステーションの所用時間 の合計}{サイクルタイム×作業ステーション数}×100$$

バランスロス率

$$バランスロス率（\%）= 100 - 編成効率$$

混合ラインの編成効率

$$混合ラインの編成効率（\%）= \frac{各製品の生産量×総作業時間 の合計}{サイクルタイム×作業ステーション数×全体の生産量}×100$$

タクト生産方式
生産ラインの全作業者が同時に所定の作業に着手し、ある時間間隔で同時に終了し、製品が一斉に次の作業ステーションへ移動する方式

【セル生産方式】
グループテクノロジーを利用し、異なる機械をまとめてグループを構成して工程を編成

メリット
① 工程間のばらつきを吸収し、仕掛品を減らせる
② 品種や数量の柔軟な変更が可能
③ 作業員が多能工化し、モチベーションがアップしやすい

デメリット
① 多能工の育成が難しく導入初期の生産性が低下
② 設備稼働率が下がりやすい→高額な生産機械は不向き
③ 優秀な作業者や管理者が必要
④ セル生産方式に適した製品設計が必要

U字ライン生産
U字型に配置したラインで1人が複数の作業を行う方式
✓ 複数工程を担当しやすい
✓ 背後の工程にアクセスできるため作業員の動線が短くなる

一人作業方式
一人の作業者が作業を行う方式
✓ 作業員のモチベーションが高まりやすい
✓ 習熟ロスが発生しやすい

（通常は静止した状態の品物に対して行う）

【トヨタ生産方式】
JIT方式：後工程の要求に合わせ必要な分だけ生産

プッシュシステム　　　プルシステム（後工程引取方式）
押出型　　　　　　　　引取型

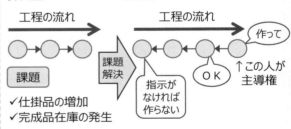

JIT導入の条件
✓ 各工程の同期化・整流化（清流化）
✓ 仕掛品の削減（1個流し）

かんばん：JIT方式を支えるツール
何がどれだけ必要かを表すための製造・運搬指示板
製造や運搬に必要な情報が記載されている

自働化：異常があったらライン停止
短期的な生産性↓は許容し、改善して直行率↑
（自動じゃなく自働）

あんどん：異常を知らせる
設備の稼働状況や作業状態を表示した電光表示盤
異常が発生すると一目でわかる

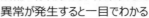

SHEET 4　　ライン生産方式、セル生産方式、トヨタ生産方式

ライン生産方式

ライン生産方式とは、少種多量生産で用いられる流れ作業による生産方式で、生産ラインを構成する作業場所である各**作業ステーション**に製品が流れ、生産ラインを移動するにつれて加工が進む方式です。

ライン生産方式は、①1人の作業員が担当する作業は簡単な作業が多く、単能工でも作業が可能であり、②ラインを切り替えたり、次の作業の準備をしたりといった作業員の間接作業が少ないため生産性が高く、③物の流れが単純なため工程管理が容易であり、④ベルトコンベアなどにより、製品運搬の機械化が容易なため運搬コストが低いというメリットがあります。

それに対し、①レイアウトの変更がしにくく、②製品の仕様・生産量の変化に対する柔軟性が低く、③作業者が単能工化しているため負荷の変動への対応が困難であり、④作業が単調なため労務面の問題が発生しやすいというデメリットがあります。

ライン生産方式では、稼働率や作業能率の向上や、省力化・省人化、生産リードタイム短縮のため、ラインの作業量を均一化する**ラインバランシング**を行います。また、ラインバランシングには、ボトルネックの解消という目的もあります。ラインバランシングは山崩しとも呼ばれ、各作業ステーションに割りつける作業の量をできるだけ均等になるように調整するものです。

ラインバランシングを行うためには、まずはラインの状況を把握しやすいよう、縦軸に各作業ステーションの所要時間、横軸に各作業ステーションを取った**ピッチダイヤグラム**の作成を行います。なお、ラインに原料を投入する時間間隔（＝製品が生産される時間間隔）のことを**サイクルタイム**もしくは**ピッチタイム**といい、サイクルタイムは、以下のように表すことができます。

> サイクルタイム＝生産期間÷生産期間中の生産量

サイクルタイムと各作業ステーションの所要時間の差を**ロスタイム**といい、ラインバランシングではこのロスタイムをできるだけ少なくするよう作業ステーション間の負荷を調整します。

ラインの作業編成の効率を表す尺度としては、**編成効率**が用いられます。編成効率は以下のように表すことができます。

> 編成効率（％）＝各作業ステーションの所要時間の合計÷
> 　　　　　　　（サイクルタイム×作業ステーション数）×100

例えば作業ステーション1、2、3、4、5の要素作業時間が9、10、7、8、9、サイクルタイムが10のとき、編成効率は（9＋10＋7＋8＋9）／（10×5）×100＝86 より、86％となります。

また、逆にロスタイムがどれくらいあるかを表す指標としては、**バランスロス率**が用いられ、バランスロス率は、以下のように表すことができます。

> バランスロス率（％）＝100－編成効率

241

1つのラインで複数の製品を製造している混合ラインでは、編成効率は以下のように表せます。

> 編成効率（%）＝（各製品の生産量×総作業時間 の合計）÷
> （サイクルタイム×作業ステーション数×全体の生産量）×100

　例えば、サイクルタイムが 150 秒、ステーション数が 10 の混合品種組立ラインで生産される 3 種類の製品 A、B、C の総作業時間と 1 か月当たりの計画生産量が、以下の表の通りのときの編成効率を考えます。

混合品種組立ラインの生産計画

	製品 A	製品 B	製品 C
総作業時間（秒/個）	1,400	1,450	1,450
生産量（個/月）	2,000	1,000	1,000

　混合ラインの編成効率の式より、各製品の生産量と総作業時間の合計は、1,400×2,000＋1,450×1,000＋1,450×1,000＝5,700,000、サイクルタイム×作業ステーション数×全体の生産量は、150×10×（2,000＋1,000＋1,000）＝6,000,000 なので、5,700,000÷6,000,000×100＝95 となり、このときの編成効率は95%となります。

　タクト生産方式とは、ライン生産方式のうち、生産ラインの全作業者が同時に所定の作業に着手し、ある時間間隔で同時に終了し、製品が一斉に次の作業ステーションへ移動する方式のことをいいます。指揮者が振るタクトに合わせて、製品が一斉に移動するように見えることからこの名前がつけられています。

セル生産方式

　セル生産方式は、多種少量生産の場合に用いられることの多い生産方式で、**グループテクノロジー**を利用し、異なる機械をまとめて機械グループを構成することで工程を編成する方式です。

　セル生産方式は、以下のようなメリットがあります。

① 工程間のばらつきを吸収し、仕掛品を減らせる

② 品種や数量の柔軟な変更が可能

③ 作業員が多能工化するためモチベーションがアップしやすい

　それに対し、以下のようなデメリットもあります。

① 多能工による作業を前提としており、多能工の育成が難しく、導入初期の生産性が低下する

② 設備稼働率が下がりやすいため、高額な生産設備を利用した作業には向いていない

③ 優秀な作業者、管理者を必要とする

④ セル生産方式に向いた製品設計が必要となる

　セル生産方式のうち**U 字ライン生産**とは、U 字型に配置したラインで 1 人が複数の作業を行う方式で、作業者が背後の工程にアクセスできるため、複数の工程を担当しやすく、作業者の動線を短くできる点が特徴です。

1人作業方式とは、1人の作業者が通常静止した状態の品物に対して作業を行う方式のことをいい、1人で作業を完結できるため、作業員のモチベーションが高まりやすいというメリットがありますが、作業員が作業に習熟するまで時間がかかるため、習熟ロスが発生しやすいというデメリットがあります。

トヨタ生産方式

トヨタ生産方式として有名な **JIT方式（JIT生産方式）** とは、すべての工程が後工程の要求に合わせて、必要な物を必要なときに必要な量だけ生産する方式のことです。JIT方式では後工程が主導権を持ち、前工程は後工程の指示がなければ生産を行わないので、**後工程引取方式**もしくは、後工程から引っ張るという意味で**プルシステム（引取型）**といわれることもあります。また、それに対して、従来型の生産方式は**プッシュシステム（押出型）**と呼ばれる場合があります。JIT方式は、従来のプッシュシステムの課題であった、仕掛品の滞留や手待ちの発生を解決することを目的に考案された生産方式です。

JIT方式は、従来の生産方式の課題を解決することができる生産方式ですが、その導入にあたっては、需要側の安定した発注による各工程の同期化・整流化（清流化）が必要となります。ちなみに、**同期化**とは生産において**分業化**した各工程の生産速度や稼働時間、材料の供給時刻などを一致させ、仕掛品の滞留や工程の遊休などが生じないようにすることであり、**整流化**とは生産工程において、モノや情報が淀みなく流れている状態にすることを意味します。また、需要量に応じた柔軟な生産を行うため、小ロット化（理想的には1個流し）させて、仕掛品を削減することが必要となります。

かんばんは、このJIT方式を支えるツールであり、何がどれだけ必要かを表すための製造・運搬指示板のことをいいます。かんばんには、製造や運搬に必要な情報が記載されています。

自働化とは、生産ラインで異常があった場合、ラインを停止させムダや異常を見える化するための仕組みで、人の働きを機械に置き換えるという意味で「動く」という文字ではなく、「働く」という文字が使われています。異常があった際にすぐにラインを停止し、不良品を作り続けることを防ぐことで、異常の原因を解決して直行率を向上させて、長期的に見た生産性や品質を向上させることができます。

自働化に当たり、異常を見える化するための重要なツールが**あんどん**です。あんどんは、設備の稼働状況や作業状態を表示した電光表示盤で、異常が発生すると一目でわかるようになっています。

すぐやる！過去問コーナー

■ ライン生産方式、セル生産方式、トヨタ生産方式
レベル1　R3-6, H30-11, H29-20, H28-3, H28-6, H25-20
レベル2　R3-5, R1-5, H30-20, H29-9, H28-21, H26-7, H25-8, H25-9

5. その他の生産方式、設計・開発

その他の生産方式

【受注を円滑化する方法】

オーダーエントリー方式
途中まで標準品を作っておき、オーダーを受けて細かい仕様を変更
→納期の短縮
→途中で仕様変更があっても短時間で対応

特別仕様車

生産座席予約方式 — 営業と生産の橋渡し
受注時に製造設備の使用日程などの予定を押さえる
→顧客に正確な納期を示せる

飛行機の座席予約のような仕組み

【部品の管理を円滑化する方法】

製番管理方式：個別受注生産向け
部品レベルまで個別の製品に紐付け
→個別管理しやすい
→部品が1点でもないと組立を開始できない

1対1で紐付け

追番管理方式：連続生産向け
全ての製品に追番（累積製造番号）を振る
生産計画に計画追番、実績に実績追番を振り、計画追番と実績追番の差で進捗を管理する
→進捗管理しやすい

常備品管理方式：部品を一定量在庫として確保
調達リードタイムが長いもの、安価で継続的に使う部品の管理に向いている
→部品管理を簡素化、管理コスト軽減

開発

【開発・設計の流れ】

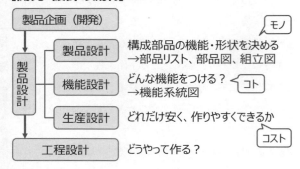

製品企画（開発）
製品設計
- 製品設計：構成部品の機能・形状を決める →部品リスト、部品図、組立図 （モノ）
- 機能設計：どんな機能をつける？ →機能系統図 （コト）
- 生産設計：どれだけ安く、作りやすくできるか （コスト）
工程設計：どうやって作る？

【開発の手法】

フロントローディング
問題点を早い（設計）段階で発見し修正する
前段階で負荷をかけることで、後戻りをなくし品質向上やリードタイム短縮を図る

デザインレビュー（DR）
設計部門が作った開発段階の成果物を複数の第三者が評価・確認する設計審査

[参考] **デザイン・イン**
部品メーカーが完成品メーカーと共同開発を行い、自社の部品が組み立てに使われるよう働きかけること

VE

製品やサービスの価値を、それが果たすべき機能とそのためのコストの関係で把握し、価値を高める方法

VE5原則
使用者優先、機能本位、創造による変更、チーム・デザイン、価値向上

$$V = \frac{F}{C}$$

V：価値
F：機能
C：コスト

※VEでは機能を下げるという考え方はしない

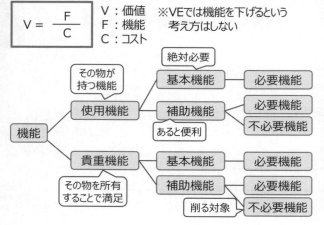

機能
- 使用機能（その物が持つ機能）
  - 基本機能（絶対必要）→必要機能
  - 補助機能（あると便利）→必要機能／不必要機能
- 貴重機能（その物を所有することで満足）
  - 基本機能→必要機能
  - 補助機能→必要機能／不必要機能（削る対象）

VEの実施手順

基本ステップ	詳細ステップ	VE質問
機能定義	VE対象の情報収集	それは何か
	機能の定義	その働きは何か
	機能の整理	
機能評価	機能別コスト分析	そのコストはいくらか
	機能の評価	その価値はどうか
	対象分野の選定	
代替案作成	アイディア発想	他に同じ働きのものはないか
	概略評価	そのコストはいくらか
	具体化	それは必要な機能を確実に満たすか
	詳細評価	

SHEET 5　　その他の生産方式、設計・開発

その他の生産方式

受注を円滑化する方法

オーダーエントリー方式は、例えば、自動車のオプションの変更のように、途中まで標準品を作っておき、オーダーがあったら細かい仕様を変更するという方式です。オーダーエントリー方式を採用することにより、顧客からの細かい要望に対応しつつも納期を短縮することができ、途中で仕様変更があった場合も短期間で対応することができます。

生産座席予約方式は、営業と生産の橋渡しをするためのツールとして用いられ、営業が顧客から受注を受ける際に、飛行機の座席を予約するような形で、製造設備の使用日程などの予定を押さえることができるシステムです。生産座席予約方式によって、営業と製造の間で受注情報が共有できるため、営業は顧客に正確な納期を提示することが可能となり、製造は受注が入った段階ですぐに原料の調達などの準備を進めることができます。

部品の管理を円滑化する方法

製番管理方式は、個別受注生産で多く用いられる管理方式で、製品を製造する際に発行する製造命令書に、その製品に関するすべての加工と組立の指示書を準備し、すべての指示書や部品に同じ製造番号（製番）を付けることで、個別の製品に部品レベルまで紐付ける方法です。製番管理方式によって、その製品の製造に関わるすべての作業や部品が１つの製番で管理できるため、個別管理がしやすくなります。ただし、製品に１つ１つの部品が紐付いているため、部品が１点でもないと組立を開始することができない方式です。

追番（おいばん）管理方式は、連続生産で多く用いられる管理方法で、すべての製品に追番と呼ばれる累積製造番号をつけ、その追番に基づいて生産管理を行う方法です。連続生産の場合、同じ製品を大量に生産しているため、今作っている製品が日程的に進んでいるか、遅れているのかがわかりにくくなりがちですが、追番を活用することで生産管理がしやすくなります。生産計画には計画追番、実績には実績追番が付けられ、計画追番と実績追番の差によって進捗管理を行います。

常備品管理方式は、部品を一定量在庫として確保しておく部品管理方式で、調達リードタイムが長い部品や、安価で継続的に使う部品の管理に向いている方式です。常備品管理方式により、部品の管理が簡素化されますので、管理コストを軽減することができます。

試験では、これらの管理方式の名前と説明が入れ替わって出題される場合がありますので、常に「入れ替わっているのではないか」という疑いの目で見るようにすると良いでしょう。

開発

開発・設計の流れ

製品の開発・設計においては、まず顧客ニーズや技術を踏まえどのような製品を生産し、販売するのかという<u>製品企画（製品開発）</u>を行い、次に<u>製品設計</u>を行います。さらに、製品設計は、製品にどのような機能を付けるかというコトの部分を決めて機能系統図などに落とし込む機能設計、構成部品のサイズや形状というモノの部分を決めて部品リストや部品図、組立図などに落とし込む<u>製品設計</u>、製品設計を受けてどうすればより効率良く作れるかということを検討する<u>生産設計</u>に分けられます。そして、それらを踏まえ、どのような工程で生産していくかについて<u>工程設計</u>を行います。

開発の手法

<u>フロントローディング</u>は、問題点を早い段階で発見し、修正する開発手法のことをいいます。製造に至る前の設計の段階や、設計段階でもより上流側の工程に時間をかけ、十分な検討を行うことで、後戻りをなくし品質の向上やリードタイムの短縮を図ります。

<u>デザインレビュー（DR）</u>とは、設計部門が作った開発段階の成果物を製造部門や営業部門といった第三者が評価・確認することによって設計内容の審査を行う開発手法のことをいい、DR を行うことによって設計品質の向上を図ります。

［参考］デザイン・イン

デザイン・インとは部品メーカーが完成品メーカーと共同開発を行い、自社の部品が使われるよう働きかけることです。国内では自動車業界でデザイン・インが広く行われており、これによって開発期間の短縮や製品性能の向上とコストダウンといった成果が挙げられています。

VE

<u>VE</u> とは Value Engineering の略で、製品やサービスの価値をそれが果たすべき機能とそのためのコストの関係で把握をして、価値を高める方法です。<u>VE5 原則</u>は、優れた VE を行うために、遵守すべき原則として示されたもので、使用者優先の原則、機能本位の原則、創造による変更の原則、チーム・デザインの原則、価値向上の原則という 5 つの原則から成ります。

VE の概念は下記の式に示すことができます。

$$V=F/C \quad 価値（Value）＝機能（Function）÷コスト（Cost）$$

この式に基づき、価値を向上させるためには、次のような方法がとられます。

- コストはそのまま、またはコストを下げて、機能を向上させる
- コストは少し上げるが、それ以上に機能を向上させる
- 機能はそのままで、コストを下げる

なお、VEでは機能を下げるという考え方はとらないため「機能は少し下がるが、それ以上にコストを下げる」という方法は取りませんので注意が必要です。

VEでは機能を様々に分解して考えます。**使用機能**とは、その物が持つ役割や働きが持つ機能のことであり、**貴重機能**とは、例えば宝飾品のようにその物を所有することで満足する機能のことです。また、使用機能もしくは貴重機能はそれぞれ**基本機能（一次機能）**と**補助機能（二次機能）**に分けることができます。**基本機能**とは、例えばペンであれば文字を書くというような、その製品が成り立つために絶対に必要な機能であり、**補助機能**とは、例えばペンであれば、転がりを防止する、もしくは、ポケットに差せるというようにあると便利な付帯的な機能のことをいいます。さらに、基本機能や補助機能はそれぞれユーザである使用者が必要とする**必要機能**と必要としない**不必要機能**に分けることができ、使用者が必要としない不必要機能については削減する対象とします。

VEの実施手順は、3つの基本ステップと10の詳細ステップとして示すことができます。

基本ステップの1つ目は、機能定義です。これは、VE対象の情報収集を行い、機能を定義し、機能を整理するという詳細ステップに分けることができます。

基本ステップの2つ目は機能評価です。これは、機能別のコスト分析を行い、機能を評価し、対象分野を選定するという詳細ステップに分けることができます。

基本ステップの3つ目は代替案作成です。これは、アイディア発想、概略評価、具体化、詳細評価という詳細ステップに分けることができます。

VE質問とは、VEの実施手順をわかりやすく理解するために、各ステップで考えるべきことを簡単な質問形式に変換したものです。詳細ステップのVE対象の情報収集は「それは何か？」、機能の定義と機能の整理は「その働きは何か？」、機能別コスト分析は「そのコストはいくらか？」、機能の評価と対象分野の選定は「その価値はどうか？」、アイディア発想は「他に同じ働きのものはないか？」、概略評価、具体化、詳細評価は「そのコストはいくらか？」「それは必要な機能を確実に満たすか？」というVE質問に変換することができます。

VEは実施手順の詳細ステップやVE質問まで覚えようとすると、覚えることが多く大変ですので、まずは基本のVEの式と「F（機能）を下げることはない」ということを覚え、それ以外の部分は余力に応じて覚えていく、という対策を取っていくと良いでしょう。

── すぐやる！過去問コーナー ──

■ その他の生産方式
レベル1　R2-8, R1-6, H26-8, H24-7　　　レベル2　H28-7

■ 開発
レベル1　なし　　　　　　　　　　　　　レベル2　H29-3

■ VE
レベル1　H28-4, H25-4　　　　　　　　　レベル2　H27-6, H26-3

6. 生産計画と生産統制①

生産計画と生産統制

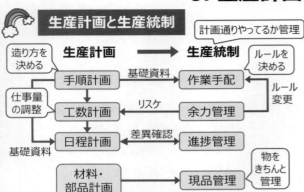

生産統制の対象と目的

対象	生産統制	目的
手順	作業手配	製品の作り方を決め、作業の順序、方法、手段、場所などを指示
工数	余力管理	人の過不足の調整 →応援ができるようにする
日程	進捗管理	納期の維持 生産速度の維持・調整
材料・部品	現品管理	現物がどこにどれだけあるか、どう運ぶか→差があれば対策

手順計画/作業手配

手順計画：製品を生産するために必要な作業や工程・作業の順序、作業条件を決める活動
作業手配（差立）：ある機械・設備で、一つのジョブの加工が終わったとき、次にすべきジョブ（作業）を決定し指示する

> 先着順、納期順などちゃんとルールを決めることが重要

スケジューリング方法

【スケジューリング方法】
ジョブショップ：多種少量向け 〈ディスパッチング法〉
フローショップ：少種多量向け 〈ジョンソン法〉

【ジョンソン法】

（単位：時間）　工程X→Yの順のとき

仕事	工程X	工程Y
A	3 ②	5
B	6	4 ③
C	5	2 ①
D	6 ④	7

(1) 最も小さい数字を選ぶ（表の①）
(2) (1)が前工程なら最初、後工程なら最後に置く
(3) その次に小さい数字を選び繰り返す（表の②以降）

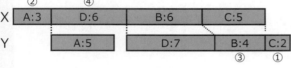

【ガントチャート】スケジュールの全体像の把握に有効

短所　大きく複雑なプロジェクトには向かない

各作業の依存関係がわかりにくく、どの工程が重要か分かりにくいため

PERT・CPM

【PERT】
順序が決まった複数の作業の関係を図示

作業	日数	先行作業
A	3	なし
B	4	なし
C	4	A
D	2	A,B
E	5	A,B
F	6	C,D
G	1	E

アローダイヤグラム

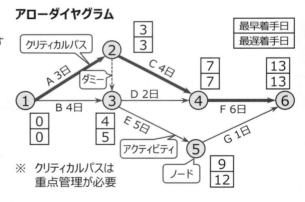

※ クリティカルパスは重点管理が必要

【CPM】Critical Path Method
最小の投下費用でプロジェクト期間を短縮
クリティカルパスのうち一番費用対効果の高い工程から短縮を図る

工数計画／余力管理

工数計画
製品の加工に必要な工数を工程別あるいは部品別に人・時などの所要工数に換算

余力管理（能力と負荷の差）
①現在どれだけの余力または不足があるかを検討
②作業者の再配分を行う
③能力と負荷を均衡させる

SHEET 6　　　生産計画と生産統制①

　生産計画と生産統制は、2次試験でも非常に重要な分野です。2次試験の事例Ⅲでは、事例企業の生産計画や生産統制に不十分な面があり、どこに問題点があるのか、または問題点を改善するためにはどのような方策を取ればよいのかが問われます。そのため、この論点については1次試験の段階でしっかりと理解しておくことが重要です。

生産計画と生産統制

　生産計画とは、製品をどのように、いつ生産するかを決めるもので、手順計画、工数計画、日程計画、材料・部品計画の4つに分類できます。
　また、生産統制は、生産計画通りに生産が行われるように統制する活動です。生産統制は、生産計画に対応して作業手配、余力管理、進捗管理、現品管理の4つに分類されます。
　以降、本シートと「7.生産計画と生産統制②」シートでは、手順計画と作業手配、工数計画と余力管理、日程計画と進捗管理、材料・部品計画と現品管理それぞれの具体的な方法などについて説明します。

手順計画/作業手配

　手順計画とは、製品を生産するために必要な作業や工程・作業の順序、作業の条件を決める活動です。
　作業手配は差立ともいい、1つの作業の終了後、次にすべき作業を決定し指示する活動です。製品の作り方を決め、ディスパッチングルールを決定し、作業順序、方法、手段、場所などを具体的に指示します。
　なお、ディスパッチングルールとは、着手可能な仕事の中から次に割り当てる仕事を決める規則のことで、代表的なものに、仕事の到着時刻の早いものから処理する先着順規則、処理時間の短いものから処理する処理時間順規則、納期の近いものから処理する納期順規則などがあります。

スケジューリング方法

スケジューリング方法

　スケジューリング方法は、製品の生産形態によりジョブショップスケジューリング、フローショップスケジューリングなどに分類することができます。
　ジョブショップスケジューリングは、機能別レイアウトを採用するような多種少量生産で多く用いられるスケジューリング方法で、代表的な方法に手持ちのジョブの中から規則に従って次に優先すべきジョブを決めるディスパッチング法があります。

249

フローショップスケジューリングは、製品別レイアウトを採用しているような少種多量生産で多く用いられるスケジューリング方法で、代表的な方法にジョンソン法があります。

ジョンソン法

ジョンソン法は、2段階の工程に複数の仕事がある場合に、全体の作業時間が最短になるような作業順序を求める方法です。以下に、工程X→Yの順番で作業する仕事A〜Dの例を示します。

(1) まず、各工程・仕事の中で作業時間が最も短い仕事を選びます。下記の表の例ですと、最も作業時間が短いのは工程Yの仕事Cの2時間ですので、それを選びます。

(2) (1)で選んだ仕事の工程が前工程（この例では工程X）であれば工程の最初に、後工程（この例では工程Y）であれば工程の最後に置きます。この例では仕事Cを工程の最後に置きます

(3) (2)の仕事の次に時間の短い仕事・工程を選びます。工程Yの仕事Cの次に短いのは、工程Xの仕事Aの3時間です。仕事Aは前工程である工程Xですので、工程の最初に置きます。

(4) (3)の仕事の次に短いものを選びます。この例では、工程Yの仕事Bの4時間ですので、(2)の仕事Cの1つ前に置き、最後に残った仕事Dを仕事Aの後に置きます。

なお、同じ時間の工程が複数ある時は、どれを優先しても結果は同じとなります。

以上より、作業時間が最短になるのは仕事A、D、B、Cの順で、作業時間は22時間です。

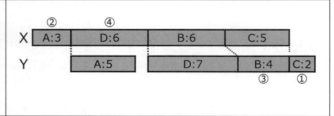

ガントチャート

ガントチャートは、後に説明するPERT、CPMと同じく、プロジェクトに必要な複数の作業について、それぞれの作業の順序や所要時間、作業の開始・終了時期を決めて管理するプロジェクトスケジューリングの方法の1つです。ガントチャートは、縦軸に作業や担当者、タスクを、横軸に時間を取り、作業計画を視覚的にわかりやすくした表です。ガントチャートを用いることで、作業の順序や期間などを管理することができます。しかし、ガントチャートは各作業の依存関係やどの工程が重要なのかがわかりにくいため、複雑で大きなプロジェクトの管理には不向きです。

PERT・CPM

PERT

　PERT は Program Evaluation and Review Technique の頭文字を取ったもので、順序が決まっている複数の作業によって構成されるプロジェクトで用いられます。プロジェクトを効率良く実施できるよう、その流れを一目で把握できるようにすることを目的としています。

　PERT では、**アローダイヤグラム**という矢印と丸によって構成された表が用いられます。矢印（→）は**アクティビティ**といい、作業とそれにかかる期間などを示し、丸（○）は**ノード**といい、アクティビティの開始・終了を表します。以下でその作成方法を説明します。

① 先行作業→作業に矢印を引き、それを並べて一覧にします。
② 一覧にした作業のつながりを整理し、アローダイヤグラムの形に並べます。いきなりアローダイヤグラムの形に並べるのが難しい場合は、まず先行作業→作業を並べて、それを基にアクティビティとノードの位置を考える、というステップを踏むと考えやすくなります。なお、アローダイヤグラムを書く際は、1つのノードからもう1つのノードに複数のアクティビティが繋がっているような形式を用いることはできない、というルールがあります。そのため、必要な場合は途中に作業時間が0の**ダミー**と呼ばれるアクティビティを入れます。
③ スタート地点からゴール地点まで順番に**最早（さいそう）着手日**を計算していきます。複数のアクティビティが集まるノードでは大きい方の値を最早着手日とします。
④ ゴール地点の最早着手日を求めたら、そこから戻る形で**最遅（さいち）着手日**を計算します。
⑤ 最早着手日と最遅着手日が一致する経路が**クリティカルパス**となります。

　アローダイヤグラムの作成により、プロジェクトが最短何日で完了するのか、クリティカルパスはどこなのかを把握できます。

　クリティカルパスとなる作業が遅れると、プロジェクト全体の期間に影響を与えるため、クリティカルパスの作業は重点的な管理が必要となります。

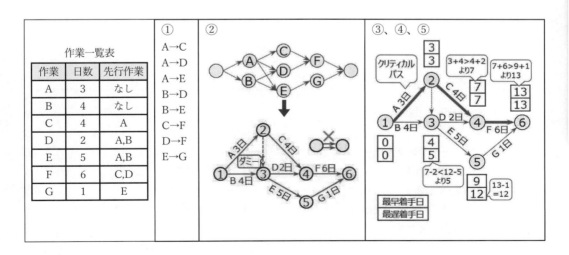

CPM

CPMはCritical Path Methodの頭文字を取ったもので、最小の投下費用でプロジェクト期間を短縮する方法を検討するための方法です。具体的には、アローダイヤグラムを作成し、クリティカルパスを求めるまではPERTと同じですが、CPMではその後、クリティカルパスのうち一番費用対効果の高い工程を探し、期間の短縮を図ります。プロジェクトの期間が目的の期間となるか、もしくは、期間短縮にかけられる予算の額に到達するまでこれを繰り返します。

工数計画/余力管理

工数計画とは、製品を作るために必要な人員の負荷や機械の生産能力に関する計画です。工数計画では、製品ごとの標準工数を元に、工程別、機械別に必要な工数（負荷 or 仕事量）を求めていき、必要な機械台数・必要人員を計算し、保有している機械・人員と比較して調整します。なお、工数計画は現在の人員や設備などの生産能力を計算する上での基本情報になります。

余力管理とは、現在の負荷の状態と自社で保有している能力の差である余力を把握し、余力の過不足を調整する活動のことです。余力管理では、以下のような流れで余力の調整を行います。

① 現在どれだけの余力または不足があるかを検討する
② 作業を負荷と生産能力のバランスという面から見て再配分を行う
③ 応援ができるよう手配する

以上の調整によって、能力と負荷を均衡させ、余力をできるだけ少なく保てるようにします。

すぐやる！過去問コーナー

■ 生産計画と生産統制
レベル1　なし　　　　　　　　　　　　　　レベル2　R2-10, H30-7

■ スケジューリング方法
レベル1　H27-10　　　　　　　　　　　　　レベル2　R3-11, H30-4

■ PERT・CPM
レベル1　R3-10, R1-9, H30-6, H28-1, H24-14　レベル2　R2-11, H28-10, H26-10

■ 工数計画／余力管理
レベル1　なし　　　　　　　　　　　　　　レベル2　R2-16, H28-11

コラム　運営管理の学習方法

運営管理は、生産管理と店舗・販売管理というタイプの異なる2つの分野が範囲に含まれているため、学習する範囲が広く、覚えなくてはならない内容も多い科目です。以下では運営管理の学習のポイントを説明します。

① 体験やイメージと連動させる

運営管理は範囲も広く、覚えるべきことも多い科目です。そのため、記憶を確実に定着させる工夫が必要です。記憶を定着させる方法の1つとして、体験やイメージと連動させるという方法があります。記憶には知識の記憶である意味記憶と、体験の記憶であるエピソード記憶の2種類があるといわれており、体験に基づいたエピソード記憶の方が記憶に残りやすいといわれています。通常の学習の場合は意味記憶が中心となりますが、意識してエピソード記憶も活用してみましょう。

生産管理の分野では、例えば製造業の方でしたら、自社の工場と結びつけて自社の生産設備はどうなのか、自社の生産性向上のための取り組みはどうなのか、と考えてみるとイメージしやすいでしょう。そして、もし一緒に中小企業診断士の勉強をしている勉強仲間がいれば勉強仲間に、いなければ家族などにそれを説明してみてください。説明する側は、人に説明することで自分のイメージをより強化できますし、説明される側も「○○さんの会社はこうなっているんだ」と、説明してくれた人や説明してくれた場面と関連付けて覚えることができるため覚えやすくなります。また、製造業にお勤めではなく、周囲にも製造業の人はいないという方でしたら、理解しにくい部分についてはインターネットの動画を見てイメージを持つようにすると、文字だけでなくイメージで思い浮かべることができるようになります。

店舗・販売管理の分野は、普段の生活でも消費者として身近に接しているため、比較的イメージしやすい分野です。この分野でも、買い物のときに「今日はスーパーの視察の日だ」と自分で決めて、学んだことを確認しながらスーパーを回ったり、家族と買い物に行ったときに家族に説明したりするなど、体験と結びつけると記憶に残りやすくなります。

② 問われ方に慣れる

運営管理はここ数年難易度が高まっており、単純に知識の暗記だけでは対応しにくくなっています。そのため、単に知識を増やすだけでなく、実際に問題を解きながら知識がどのように問われているのかを理解し、問われ方に慣れるという対策が重要となります。そのためには、企業経営理論の対策と同様、過去問を解く際、単に選択肢を選べるというだけでなくなぜそれを選んだのかということを説明できるまで理解を深めておくようにしましょう。

7. 生産計画と生産統制②

日程計画／進捗管理

【日程計画】
製品を生産する計画

項目	大日程計画	中日程計画	小日程計画
概要	ヒト・モノ・カネの量を決める	ヒト・モノ・カネの使い方を決める	職場間での生産の順番を決める
目的	人員計画 機械・設備計画 資金計画	部品・材料・人員の手配 工数/負荷計画 外注計画	作業実施計画 作業手配 外注手配
期間	半年〜数年 四半期/月の単位で作成	1ヶ月〜3ヶ月 月/週/日の単位で作成	1日〜10日 日/シフト/時間の単位で作成

大日程計画→中日程計画→小日程計画の順に
受注情報・注文情報を加味して作成

【進捗管理】
計画と実績の差異を管理

カムアップシステム

	原因	対策
生産能力の不足	追加注文や飛び込み作業 作業者の欠勤	他部署からの応援 外注の活用 残業・休日出勤
稼働率・効率の低下	不良・故障の発生 運搬経路の錯綜	IEによる原因特定 作業の標準化 QCサークル
材料や部品の欠品	外注先の納期遅れ 発注ミス	生産計画の範囲拡大 カムアップシステム

流動数分析　工程の進捗管理に用いる

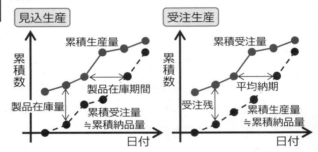

材料・部品計画／現品管理

現品管理とは
| 原材料 | 部品 | 仕掛品 | 完成品 | の在庫が、

| どこに | 何が | どのくらい | あるかを明確に把握すること

【資材の標準化】
資材の種類を削減

○
- 品質面：バラツキ、不良品削減
- 費用面：まとめて発注で単価低減、在庫削減
- 納期面：常備在庫化で短納期対応が可能に
- 管理面：発注・在庫管理負担の軽減

×
- 経営面：保守的になり技術革新やニーズ変化に対応できない
- 業務面：資材が限定され設計に制約が生じる

【MRP】
Material Requirements Planning system
生産計画を基に製品の製造に必要な部品や材料の量を決める方法

MRPの流れ
①基準生産計画（MPS）をもらう
②部品表から総所要量を計算する
③在庫・発注残を引当て正味所用量を計算する
④ロットサイズ情報からロットまとめを行う
⑤リードタイム情報から先行計算を行い発注データを作成する

【部品表（BOM）】 Bill Of Materials

設計部品表(E-BOM)　サマリー型
構造部品表(M-BOM)　ストラクチャー型

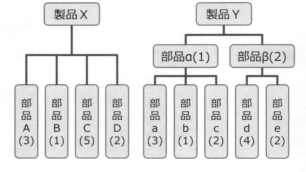

[参考] 在庫の問題点

多すぎるとき
①CFの悪化
②死蔵在庫（デッドストック）が増加
③在庫関連費用が増加
④市場対応力・柔軟性が低下

少なすぎるとき
①品切れによる信用度低下
②機会損失の増加
③生産期間（納期）の長期化
④緊急調達の増加によるコスト増

SHEET 7　　　生産計画と生産統制②

日程計画/進捗管理

日程計画

　日程計画とは、製品を生産する計画のことで、大日程計画、中日程計画、小日程計画の順に、受注情報や注文情報を加味して作成します。

　大日程計画は、ヒト・モノ・カネの量を決めるための計画で、人員計画や機械・設備計画、資金計画を行うために作成します。半年～数年程度の期間を対象とし、四半期もしくは月単位の計画を立てます。

　中日程計画は、ヒト・モノ・カネの使い方を決めるための計画で、部品・材料・人員の手配や工数もしくは負荷計画、外注計画を行うために作成します。1か月～3か月程度の期間を対象とし、月もしくは週もしくは日単位の計画を立てます。

　小日程計画は、職場間の帳尻を合わせるための計画で、作業実施計画や作業手配、外注手配を行うために作成します。1日～10日程度の期間を対象とし、シフト毎や日・時間単位で計画を立てます。

進捗管理

　進捗管理とは、日程計画と実績との差異をチェックし、納期を維持できるよう、遅れがあれば対策を講じるなどして生産進捗の維持・調整を行うことです。

　計画と実績にズレが生じる要因としては、①生産能力の不足、②稼働率・効率の低下、③材料や部品の欠品などの要因があります。

　①生産能力の不足という要因については、追加注文や飛び込み作業、作業者の欠勤などの原因が考えられます。その対策としては、他部署からの応援によって作業工数を確保する、外注を活用する、残業や休日出勤により対応するといった方法があります。

　②稼働率・効率の低下という要因については、不良や故障の発生、運搬経路の錯綜などがその原因として考えられます。その対策としては、IE（「9. IE①」、「10. IE②」、「11. IE③、生産情報システム」シート参照）による稼働率・効率低下の原因の特定、**作業の標準化**による不良や故障の発生防止、**QCサークル**による品質の向上などの方法があります。

　③材料や部品の欠品という要因については、外注先の納期遅れや発注ミスという原因が考えられます。その対策としては、生産計画の範囲を拡大し、外注先の進捗も管理できるようにする、注文を納期順に整理するなどして納期前に外注先に進捗を確認する生産管理手法である**カムアップシステム**を導入するなどの対策があります。

　以上の原因と対策に関する知識は、1次試験ではさほど問われませんが、2次試験の事例Ⅲの問題を解く上では必須の前提知識となりますので、しっかりと覚えておくようにしましょう。

流動数分析

流動数分析は、工程の進捗管理の際に用いる手法です。

縦軸に累積数、横軸に日付をとり、累積受入数・累積払出数をそれぞれ折れ線グラフで示したものを用いて分析します。2つの折れ線グラフの開き具合によって、作業の進捗度合いを把握し管理に活用します。流動数分析は見込生産、受注生産のどちらでも使うことができます。

なお、縦方向のグラフの開きは見込生産の場合は製品在庫量を、受注生産の場合は受注残を表します。また、横方向のグラフの開きは見込生産の場合は製品在庫期間を、受注生産の場合は平均納期を表します。

材料・部品計画/現品管理

現品管理とは、原材料や部品などの資材、仕掛品、製品などの物について、運搬・移動や停滞・保管の状況を管理する活動のことをいい、現品の経済的処理と数量、所在の確実な把握を目的としています。

資材の標準化

資材の標準化は、自社で調達する資材について品目ごとに標準仕様を定め、できるだけ標準品を用いることによって調達資材の種類を少なくする活動です。

資材標準化のメリットとしては、品質面ではバラツキや不良品が削減でき、費用面では標準品をまとめて発注できるため、単価や在庫の削減ができるという点があります。また、納期面では標準品を常備在庫として保有することで短納期の対応が可能となり、管理面で発注や在庫管理の負担を軽減することができるという点があります。

ただし、標準化にこだわりすぎると保守的になる傾向があり、技術革新やニーズの変化に対して対応しにくくなるという経営面のデメリットや、資材が限定されてしまうことで設計に制約が生じてしまうという業務面のデメリットが生じる場合もあります。

MRP

MRPとは、Material Requirements Planning system の略で、生産計画を基に製品の製造に必要な部品や材料の量を決める方法のことです。MRPは以下のような流れをとります。

① 計画対象期間内の需要を想定して作成された、基準生産計画（MPS：Master Production Schedule）を入手する
② 部品表から総所要量を計算する
③ 総所要量に現在の在庫量や発注残を引当てて正味所要量を計算する
④ 発注コストや作業効率を考えて決定されたロットサイズ情報から、正味所要量をロットごとのまとまった量にして手配する「ロットまとめ」を行う

⑤ リードタイム情報から、リードタイムを用いて発注日を計算する先行計算を行い、発注データを作成する

部品表（BOM）

上記のMRPの流れの②で挙げた**部品表**とは、ある製品に必要な部品を一覧にしたもので、**設計部品表**と**構造部品表**の2つの種類があります。

設計部品表は、Engineering Bill Of Materialsの頭文字を取って**E-BOM**とも呼ばれ、最終製品を構成する全部品をリストアップしたサマリー型の部品表のことをいいます。

構造部品表は、Manufacturing Bill Of Materialsの頭文字を取って**M-BOM**とも呼ばれ、製造する製品がどのような部品で構成されており、必要な部品の総数がいくつかを示すストラクチャー型の部品表のことをいいます。ストラクチャー型の部品表に関しては、部品表から必要な部品を計算させる問題もたまに出題されますので、過去問を使って解き方を確認しておきましょう。

［参考］在庫の問題点

在庫は、多すぎても少なすぎても問題が生じます。

在庫が多すぎるときの問題点としては、
① CFが悪化する
② 売れなくていつまでも倉庫の中で眠っている死蔵在庫（デッドストック）が増加する
③ 在庫関連費用が増加する
④ 市場対応力・柔軟性が低下する

という点が挙げられます。

また、逆に在庫が少なすぎるときの問題点としては、
① 品切れにより信用度が低下する
② 機会損失が増加する
③ 生産期間や納期が長期化する
④ 手元に在庫がないために緊急調達をせざるを得なくなりコストが増加する

という点が挙げられます。

― すぐやる！過去問コーナー ―

■ 日程計画／進捗管理
レベル1　H27-14, H27-17, H25-10, H25-11　　レベル2　R3-14

■ 材料・部品計画／現品管理
レベル1　R3-9, R1-7　　　　　　　　　　　　レベル2　H30-14, H28-9, H25-14

257

8. 在庫管理・購買管理

【定期発注方式】
一定期間ごとに需要量を予測して発注

メリット
- 精度の高い管理が可能
- 需要の季節変動が大きいものにも対応可能

デメリット
- 管理が複雑で手間がかかる
- 安全在庫が過大になる可能性（発注サイクルが長い場合）

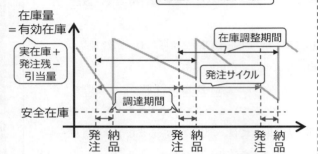

発注量 = 在庫調整期間の予想消費量 − 現在の在庫量 − 発注残 + 安全在庫

在庫調整期間 = 発注サイクル + 調達期間

→ 発注サイクルor調達期間が短くなれば発注量も少なくできる

安全在庫
需要変動or補充期間の不確実性を吸収するために必要な在庫

安全在庫の決定要因
① 品切れの許容度合い
② 需要量の変動
③ 調達リードタイム

【ABC分析】重点管理の方法

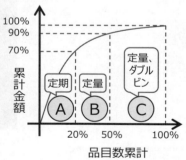

期待される効果
- 在庫削減(A品目)
- 回転率向上(A品目)
- 在庫管理作業軽減(C品目)
- 原価意識向上

【定量発注方式】
在庫量が発注点まで減ったら定量を発注

メリット
- 運用・管理が楽
- 事務処理の効率化・自動化が可能

デメリット
- 需要の季節変動が大きいものや調達期間が長いものには不向き

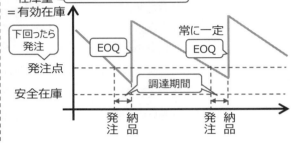

発注点 = 調達期間 × 調達期間中の1日の平均需要量 + 安全在庫

【EOQ】経済的発注量、在庫費用 = 発注費用となる量

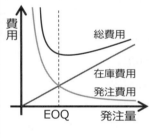

年間発注費用 = 1回当たり発注費用 × 発注回数

年間在庫費用 = 年間平均在庫量 × 1個当たり在庫費用

$$\text{年間発注費用} = S \times \frac{R}{Q}$$

$$\text{年間在庫費用} = \frac{Q}{2} \times P \cdot i$$

在庫費用 = 発注費用よりEOQを求める

$$EOQ = \sqrt{\frac{2SR}{P \cdot i}}$$

S：1回当たり発注費用
R：年間需要量
Q：発注量
P：在庫品の単価
i：在庫費用率

【補充点方式】補充できる最大の在庫量まで補充　補充点 = 最大在庫量

発注点補充点方式  ここまで減ったらなみなみに

定期補充点方式 10分ごとになみなみに

定期発注点補充点方式 10分ごとにチェックしてここまで減ったらなみなみに

【ダブルビン方式】
定量発注方式のお手軽版

 発注量 = 発注点　 1本空いたら次を注文

SHEET 8　　在庫管理・購買管理

定期発注方式

定期発注方式は、一定期間ごとに需要量を予測して発注する方法です。発注してから次の発注を行うまでの期間を**発注サイクル**といい、定期発注方式では一定の発注サイクルで発注を行います。また、発注から納品までの期間を**調達期間**、発注サイクルに調達期間を加えた期間のことを**在庫調整期間**といいます。なお、ここでいう在庫量とは、**有効在庫**の量のことを示し、有効在庫の量は下記の式で表されます。（後述の定量発注方式でも同様）

$$\text{有効在庫}＝\text{実在庫}＋\text{発注残}－\text{引当量}$$

ここで、**発注残**とは、発注はしているもののまだ納品されていない部品の量、**引当量**は使う予定があるもののまだ使われず倉庫に残っている部品の量のことを表します。

定期発注方式は、発注の都度、発注量を計算するため、精度の高い管理ができ、需要の季節変動が大きな品目にも対応可能というメリットがあります。

一方で、管理が複雑で手間がかかる、発注サイクルが長い場合、安全在庫が過大になる可能性があるというデメリットがあります。

定期発注方式の発注量は、以下の式で求めることができます。

$$\text{発注量}＝\text{在庫調整期間の予想消費量}－\text{現在の在庫量}－\text{発注残}＋\text{安全在庫}$$

なお、発注サイクルもしくは調達期間を短くできれば、在庫調整期間の予想消費量が減りますので、発注量を少なくすることができます。また、上記の式の中で**安全在庫**という項目がありますが、安全在庫とは、需要変動や補充期間の不確実性を吸収するために必要な在庫のことで、①品切れの許容度合い、②需要量の変動のばらつきの大きさ、③調達リードタイムによって求められます。

定量発注方式

定量発注方式は、在庫量が発注点として定めた在庫量を下回ったときに、あらかじめ決めておいた量を発注する方式です。発注点は以下の式によって求めることができます。

$$\text{発注点}＝\text{調達期間}\times\text{調達期間中の１日の平均需要量}＋\text{安全在庫}$$

なお、このとき基準とする在庫量は定期発注方式の項目で説明した**有効在庫**であり、実在庫の量ではありませんので注意が必要です。

定量発注方式は、運用・管理が楽で事務処理の効率化・自動化が可能という点がメリットですが、一定量の発注のため需要の季節変動が大きいものや調達期間が長い品目には不向きであるというデメリットがあります。

EOQ

なお、定量発注方式の場合、1回の発注量は**経済的発注量**（EOQ：Economic Order Quantity）と呼ばれる、在庫費用が発注費用と等しくなる量となります。

年間発注費用は1回当たり発注費用×発注回数より、以下の式で表すことができます。

年間発注費用＝1回当たり発注費用×（年間需要量÷発注量）　・・・①
　　　　　　＝S×（R/Q）　　S：1回当たり発注費用　　R：年間需要量　　Q：発注量

また、在庫費用は在庫を管理し維持するための費用です。**年間在庫費用**は年平均在庫量×1個当たり在庫費用であり、以下の式で表せます。なお、式における在庫費用率とは、在庫管理費が在庫に対してどれくらいかかるのかの割合を表し、在庫1個当たりの在庫費用は、P×iです。

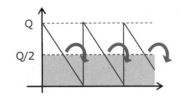

また、年平均在庫量は、発注量をQとすると、右図のようにピークをならしたときに、全体の半分となるため1/2Qと表すことができます。

年間在庫費用＝発注量/2×在庫品の単価×在庫費用率　　・・・②
　　　　　　＝Q/2×P×i　　P：在庫品の単価　　i：在庫費用率

EOQは年間発注費用と年間在庫費用が等しくなる点で、①、②式より以下のように表します。

$$EOQ = \sqrt{\frac{2 \times 1回当たり発注費用 \times 年間需要量}{在庫品の単価 \times 在庫費用率}} = \sqrt{\frac{2SR}{P \cdot i}}$$

ABC分析

ABC分析は、縦軸に累計金額、横軸に品目数累計をとり、累計金額もしくは品目数累計の多い順に**A品目**、**B品目**、**C品目**に分類し、それぞれの重要性に応じた管理を行うための方法です。企業や取扱商品の性質により、A品目、B品目、C品目を区分するための割合は異なってきますが、例えば累計金額の上位70％をA品目、上位70％から90％までをB品目、90％以降をC品目として管理を行う、といった形です。

累計金額の多いA品目は、重点管理品目として取り扱い、定期発注方式により精度の高い管理を行います。

次に累計金額の多いB品目は、A品目よりはやや管理レベルを下げ、主に定量発注方式による在庫管理を行います。

累計金額の少ないC品目は効率性を重視した管理とし、主に定量発注方式やダブルビン方式を採用します。

ABC分析を行うことにより期待される効果としては、A品目の在庫管理の精度が向上することによる在庫削減効果や、回転率向上の効果、C品目の効率性の向上による在庫管理作業の削減、原価意識の向上効果などがあります。

補充点方式

　補充点とは、補充できる最大の在庫量のことで、倉庫の棚の容量のようなイメージです。補充点方式とは、一定のルールに従い、減少した在庫を補充点まで補充する方式のことをいいます。補充点方式の代表的なものには、**発注点補充点方式**、**定期補充点方式**、**定期発注点補充点方式**があります。

　発注点補充点方式は、在庫量があらかじめ定められた発注点を下回ったら、現在の有効在庫を差し引いて補充点まで発注する方式のことです。イメージしやすいように、ジョッキにビールを注ぐという例で考えてみたいと思います。この場合、補充点はジョッキなみなみ一杯ですので、発注量、つまり注ぐ量はなみなみ一杯の量から現在残っている量を引いた分になります。発注点をジョッキの残り1/4と設定した場合、発注点補充点方式は、ビールの量が残り1/4を切ったらなみなみまで注ぐ、というものです。

　定期補充点方式は、あらかじめ定められた一定期間ごとに補充点まで発注する方式のことです。先ほどのビールの例ですと、10分おきにジョッキをなみなみにする、という形になります。

　定期発注点補充点方式は、あらかじめ定められた一定期間ごとに在庫調査を行い、そのとき、あらかじめ定められた発注点を下回っていたら補充点まで発注する方式のことです。先ほどのビールの例ですと、10分おきにジョッキの残りの量をチェックして、1/4を下回っていたらなみなみまでビールを注ぐといった方式です。

ダブルビン方式

　ダブルビン方式は、定量発注方式をより簡単にした在庫管理方式です。

　同じ容量の在庫を補完する容器や棚を2つ用意しておき、片方の容器や棚が空になったらもう1つの棚や容器の容量分を発注するという方式です。先ほどと同様、ビールの例で例えると、ビール瓶を2本用意しておき、1本が空いたらもう1本を注文するといった方式です。

すぐやる！過去問コーナー

■ 在庫管理・購買管理

レベル1　R3-12, R2-13, R2-34, R1-10, H30-13, H30-31, H29-33, H28-33,
　　　　　H27-35, H27-41, H26-12, H26-37, H25-32, H25-33, H24-36
レベル2　R3-32, R1-33, H28-8, H27-11

261

9. IE①

IEの体系

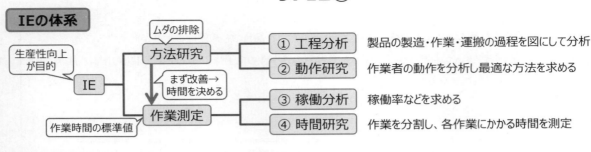

- 生産性向上が目的
- IE
  - 方法研究（ムダの排除）
    - ① 工程分析：製品の製造・作業・運搬の過程を図にして分析
    - ② 動作研究：作業者の動作を分析し最適な方法を求める
  - 作業測定（まず改善→時間を決める／作業時間の標準値）
    - ③ 稼働分析：稼働率などを求める
    - ④ 時間研究：作業を分割し、各作業にかかる時間を測定

① 工程分析

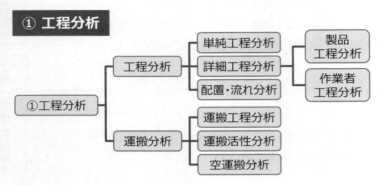

- ① 工程分析
  - 工程分析
    - 単純工程分析
    - 詳細工程分析 → 製品工程分析 / 作業者工程分析
    - 配置・流れ分析
  - 運搬分析
    - 運搬工程分析
    - 運搬活性分析
    - 空運搬分析

工程分析と動作研究

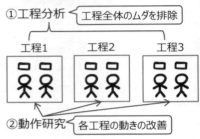

① 工程分析 ← 工程全体のムダを排除
② 動作研究 ← 各工程の動きの改善

工程図記号

- 加工　○　付加価値を生む
- 運搬　∘ /⇨
- 停滞
  - ▽　貯蔵：計画的
  - D　滞留：非計画的
- 検査
  - □　数量検査
  - ◇　品質検査 ← 品質はダイヤ

複合記号：2工程の組み合わせ
⇨（内に○） ◇（内に○）
外側の大きい方がメイン
内側の小さい方がサブ

製品工程分析（モノ）

物を中心に工程を図記号で表示

工程	時間(秒)	距離(m)	加工	運搬	貯蔵	検査
A	−	−	○	∘	▽	□
B	55	10	○	∘	▽	□
C	20	−	○	∘	▽	□
D	35	5	○	∘	▽	□

付加価値あり（加工・運搬） 付加価値なし（貯蔵・検査）

作業者工程分析（ヒト）

作業者を中心に工程を図記号で表示

工程	時間(秒)	距離(m)	作業	移動	手待ち	検査
A	−	−	○	∘	▽	□
B	55	10	○	∘	▽	□
C	20	−	○	∘	▽	□
D	35	5	○	∘	▽	□

付加価値あり　付加価値なし

運搬

運搬分析の基本記号

- 移動　◻　位置の変化 ｜動く
- 取扱　◯　持ち方の変化 ｜
- 加工　○　形の変化 ｜動かない
- 停滞　▽　変化しない ｜

運搬工程分析

運搬工程を図にして分析
→運搬をいかに短くするか
　＝いかに加工時間を増やすか

空運搬分析

空運搬：手ぶらで移動

$$空運搬係数 = \frac{空移動距離}{物の移動距離}$$

空移動距離
＝人の移動距離 − 物の移動距離

台記号

		活性示数
平：—	床や台にばらばらに置く	0
箱：⊔	コンテナ等にまとめる	1
枕：⊤⊤	パレットに載せる	2
車：ᴼᴼ	車に乗せる	3
コンベア：⌒	コンベアに乗せる	4

0から4まで5段階

運搬活性分析

運搬のムダ取りが目的
ムダが多い：活性示数低
ムダが少ない：活性示数高

$$平均活性示数 = \frac{停滞工程の活性示数合計}{停滞工程の数}$$

マテハン：マテリアルハンドリング

運搬の原則
- ✓ 活性荷物の原則
- ✓ 直線化の原則
- ✓ スペース活用の原則
- ✓ 継ぎ目の原則
- ✓ 自重軽減の原則

SHEET 9　　　IE ①

IE の体系

　IE とは Industrial Engineering（生産工学）の頭文字を取ったもので、生産性の向上を目的とした手法です。IE は製品の価値を生む加工以外の工程、つまりムダを減らすための設計・改善を行う**方法研究**と、作業時間の標準値である標準時間を設定するための**作業測定**に分類することができます。まずは、方法研究によって作業のムダを減らし、その後作業測定によって標準的な時間を定める、という流れで検討します。

　方法研究は、さらに、製品の製造や作業、運搬の過程を図にして分析することで工程全体のムダを排除する**工程分析**と、作業者の動作を分析し、最適な方法を求めることによって各工程の動きを改善する**動作研究**に分けることができます。

　また、作業測定は稼働率などを求める**稼働分析**と、作業を分割し、各作業にかかる時間を測定する**時間研究**に分けることができます。以下では、工程分析、動作研究、稼働分析、時間研究のそれぞれについて説明します。

① 工程分析

　工程分析をさらに分類すると、作業工程に関して分析を行う**工程分析**と、部品や製品の運搬に関して分析を行う**運搬分析**に分けられます。そして、工程分析はさらに**単純工程分析**、**詳細工程分析**、**配置・流れ分析**に、運搬分析は**運搬工程分析**、**運搬活性分析**、**空運搬分析**に分けることができます。

　工程分析を行う場合、各工程を簡単に表記するため**工程図記号**を用います。

　工程図記号では、材料や部品、製品の形や状態を変化させる作業である**加工**は〇（大きい丸）で表し、材料や部品、製品の位置を変化させる**運搬**は。（小さい丸）もしくは⇨（矢印）で表します。また、材料や部品、製品が同じ場所に留まっていることを**停滞**といい、そのうち材料や部品、製品を計画的に蓄えているものを**貯蔵**といい▽（逆三角）で表し、意図せず留まってしまっているものを**滞留**といいD（アルファベットのDのような形）で表します。さらに、検査については、数量の検査を行う**数量検査**を□（四角）、品質の検査を行う**品質検査**を◇（ダイヤ）で記載します。なお検査の図記号は「品質はダイヤ」と覚えておくと数量検査と品質検査の記号がきちんと区別できるようになります。

　これらの工程図記号は、例えば加工と運搬や、数量検査と品質検査といったように、2 つの工程を組み合わせた、**複合記号**として表すこともできます。複合記号は、外側の大きい方がメインの工程、内側の小さい方がサブの工程を意味します。

263

単純工程分析は、「3.SLP（Systematic Layout Planning）」シートでも説明したように、主に加工工程と検査工程だけで良いような製品別レイアウトで用いられる方法で、原料から製品になるまでの工程の流れを加工と検査の2つの記号のみで表し、製品の生産プロセスについて分析する分析方法です。

詳細工程分析は、物を中心に工程を図記号で表示する製品工程分析と、作業者を中心に工程を図記号で表示する作業者工程分析があり、それぞれ、物や作業者の工程の流れがどのようになっているのか、各工程でどのような作業を必要とするかについて図示します。各工程のうち、付加価値を生む工程は加工工程のみで、それ以外は付加価値を生まない工程ですので、加工以外の付加価値を生まない工程をどれだけ削減できるかについて検討を行います。

配置・流れ分析は、「3.SLP（Systematic Layout Planning）」シートで説明した、物の流れ分析や、建物や設備の配置図の上に工程図記号を重ねて書いた流れ線図を用いて、建物のレイアウトや物の流れについて検討を行います。

運搬

運搬分析を行う場合、品物の扱われ方を図で表します。運搬を位置の変化を表す移動 ◯ と持ち方の変化を表す取扱 ◯ に分けて表記します。物が動かない加工・停滞は工程図記号と同じく加工を〇（大きい丸）で、停滞を▽（逆三角）で表します。

運搬工程分析では、運搬工程を図にして分析することで、付加価値を生まない工程である運搬工程をいかに短くするかを検討します。運搬工程を短くするということは、その分、付加価値を生む加工工程の時間の占める割合を増やし、効率を改善することにつながります。

空（から）運搬分析は、空運搬を減らすことを目的に行う分析です。空運搬とは、物を持たず、手ぶらで移動することをいい、それがどれくらいの割合で行われているかということを示す係数である空運搬係数を求めることにより、空運搬の状況を定量的に把握します。空運搬係数は以下の式で表すことができます。

$$空運搬係数 ＝ 空移動距離 \div 物の移動距離$$
$$空移動距離 ＝ 人の移動距離 － 物の移動距離$$

台記号は品物が置かれた状態を表す記号です。台記号には床や台にばらばらに置かれた状態を表す平、コンテナなどにまとめられた状態の箱、パレットなどに載せられた状態の枕、車に乗せられた状態の車、コンベアに乗せられた状態のコンベアという5つがあり、それぞれに運びやすさのレベルを表す活性示数が付されています。

活性示数は平が0、箱が1、枕が2、車が3、コンベアが4で、数字が大きくなるほど移動しやすくなります。活性示数は1ではなく0からスタートし、全部で5段階あるという点に注意しましょう。

運搬活性分析は、工程ごとの運搬のしやすさである運搬活性を、活性示数を用いて表すことで、運搬のしやすさを定量的に把握し、運搬のムダを削減することを目的に行う分析です。分析の結果、活性示数が高ければムダが少なく、低ければムダが多いといえます。工程全体の運搬活性を表すためには、以下の式のような平均活性示数という指標が用いられます。

平均活性示数＝停滞工程の活性示数の合計÷停滞工程の数

マテハンとはマテリアルハンドリングの略で、物の一連の取り扱いのことを示します。このマテハンを効率化する上での原則を示したものを**運搬の原則**といいます。運搬の原則には以下のようなものがあります。

活性荷物の原則とは、床や台にバラバラに置いている平の状態よりもコンテナなどにまとめた箱、箱よりもそれをパレットに載せた台、といったように物の活性示数ができるだけ高くなるようにすべきという考え方です。

直線化の原則は、流れの原則ともいわれ、物の移動はできるだけ直線的に動かすべきという考え方で、一定方向に物が流れるようにすることで直線化を図ります。

スペース活用の原則は、整頓したり、バラ置き、平置きされている物を箱に入れたり棚にパレットを積んだりすることで床面積を活用するという考え方です。

継ぎ目の原則は、物の移動には継ぎ目がない方が良いという考え方で、この継ぎ目とは積み替えや載せ替え、再取り扱いなどの無駄な作業のことを表し、このような無駄な作業を極力なくすという考え方です。

自重軽減の原則は、物を取り扱う機器である**マテハン機器**の重さは軽い方が良いという考え方です。

すぐやる！過去問コーナー

■ ①工程分析
レベル1　R2-7, R1-13, H30-10, H29-6, H26-14, H24-8
レベル2　R2-18, H26-17
■ 運搬
レベル1　R1-12, H26-20　　　　　レベル2　H29-13

265

10. IE②

② 動作研究

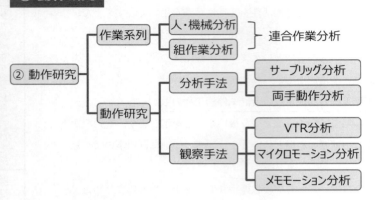

動作研究の領域
- 作業方法
- 治具の使い方
- 作業域
→ 動作経済の原則 → 最適な方法を探す

動作経済の原則
- ✓ 動作の数を減らす
- ✓ 動作は同時に行う
- ✓ 動作の距離を短くする
- ✓ 動作を楽にする

連合作業分析
作業者・機械or2人以上の作業者の組み合わせを分析
→手待ちロス・停止ロス(機械干渉)を明確にして改善

マンマシンチャート

作業者	機械
連合作業	連合作業
単独作業	停止
連合作業	連合作業
手待ち	自動

作業空間
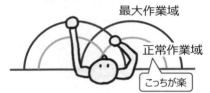
最大作業域 / 正常作業域 / こっちが楽

サーブリッグ分析
作業者の動作を18の動素(サーブリッグ)に分解して分析

第一類	必要な要素
第二類	動作を遅れさせる要素
第三類	仕事に寄与しない要素

18のサーブリッグのうち価値を生む要素は第一類のうち以下の3つのみ
- ✓ 使う   U
- ✓ 組み合わせる #
- ✓ 分解する   ‡

(サーブリッグ記号)

両手動作分析
作業者の両手の動作を分析

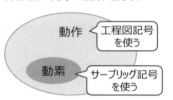
動作 → 工程図記号を使う
動素 → サーブリッグ記号を使う

③ 稼動分析
作業を分類し余裕率を求めることが目的、時間分析とセットで標準時間を設定

③稼働分析
- ワークサンプリング : 瞬間的に何をしているかを観察 → 繰り返しや短サイクル作業向き
- 連続観測法 : ずっと見ている→非繰り返しやサイクルの長い作業向き

ワークサンプリング

メリット
- ✓ 作業者が観測されていることを意識しにくい →精度が高い
- ✓ 観測が簡単
- ✓ 1人で多数の分析
- ✓ データ整理が簡単

デメリット
- ✓ 深い分析には向いていない
- ✓ 母数が少ないと誤差が大きい

ワークサンプリングで分類される作業・余裕

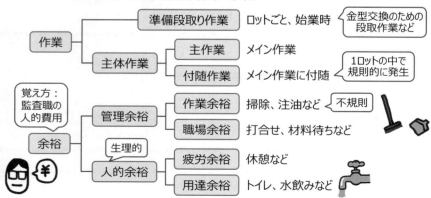

- 作業
  - 準備段取り作業 : ロットごと、始業時 (金型交換のための段取作業など)
  - 主体作業
    - 主作業 : メイン作業
    - 付随作業 : メイン作業に付随 (1ロットの中で規則的に発生)
- 余裕 (覚え方:監査職の人的費用)
  - 管理余裕
    - 作業余裕 : 掃除、注油など (不規則)
    - 職場余裕 : 打合せ、材料待ちなど
  - 人的余裕 (生理的)
    - 疲労余裕 : 休憩など
    - 用達余裕 : トイレ、水飲みなど

SHEET 10　　　IE ②

② 動作研究

動作研究の体系

動作研究は、方法研究のうち、作業者の動作を分析し、最適な方法を求めることで各工程の動きを改善することを目的に行われます。

動作研究を分類すると、主に作業について分析する**作業系列**と、人の動作について分析する**動作研究**に分けられます。

作業系列には、人・機械分析と組作業分析があり、**人・機械分析**では作業者と機械、**組作業分析**では2人以上の作業者の作業の組み合わせを分析します。

動作研究には、**分析手法**に関するものと**観察手法**に関するものがあります。分析手法に関するものには**サーブリッグ分析**と**両手動作分析**があり、これらについては後で詳しく説明します。

観察手法に関するものには、**VTR分析**、**マイクロモーション分析**、**メモモーション分析**があります。**VTR分析**は、作業をビデオなどで撮影し、動作の分析を行うものです。**マイクロモーション分析**は、作業者の動作を撮影したものをスローで再生し、細かいムダの改善に用います。**メモモーション分析**は、作業者の動作を撮影したものを高速で再生し、長時間の作業の分析に用います。

動作研究の領域

動作研究では、作業方式や治具の使い方、作業域など作業者が行うすべての動作を調査・分析し、**動作経済の原則**と照らし合わせることで、最適な方法の検討を行います。なお、動作経済の原則とは、動作についてのあるべき姿を示す原則で、代表的なものに以下があります。

- 動作の数を減らす
  不要な動作を排除する、複数の動作をまとめる、探す・運ぶ・選ぶを必要以上に行わない（材料や工具は一定の場所に置くなど）、2つ以上の工具を1つに組み合わせて持ち替えない
- 動作は同時に行う
  両手は左右対称に使う、両手の作業は同時に始まり同時に終わるようにする
- 動作の距離を短くする
  作業域は小さくする、身体は小さい動きにする（優先順位　指→手首→前腕→上腕→肩→胴）
- 動作を楽にする
  作業や物の供給は慣性や重力などの自然な力を活用する、運動の方向を急に変えず連続した曲線状の運動とする、適切な作業環境を導入する（照明、換気、温度、湿度、騒音など）、作業台や椅子は作業者の体格に合わせて正しい姿勢が取れるようにする、人間の判断を減らす

連合作業分析

　人・機械分析や組作業分析のように、2つ以上の作業の組み合わせについて分析を行うことを**連合作業分析**といいます。連合作業分析では、**マンマシンチャート**（M-Mチャート）という見える化のためのツールを使い、人の手待ちロスや機械の停止ロスを明確にすることで、作業内容の改善や順序の改善を行います。

作業空間

　作業者が作業を行う際、身体を動かすのに必要な空間を**作業空間**といいます。そのうち、作業者が手を伸ばしたときに届く空間を**最大作業域**、前腕を自然な状態で動かしたときに届く範囲を**正常作業域**といいます。作業はできるだけ正常作業域の中で行われるようにし、工具の位置もできるだけ正常作業域の中に置くようにする必要があります。

サーブリッグ分析

　サーブリッグ分析とは、作業者の動作の要素を**サーブリッグ**と呼ばれる、より細かい18の動素に分解して行う分析のことです。サーブリッグは、必要な要素である**第一類**、動作を遅れさせる要素である**第二類**、仕事に寄与しない要素である**第三類**に分けることができます。価値を生む要素は、その中でも第一類のうち「使う」、「組み合わせる」、「分解する」のみであるとされています。そして、それ以外の要素をいかに削減するかについて検討します。

両手動作分析

　両手動作分析は、作業者の両手の動作を分析するもので、作業者の両手の動作を観察し、それらの動作を工程図記号で表したり、さらに細かい動素をサーブリッグ記号で表したりしながら、動作の順序やムリ、ムダの改善を行うものです。

③ 稼働分析

後回しOK
頻:C　難:3

稼働分析の体系

　稼働分析は、作業者や機械の稼働状況を分析し、**余裕率**を求める手法のことです。「④時間分析」とセットで行うことで、作業の標準時間を求めることができます。稼働分析の方法は、瞬間的に観察を行う**ワークサンプリング**と、連続的に観察を行う**連続観測法**の2つがあります。

　前者は繰り返し作業や短サイクル作業の観察に向き、後者は非繰り返し作業や長サイクル作業の観察に向いています。

ワークサンプリング

ワークサンプリングは、作業者や機械が何をしているのかを瞬間的に観察して、サンプルを集め、それを元に作業状態を分析する方法です。

ワークサンプリングは、瞬間的に観察を行うため、作業者が観測されていることを意識しにくく、精度が高い観測ができる点や、1人で多数の分析ができ、観測やデータ整理が容易であるという点がメリットです。一方で、深い分析には不向きであり、母数が少ないと誤差が大きいというデメリットがあります。

ワークサンプリングで分類される作業・余裕

ワークサンプリングでは、作業者の行動を観測し、生産活動に関連する行動を**作業**に、それ以外の行動を**余裕**に分類します。

作業は、材料の準備や金型交換のための段取り作業など、始業や製品切り替え時に行われる**準備段取り作業**と、メインの作業である**主体作業**に分類できます。

さらに、主体作業はメインの作業である**主作業**と、工具の付け外しなどメインの作業に付随した規則的な作業である**付随作業**に分類されます。

余裕には、工場の管理方法に起因する**管理余裕**と、作業員の生理的な要因により発生する**人的余裕**があります。

管理余裕は、工場で不規則に発生する掃除や注油などの**作業余裕**と、打合せや材料待ちなど作業以外の管理的な要因に起因する**職場余裕**があります。

また、**人的余裕**には、休憩などの**疲労余裕**やトイレや水飲みといった**用達余裕**があります。余裕は、管理余裕、作業余裕、職場余裕、人的余裕、疲労余裕、用達余裕の先頭の文字を取って「監査職の人的費用（管・作・職・人的・疲・用）」と覚えると覚えやすいです。

― すぐやる！過去問コーナー ―

■ ②動作研究
レベル1　R3-18, R1-21, H30-8　　レベル2　H27-16, H27-20, H26-16, H24-16

■ ③稼働分析
レベル1　なし　　　　　　　　　　レベル2　H29-7, H28-16, H25-16, H24-1

11. IE③、生産情報システム

④ 時間分析

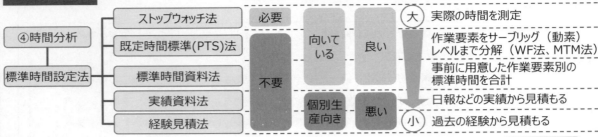

標準時間

習熟した作業者が所定の条件で必要な余裕を持って正常なペースで作業したときの時間

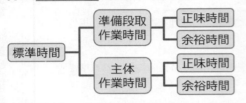

レイティング：個人差を修正
正常な作業者が正常な速さでやる時間に修正

正味作業時間
＝観測時間の代表値×レイティング係数

$$レイティング係数 = \frac{基準とする作業ペース}{観測作業ペース}$$

作業者のレベル
レイティング係数
 大 作業が速い
100 基準
 小 作業が遅い

ストップウォッチ法による標準時間の設定

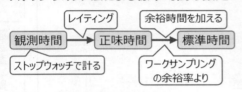

余裕率と標準時間の式

標準時間 ＝ 正味時間＋余裕時間

	余裕率	標準時間
内掛け法	$\dfrac{余裕時間}{余裕時間＋正味時間}$	$\dfrac{正味時間}{1-余裕率}$
外掛け法	$\dfrac{余裕時間}{正味時間}$	正味時間×(1＋余裕率)

生産情報システム

【CAD/CAM/CAE】

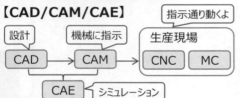

導入のメリット
設計面：データ再利用による設計業務の負荷軽減、設計期間の短縮
生産面：加工データの活用による熟練技術の再現、製品品質の向上、部品共通化、多品種化対応
営業面：3D-CADデータを使用した視覚的な提案

【生産現場の自動化】

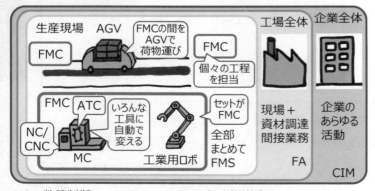

NC：数値制御
CNC：コンピュータ数値制御
MC：マシニングセンタ
ATC：自動工具交換装置
FMC：フレキシブル加工セル
AGV：無人搬送車
FMS：柔構造製造システム
FA：ファクトリーオートメーション
CIM：コンピュータ統合生産

【品種の数と設備】

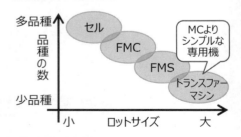

【その他の用語】

CE（コンカレントエンジニアリング）
設計・製造・販売の統合化、同時進行化
メリット：リードタイム短縮、製造コストの削減

PDM：製品情報管理システム
製品情報と開発プロセスを一元管理
様々な人が情報共有できる

SHEET 11　　IE ③、生産情報システム

④ 時間分析

時間分析では、③稼働分析で行った分析結果を基に標準時間の設定を行います。**標準時間**とは、習熟した作業者が所定の条件で必要な余裕を持って正常なペースで作業したときの時間のことで、この標準時間を基に作業時間の見積もりなどを行います。標準時間は、**準備段取作業時間**と**主体作業時間**から成り、それぞれさらに作業を行っている時間である**正味時間**と、作業以外を行っている時間である**余裕時間**に分けられます。

標準時間の測定方法としては、**ストップウォッチ法**、**既定時間標準法（PTS 法）**、**標準時間資料法**、**実績資料法**、**経験的見積法**という方法があります。

ストップウォッチ法は、文字通りストップウォッチで実際の時間を測定する方法です。繰り返し作業に向いており、手間はかかりますが高い精度の測定が可能です。また、ストップウォッチ法のみレイティングと呼ばれる個人差の修正作業が必要となります（後述）。

既定時間標準法は、Predetermined Time Standard System の頭文字を取って**PTS 法**とも呼ばれており、人が行うすべての作業要素をサーブリッグレベルまで分解し、それを積み上げることで標準時間を求める方法です。繰り返し作業に向いており、手間はかかりますが高い精度で標準時間を求めることができます。しかし、詳細な分析が必要なため、専門的なスキルを要します。PTS 法の代表的な手法には**WF 法**と**MTM 法**があります。**WF 法**（Work Factor 法）とは、「同じ作業は誰がいつどこでやっても同じ時間でできる」という考えのもと動作時間に影響を及ぼす主な要因として①身体の各部位、②運動距離、③重量または抵抗、④人為的な調節（停止、方向の調節、注意、方向の変更）を挙げた分析方法です。また、**MTM 法**（Methods Time Measurement 法）とは、WF 法の4つ作業をさらに10の基本動作に分類したものです。

標準時間資料法は、事前に用意した作業要素別の標準時間を合計することで標準時間を求める方法です。こちらも繰り返し作業に向いており、標準時間の資料をまとめるための手間はかかりますが高い精度で標準時間を求めることができます。

実績資料法は、日報などの実績から標準時間を見積もる方法です。こちらは繰り返し作業よりは個別生産に向いた方法で、手間は少ないですが、精度は低いです。

経験的見積法は、過去の同様の作業にかかった時間から標準時間を見積もる方法です。こちらも繰り返し作業よりは個別生産に向いた方法で、手間は少ないですが、精度は低いです。

ストップウォッチ法による標準時間の設定は他の測定方法と異なり、**レイティング**などによる修正作業が必要となります。流れとしては、まず、ストップウォッチで測定した実際の観測時間をレイティングにより修正し、**正味時間**を求めます。そこに**余裕時間**の分を加味し、ワークサンプリングで求めた**余裕率**を用いることで**標準時間**を求めます。**レイティング**とは、実際に観測された時間を、習熟した作業者が正常なペースで行う作業時間に変換することで、観測時間の代表値に**レイテ**

271

ィング係数をかけることで、正味作業時間を求めることができます。レイティング係数は、基準とする作業ペースを 100 として、以下の式で求められます。

$$レイティング係数＝基準とする作業ペース÷観測作業ペース$$

レイティング係数が高いということは、基準とする作業ペースよりも観測作業ペースが小さい、つまり作業が速いということを意味しています。レイティング係数は作業者のレベルを表しており、レベルが高いほど作業スピードが速い、というイメージを持つと混同しにくいです。

レイティングを行い、正味時間を求めたらそこから**標準時間**を求めることができます。標準時間の求め方には**内掛け法**と**外掛け法**の 2 つの方法があります。

内掛け法では標準時間、余裕率は下記の式で求めることができます。

$$標準時間＝正味時間÷（1－余裕率）\quad 余裕率＝余裕時間÷（余裕時間＋正味時間）$$

また、**外掛け法**では標準時間、余裕率は下記の式で求めることができます。

$$標準時間＝正味時間×（1＋余裕率）\quad 余裕率＝余裕時間÷正味時間$$

内掛け法と外掛け法ではそれぞれ求め方が異なりますが、それぞれの方法で標準時間を表すとどちらも標準時間は正味時間と余裕時間の和になります。

生産情報システム

CAD/CAM/CAE

製品開発に用いられる生産情報システムとして、**CAD**、**CAM**、**CAE** があります。

CAD は、Computer Aided Design の略で、製品の形状などのモデルをコンピュータの中で作成して、解析・処理をすることで設計するシステムです。形状を 3 次元で表したモデルのことを **3D-CAD** ともいいます。**CAM** は、Computer Aided Manufacturing の略で、コンピュータ内部に作成されたモデルに基づいて、CAD で生産に必要な情報を生成し、それをもとに CNC や MC（後述）などの工作機械を動かすシステムのことです。**CAE** は、Computer Aided Engineering の略で、CAD で作った設計データをもとにコンピュータ上でシミュレーションを行うシステムのことです。

CAD と CAM をまとめて **CAD/CAM** という場合もあります。CAD/CAM を用いることで、設計面ではデータ再利用による設計業務の負荷軽減、設計期間の短縮が期待できます。また、生産面では加工データの活用による熟練技術の再現や製品品質の向上が期待でき、データ分析が容易になるため部品共通化が可能で、多品種化対応もしやすくなります。さらに、営業面では、3D-CAD データを使用した視覚的な提案が可能になります。

生産現場の自動化

以下では、生産現場の自動化のために用いられるシステムについて説明します。

NC 加工機とは、Numerical Control（数値制御）の略で、加工方法をプログラムにより数値制御できる加工機のことです。また、コンピュータによって制御された NC 加工機のことを **CNC 加工**

機（Computer Numerical Control）といいます。

　多数の工具を自動で交換しながら様々な作業を行うことができる工作機械のことを MC（Machining Center）といいます。MC は NC または CNC 加工機に、工具を自動で交換する装置である ATC（Automatic Tool Changer）がついたもので、ATC により、作業に合った様々な工具に自動で交換することで、自動で様々な加工を行うことができます。

　個々のひとまとまりの工程をカバーする MC や工業用ロボットの組み合わせは FMC（Flexible Manufacturing Cell）といい、FMC 間で部品を運ぶために無人搬送車である AGV（Automatic Guided Vehicle）が用いられる場合もあります。さらに、これらを組み合わせ、多品種を自動で生産できるようにした製造システムのことを FMS（Flexible Manufacturing System）といいます。

　また、生産現場の自動化に加え、資材調達や間接業務も加えた、工場全体の自動化のためのシステムのことを FA（Factory Automation）といいます。さらに、工場だけでなく製造を中心とした、開発、販売、経理などあらゆる活動を対象としてコンピュータで管理するシステムを CIM（Computer Integrated Manufacturing）といいます。CIM では、生産現場の情報を含めた各種の情報をコンピュータ管理することで、生産性の向上を図っています。

品種の数と設備

　上記で説明した生産現場の自動化のための生産設備は、生産する品種や生産量によって使い分けられます。品種が多く生産量が少ない場合は人の手で柔軟に対応できるセル生産が、それより品種が少なく生産量が多い場合は FMC が、さらに品種が少なく生産量が多い場合は FMS が、品種の数が少なく生産量が多い場合はシンプルな専用機であるトランスファーマシンが用いられます。

その他の用語

　CE はコンカレントエンジニアリング（Concurrent Engineering）の頭文字を取ったもので、製品の企画段階から設計、生産、販売までの過程を統合化し、同時進行化することで、生産リードタイムの短縮や製造コストの削減を図る開発手法のことです。CE の実現にあたっては、生産に関与する部門の生産関連情報をすべて IT で共有する必要があります。

　PDM は Product Data Management の略で、製品情報管理システムのことです。PDM で製品情報と開発プロセスを一元管理することで、様々な人の間での情報共有が可能となります。

すぐやる！過去問コーナー

■ ④時間分析
レベル1　R3-17, R2-17, H29-10, H27-15, H26-15
レベル2　R3-15, R1-14(1)(2), H30-15, H29-16, H28-15
■ 生産情報システム
レベル1　H27-3, H27-7, H24-5　　　レベル2　H30-5, H29-2, H29-8, H28-5

12. 品質管理

> 覚え方：サンチェ監督引っ張れそう

QC7つ道具

【QC7つ道具】不良の原因や除去に主眼

層別：母集団をいくつかに分ける

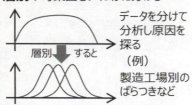

データを分けて分析し原因を探る
（例）製造工場別のばらつきなど

ヒストグラム：分布を見る

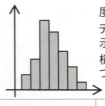

度数分布表
データの分布を示す
横に広いとばらつきが大きい

チェックシート：データのまとめや点検

カテゴリ	チェック	度数
A	///	3
B	//// ///	8
C	//// //	7
D	////	4

データをまとめてグラフ化する時に使う
点検用に使う

パレート図：重点課題は何かを見る

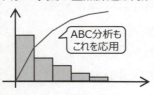

ABC分析もこれを応用

✓ 不良品の原因で何が多いのかがわかる
✓ 不良品対策の優先順位が付けられる

散布図：2つの特性の相関関係を見る

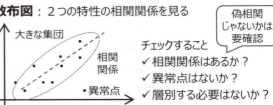

> 偽相関じゃないかは要確認

チェックすること
✓ 相関関係はあるか？
✓ 異常点はないか？
✓ 層別する必要はないか？

管理図：データに異常値がないか見る

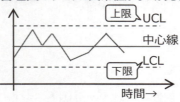

上限 UCL
中心線
下限 LCL
時間→

チェックすること
✓ 管理限界を超えていないか？
✓ 点の並び方に規則性はないか？

特性要因図：要因を階層的に整理する

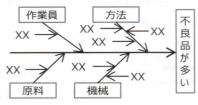

作業員　方法
不良品が多い
原料　機械

どこを集中的に改善すべきかを見ていく
「魚の骨」ともいう

【新QC7つ道具】因果関係の整理に主眼

> 覚え方：新連携アロマまでP

親和図法：似たような言語データをグループ化
連関図法：複雑に絡み合う問題の因果関係を整理
系統図法：目的と手段を多段階に展開
アローダイヤグラム法：効果的な工程管理
マトリックス図法：行列形式に問題点を整理
マトリックスデータ解析法：2軸マップで違いを分析
PDPC法：問題が生じた場合の対応策を事前に決めておき、それに従って対策

> 新QC7つ道具で唯一数値データを扱う

品質管理

【TPM】
全員参加の生産保全

> 製品のライフサイクルではない

✓ 総合的効率化が目標
✓ 生産システムのライフサイクル全体を対象としたあらゆるロスを未然防止する仕組みを構築
✓ あらゆる部門にわたって、全員が参加
✓ 重複小集団活動により、ロス・ゼロを達成

重複小集団活動
各階層が重なり合って活動
部長／課長／メンバー

【設計品質と製造品質】

作る前
[設計品質]製造の品質として狙った品質

[製造品質]設計品質を狙って製造した製品の実際の品質　できばえの品質
作った後

【TQM（Total Quality Management）】
全組織で体系的に品質向上　←トップダウン

TQMの原則

目的	手段	組織の運営
マーケットイン、後工程はお客様、品質第一	プロセス重視、標準化、源流管理、PDCA、再発防止、未然防止、潜在トラブル顕在化、QCD、重点指向、事実に基づく	リーダーシップ、全員参加、人間性尊重、教育訓練重視

【検査】不良品を引き渡さない、不良品の流出防止が目的

全数検査
全ての製品を検査
○ 不良品をゼロに　× コスト大

抜き取り検査
一部をサンプルとして検査
× 不良品が混入　○ コスト小

> あわて者の誤り

生産者危険（第1種の誤り）
生産者が損：検査NG→実際OK

> ぼんやり者の誤り

消費者危険（第2種の誤り）
消費者が損：検査OK→実際NG

SHEET 12　品質管理

QC7つ道具

QC7つ道具

　QC7つ道具とは、品質管理において、不良原因の分析や除去を目的に使われている代表的な手法のことで、**層別**、**ヒストグラム**、**チェックシート**、**パレート図**、**散布図**、**管理図**、**特性要因図**の7つのことをいいます。QC7つ道具に何があるのかについては、「サンチェ監督引っ張れそう（散布図、チェックシート、管理図、特性要因図、ヒストグラム、パレート図、層別）」と覚えましょう。

　層別は、母集団をいくつかに分けることをいいます。複数の要因が組み合わさっているような場合に層別を行い、データを細かく分けて分析することで、不具合の原因を探ることが行われます。

　ヒストグラムは、データのばらつきの把握に用いられる度数分布表です。データをいくつかの区間に分けて横軸にその区間を、縦軸にその区間のデータが何回出現したかという度数（数）を棒グラフにすることで表します。正常な場合は中央が盛り上がった山型になり、山が横に広いとばらつきが大きいことを意味します。また、盛り上がった山型の部分が2つあるときは2種類のデータが混在していたり、異なる要因が混ざっている可能性があります。

　チェックシートは、データのまとめや点検に用いられる表です。チェックシートでまとめたデータを、ヒストグラムやパレート図などの作成に活用することもできます。

　パレート図は、全体の中で大きな影響を占める要因が何かを明らかにし、重要な問題を特定するために用いられる図です。横軸に各項目を取り、縦軸に各項目の件数を左から大きい順に並べ棒グラフで表し、累計の比率を折れ線グラフで表します。パレート図を用いることで、不良品の原因として何が多いのかということがわかり、不良品対策の優先順位を立てることができます。

　散布図は、2つの対になったデータを2軸にプロットすることで2つのデータの特性に相関関係があるかを視覚化するための図です。散布図では、相関関係があるか、相関関係から大きくずれた**異常点**はないか、層別する必要はないかなどを確認します。なお、相関関係の中には例えばビールの売上と熱中症患者の発生数のように一見関係あるように見えるものの、実はその背景には気温という共通の要因が潜んでおり、実際の相関関係はない**偽相関**の場合もありますので注意が必要です。

　管理図とは、データに異常値がないかについて確認するための図です。縦軸に管理値を、横軸に時間を取り、その値より高いと異常であるという上方管理限界線（**UCL**）、その値より低いと異常であるという下方管理限界線（**LCL**）、UCLとLCLの平均値である**中心線**を引いた図です。管理図では、点が中心線より上方もしくは下方に偏っていたり、増加もしくは減少傾向だったりといったように点の並び方に規則性がある場合、何らかの要因が隠れている場合もありますので、規則性の有無についてもチェックを行います。

　特性要因図は、問題になっている結果（特性）に対して、その要因を階層的に整理するための図です。その形から「魚の骨」とも呼ばれます。

275

新QC7つ道具

新QC7つ道具は、複雑に絡み合った問題の因果関係を整理するために、主に言語情報による問題の方向性を見出す手法で親和図法、系統図法、アローダイヤグラム法、マトリックス図法、連関図法、PDPC法、マトリックスデータ解析法の7つのことをいいます。新QC7つ道具に何があるかについては、それぞれの手法の頭文字を取り、「新連携アロマまでP（親和図、連関図、系統図、アローダイヤグラム、マトリックス図、マトリックスデータ、PDPC）」と覚えると良いでしょう。親和図法は、多くの散乱した情報から、言葉の意味を似たようなものにグループ分けして、整理、分類、体系化する方法です。連関図法とは、原因と結果、目的と手段などが複雑に絡み合った問題について、その関係を論理的につないでいくことで因果関係を整理し、問題を解明するための方法です。系統図法とは、目的と手段を多段階に系統付けて展開することで対策を整理する方法です。アローダイヤグラム法は、「6.生産計画と生産統制①」シートのPERTの部分で説明した通り、複雑な工程のプロジェクトにおいて、効果的な工程管理を行うための方法です。マトリックス図法は、主に2つの要素を行列形式で並べて、その対応関係を明確にし、問題点を整理するための方法です。マトリックスデータ解析法は、マップに2つ以上のデータをマッピングすることで、違いや傾向を分析するための方法です。新QC7つ道具は言語データを扱うものが中心ですが、この方法だけは数値データを扱っています。PDPC法は、Process Decision Program Chartの略で、事前に考えられる様々な結果を予測して、問題が生じた場合の対応を事前に決めておき、いざ問題が発生した場合、それに従って対策をすることで、プロジェクトを円滑に進めていくためのものです。

品質管理

TPM

TPMとは、Total Productive Maintenanceの頭文字を取ったもので、『生産システム効率化の極限追求（総合的効率化）をする企業体質づくりを目標にして、生産システムのライフサイクル全体を対象とした「災害ゼロ、不良ゼロ、故障ゼロ」など、あらゆるロスを未然防止する仕組みを現場・現物で構築し、生産部門をはじめ、開発・営業・管理などのあらゆる部門にわたって、トップから第一線の作業員に至るまで全員が参加し、重複小集団活動により、ロス・ゼロを達成すること』と定義されています。なお、重複小集団活動とは、職制主導型の小集団活動で、自主的な参加であるQCサークルと異なり、階層ごとに作られた小集団に全社員が参加します。

TQM（Total Quality Management）

TQM（総合的品質管理）（Total Quality Management）とは、顧客の満足する品質を備えた商品やサービスを適時に適切な価格で提供できるよう、全組織で体系的に品質向上を行っていくことで、全社を挙げてトップダウンで行われる取り組みです。TQMの原則は、大きく分けて目的、手段、組織の運営の3つがあり、目的に関するものにマーケットイン、後工程はお客様、品質第一という

原則が、手段に関するものにプロセス重視、標準化、源流管理、PDCA、再発防止、未然防止、潜在トラブル顕在化、QCD、重点指向、事実に基づくといった原則が、組織の運営に関するものにリーダーシップ、全員参加、人間性尊重、教育訓練重視などの原則があります。

設計品質と製造品質

品質に関する用語として、**設計品質**と**製造品質**について説明します。

設計品質とは、設計時点の品質、つまり作る前の段階で製品の品質として狙った品質のことをいいます。それに対し**製造品質**とは、製造された後の時点での品質、つまり作った後のできばえの品質のことをいいます。設計品質を狙って製造した製品の実際の品質が製造品質となります。

検査

製品の検査とは、不良品を顧客や次工程に引き渡さないこと、不良品の流出防止を目的に行われます。検査には**全数検査**と**抜き取り検査**の2つの種類があります。

全数検査とは、すべての製品を対象に行われる検査のことで、不良品をゼロにできますが、コストは大きくなります。**抜き取り検査**とは、製品の一部から抽出されたサンプルを対象に行われる検査のことで、不良品が混入するリスクはありますが、コストは低くて済みます。

抜き取り検査は、一部のサンプルを対象に行う検査ですので、ロット単位で検査を行う際、あらかじめ定められた不良率より実際の不良率が高くなってしまう場合も、低くなる場合もあります。

例えば、1ロット1万個の製品について不良率が0.1%以内であれば合格という場合を考えます。この場合、1ロット中不良品が10個以内ならば合格で、11個以上ならば不合格です。抜き取り検査は1ロットのうち一部の製品について検査を行い、そこからロット中の不良率を推定しますが、中には抜き取り検査で推定された不良率と実際の不良率が異なる場合があります。そのうち、検査で抜き取ったサンプルにたまたま不良品が多く入っており、検査では不合格だったものの、実際は合格となる不良率であった場合を**生産者危険**もしくは**第一種の誤り**といいます。生産者「危険」とは生産者側が損をしてしまうというイメージです。また、「あわて者の誤り」ともいいます。

逆に、検査で抜き取ったサンプルにたまたま不良品が少なく、検査では合格だったものの実際は不合格となる不良率であった場合を**消費者危険**もしくは**第二種の誤り**といいます。消費者「危険」とは、消費者側が損をしてしまうというイメージです。また、「ぼんやり者の誤り」ともいいます。

すぐやる！過去問コーナー

■ QC7つ道具
レベル1　R1-11, H30-9　　　レベル2　R2-6, H27-12, H25-12, H24-12
■ 品質管理
レベル1　なし　　　　　　　レベル2　R2-4, R1-20, H26-13, H25-5, H25-13

13. 設備管理、外注管理

設備管理

【設備総合効率】 設備を動かしている全体の時間に対する納品できる製品を作った時間の割合

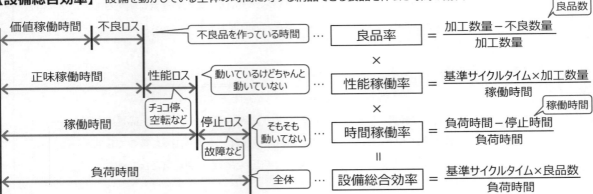

$$良品率 = \frac{加工数量 - 不良数量}{加工数量}$$ (良品数)

$$性能稼働率 = \frac{基準サイクルタイム \times 加工数量}{稼働時間}$$ (稼働時間)

$$時間稼働率 = \frac{負荷時間 - 停止時間}{負荷時間}$$

$$設備総合効率 = \frac{基準サイクルタイム \times 良品数}{負荷時間}$$

【設備保全】

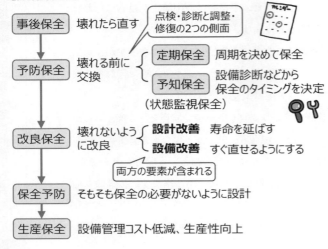

- **事後保全** 壊れたら直す
  - 点検・診断と調整・修復の2つの側面
- **予防保全** 壊れる前に交換
  - **定期保全** 周期を決めて保全
  - **予知保全** 設備診断などから保全のタイミングを決定（状態監視保全）
- **改良保全** 壊れないように改良
  - **設計改善** 寿命を延ばす
  - **設備改善** すぐ直せるようにする
  - 両方の要素が含まれる
- **保全予防** そもそも保全の必要がないように設計
- **生産保全** 設備管理コスト低減、生産性向上

【設備の評価指標】

○運転 ×故障 ○運転 ×故障 ○…
MTBF MTTR MTBF MTTR MTBF

平均故障間隔 (**MTBF**) 〔壊れにくさ〕
Mean **T**ime **B**etween **F**ailure
設備の信頼性を表す指標

平均修復間隔 (**MTTR**) 〔壊れてもすぐ直せるか〕
Mean **T**ime **T**o **R**epair
設備の保守性を表す指標

稼働率（アベイラビリティ）
必要な時に設備が使える確率

$$稼働率 = \frac{MTBF}{MTBF + MTTR}$$

【バスタブ曲線と有効な保全】

故障率
- 初期：保全予防や改良保全が有効
- 偶発：事後保全で対応
- 摩耗：予防保全でカバー

時間

【信頼性設計】

フェイルセーフ
故障や操作ミス、不具合があったときに、安全側に動作させる
〔倒れたら自動停止〕

フールプルーフ
間違った操作や作業をしても危険な状態にならないようにする
〔蓋を閉じないと動かない〕
〔ポカしても大丈夫〕

外注管理
〔C社はちゃんと外注管理ができていないときも〕

内外製区分

決定ポイント

- 品質(Q)：どちらが高品質か、自社で蓄積したい技術か
- 価格(C)：どちらが安いか
- 納期・数量(D)：自社の能力で可能か
- その他：稼働率、生産設備の有無、専門技術、不確実性など

ファブレス
自社製造設備を持たない製造方法

メリット
- ✓ 固定費が削減できる
- ✓ 柔軟な経営ができる

デメリット
- ✓ 一定量の発注が求められる場合もある
- ✓ ノウハウが蓄積されない

SHEET 13　　設備管理、外注管理

設備管理

設備総合効率

　設備総合効率とは、設備を動かしている全体の時間である**負荷時間**に対する、納品できる製品を作った時間の割合で、**時間稼働率**、**性能稼働率**、**良品率**の積で表せます。

$$設備総合効率＝時間稼働率 \times 性能稼働率 \times 良品率$$

　時間稼働率とは、設備を動かしている負荷時間のうち、実際に設備が稼働していた時間の割合のことで、以下の式で表せます。

$$時間稼働率＝（負荷時間－停止時間）\div 負荷時間＝稼働時間 \div 負荷時間 \quad \cdots ①$$

　停止時間とは、**停止ロス**ともいい、設備が故障して止まっていたり、段取り替えのために設備を止めている間の時間のことをいいます。また、負荷時間から停止時間を引いた設備が動いている時間のことを**稼働時間**といいます。

　性能稼働率は、設備が動いている稼働時間のうち、本来の性能を発揮していた時間の割合を示すもので、以下の式で表せます。

$$性能稼働率＝（基準サイクルタイム \times 加工数量）\div 稼働時間＝正味稼働時間 \div 稼働時間 \quad \cdots ②$$

　設備が空転やチョコ停（一時的なトラブルでちょこっとだけ停止すること）、速度低下などで本来の性能が発揮できない時間のことを**性能ロス**といいます。また、稼働時間から性能ロス分を引いた時間のことを**正味稼働時間**といい、正味稼働時間は上式の通り基準サイクルタイムと加工数量の積として表せます。なお、基準サイクルタイムとは、設備が本来持っている能力のことで、設計上の理論値や実測値からの目標値などが採用される場合が多いです。

　良品率は、作った製品のうち良品、つまり納品できる製品の割合を示したもので、以下の式で表すことができます。なお、良品の数である**良品数**は、加工数量から不良数量を差し引くことで求められます。

$$良品率＝（加工数量－不良数量）\div 加工数量＝良品数 \div 加工数量 \quad \cdots ③$$

　設備が不良品を作るために動いていた時間を**不良ロス**といい、正味稼働時間から不良ロスを引いた良品を作っている時間を**価値稼働時間**といいます。そのため、設備総合効率は全体の負荷時間に対する価値稼働時間の割合を示すものでもあります。

　設備総合効率は、先に述べた通り、**時間稼働率**、**性能稼働率**、**良品率**の積で表すことができます。そのため、上記の①～③式の右辺の積を取り、整理することで、以下の式でも表せます。

$$設備総合効率＝基準サイクルタイム \times 良品数 \div 負荷時間$$

設備保全

　設備をメンテナンスし、性能を維持するための設備保全活動は、そのタイミングや目的によって以下のように分類することができます。

　事後保全は，設備が故障した段階でその故障を直す保全です。故障してからの対応となるため、故障を直すまでの期間は設備を利用することができません。そのため、停止すると生産活動に大きな損害を与えるような設備は、事後保全以外の方法をとる必要があります。

　予防保全は、設備が故障する前に行う保全活動です。予防保全には周期を決めて定期的に行う定期保全と設備診断などから故障の兆候を察知し、故障に至る前の最適な時期に行う予知保全があります。予知保全は、状態監視保全と呼ばれる場合もあります。なお、予防保全は、生産停止または性能低下をもたらす状態を発見するための点検・診断と、初期段階に行う調整・修復という2つの側面を持っています。

　改良保全は、設備が故障しにくいように設備を改善する保全活動のことで、設備の寿命を延ばすための設計改善と、故障してもすぐに直せるようにする設備改善の2つの要素が含まれています。

　保全予防とは、そもそも保全が不要となるように故障しにくい設備を設計する活動のことです。予防保全と混同しやすいですが、保全を予防すると覚えておくと混同しにくくなります。

　生産保全とは、設備のメンテナンスだけでなく、設備管理コストの低減や生産性の向上を目的とした活動のことをいいます。

バスタブ曲線と有効な保全

　設備の故障率を縦軸に、設備を導入してから経過した時間を横軸に取ると、故障率は導入直後は初期不良のため高く、徐々に故障率が下がり、一定期間を過ぎると摩耗や劣化などで故障率が上昇するという曲線を描きます。この曲線はお風呂のバスタブの形に似ていることから、バスタブ曲線とも呼ばれます。

　設備導入当初の初期不良に対しては、その後故障を起きにくくするための改良保全や保全予防が有効であり、初期不良の期間が過ぎると偶発故障が中心となるため、故障をしてから保全を行う事後保全で対応します。さらに時間が経ち摩耗や劣化による故障が生じ始める時期には、予防保全を行い、故障が起こる前に保全する方法が有効です。

設備の評価指標

　設備の故障のしにくさなどを表す指標には以下のようなものがあります。

　平均故障間隔は、Mean Time Between Failure の頭文字を取って MTBF とも呼ばれ、故障した設備が修理されてから次に故障するまでの期間の平均を表したものです。MTBF が長ければその設備は故障しにくいといえます。

平均修復時間は、Mean Time To Repair の頭文字を取って MTTR とも呼ばれ、故障した設備を運転可能な状態に修復するためにかかる期間の平均を表したものです。MTTR が短ければその設備は故障したとしてもすぐに修理できるということを意味します。

稼働率は、アベイラビリティとも呼ばれ、必要な時に必要な設備が使える確率のことで、以下の式で表すことができます。

$$稼働率 = MTBF \div (MTBF + MTTR)$$

信頼性設計

フェイルセーフとは、例えばストーブが倒れると自動的に停止する設計になっていたり、電車の遮断機は電源がなくなると自重で下りてくるといったように、故障や操作ミス、不具合があったときに機器を安全側に動作させることです。

また、フールプルーフとは、洗濯機の蓋が開いた状態だとスタートボタンを押しても回転しなかったり、自動車はブレーキを踏んでいなければエンジンがかけられないといったように、人間が間違った操作や作業をしても危険な状態にならないようにすることです。

外注管理

外注を行う際は、どこまで外注にし、どこから内製にするのかという内外製区分を定めておく必要があります。内外製区分は、内製と外注でどちらが高品質か、もしくはその部分に関する技術が自社で蓄積したいものなのかどうかという品質面、内製と外注でどちらが安いのかという価格面、要求される生産量・納期を自社の能力で達成できるかという数量・納期面を考慮して決定します。また、それ以外にも、自社の設備の稼働率や、生産設備の有無、専門技術の必要性、不確実性などを考慮して内製にするか、外注にするかを決定します。

ファブレスとは、自社で製造設備を持たない製造業のことをいいます。ファブレスとすることで、固定費を削減することができますが、契約の形態によっては一定量の発注が求められる場合もありますので、固定費の削減に繋がらない場合もあります。また、製造設備を持たないため柔軟な経営ができますが、製品の製造に関するノウハウは蓄積されません。

すぐやる！過去問コーナー

■ 設備管理
レベル1　R2-19, R2-20, R1-15, H29-18, H27-18, H26-4, H24-4, H24-17
レベル2　H30-19, H28-18, H26-19
■ 外注管理
レベル1　H28-12　　　　　　　　　　　レベル2　H29-11

281

14. 廃棄物等の管理、店舗立地、ショッピングセンター

廃棄物等の管理

環境基本法
環境保全の基本理念・責務

循環型社会形成推進基本法
処理の優先順位

頭文字を取って3R

発生抑制(Reduce) ⇒ 再使用(Reuse) ⇒ 再生利用(Recycle) ⇒ 熱回収 ⇒ 適正処分

- ✓ 排出者責任の明確化
- ✓ 拡大生産者責任の原則（製造・流通だけでなく廃棄・処理にも責任）

個別物品の特性に応じた規制として、各種リサイクル法を制定

| 包装容器 | 家電 | 小型家電 | 食品 | 建設 | 自動車 |

ISO14000シリーズ
国際標準化機構が定める環境マネジメント関連の国際規格
ISO14001：環境マネジメントシステムの仕様を定める規格

省エネ法
廃棄物からの回収エネルギーや風力、太陽光は省エネの対象外

工場、輸送、住宅・建築物、機械器具の分野を規制
→事業者全体の1年のエネルギー使用量が1,500kl以上
→フランチャイズチェーン店はチェーン全体で1,500kl以上 チェーン本部が届出

義務：中期計画書・定期報告書 → 経済産業局へ提出（企業単位でまとめる、石油換算値）

トップランナー制度：28機器が対象
エネルギー管理統括者/エネルギー管理企画者を選任

LCA(Life Cycle Assessment)
製品の製造から使用・処分まで

目的・調査範囲の設定 ⇒ インベントリ分析 ⇒ 影響評価 ⇒ 解釈

エコアクション21
環境省が策定した日本独自の環境マネジメントシステム
ISO14001を参考に中小事業者でも環境配慮に対する取り組みが展開できるような仕組み

店舗立地

商圏分析
商圏の分類

1次商圏 売上の70％ / 2次商圏 20％ / 3次商圏 10％

ハフモデル
消費者は大きな店に行きやすい、ただし近いほうがいい
→店舗の規模（売場面積）に比例し、距離に反比例

ライリーの法則（小売引力の法則）

$$\frac{\text{都市Aに吸収される販売額}}{\text{都市Bに吸収される販売額}} = \frac{P_a}{P_b} \times \left(\frac{D_b}{D_a}\right)^2$$

2つの都市の人口に比例 ↗　↖ 距離の2乗に反比例

ライリー・コンバースの法則

$$\frac{\text{都市Aに吸収される販売額}}{\text{都市Bに吸収される販売額}} = 1 \text{ となる点が商圏分岐点}$$

（ライリーの法則）

ショッピングセンター

ショッピングセンター（SC）の定義

ディベロッパーが開発
① 1,500m²以上
② テナントが10店舗以上
③ キーテナントの面積が80％程度を超えない
④ テナント会などがある

イオン＝核店舗（キーテナント） / 専門店＝テナント

ただし、テナントのうち小売業の店舗面積が、1,500m²以上ならOK

SCの賃料
固定家賃型　　　　　：売上と関係なく一定金額
固定家賃＋売上歩合型：固定家賃＋少しの歩合
単純歩合型　　　　　：一定の歩合率

SCの形態と例

名称	特徴	例
パワーセンター	複数のカテゴリーキラーが核店舗	イオンタウン
アウトレットモール	アウトレットストアが集まったSC	三井アウトレットパーク
ホールセールクラブ	会員制の倉庫型大規模店舗	コストコ
ハイパーマーケット	スーパーマーケットよりもさらに大きい大規模小売店	ウォルマート
総合スーパー	食料品に加え様々な商品を総合的に取り扱う	イトーヨーカドー

SHEET 14　廃棄物等の管理、店舗立地、ショッピングセンター

廃棄物等の管理

以下では廃棄物等の管理に関連する法律や用語について説明します。

環境基本法とは、環境保全の基本理念、責務について定められた基本法です。この基本法に基づき、環境保全に関わる様々な法律が制定されています。

循環型社会形成推進基本法は、形成すべき循環型社会の姿を示し、循環すべき資源や処理の優先度を示し、国や事業者、国民の役割分担を明確にしたものです。

廃棄物の処理の優先順位としては、まず廃棄物の発生を抑制し、次に廃棄物をそのまま利用する再使用ができないか検討し、できなければ再生利用し、再生利用できないものは燃やしてその熱を熱回収し、それができないものは適正処分するという優先順位です。このうち発生抑制（Reduce）、再使用（Reuse）、再生利用（Recycle）は、その頭文字を取って、**3R**といわれています。

また、役割分担の明確化という面では、排出者の責任を明確化するとともに、生産者の責任を製造や流通だけでなく廃棄物処理の段階まで拡大した、拡大生産者責任の原則が明確化されました。

循環型社会形成推進基本法の下で、個別物品の特性に応じた規制として、容器包装リサイクル法、家電リサイクル法、小型家電リサイクル法、食品リサイクル法、建設リサイクル法、自動車リサイクル法などの各種リサイクル法が制定されています。

ISO 14000 シリーズは国際標準化機構が定める環境マネジメントシステムを中心とした環境マネジメント関連の国際規格です。この中で中心となるのが、環境マネジメントシステムの仕様を定めた ISO14001 です。

省エネ法は、工場、輸送、住宅・建築物、機械器具の4つの分野の省エネルギーのための措置を規制する法律で、事業者全体の1年のエネルギー使用量が **1,500kl**（原油換算値）以上の事業者を対象としています。また、フランチャイズチェーン店については、チェーン全体のエネルギー使用量が **1,500kl**（原油換算値）以上の事業者が対象となります。

省エネ法の対象となる事業者には、**中期計画書**や**定期報告書**を所轄の経済産業局に提出することが義務付けられており、企業単位でこれらの書類をまとめて提出する必要があります。また、フランチャイズチェーンではチェーン本部がまとめて書類を提出します。さらに、これらの事業者は企業の省エネを管理するエネルギー管理統括者とそれを実務面で補佐するエネルギー管理企画推進者を選任する必要があり、年平均 1%以上のエネルギー消費原単位の削減の努力目標が課せられています。なお、省エネ法で省エネの対象とされるエネルギーには、廃棄物からの回収エネルギーや風力、太陽光などの非化石エネルギーは含まれていません。

LCA（Life Cycle Assessment）は、製品の原材料の採取から製造、使用および処分に至るすべてのプロダクトライフサイクルに要する環境負荷を、二酸化炭素排出量などに換算して定量化したものです。LCA は目的・調査範囲の設定、インベントリ分析、影響評価、解釈の流れで行われます。

なお、インベントリ分析とは、システムのどの段階で、どのようなものがどのくらい消費され、どの程度の環境負荷物質が排出されたのかを定量的に把握するために行うもので、設定した調査範囲において、インプットとアウトプットのデータ（原材料、素材、エネルギー、製品、環境負荷など）を把握し、一覧表にまとめます。

<u>エコアクション 21</u> は、環境省が策定した日本独自の環境マネジメントシステムです。環境マネジメントシステム、環境パフォーマンス評価、環境報告を 1 つに統合したもので、ISO14001 を参考としつつ、中小事業者でも環境配慮に対する取り組みが展開でき、その結果を「環境活動レポート」として取りまとめて公表できるようにするための仕組みです。

店舗立地

<u>商圏</u>とは、お店がターゲットとしている地理的な範囲のことを表します。売上の70%を占める商圏のことを<u>1次商圏</u>、1次商圏の外で売上の20%を占める商圏のことを<u>2次商圏</u>、それ以外の残りの10%を占める商圏のことを<u>3次商圏</u>といいます。

<u>ハフモデル</u>とは、消費者がある店舗に買い物にいく確率を示したものです。ハフモデルでは、ある店舗を選ぶ確率は、店舗の規模に比例し距離に反比例するとしています。つまり、消費者は近くて大きな店を選びやすい、ということを意味しています。

<u>ライリーの法則</u>は小売引力の法則とも呼ばれ、都市 A と都市 B があった場合、都市 A に吸収される販売額と、都市 B に吸収される販売額は以下の式で表せるとしています。

> 都市 A に吸収される販売額÷都市 B に吸収される販売額
> ＝（都市 A の人口÷都市 B の人口）×（都市 B からの距離÷都市 A からの距離）^{2}

つまり、都市 A で買い物される金額と都市 B で買い物される金額の比は、2 つの都市の人口に比例し、2 つの都市の距離の 2 乗に反比例するということです。

また、<u>ライリー・コンバースの法則</u>は、ライリーの法則を受け、都市 A に吸収される販売額÷都市 B に吸収される販売額＝1 となる点が都市 A の商圏と都市 B の商圏を分ける商圏分岐点であるとしたものです。

ショッピングセンター

<u>ショッピングセンター</u>は、<u>ディベロッパー</u>により計画、開発された施設であり、次の条件を備えたものと定義されています。

① 小売業の店舗面積は、1,500 ㎡ 以上であること
② <u>キーテナント</u>（核店舗）を除くテナントが <u>10 店舗以上</u>含まれていること
③ キーテナントがある場合、その面積がショッピングセンター面積の <u>80%程度を超えない</u>こと
（ただし、その他テナントのうち小売業の店舗面積が 1,500 ㎡ 以上である場合には、この限りではない）

④ **テナント会**（商店会）などがあり、広告宣伝、共同催事などの共同活動を行っていること

ショッピングセンターには、中心となる核店舗と複数のテナントという一般的な構成以外にも、以下のような形態があります。

パワーセンターとは、複数のカテゴリーキラーを核店舗としたショッピングセンターです。ジャンルを絞り、専門性を高めることで広い商圏からの集客を狙っています。

カテゴリーキラーとは、例えばユニクロやトイザらすといったような、ある特定のカテゴリにおいて豊富な品揃えを有し、低価格で販売する小売店のことです。

アウトレットモールとは、メーカーや小売店が在庫余剰品やキズ物を格安の価格で販売するアウトレットストアが集まったショッピングセンターのことをいいます。

ホールセールクラブとは、例えばコストコのような、会員制の倉庫型の大規模店舗です。

ハイパーマーケットとは、例えばウォルマートのようにスーパーマーケットよりもさらに大きく、低価格を売りにした大規模小売店のことをいいます。

総合スーパーとは、イトーヨーカドーやかつてのダイエーのように、食料品を扱うスーパーマーケットに加え、衣料品やインテリア用品など様々な商品を総合的に取り扱う小売店のことをいいます。ワンストップショッピングで比較的狭い商圏からの集客を図っています。

ショッピングセンターには複数のテナントが入店していますが、テナントの賃料の形態としては、売上と関係なく一定金額を支払う固定家賃型、固定家賃に加え少しの歩合を支払う固定家賃＋売上歩合型、売上に対し一定の歩合率を支払う単純歩合型などがあります。

すぐやる！過去問コーナー

■ 廃棄物等の管理
- レベル1　R3-21, H27-21
- レベル2　R2-22, R1-26

■ 店舗立地
- レベル1　H30-23, H25-24
- レベル2　R2-25

■ ショッピングセンター
- レベル1　H25-25, H24-25
- レベル2　R3-22

15. まちづくり三法

大規模小売店舗立地法 (大店立地法)

目的 周辺地域の生活環境の保持

対象 店舗面積1,000m²超の小売店を含む店舗（ちょっと大きめのスーパーくらい）

調整項目 地域の生活環境に関する項目
- 交通渋滞、駐車、駐輪、騒音、廃棄物への対策
- 周辺住民への説明会の開催
- 都道府県からの意見へ誠意ある対応

含まれるもの 売り場、サービス施設、ショーウィンドウ、ショールーム

含まれないもの 階段、トイレ、事務所、屋上

留意点
- 営利目的かどうかは問わない（生協、農協も含む）
- 飲食店やゲームセンター、医院は含まない
- 洋服のお直しやイージーオーダーなどは含む

中心市街地活性化法 (中活法)

目的 選択と集中で効果が高い民間プロジェクトなどを支援し、商店街を活性化

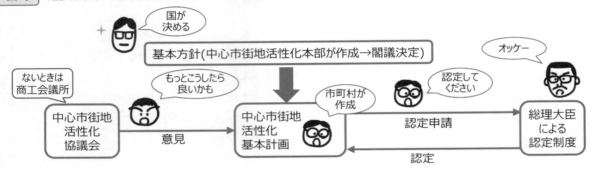

都市計画法

【都市計画法と区域】

目的 都市の健全な発展と秩序ある整備、国土の均衡ある発展と公共の福祉の進展に寄与

【店舗面積の規制】

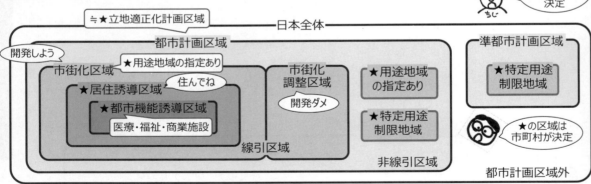

	住居専用	住居地域 第一種	住居地域 第二種	準住居	近隣商業	商業	準工業	工業	工業専用
10,000m²超					●	●			
10,000m²以下			●	●	●	●	●	●	▲
3,000m²以下	▲	●	●	●	●	●	●	●	▲

●：建設OK
▲：一部可

SHEET 15　　まちづくり三法

まちづくりに関連した**大規模小売店舗立地法**（大店立地法）、**中心市街地活性化法**（中活法）、**都市計画法**の3つの法律は総称してまちづくり三法と呼ばれています。以下ではそれぞれの法律の目的と概要について説明します。

大規模小売店舗立地法

大規模小売店舗立地法は、大店立地法とも略され、周辺地域の生活環境の保持を目的とした法律であり、対象は店舗面積 **1,000m² 超** の小売店を含む店舗です。この店舗の面積には売り場やサービス施設、ショーウィンドウ、ショールームなどが含まれますが、階段、トイレ、事務所、屋上などの売り場と関係ない部分は面積には含まれません。ちなみに 1,000m² の面積の小売店というのは少し大きめのスーパーくらいの面積です。

なお、大店立地法は周辺住民の生活環境を守ることが目的であるため、小売店が営利目的かどうかは問わず、面積の条件を満たしていれば生協や農協なども対象となります。また、小売店ではない飲食店やゲームセンター、医院などは対象ではなく、それら部分の面積は対象の面積には含まれません。ただし、洋服のお直しやイージーオーダーなどの物品加工修理業は小売店と同様とみなされ、店舗面積の計算の中に含めます。

大店立地法の対象となった小売店舗は、地域の生活環境を守るため、交通渋滞、駐車、駐輪、騒音、廃棄物に対して適切な配慮を行う必要があるとともに、周辺住民への説明会の開催が義務付けられており、都道府県からの意見へ誠意ある対応を行う必要があります。

中心市街地活性化法

中心市街地活性化法は、中活法とも略され、選択と集中により、中心市街地を活性化させることを目的とした法律です。

中活法のスキームは以下の通りです。

政府の中心市街地活性化本部が作成し、閣議決定された**基本方針**をもとに、市町村が中心市街地活性化基本計画を作成します。作成された基本計画に関しては、都市機能の増進を推進するまちづくり企業や中心市街地整備推進機構、商工会議所、ディベロッパー、市町村などによって構成される**中心市街地活性化協議会**（ない場合は商工会議所）の意見を聴く必要があります。基本計画は**内閣総理大臣が認定**を行い、認定されれば、中心市街地の活性化のための様々な支援を受けることができます。

都市計画法

都市計画法と区域

　都市計画法は、都市の健全な発展と秩序ある整備を図り、国土の均衡な発展と公共の福祉の進展に寄与することを目的とした法律です。

　この法律の下で都道府県は「一体の都市として総合的に整備し、開発し、及び保全する必要がある区域」を**都市計画区域**として定めます。なお、都市計画区域は必要に応じて**市街化区域**と**市街化調整区域**に区分され、この区分のことを通常**線引き**と呼びます。**市街化区域**とは、既存の市街地など既に市街地を形成している区域と、概ね10年以内に優先的かつ計画的に市街化を図るべき区域のことです。**市街化区域**では、様々な用途の建築物が無秩序に混在することを防ぎ、地域ごとに合理的な規制を行うため、地域に建てられる建築物の種類を指定する**用途地域の指定**がなされています。**市街化調整区域**とは、市街化を抑制すべき区域のことです。なお、線引きをされていない**非線引き**区域の中には、**用途地域の指定**がある地域とない地域があります。また、用途指定がない地域の中でも、無秩序にホテルやパチンコ屋などが建てられると困るような地域は、**特定用途制限地域**とし、その地域の実情に詳しい地方自治体が具体的にどのような用途を禁止するのかを定めます。また、都市計画区域として定められていない地域でも相当数の建物が建てられていたり、今後建てられそうな区域で放置すると将来支障が生じる恐れがある区域は、**準都市計画区域**に指定されます。

　市町村は、都市機能の立地を誘導することで都市再生を図るために**立地適正化計画**を作成します。立地適正化計画区域は、原則として都市計画区域と同じであり、その中に居住を誘導すべき区域である**居住誘導区域**や、医療施設、福祉施設、商業施設などの都市機能増進施設の立地を誘導すべき区域である**都市機能誘導区域**が設定されます。

店舗面積の規制

　上記で紹介した**用途指定**の中で、店舗の建設に関して制約がないのは、近隣商業地域、商業地域、準工業地域の3つです。これらの地域には**10,000m²超**の大型施設も建てることができます。また、第二種住居地域、準住居地域、工業地域、工業専用地域（工業専用地域は一部店舗を除く）には**10,000m²以下**の店舗を、第一種住居地域には**3,000m²以下**の店舗を建設することができます。

すぐやる！過去問コーナー

■ 大規模小売店舗立地法
　レベル1　R2-23, H26-22, H24-22　　　レベル2　H29-26, H25-23

■ 中心市街地活性化法
　レベル1　H30-21　　　レベル2　H26-23

■ 都市計画法
　レベル1　R3-23, R1-23, H27-23　　　レベル2　R2-24, R1-24, H29-23, H25-22

コラム ゴールを見据えた学習を

診断士試験、特に1次試験はとても試験範囲が広く、効率的な勉強が不可欠です。

勉強をする際は、ただ闇雲に勉強するのではなく、合格を見据えた計画を立て、それに基づいて勉強してくことが重要です。

では、合格を見据えた計画とはどのように立てれば良いのでしょうか？

その参考となるのが「7.生産計画と生産統制②」で学んだ日程計画です。

日程計画は、大日程計画、中日程計画、小日程計画の順に作成していきますが、試験の計画も同様に計画を作っていくと効果的です。例えば、下記のような観点で、まずは大日程計画を立て、その後当面の中日程計画、小日程計画を立てていきます。

日程計画の期間と例

	対象期間	決めること	例
大日程計画	半年～数年 （月単位）	・どのような観点で勉強するか ・どの科目を勉強するか	・11～5月：基礎知識の習得（科目別） ・5～7月：得点力向上　など
中日程計画	1～3か月 （週/日単位）	・どの論点を勉強するか	・11月第○週：シート1～4 ・6月○日：CVP　など
小日程計画	1～10日 （日/時間単位）	・どの問題を解くか	・11月○日：シート1のレベル1 ・7月○日：R3年財務過去問　など

そして、日程計画を立てたら、進捗管理を行い、計画と実績にズレはないかを確認し、ズレがあった場合は、原因を確認し、どう対応するかを検討します。計画は立てっぱなしでは意味がなく、進捗管理を行って状況に応じて修正していくことが重要です。

計画を立てる際は①現実的な計画を作る②ゴールを忘れないという点に留意が必要です。

①現実的な計画を作る

計画は現実的に確保できる時間をベースに作成するようにします。もし、急な仕事が入りやすい方であれば、急な仕事が入ることを前提に予備日を多めに用意するなど、個人の事情に合わせて無理のない計画を立てます。計画が現実的でないと、いつも計画を達成できず、自信とやる気を失ってしまいがちです。

②ゴールを忘れない

計画を立てる際は、ここで学習したことが試験の得点にどう繋がるかということを常に意識します。最終的に試験で得点するというゴールを忘れると、めったに出ない難しい論点で何時間も悩んで、結果としてちょっと勉強すればすぐ得点に繋がるような論点の勉強がおろそかになるなど非効率な勉強となりがちです。

現実的でゴールを見据えた学習計画を立て、合格を勝ち取りましょう！

16. 店舗施設、照明と色彩

店舗施設

【店舗の機能】

訴求機能：知らせる
→看板、外装、呼び込み

誘導機能：入らせる
→店頭の演出、レイアウト、通路

演出機能：魅せる
→見やすい陳列、色彩、BGM

選択機能：選ばせる
→触れやすい陳列、POP

購入促進機能：買わせる
→従業員の対応、販売方法

情報発信機能：伝える
→ポスター、掲示板、チラシ

【陳列の手法】

前進立体陳列

有効陳列範囲
客の手の届く範囲

ゴールデンゾーン
特に手が届きやすい範囲
60〜160cmくらい

前進立体陳列
○ 商品のボリューム感が出る
× 前出し作業が必要

縦陳列（バーティカル）
探している商品が見つけやすい

シャンプー	リンス	ソープ
シャンプー	リンス	ソープ
シャンプー	リンス	ソープ

横陳列（ホリゾンタル）
同一アイテムの比較がしやすい

シャンプー	シャンプー	シャンプー
リンス	リンス	リンス
ソープ	ソープ	ソープ

【陳列の種類と目的】

マグネット お店の奥に設置
客を引き付ける、客動線を長くする

リーチインケース
前にガラス扉のついた冷蔵庫/冷凍庫

エンド陳列：ゴンドラの端
目立つのでマグネット的に使う

レジ前陳列：ついで買いを狙う

島出し陳列：通路にはみ出て陳列
○ 変化があり、活気が出る
× 後ろの商品が隠れる、通路が狭くなる

ジャンブル陳列：かごに山盛り
スーパーなどに多い
○ 陳列の手間がかからない
× 安っぽい、少なくなると売れ残り感

カットケース陳列
商品が入っていた箱をカットして陳列
安いスーパーに多い

フェイシング
重点商品のフェイス数は多くする
データに基づいて随時見直す
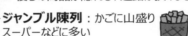
2 1 1 フェイス数

フェイスアウト
ハンガーに掛けて商品の正面を見せる
○ 商品が目立つ
× 陳列できる数が少ない

ボックス陳列
箱状の陳列器具に商品を分類しながら陳列

ウォークインケース
後ろからの補充
○ 先入先出が簡単に
× スペース効率の悪化
　エネルギー効率の悪化

フック陳列
歯ブラシやペンなど
商品が見やすい
在庫を把握しやすい

照明と色彩

【色彩】

色彩の3要素
色相：色の種類（赤、青、黄色）
明度：色の明るさ（白→黒）
彩度：色の鮮やかさ（赤→黒）

色彩の持つ効果 みかんのネット

同化現象
似たような色だと同じに見える

対比現象
違う色だと違いが強調される

誘目性：人目を引き付ける度合い
視認性：対象物の見つけやすさ
明視性：図形が伝える意味の理解のしやすさ
可読性：文字情報の理解のしやすさ 文字

【照明】明るさの単位

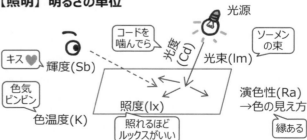

光源
コードを噛んでら 光度(Cd)
ソーメンの束 光束(lm)
キス♥ 輝度(Sb)
色気ビンビン 色温度(K)
照度(lx) 照れるほどルックスがいい
演色性(Ra) →色の見え方 縁ある

照明の種類

ベース照明：店内全体の明るさを確保
重点照明：一部を目立たせる、スポットライト
装飾照明：店内の装飾やアクセントを目的とする

店内の照度配分：客を店内に誘導するため店の奥を明るくする

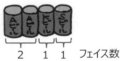 光につられる

SHEET 16　店舗施設、色彩と照明

店舗施設

超重要
頻:A　難:1

店舗の機能

　店舗の機能には、**訴求機能**、**誘導機能**、**演出機能**、**選択機能**、**購入促進機能**、**情報発信機能**などがあります。**訴求機能**は、店舗がそこにあるということを知らせる機能で、看板や外装、呼び込みによりお店の存在を顧客にアピールします。**誘導機能**は、お店に入らせ、お店の奥まで誘導する機能で、店頭の演出やレイアウト、通路などを工夫して、お店に入りやすくします。**演出機能**は、商品を魅力的に見せる機能で、見やすい陳列や色彩の工夫、BGM などで顧客が商品に魅力を感じるようにします。**選択機能**は、顧客に欲しい商品を選ばせる機能で、触れやすい陳列や POP によって、顧客が実際に商品を手に取り、選びやすくします。**購入促進機能**は、顧客に商品を買わせるための機能で、従業員の対応、販売方法の工夫によって、顧客の購買を促進します。**情報発信機能**は、顧客に情報を伝える機能で、ポスターや掲示板、チラシによって顧客に情報を発信する機能です。

商品陳列の手法

　顧客の手に届く陳列範囲を**有効陳列範囲**といいます。その中でも顧客が身体をかがめたり背伸びしなくても商品を手に取れる範囲である 60cm〜160cm の範囲は**ゴールデンゾーン**といい、主に主力商品や売れ筋商品が陳列されます。

　前進立体陳列は、棚の手前の方の商品を高く積み上げる陳列方法で、商品の前出し作業が必要となりますが、商品のボリューム感を出し顧客が手に取りやすい陳列方法です。商品の補充頻度の多い、最寄品を扱う小売店でよく用いられている陳列方法です。

　縦陳列はバーティカル陳列ともいい、同じ商品や同じ種類の商品を縦に並べるもので、顧客が探している商品を見つけやすいという利点があります。**横陳列**はホリゾンタル陳列ともいい、同じ種類の商品を横一列に並べる方法で、顧客が同一アイテムの比較をしやすいという利点があります。

陳列の種類と目的方法

　店舗では、顧客の購買を促進するために目的や商品に合わせた陳列を工夫して行います。

　ゴンドラとは陳列棚のことで、スーパーやコンビニでは、通常**ゴンドラ陳列**が行われます。

　主通路はメインとなる通路のことで、**副通路**は主通路よりも細いサブの通路のことです。スーパーなどでは、主通路をコの字型に設定し、一方向に店内を回ってもらうような**ワンウェイコントロール**を行っています。その際、顧客を店の奥に誘導するため、**マグネット**を用いる場合もあります。

　マグネットは、顧客にとって魅力的な商品により顧客を磁石のよう引きつける効果を狙ったものです。通常、店の通路の突き当たりなどに置き、顧客の動線を長くする効果を狙っています。

291

ウォークインケースは、コンビニエンスストアの飲み物売り場などでよく見られるものです。店員が陳列棚の裏側から入って商品を補充することができるため、簡単に先入先出の陳列ができます。ただし、スペース効率やエネルギー効率が悪いという欠点もあります。それに対し、前にガラス扉のついた冷蔵庫や冷凍庫で陳列も前のガラス扉から行われるものを**リーチインケース**といいます。

フック陳列は、歯ブラシやペンなどの小物に用いられる陳列方式で、商品をフックにかけて並べて陳列することで、商品を見やすく、取りやすくするとともに、在庫も把握しやすくしています。

レジ前陳列は、その名の通りレジ前にチョコやガム、電池などの小物を陳列するものです。顧客が必ず目にする場所にあるため、ついで買い、つまり非計画購買を誘う効果があります。

エンド陳列は、ゴンドラの端で行う陳列のことです。エンド陳列は目立ちやすいため、特売品や目玉商品を陳列し、顧客の非計画購買を誘ったり、マグネット的な効果を狙ったりします。

島出し陳列は、スーパーなどでよく用いられるもので、通路に商品をはみ出して陳列する方法です。島出し陳列は、陳列に変化が生じ活気が出るという点がメリットですが、後ろの商品が隠れたり、通路が狭くなったりするというデメリットがあるため、多用しすぎないよう注意が必要です。

ジャンブル陳列は、スーパーなどでよく用いられるもので、特売品などをかごに山盛りにして陳列する方法です。陳列の手間がかからず、お得感を演出できる点が利点ですが、安っぽく見えてしまうため、高額の商品には向かない方法です。また、少なくなると売れ残り感が出てしまいます。

カットケース陳列は、スーパーなどでよく用いられる陳列方法で、ビールなどの商品が入っている箱をカットしてそのまま陳列する方法です。陳列の手間がかからず、割安感を訴求できます。

また、衣料品店などでよく行われている販売方法としては、**フェイスアウト**、**ボックス陳列**などがあります。**フェイスアウト**とは、商品をハンガーに掛けて正面（フェイス）を見せる陳列方法で、商品を目立せることができる点がメリットですが、陳列できる数が少ないという点がデメリットです。**ボックス陳列**とは、箱状の陳列器具で商品を分類しながら見せる陳列方法です。

商品の表面、つまり顔のことを**フェイス**といいます。**フェイシング**とは、顧客から見えるフェイスの数を調整することです。フェイス数が多いほど商品が顧客に認識されやすくなるため、重点商品のフェイスは多くして、顧客の目に留まりやすくします。ただし、例えばフェイス数が1と2では目に留まりやすさが大きく異なりますが、フェイス数が10から11に増えてもあまり気付かないといったように、フェイス数が多ければ多いほどそれに比例して売れるというわけではありません。

照明と色彩

色彩

色を表す色彩には**色相**、**明度**、**彩度**の3つの要素があります。

色相は、例えば赤、青、黄色といった色の種類のことを表します。**明度**は、色の明るさ度合いを表します。明度が高いと白に近く、明度が低いと黒に近い色になります。**彩度**は、色の鮮やかさの度合いを表します。彩度は高いほど目を引く効果があるといわれています。

また、色彩の効果として、**同化現象**は似たような色だと同じように見えるという現象です。みかんは赤いネットに、オクラは緑のネットに入って売られていることが多いですが、これは同化現象を利用したものです。**対比現象**は違う色だと違いが強調される現象です。

　誘目性は、人目を引きつける度合いのことで、注意を向けていない対象の発見のされやすさを表します。**視認性**は、対象物の見つけやすさのことで、視認性が高いと注意を向けている人が遠くからでも見つけやすく、周囲から際立って見えます。**明視性**は、図形が伝える意味の理解のしやすさのことで、明視性が高いと見つけた対象物の形や細部が認めやすく、意味が細かく判別できるようになります。それに対し、**可読性**は、図形ではなく文字情報の理解のしやすさを表しています。

照明

　明るさに関連する単位としては以下のものがあります。なお、照明の単位は覚えにくいので、参考として「かぎかっこ」の中で語呂合わせを紹介します。

- **光束**（単位：lm ルーメン）：照明などの光源から出た光の強さを表します。プロジェクターの明るさなど光源自体の能力を表す場合などに使われます。「ソーメンの束（ルーメン、光束）」
- **光度**（単位：Cd カンデラ）：光源から特定の方向へ向けて出る光の明るさを表します。自動車のヘッドライトの性能を表す場合などに使われます。「コードを噛んでら（光度、カンデラ）」
- **照度**（単位：lx ルクス）：光源が面を照らしたときの面の明るさを表します。光を受ける面が光源に近いと明るく、遠いと暗いといったように、lx の値は光源との距離によって変化します。部屋の明るさを表す場合などに使われます。「照れるほどルックスがいい（照度、ルクス）」
- **輝度**（単位：Sb スチルブ）：ある方向から見たときに目に入る光の量のことをいいます。「キス（輝度、スチルブ）」
- **演色性**（単位：Ra アールエイ）：ある物体を照らしたときに、その物体の色の見え方に光源がどれだけ影響を与えるかということを表します。Ra が高いほど物の色が本来の色で見え、低いと元の色と違って見えます。「縁ある（演色、アールエイ）」
- **色温度**（単位：K ケルビン）：照明などの光源が発する光の色を表すための尺度で、色温度が低いと赤っぽく、色温度が高いと青っぽく見えます。「色気ビンビン（色温度、ケルビン）」

　照明の使い方にもいくつか種類があります。**ベース照明**は、店内全体の明るさを確保する目的で用いられる照明です。**重点照明**は、ベース照明より明るくすることで店内の一部を目立たせることを目的に用いられる照明です。**装飾照明**は、店内の装飾や雰囲気作りに用いられる照明です。照明を使う際は、顧客を店の奥に導くため、店の奥の方を明るくするという方法を取る場合があります。

すぐやる！過去問コーナー

■ 店舗施設
レベル1　R2-29, H30-29, H28-29, H27-30, H26-29, H24-29　　レベル2　R1-31, H29-29

■ 照明と色彩
レベル1　R3-26, H30-24, H27-25, H27-26, H25-26　　　　　　レベル2　H29-30

293

17. 商品予算計画

【売価・値入・原価】

売価(B)：売る値段
値入(N)：売価－原価
　　　　→儲けの予定
原価(G)：商品の原価

BOX図で考える

N	
---	B
G	

売価値入率 ↔ 原価値入率の変換
→具体的な数字をBOX図に
　入れて計算すると計算しやすい

$$\text{売価値入率}(\%) = \frac{\text{値入}}{\text{売価}} \times 100 = \frac{\text{値入}}{\text{原価}+\text{値入}} \times 100$$

$$\text{原価値入率}(\%) = \frac{\text{値入}}{\text{原価}} \times 100 = \frac{\text{値入}}{\text{売価}-\text{値入}} \times 100$$

【相乗積】

各部門（または商品群）の貢献度を表す

$$\text{相乗積}(\%)$$
$$= \text{各部門の粗利益率} \times \text{各部門の売上構成比}$$
$$= \frac{\text{部門の粗利}}{\text{部門の売上高}} \times \frac{\text{部門の売上高}}{\text{売上高の合計}} \times 100$$

※ 全部門の相乗積の合計 ＝ 全体の粗利益率

$$\text{粗利率}(\%) = \frac{\text{粗利}}{\text{売上高}} \times 100 \quad \text{粗利} = \text{売上高} - \text{売上原価}$$

※ 粗利≒値入
値下げや商品の破損などがあるため厳密には粗利と
値入は同じではない

【GMROI】

覚え方：GMROIのGは原価のG

小売業の経営効率を示す指標、投下した商品の資本効率を
測定し、在庫投資の回収を管理

$$\text{GMROI}(\%) = \frac{\text{売上総利益（粗利）}}{\text{平均在庫高（原価）}} \times 100$$

 バイヤー

$$= \frac{\text{粗利}}{\text{売上}} \times \frac{\text{売上}}{\text{原価}}$$

売上粗利益率　商品投下資本回転率

【交差比率】

商品在庫投資の管理を売価基準で考える指標

$$\text{交差比率}(\%) = \frac{\text{売上総利益（粗利）}}{\text{平均在庫高（売価）}} \times 100$$

店員

$$= \frac{\text{粗利}}{\text{売上}} \times \frac{\text{売上}}{\text{売価}}$$

売上粗利益率　商品回転率

【商品回転率】

分子と分母の基準（売価か？原価か？数か？）をそろえるのがポイント

$$\text{売価法による回転率} = \frac{\text{売上高}}{\text{平均在庫高(売価)}}$$

$$\text{原価法による回転率} = \frac{\text{売上原価}}{\text{平均在庫高(原価)}}$$

$$\text{数量法による回転率} = \frac{\text{売上数量}}{\text{平均在庫高(数量)}}$$

商品回転率を高めるには
- 適切な販売計画を作成
- 売れ筋商品を中心に品揃え商品数を絞り込む
- 売れ行きに合わせてこまめに発注を行う

商品回転率が高い場合

メリット
- 商品の破損や劣化を防げる
- 商品の陳腐化や流行遅れによる値下がりの影響を受けにくい
- 資本効率が高まる
- 在庫関連費用を削減できる

デメリット
- 発注回数が増えるため発注費用が増加する
- 小口の注文になるため、単価が高くなりやすい
- 品切れや機会損失のリスクがある

【店舗管理関連の指標】

人時生産性
1人の従業員が1時間にいくらの利益を上げたかを表す指標

$$\text{人時生産性} = \frac{\text{粗利益}}{\text{総労働時間}}$$

SHEET 17　　　商品予算計画

売価・値入・原価

超重要
頻:A　難:2

　商品予算計画とは、商品をいくらで仕入れて、いくらで売って、儲けをいくらにするか、という計画を立てることです。商品を販売するときの値段を**売価**、商品の仕入れたときの値段を**原価**、売価から原価を引いた儲けとなる予定の金額を**値入**といいます。

　商品を販売するときの値段（売価）に対する儲けの金額（値入）の割合を**売価値入率**といい、以下のように表します。なお、下段の式は簡略化のため売価をB、値入をN、原価をGと記載したパターンです。

$$売価値入率（\%）＝（値入÷売価）×100＝\{値入÷（原価＋値入）\}×100$$

$$売価値入率（\%）＝N/B×100＝N/（G＋N）×100$$

　また、商品の原価に対する儲けの金額（値入）の割合を**原価値入率**といい、以下のように表します。

$$原価値入率（\%）＝（値入÷原価）×100＝\{値入÷（売価－値入）\}×100$$

$$原価値入率（\%）＝N/G×100＝N/（B－N）×100$$

　なお、売価値入率や原価値入率を求めたり、売価値入率から原価値入率に変換したりする場合などは、下記のようなBOX図を書くと便利です。売価値入率や原価値入率を求める際は、既にわかっている値をBOX図に記入して、求めたい値を算出します。

　例えば、「原価値入率が25%のときの売価値入率」を求める場合について考えます。この場合、原価値入率が25%ですので、原価100に対して値入が25ということです。そのため、BOX図のNに25、Gに100と記入すると、Bは25＋100＝125となります。売価値入率は値入÷売価ですので、N/B＝25/125＝0.2より20%と求めることができます。

N	B
G	

N 25	B
G 100	25＋100

BOX図

相乗積

　相乗積は、各部門（または商品群）の貢献度を表す指標です。**相乗積**は、各部門（または商品群）の粗利益率に、各部門の売上構成比を掛け合わせた値であり、以下のように表します。

$$相乗積（\%）＝部門の粗利益率×部門の売上構成比$$
$$＝\{（部門の粗利÷部門の売上高）×（部門の売上高÷売上高の合計）\}×100$$

　上記の式から相乗積は部門の粗利÷売上高の合計としても計算することができ、全部門の相乗積を合計すると全体の粗利÷売上高の合計つまり、全体の粗利益率となります。

　なお、粗利とは売上高から売上原価を引いたもので、粗利率とは以下のように表します。

$$粗利率（\%）＝（粗利÷売上高）×100$$

295

粗利と値入は似たような考え方ですが、粗利が実際に売り上げた売上から原価を引いた値であるのに対し、値入は売価から原価を引いた値です。現実には、値下げや商品の破損などがあるため、厳密に言うと粗利と値入は同じ値にはなりません。

GMROI

GMROIとは、小売業の営業効率を表す指標です。投下した商品の資本効率を測定し、商品の原価という観点から在庫投資がどれだけ回収できたかを表すもので、以下の式で表せます。

$$GMROI（\%）＝\{売上総利益（粗利）÷平均在庫高（原価）\}×100$$

原価、つまり仕入れた値段に対する売上総利益ですので、このGMROIはどれだけ売れる商品を仕入れることができたかということを示し、バイヤーの成績を表す指標というイメージです。「GMROIのGは原価のG」と覚えると交差比率との混乱が防げます。

また、GMROIの式は以下のように分解することもできます。

$$GMROI（\%）＝\{（粗利÷売上）×（売上÷原価）\}×100$$
$$＝（売上粗利益率×商品投下資本回転率）×100$$

交差比率

交差比率とは、GMROIと同様、小売業の営業効率を表す指標です。投下した商品の資本効率を測定し、商品の売価という観点から在庫投資がどれだけ回収できたかを表すもので、以下の式で表せます。

$$交差比率（\%）＝\{売上総利益（粗利）÷平均在庫高（売価）\}×100$$

売価、つまりお店で売っている値段に対する売上総利益ですので、この交差比率はどれだけ店頭で商品を売ることができたかということを示します。GMROIがバイヤーの成績を表すとしたら、この指標は店員の成績を表すというイメージです。

なお、交差比率の式は以下のように分解することもできます。

$$交差比率（\%）＝（粗利÷売上）×（売上÷売価）＝（売上粗利益率×商品回転率）×100$$

商品回転率

商品回転率は、ある期間内に商品が何回売れたかということを表す指標であり、分子と分母を何にするかによって売価法による回転率、原価法による回転率、数量法による回転率があります。商品回転率を求める際は、それぞれ分子と分母の基準を揃えて求める必要があります。

売価法による回転率は、売価を基準とした回転率で、以下のように表します。

$$売価法による回転率（回）＝売上高÷平均在庫高（売価）$$

通常、回転率というと、この売価法による回転率が最もよく使われます。

296

原価法による回転率は、原価を基準とした回転率で以下のように表します。

$$原価法による回転率（回）＝売上原価÷平均在庫高（原価）$$

数量法による回転率は、売り上げた商品の数を基準とした回転率で以下のように表します。

$$数量法による回転率（回）＝売上数量÷平均在庫高（数量）$$

これらの商品回転率を高めるためには、適切な販売計画の作成や、売れ筋商品を中心とした品揃え商品数の絞り込み、売れ行きに合わせたこまめな発注を行うことが必要となります。

なお、商品回転率が高い場合のメリットとしては、商品が在庫としてお店にある時間が短いため商品の破損や劣化を防げ、商品の陳腐化や流行遅れによる値下がりの影響を受けにくいという点が挙げられます。また、資本効率が高まる、在庫関連費用を削減できるという点もメリットです。

それに対し、デメリットとしては、発注回数が増えるため発注費用が増加する、小口の注文になりやすいため単価が高くなりがちである、品切れや機会損失のリスクが高くなるという点が挙げられます。

店舗管理関連の指標

その他の店舗管理関連の指標としては、**人時生産性**があります。人時生産性とは1人の従業員が1時間にどれだけ粗利益を生み出したのかを示す指標で、以下の式で表します。

$$人時生産性（円/時）＝粗利益÷総労働時間$$

なお、人時生産性の計算には粗利益でなく、営業利益や付加価値などが用いられる場合もあります。また、人時生産性は高ければ高いほど経営効率が良いとされます。

商品予算計画の分野の問題は計算問題が中心のため、実際の問題を何回も解いて、解き方に慣れることが重要です。また、計算に使う公式も忘れてしまいやすいため、時々問題を解いて感覚を忘れないようにしておきましょう。

すぐやる！過去問コーナー

■ **商品予算計画**
- **レベル1** R3-28, R2-30, R2-32, R1-28, H30-28(1)(2), H29-28, H27-28, H27-32, H26-28, H25-27, H24-26, H24-27
- **レベル2** R3-27, H30-26, H30-27, H29-27, H28-28, H28-31, H25-31

18. 販売計画と在庫

販売（生産）計画 商品の仕入計画や見込生産の生産計画の策定のため需要を予測する

【過去のデータを用いた需要量の予測方法】

単純移動平均
あらかじめ決められた一定期間の平均値

加重移動平均 直近の重みを大きく
データごとに重みをつけた一定期間の平均値

指数平滑法
過去の予測値と実績値を利用して需要を予測

$$\text{n+1月の予測売上高} = \text{n月予測売上高} + \alpha \left(\text{n月実績売上高} - \text{n月予測売上高} \right)$$

α：平滑化定数（$0 < \alpha < 1$）

需要が安定：α 小　　需要が不安定：α 大

月別平均法
季節による売上の変動を考慮

$$\text{月別の売上高予算} = \frac{\text{年間売上高予算} \times \text{季節指数}}{\text{季節指数の合計(1,200)}}$$

$$\text{季節指数（\%）} = \frac{\text{各月の累計売上高}}{\text{累計年間売上高(1月あたり)}} \times 100$$

【制約条件を考慮した計画の策定方法】

線形計画法
制約条件を式で表し、
目的関数を最大/最小化

※ ただし1次試験では選択肢に直接代入する方が早い

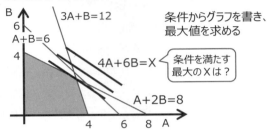

条件からグラフを書き、最大値を求める

4A+6B=X　条件を満たす最大のXは？

【要因とデータの関係を用いた需要量の予測方法】

回帰分析
因果関係があると思われる変数間の関係を分析

単回帰分析 1つの変数について分析
例：気温（説明変数）が1℃上がると、売上（目的変数）が○円上がる

重回帰分析 2つ以上の変数について分析
例：店舗面積、商圏人口、広告費（説明変数）から売上（目的変数）を予測

在庫高予算と在庫管理関連の指標

【在庫高予算】適正な在庫はどのくらいか計算する

基準在庫法：「額」で計算、低回転率の商品向き（n≦6）

$$\begin{aligned}
\text{月初適正在庫高（売価）} &= \text{当月売上高予算} + \text{基準在庫高} \\
&= \frac{\text{年間売上高予算}}{n} + \text{当月売上高予算} - \frac{\text{年間売上高予算}}{12} \\
&= \text{年間平均在庫高} + \text{当月売上高予算} - \text{月間平均売上高予算}
\end{aligned}$$

n：年間予定商品回転率

百分率変異法：「率」で計算、高回転率の商品向き（n≧6）

$$\begin{aligned}
\text{月初適正在庫高（売価）} &= \frac{\text{年間売上高予算}}{n} \times \frac{1}{2} \left(1 + \frac{\text{当月売上高予算}}{\text{年間売上高予算} \div 12} \right) \\
&= \text{年間平均在庫高} \times \frac{1}{2} \left(1 + \frac{\text{当月売上高予算}}{\text{月間平均売上高予算}} \right)
\end{aligned}$$

n：年間予定商品回転率

【在庫管理関連の指標】

品切れ率

$$\text{品切れ率（\%）} = \frac{\text{品切れ件数}}{\text{受注件数}} \times 100$$

納期遵守率

$$\text{納期遵守率（\%）} = \frac{\text{受注件数} - \text{納期遅延件数}}{\text{受注件数}} \times 100$$

SHEET 18　　　販売計画と在庫

販売（生産）計画

過去のデータを用いた需要量の予測方法

商品の仕入計画や見込生産の生産計画を策定する場合、需要を適切に予測することが重要です。販売（生産）計画策定のための需要の予測には、過去のデータを用いた需要量の予測方法として**単純移動平均**、**加重移動平均**、**指数平滑法**、**月別平均法**などの手法が用いられます。

単純移動平均は、あらかじめ決められた一定期間の平均値を求める方法です。例えば、当月の需要量を予測するために3か月分の生産量の移動平均を取る場合は、直近3か月間分の生産量の平均をとり、それを当月分の需要予測量とします。

加重移動平均は、単純移動平均と同じく一定期間の平均値を取りますが、直近の影響をより大きく考慮するときに用います。例えば、3か月の加重移動平均を取る際は、（1か月前の生産量×3＋2か月前の生産量×2＋3か月前の生産量×1）÷（3＋2＋1）、といったように直近の値により重みを付けた平均値を求めます。

指数平滑法は、過去の予測値と実績値を利用して需要を予測する方法です。来月（n＋1）月の需要量を予測する場合、当月n月のデータを用いて以下のような式を用います。

> （n＋1）月予測売上高＝n月予測売上高＋α（n月実績売上高－n月予測売上高）

この式で、αは平滑化定数といい、0より大きく1より小さい値を取ります。αの値は需要の安定度合いによって設定され、需要が安定している場合はαの値を小さく取り、需要が安定していない場合や前月の実績を大きく反映させたい場合はαの値を大きく取ります。

月別平均法は、例えばビールは暑い夏にはよく売れますが、冬には売れ行きが下がるといったように、季節によって売上の変動がある商品の需要について、季節による売上の変動を考慮して予測する方法です。月別平均法は**季節指数**という指数を使って下記のように計算します。

> 月別の売上高予算＝（年間売上高予算×季節指数）÷季節指数の合計（1,200）

なお、**季節指数**とは、以下の式で表され、年間を通じて平均的な売上を100として、売上が大きい月は100より大きく、売上が小さい月は100より小さくなります。

> 季節指数＝｛各月の累計売上高÷累計年間売上高（1月当たり）｝×100

例えば、年間の累計売上高が2,400百万円のとき、1月当たりの累計売上高は2,400÷12＝200で200百万円、8月の累計売上高が300百万円の場合、季節指数は300÷200×100＝150で150、2月の売上高が160百万円の場合、季節指数は160÷200×100＝80で80となります。なお、1年間の季節指数の合計は必ず1,200になります。

制約条件を考慮した計画の策定方法

　制約条件を考慮した計画の策定方法の主なものに**線形計画法**があります。**線形計画法**は、複数の制約条件がある中で、利益を最大化するもしくは費用を最小化するための計算に用いられます。複数の制約条件がある場合に、それらの制約条件を式で表し、目的とする利益や費用を表す関数を最大化もしくは最小化する場合の値を求めます。

　例えば、それぞれ同じ材料、作業員、機械を使用して生産される製品 A、B を生産している企業の例を考えます。製品 A を製造するために材料を 1 単位、作業員を 3 単位、機械を 1 単位使用し、製品 B を製造するために材料を 1 単位、作業員を 1 単位、機械を 2 単位使用するとして、材料、作業員、機械はそれぞれ最大で 6 単位、12 単位、8 単位使用できるとします。製品 A、B を販売して得られる利益がそれぞれ 4、6 のとき、製品 A、B をそれぞれどれだけ生産したときに利益が最大となるかを求めます。

　本来はこれらの制約条件を式にして、材料：A＋B≦6、作業員：3A＋B≦12、機械：A＋2B≦8 という条件を満たす範囲で、利益 4A＋6B＝X の X を最大にするという計算を行います。具体的には、各条件を元にしたグラフを書いて、そのグラフで示される領域に接する利益の式のうち、最大の X を求めるという方法を取ります。

　しかし、このやり方は複数の式をグラフにする必要があり、非常に手間がかかります。1 次試験はマークシート式の試験ですので、必ずしもきちんと計算を行わなくても、提示されている選択肢の中から適切なものを選べば良いため、実際の試験では上記のような正式な方法ではなく、マークシートに示されている答えを条件に直接代入していき、条件を満たす値の中で最も利益が大きいものを選べば解答することができます。また、計算間違いを防ぐという面でも直接代入の方が確実です。

要因とデータの関係を用いた需要量の予測方法

　要因とデータの関係を用いた需要量の予測方法の主なものに回帰分析があります。回帰分析は、因果関係があると思われる変数間の関係を分析するもので、1 つの説明変数について分析を行う単回帰分析と、2 つ以上の説明変数について分析を行う重回帰分析があります。

　単回帰分析は、例えば、気温が 1℃上がると売上が○円上がるといったように、原因である説明変数（この場合：気温）が変化すると、求めたい結果である目的関数（この場合：売上）がどう変化するかを分析するものです。

　重回帰分析は、例えば、店舗面積、商圏人口、広告宣伝費といった要因から売上を予測するといったように、複数の説明変数（この場合：店舗面積、商圏人口、広告宣伝費）の変化から、目的変数（この場合：売上）の変化を分析するものです。

在庫高予算と在庫管理関連の指標

在庫高予算

当月の売上目標に応じて、どれくらい在庫を持つべきかということを計算する方法として、代表的なものに**基準在庫法**と**百分率変異法**という方法があります。

基準在庫法は、在庫のブレを金額によって補正して適正な在庫量を求める方法で、回転率が6回以下の比較的回転率の低い商品に適した方法です。基準在庫法による月初適正在庫高(売価)の求め方は下記の通りです。

$$
\begin{aligned}
\text{月初適正在庫高(売価)} &= \text{当月売上高予算} + \text{基準在庫高} \\
&= \frac{\text{年間売上高予算}}{n} + \text{当月売上高予算} - \frac{\text{年間売上高予算}}{12} \\
&= \text{年間平均在庫高} + (\text{当月売上高予算} - \text{月間平均売上高予算})
\end{aligned}
$$

百分率変異法は、在庫のブレを率によって補正して、適正な在庫量を求める方法で、回転率が6回以上の比較的回転率の高い商品に適した方法です。

百分率変異法による月初適正在庫高(売価)の求め方は下記の通りです。

$$
\begin{aligned}
\text{月初適正在庫高(売価)} &= \frac{\text{年間売上高予算}}{n} \times \frac{1}{2} \left(1 + \frac{\text{当月売上高予算}}{\frac{\text{年間売上高予算}}{12}} \right) \\
&= \text{年間平均在庫高} \times \frac{1}{2} \left(1 + \frac{\text{当月売上高予算}}{\text{月間平均売上高予算}} \right)
\end{aligned}
$$

在庫管理関連の指標

在庫管理関連の指標としては、**品切れ率**や**納期遵守率**などがあります。

品切れ率は、受注件数全体に対する品切れの件数の割合で以下のように表されます。

$$\text{品切れ率(\%)} = (\text{品切れ件数} \div \text{受注件数}) \times 100$$

納期遵守率は、受注件数のうち納期遅延なしに納品できた件数の割合で以下のように表されます。

$$\text{納期遵守率(\%)} = \{(\text{受注件数} - \text{納期遅延件数}) \div \text{受注件数}\} \times 100$$

すぐやる!過去問コーナー

■ **販売(生産)計画**
レベル1　R3-8, R1-8, H30-12, H26-30, H25-37, H24-13
レベル2　R2-12, R2-35, H29-34, H27-9, H26-11

■ **在庫高予算と在庫管理関連の指標**
レベル1　H25-28　　　　　レベル2　H29-12

19. ISM、販売データ分析

ISM（インストア・マーチャンダイジング） ← インストア（＝店内）で売る

ISMの考え方

売上高 = (客単価 = 商品単価 × 買上点数) × (来店客数 = 顧客数 × 来店回数)

- 客単価＝商品単価×買上点数：ここを増やすためにどうするか？→購買の9割を非計画購買が占めるため　これがISM
- 来店客数＝顧客数×来店回数：ここを増やすのは大変

ISMの体系

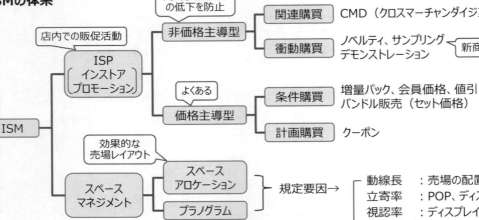

- ISM
  - ISP（インストアプロモーション）【店内での販促活動】
    - 非価格主導型【内的参照価格の低下を防止】
      - 関連購買：CMD（クロスマーチャンダイジング）【ワインに合うチーズも食べたいな】
      - 衝動購買：ノベルティ、サンプリング、デモンストレーション【新商品のお試し】
    - 価格主導型【よくある】
      - 条件購買：増量パック、会員価格、値引、バンドル販売（セット価格）【3足で1000円】
      - 計画購買：クーポン
  - スペースマネジメント【効果的な売場レイアウト】
    - スペースアロケーション
    - プラノグラム
    - 規定要因→
      - 動線長　：売場の配置、回遊性↑
      - 立寄率　：POP、ディスプレイ、マグネット
      - 視認率　：ディスプレイ、カラーコーディネート
      - 買上率　：ISP、POP
      - 買上点数：CMD、メニュー提案、セット
      - 商品単価：接客技術、デモンストレーション

POSデータを基に棚のどの位置に何フェイス置くか決める　売上や回転率↑　コンビニとかスーパー

販売データ分析

【マーケット・バスケット分析】
併売分析、ショッピング・バスケット分析ともいう
ある商品と一緒によく売れる商品を分析

支持度（サポート）
商品Aと商品Bの同時購買がどれくらい起こりやすいか

$$支持度 = \frac{AとB同時購入の購買数 ●}{全体の購買数 ○}$$

信頼度（コンフィデンス）
商品Aを買った人のうちどれくらいの人が商品Bを買うか

$$信頼度 = \frac{AとB同時購入の購買数 ●}{Aの購買数 ○}$$

リフト値
商品Aの購買が商品Bの購買にどれだけ相関しているか

$$リフト値 = \frac{Aの信頼度}{Bの購買数/全体の購買数 ●/○}$$

【PI値】来店客数の影響を除外して販売を評価

$$金額PI = \frac{総販売金額}{来店客数} \times 1000 \quad 数量PI = \frac{総売上点数}{来店客数} \times 1000$$

レシート枚数でもOK

【RFM分析】

- 最終購買日(R)
- 購買頻度(F)
- 購買金額(M)

の3つの観点から分析

FSP
Frequent **S**hoppers **P**rogram
高頻度で来る顧客にマーケティング

【CVR】Conversion Rate
サイト訪問（広告クリック）者のうち、どれくらいが実際に商品の購入や申し込みにつながったか

$$CVR = \frac{購入（申込）者数}{サイト訪問者数}$$

SHEET 19　　ISM、販売データ分析

ISM（インストア・マーチャンダイジング）

　ISMとはインストア・マーチャンダイジング（In-Store Merchandising）の頭文字を取ったもので、店内での陳列や演出の方法を工夫することで、客単価を向上させるための取り組みのことです。店舗の売上高は客単価と来店客数の積として表すことができますが、来店客数を増やすことは広告宣伝費も多くかかり大変です。そのため、既に店内にいる顧客の客単価をどのようにして向上させるかという点に着目したのがISMです。その背景には、購買の9割を事前に買うものを決めずに店頭で決める非計画購買が占めるということもあります。

　また、客単価をさらに分解すると、商品単価と買上点数に分解することができます。ISMではこの商品単価の向上と買上点数の向上の両方を対象としています。

　ISMは、店内での販促活動であるISP（インストア・プロモーション）と、売り場の生産性を向上させるスペースマネジメントに分けることができます。

　ISPは、店内での販促活動のことで、価格以外の方法により購買を促進する非価格主導型のISPと、価格により購買を促進する価格主導型のISPに分けられます。非価格主導型のISPは価格によらない方法ですので、顧客の内的参照価格の低下が防げます。非価格主導型のISPには、例えばワイン売り場の隣にワインと合うチーズを置くといったように、異なるカテゴリの関連する商品を並べて販売することで関連購買を促進するCMD（クロスマーチャンダイジング）や、商品の宣伝のために商品の名称を入れて無料で配布する記念品であるノベルティ、新商品の試供品などを配るサンプリング、来店客の前で商品を実際に使って見せるデモンストレーションなどがあります。

　それに対し価格主導型のISPには、増量パックの販売や会員価格での販売、単純な値引き、セットで安くなるバンドル販売、クーポンの配布などの方法があります。なお、他のISPの施策が非計画購買を誘うものであるのに対し、クーポンの配布だけは計画購買を誘う方法となっています。

　スペースマネジメントには、効果的な売り場レイアウトを決めるスペースアロケーションと、POSデータ（「22.販売流通情報システム」シートを参照）をもとに、棚のどの位置に何フェイス置けば良いのかを決めるプラノグラムなどがあります。売り場の効率を規定する要素としては、顧客の動線の長さである動線長、顧客がどれだけ売り場に立ち寄るかを表す立寄率、立寄った売り場でどれだけ商品を認識するかを表す視認率、認識した商品を実際に買うかどうかを表す買上率、商品の買上点数、商品単価があります。

　動線長は売り場の配置や回遊性の向上によって、立寄率はPOPやディスプレイの工夫やマグネットの配置によって、視認率はディスプレイやカラーコーディネートの工夫によって、買上率はISPやPOPによって、買上点数はCMDやメニュー提案、バンドル販売（セット販売）によって、商品単価は接客技術やデモンストレーションによって向上を図ります。

販売データ分析

マーケット・バスケット分析

マーケット・バスケット分析は、併売分析やショッピング・バスケット分析ともいい、ある商品と一緒に良く売れる商品はどのような商品なのかを見つけるための分析です。併売度の高い商品を分析することで、CMDやセット販売などのISPに活用することができます。マーケット・バスケット分析で使われる指標には、**支持度**（サポート）、**信頼度**（コンフィデンス）、**リフト値**などがあります。

支持度（サポート）は、商品Aと商品Bがあったとき、この2つの商品の同時購入がどれくらい起こりやすいかを表す指標で、以下の式で表せます。

$$支持度＝AとB同時購入の購買数÷全体の購買数$$

信頼度（コンフィデンス）は、商品Aを買った人のうち、どれくらいの人が商品Bを買うのかを表す指標で、以下の式で表せます。

$$信頼度＝AとB同時購入の購買数÷商品Aの購買数$$

リフト値は、商品Aの購買が商品Bの購買にどれだけ相関しているのかを表す指標で、上記の信頼度の指標を使って以下の式で表せます。

$$リフト値＝Aの信頼度÷（Bの購買数÷全体の購買数）$$

なお、リフト値のリフトとは、フォークリフトのリフトと同じ「持ち上げる」という意味です。商品Aの購買が商品Bの購買をどれだけ持ち上げているかということを表しており、リフト値が大きいほど「持ち上げる」力が強いことを表しています。

PI値

PI値とは、Purchase IncidenceもしくはPurchase Indexの略で、来店客数の影響を除外して販売実績を評価する方法です。金額ベースのものを**金額PI**、数量ベースのものを**数量PI**といい、以下の式で表せます。

$$金額PI＝総販売金額÷来店客数×1,000$$
$$数量PI＝総販売点数÷来店客数×1,000$$

なお、ここで用いる来店客数の値には、発行したレシートの枚数を代用することもできます。

RFM分析

RFM分析は、企業経営理論「19.マーケティングコンセプト」シートでも説明した通り、最後に購買した日からの経過日数を表す最終購買日（Recency）、どれくらいの間隔で来店するかを表す購買頻度（Frequency）、累計の利用金額を表す購買金額（Monetary）の3つの観点から顧客の購買状況を分析し、その分析結果に基づき優先順位付けを行った上で、マーケティング施策を立案するものです。

CVR

CVR とは Conversion Rate のことで、インターネット販売における広告効果の測定によく用いられる指標です。この指標は、サイト訪問（広告クリック）者のうち、どれくらいが実際に商品の購入や申し込みにつながったかを示すもので、以下の式で表されます。

> CVR＝購入（申込）者数÷サイト訪問者数

すぐやる！過去問コーナー

■ ISM（インストア・マーチャンダイジング）
レベル1　R3-29, H30-30, H27-31, H26-31, H25-29, H24-28, H24-31
レベル2　H28-32

■ 販売データ分析
レベル1　R3-39, R2-44, R1-39, R1-40, H30-39(1)(2), H27-40, H25-41
レベル2　R1-43, H29-40(1)(2), H28-39(1)(2), H26-27, H24-41

20. 仕入れ、物流

仕入れ

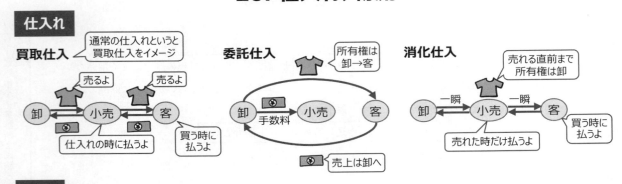

物流

【物流工程】

入荷 → 保管 → ピッキング → 流通加工 → 仕分 → 出荷

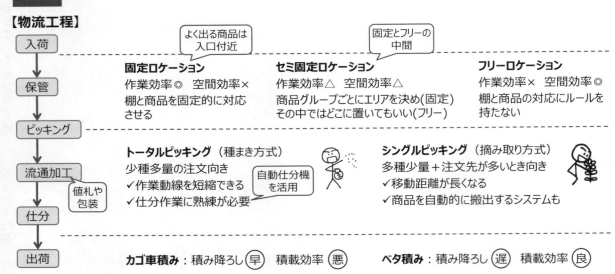

デジタルピッキング
棚に取り付けてあるデジタル表示器の指示で商品をピッキング
商品知識が無くても間違えずに、スピーディな作業が可能

特に多品種少量の物流センターに多い

【物流センター】モノと情報を一元管理し、効率的な物流を行う

	DC型 (在庫型センター)	TC型（通過型センター）	
		ベンダー仕分型	センター仕分型
概要	センター内で在庫として保管している商品を仕分けして出荷	製品の供給業者(ベンダー)が店別にピッキングしてからセンターに納品	ベンダーは仕分不要 センターで店別にピッキング・検品
リードタイム	短い	長い	ベンダー仕分型よりも長い
カテゴリ納品	対応しやすい	DCよりしにくい（2度手間なので×）	DCよりしにくい（できなくはない）

生鮮品などではクロスドッキングも

センターフィー：物流センターの取扱手数料的なもの

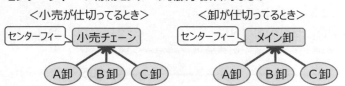

プロセスセンター
スーパーなどで利用されている生鮮食品などの商品の加工や包装などを行う物流施設

SHEET 20　　仕入れ、物流

仕入れ

仕入方法には、主に**買取仕入**、**委託仕入**、**消化仕入**といった方法があります。

買取仕入とは、通常「仕入」と聞いてイメージされる仕入方法で、卸から小売店が商品を買い取る形の仕入方法です。

委託仕入とは、卸が販売店に商品の販売を委託する方式です。商品の所有権は卸が持ったままで、商品が売れると同時に所有権が顧客に移り売上も直接卸に入ります。販売店は売上に応じた手数料のみを受け取ります。

消化仕入とは、売上仕入とも呼ばれ、卸は小売店に陳列する商品の所有権を持ったままで、小売店で売り上げると同時に所有権が小売店に移り仕入を計上するという方式で、百貨店でよく用いられます。

物流

物流工程

物流センターでは、工場で製造された製品を入荷して保管し、出荷先の注文に応じて保管された製品を取り出すピッキングを行い、必要に応じて値札を付けたり梱包を行ったりする流通加工を行い、仕分を行ってから出荷されます。

保管

このうち、保管の方法には、商品の保管位置によって、**固定ロケーション**、**セミ固定ロケーション**、**フリーロケーション**という方法があります。

固定ロケーションとは、どの棚にどの商品を置くのかをあらかじめ決めておき、商品を入荷すると決められた場所に商品を保管する方法です。あらかじめ場所が決まっているため作業効率は高いですが、商品がないときでも商品を置くための場所を空けておく必要があるため、空間効率は悪くなります。固定ロケーションでは、作業効率を高めるため定番商品は入り口近くに置かれます。

一方、**フリーロケーション**は、どの棚にどの商品を置くかについてのルールを持たない保管方法です。空いた棚に商品を置けるため空間効率は高いですが、作業効率は低くなります。

セミ固定ロケーションは、固定ロケーションとフリーロケーションの中間の保管方法です。商品グループごとに保管エリアを決め、決められた保管エリアの中ではどこに置いても良いという方法で、作業効率、空間効率は固定ロケーションとフリーロケーションの中間くらいです。

ピッキング

また、発送する商品をピックアップするピッキングには、**トータルピッキング**と**シングルピッキング**という方法があります。

トータルピッキングは、種まき方式とも呼ばれ、少種多量の注文に適している方法です。注文された商品を一度にまとめてピッキングし、その後、配送先のお店ごとに種をまくように仕分けます。トータルピッキングは作業動線を短縮できるという効果がありますが、仕分け作業に熟練を要するため、自動仕分機を活用している場合が多いです。

シングルピッキングは、摘み取り方式とも呼ばれ、多種少量もしくは注文先が多い場合に適している方法です。配送先のお店ごとに棚から摘み取るように各商品をピックアップしていきます。個別の注文ごとにピックアップするため、作業者の移動距離は長くなる傾向があります。そのため、商品を自動的に搬出するシステムが用いられる場合もあります。

ちなみに、**デジタルピッキング**とは、特に多種少量の商品を扱う物流センターで多く採用されている、棚に取り付けてあるデジタル表示器の指示で商品をピッキングするピッキング方法です。商品知識が無くても間違えずに、スピーディーな作業が可能となります。

出荷

商品の出荷方法には、商品をカゴのついた台車に乗せてトラックなどに積み降ろしする**カゴ車積み**と、トラックなどに直接商品を載せる**ベタ積み**があり、カゴ車積みは積載効率が悪いですが積み降ろしは速く、ベタ積みは積み降ろしが遅いですが積載効率は良くなります。

物流センター

一括物流システムとは、モノと情報を一元管理するシステムのことで、ASN、SCM ラベル、EDI（「23.販売・流通関連用語」シートを参照）などを使って効率的で利便性の高い物流の実現を図るものです。一括物流システムには、**DC 型**（Distribution Center）と**TC 型**（Transfer Center）があり、さらに TC 型は**ベンダー仕分型**と**センター仕分型**に分類できます。

DC 型は、在庫型センターともいい、センター内で在庫として保管している商品を店別や方面別に仕分けして配送先に納品する機能を持っている物流センターのことです。この方式は卸売業者に多く導入されており、センター内に在庫を保有するためリードタイムが短く、商品を製造メーカーごとではなくカテゴリごとに納品する**カテゴリ納品**にも対応しやすい方式です。

TC 型は、通過型センターともいい、運ばれた荷物は倉庫に保管されることなく、直接仕分け作業が行われ、配送先のお店などに納品されていく方式の物流センターです。このように様々なベンダーからの製品を仕分けし、荷合わせする機能のことを**クロスドッキング**といいます。TC 型は直接倉庫から出荷する DC 型よりリードタイムは長くなり、カテゴリ納品もしにくくなりますが、保存がききにくい生鮮品などにはよく用いられます。

また、**ベンダー仕分型**は、製品の供給業者（ベンダー）が配送先のお店別にピッキングをした上でセンターに納品する形式で、**センター仕分型**は、ベンダーでは仕分けを行わずセンターで店別にピッキングや検品を行う方式です。センター仕分型の方がセンターで店別にピッキングや検品を行うためリードタイムが長くなります。また、ベンダー仕分型だと既に店別にピッキングされた商品をもう一度ピッキングし直すことになるので、カテゴリ納品には向いていません。

　プロセスセンターとは、スーパーなどで利用されている生鮮食品などの商品の加工や包装などを行う物流施設のことをいいます。

　センターフィーとは、物流センターにおける取扱手数料のようなものです。センターフィーは、物流センターを取り仕切っている業者がそこに納品している卸売業者から受け取るものです。小売チェーンが取り仕切っている物流センターであれば、そこに納品する卸売業者が小売りチェーンにセンターフィーを支払い、メインとなる卸売業者が取り仕切っている物流センターであれば、そこに納品する卸売業者がメインの卸売業者にセンターフィーを支払います。

すぐやる！過去問コーナー

■ 仕入れ
レベル1　R1-30, H28-27　　　　　レベル2　H24-39
■ 物流
レベル1　R3-35, R3-37, R1-36, R1-37, H30-34, H29-37, H29-38, H27-34, H25-35
レベル2　R2-38, H30-35, H28-34, H28-37, H28-38, H27-36, H26-34, H24-32

21. 物流関連用語

【輸送方法】

	陸送		海運	空輸
	トラック	鉄道		
特徴	数が少ないものの運搬向き ラストワンマイルまで対応可	数が多いもの、国内の長距離の運搬向き	大きいもの、重いもの、数が多いものの運搬向き	小さいもの、軽いもの、高価なものの運搬向き
メリット	✓柔軟な対応が可能（時間・日時の指定OK） ✓小口貨物の対応可	✓安価で大量に輸送可能 ✓CO_2排出量が低い	✓安価で大量に輸送可能 ✓CO_2排出量が低い	✓輸送スピードが速い ✓輸送中の貨物の破損が少ない
デメリット	✓輸送量当たりにかかる人手が大きい ✓CO_2排出量が多い	✓駅間の輸送に限られる ✓柔軟な対応がしにくい（時間に制約）	✓港湾間の輸送に限られる ✓柔軟な対応がしにくい（時間に制約） ✓輸送スピードが遅い	✓空港間の輸送に限られる ✓CO_2排出量が多い ✓高コスト

【物流関連用語】

SCM：物流システム全体として最適化

ITで情報共有　部分最適→全体最適

SCMの効果
- ✓在庫の削減→物流費の削減
- ✓需要予測の精度が向上→需要に合わせた生産
- ✓生産リードタイムの短縮
- ✓フレキシブルな生産　　　　} CSの向上

ブルウィップ効果
上流側で需要予測が激しくブレる
対応策として上流から下流までSCMで情報共有

3PL：3rd Party Logistics
物流部門のアウトソーシングで高度な物流　（第三者に任せて効率的に）

リバースロジスティクス：還元物流、静脈物流とも
→ 返品・リサイクル・廃棄など、サプライチェーンに属する企業の相互協力が必要

RORO（roll-on roll-off）船
貨物を積んだトラックや荷台をそのまま輸送する船
トラックが自分で乗り降りできる　（クレーン不要）

エシェロン在庫
ある在庫点から見て下流側の在庫点の在庫の合計
輸送中の物を含む

(例)

	メーカー→	卸→	小売
在庫	30	20	10
配送中		10	5
エシェロン在庫	75	35	10

モーダルシフト
トラックから鉄道や海運へ　（輸送期間が長くなる場合も）
長距離の一括大量輸送により、輸送の効率化やCO_2排出量抑制を図る

ユニットロードシステム
箱をそろえて荷役を機械化し、効率↑
メリット：時間とコストの削減、作業の標準化
デメリット：箱の制約で大きさ・重さに制限、空箱回収の手間

パレチゼーション：パレットを1つの取り扱い単位とする
コンテナリゼーション：コンテナを1つの取り扱い単位とする

一貫パレチゼーション
同じパレットを利用することで作業性↑＆荷傷み防止
同じパレットを利用するため、積載効率は下がる場合も

パレットプールシステム：複数の荷主でパレットを共同利用

セービング法
ピストン輸送→ルート輸送で距離を節約
セービング値が最大となる輸送ルートを求める
セービング値＝ピストン輸送走行距離－ルート輸送走行距離

ミルクラン方式：複数の業者を回り集荷
納入量が少量、サプライヤが集中のときコスト↓環境面↑

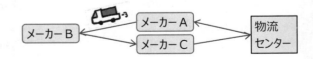

物流ABC
活動ごとにコストを集め原価を計算
コストドライバー：間接費を配賦するときの原価配賦基準
アクティビティ原価：人件費その他物流の各活動の費用の合計
アクティビティ単価：アクティビティ原価÷処理量

SHEET 21　物流関連用語

輸送方法

輸送方法は主にトラックや鉄道による陸送、船舶による海運、航空機による空輸があります。

トラックによる輸送は、数が少ない貨物の運搬に向いており、拠点間の輸送から**ラストワンマイル**の輸送まで対応可能です。なお、ラストワンマイルとは、物流の最終拠点からエンドユーザーの間のことをいいます。時間や日時の指定が可能など、柔軟な対応が可能で、小口貨物の対応も可能な点がメリットですが、輸送量当たりにかかる人手が大きく、CO_2排出量が多いという点がデメリットです。

鉄道による輸送は、数が多い貨物や国内の長距離の運搬に向いており、安価で大量に輸送可能な点やCO_2排出量が低い点がメリットですが、鉄道が使えるのは駅と駅の間に限られている点や、運行時間に制約があり、柔軟な対応がしにくいという点がデメリットです。また、短距離、中距離の輸送や貨物の量が少ない場合は、コストが割高になってしまう場合もあります。

船舶による輸送は、大きいものや重いもの、数が多い貨物などの運搬に向いています。安価で大量に輸送可能な点やCO_2排出量が低い点がメリットですが、船舶が使えるのは港と港の間に限られている点や、運航時間に制約があり、柔軟な対応がしにくい点や輸送スピードが遅い点がデメリットです。

航空機による輸送は、小さいものや軽いもの、高価なものの運搬に向いています。輸送スピードが速く、船便と比べると輸送中の揺れが少ないため輸送中の貨物の破損が少ない点がメリットですが、航空機が使えるのは空港と空港の間に限られている点や、運航時間に制約がある点、CO_2排出量が多い点、運搬コストが高い点がデメリットです。

物流関連用語

SCM とは Supply Chain Management の略で、サプライヤーからメーカー、卸売、小売というサプライチェーンの間でITにより情報共有し、サプライチェーン全体として最適化を図ることです。SCMには、在庫の削減による物流費の削減、需要予測の精度向上による生産量の適正化、生産リードタイムの短縮、フレキシブルな生産によるCS（顧客満足）の向上というメリットがあります。

ブルウィップ効果のブルウィップとは牛追いの鞭のことで、牛追いの鞭が手元でわずかな力を加えるだけで鞭がしなって大きな力が加わる様子から、物流の上流側の事業者になればなるほど、末端の需要動向の変化が増幅されて伝わり、需要予測が大きくブレてしまうことをいいます。これを防ぐためには、SCMなどによる物流の上流から下流までの正確な需要情報の共有が必要です。

3PL とは 3rd Party Logistics の略で、物流部門を第三者にアウトソーシングすることです。3PLは高度な物流サービスを受けたり、物流を効率化し、物流費用を削減する目的で用いられます。

リバースロジスティクスとは、還元物流や静脈物流とも呼ばれ、生産者から消費者へ商品が流れ

ていく通常の物流とは逆に、返品・リサイクル・廃棄など、消費者や利用者から生産者へと向かう物流の流れのことをいいます。リバースロジスティクスを行うにあたっては、サプライチェーンに属する企業の相互協力が必要となります。

RORO船とは、貨物を積んだトラックや荷台（シャーシ）をそのまま輸送する船のことです。トラックが自分で乗り（roll-on）降り（roll-off）できることからRORO船と呼ばれています。自分で乗り降りできるためクレーンが不要で、コンテナ船と比べると早く、安全に荷役ができますが、トラックや荷台ごと船に載せるため、積載効率の面ではコンテナ船に劣ります。

モーダルシフトとは、トラックによる輸送をより効率が良く環境負荷の少ない鉄道や海運による輸送に切り替えることです。長距離の一括大量輸送により輸送の効率化やCO_2排出量の抑制を図ることができますが、荷物の積替えが必要となり輸送期間が長くなってしまう場合もあります。

ユニットロードシステムとは、様々な荷姿の貨物を、あらかじめ標準的な重量や体積などの取扱単位にそろえて輸送する方式です。代表例としては、貨物をコンテナに入れ、コンテナを1つの取扱単位とするコンテナリゼーションや、すのこ状に作られた荷台であるパレットに貨物を乗せ、フォークリフトなどで移動させるパレチゼーションがあります。荷役の機械化・合理化により時間とコストが削減でき、作業が標準化できるというメリットがありますが、コンテナやパレットの制約により大きさや重さに制限がかかってしまう点や、回収の手間がかかってしまう点がデメリットとなります。

一貫パレチゼーションとは、荷物の発送から到着の荷降ろしまで、同じパレットで輸送することをいいます。同じパレットを一貫して使うことで、輸送作業の効率向上や荷物の積み替えに伴う荷傷みの防止というメリットがあります。ただし、パレットを利用するため、積載効率が下がる場合があり、また、荷物の載ったパレットが最終目的地まで運ばれてしまうためパレットの回収が困難という点がデメリットです。このデメリットに関しては、複数の荷主でパレットを共同利用する**パレットプールシステム**というシステムが用いられる場合があります。

セービング法とは、効率的な輸送ルートを求めるための方法の1つで、ピストン輸送をルート輸送に変えることによって生じる走行距離の減少分を**セービング値**とし、これが最大となるような輸送ルートを求めます。

ミルクラン方式は、巡回集荷と訳され、決められたルートに従って複数の業者を回って集荷を行う方式です。牛乳業者が酪農家の間を回って牛乳を引き取っていく様子になぞらえ、「ミルクラン」と呼ばれています。この方式は各サプライヤーの1回の納入量が少なく、サプライヤーが一定の地域に密集している場合などに有効な方式です。集荷コストを抑えられるとともに環境面にも優れた方法ですが、サプライヤーが分散している場合は逆に効率が落ちてしまう場合もあります。

エシェロン在庫とは、ある在庫点から見て、輸送中の物を含めた、ものの流れにおける下流側の在庫点の在庫の合計のことです。例えば、在庫がメーカーに30、卸に20、小売に10あり、メーカーから卸に輸送中の在庫が10、卸から小売に輸送中の在庫が5あるとします。その場合エシェロン在庫は、メーカーは30＋20＋10＋10＋5＝75で75、卸は20＋10＋5＝35で35、小売は10となります。

物流 ABC とは、Activity Based Costing の略で、物流コストを管理する目的で、物流の活動ごとに原価を計算する方法のことをいいます。物流 ABC を用いることで、例えばピッキング 1 件に必要なコストや梱包を 1 箱するのに必要なコストがいくらかかったなどが把握できるため、コストを管理し、適正な価格の設定が可能となります。

コストドライバーとは、製品にかかっているコストを正確に把握するために、間接費の配賦計算をできるだけ実態に合わせて正しく行う方法で、その間接費の割り当て基準のことをいいます。**アクティビティ**とは、コストを分解する際の細かい仕事の単位のことをいいます。**アクティビティ原価**とは、例えば人件費や設備費、資材費といった物流の各活動にかかる費用を合計したものです。また、**アクティビティ単価**とは、1 つのアクティビティ当たりの単価のことで、アクティビティ原価÷処理量で表せます。なお、この物流 ABC の問題は知識問題だけでなく、計算問題として出題される場合もあります。

すぐやる！過去問コーナー

■ 物流関連用語

レベル1　R3-33, R3-34, R3-36, R2-2, R2-37, R1-34, H30-32, H29-35, H28-35, H27-13, H27-38, H26-35(1)(2), H26-36, H25-36, H24-33, H24-38

レベル2　R2-36, R1-35, H30-33, H29-36, H28-36, H27-37, H24-37

22. 販売流通情報システム

【POSシステム】

- ハードメリット: 店舗オペレーションの効率化
- ソフトメリット: 売上向上に寄与

（レジにあるやつ）

POSデータの活用
- ✓ 売れ筋・死に筋管理
- ✓ コーザルデータ：価格以外で売上に影響する要因
- （例）販促データ、棚割データ、気象データ、催事データ
  - 販促やった？
  - フェイス数とか
  - 冷やし中華のはじめどき
  - 近所で運動会

バーコード
数字や文字、記号などを異なる太さの線で表示

JANコード　国際的にはEANコード

 13桁標準
 8桁短縮

桁数
① GS1事業者コード　標準 9桁　短縮 6桁　←最初
② 商品アイテムコード　標準 3桁　短縮 1桁
③ チェックデジット　標準 1桁　短縮 1桁　←最後

- ✓ GS1事業者コードは3年毎の更新
- ✓ 1度使ったアイテムコードは再利用×

PLU (Price Look Up) ⇔ Non PLU （生鮮食品、短サイクル商品向き）

PLU:
- ✓ 価格情報なし
- ✓ ソースマーキング
  - →GS1事業者コードが必要
  - →日本は最初45or49

Non PLU:
- ✓ 価格情報あり
- ✓ インストアマーキング
  - →GS1事業者コード不要
  - →最初は02or20〜29

※ 国コードは商品の供給責任者（発売/製造元など）
　 →原産国じゃない
※ 本は定価販売なのでソースマーキングでもNon PLU

【集合包装用商品コード(GTIN-14)】
集合包装に設定される、いちいち開封しなくても個数がわかる

ITFシンボル
段ボールなどに印字されている
 14桁

桁数
① インジケータ　入数に応じた値　1桁　←最初
② JANコード　12桁
③ チェックデジット　1桁　←最後

【RFID】
電波を使ってデータを非接触で読み書きするシステム
→情報の書き換えや追記が自由
→商品を重ねていてもOK

 SUICA、Edy

ICタグ（RFIDタグともいう）
→小さくて軽くて安い　＋数円レベル
→商品履歴のトレースOK
→非接触で読み取りができる
→遠隔でのデータのやり取りOK　金属がなければ数m先でもOK
→同時に大量のデータのやり取りOK
- ✓ 他の企業の商品コードも判別できるように、コード体系の標準化が求められている
- ✓ ICタグを使うと効率的にトレーサビリティを確保できる

トレーサビリティ
Trace（追跡する）＋ Ability（できる）
生産、加工、流通などの各段階で、情報を追跡できる

個別管理（シリアル番号管理）
部品・製品ごとに個別のシリアル番号
問題発生時に確実に問題のある製品を突き止められる

ロット管理
同一条件下で生産された製品を1つのロットとして、ロットごとに識別記号を付与
個別管理よりコストを抑えながらトレーサビリティを実現
※ 直接的な安全性向上にはつながらない

【商品識別コードの流通標準】

GLN：Global Location Number　国際基準
GS1が決めたEDIなどに使える企業・事業所コード　13桁

（例）4 9 0 1 2 3 4 5 6 | 7 8 9 | 0
　　　GS1事業者コード(9桁) | ロケーションコード(3桁) | チェックデジット(1桁)

GTIN：Global Trade Item Number
国際標準の商品識別コードの総称
- ✓ EAN / ITF：14桁の数
- ✓ EAN（JAN）：0＋13桁の数
- ✓ UPC：00＋12桁の数
- ✓ EAN（JAN）：000000＋8桁の数　←短縮版

GS1 – 128　やたら長いバーコード
先頭に2〜4桁のAI（アプリケーション識別子）をつけて
- ✓ 商品関連データ（製造日、賞味期限）
- ✓ 企業間取引データ（注文番号、梱包番号）
} などを示す

EPC：Electronic Product Code
GS1で標準化された電子タグに書き込むための識別コード
（例）SGTIN：GTINコードにシリアル番号をつけて個別の商品を管理

SHEET 22　　販売流通情報システム

POSシステム

POSとは、Point Of Saleの略であり、**POSシステム**とは、商品を販売した実績を単品単位で集計するためのシステムで、通常はレジでバーコードを読み取ることによって管理します。

POSシステムの導入メリットは、ハード面として店舗オペレーションの効率化が挙げられます。具体的には、レジでバーコードを読み取るだけで値段などがすぐにわかるため、レジ業務が効率化できる、値札付けが不要となるため、店内業務が効率化できるといった点です。

また、ソフト面では、売上の向上に寄与するという点が挙げられます。具体的には、どの商品がいつどれだけ売れたのかについての情報が入手できるため、商品がなぜ売れたのかを分析する仮説検証型アプローチに活用できたり、自店以外の外部のPOSデータを活用することで、他店の売れ筋商品を自店でも展開することができたり、ポイントカードなどを活用した顧客ID付きPOSデータにより販売した商品と顧客を紐付け、マーケティングに活用できたりします。

POSデータは、売れ筋・死に筋商品の管理や価格以外で売上に影響する要因である**コーザルデータ**の分析にも活用できます。コーザルデータには、どのような販促を行ったかという販促データ、フェイス数などの棚割データ、気温や天候などの気象データ、近隣でのイベントの有無に関する催事データなどがあります。

バーコードとは、数字や文字、記号などをスキャナで簡単に読み取れるよう太さの違う線によって表したもので、数字や文字、記号などのコードとそれを太さの違う線で表したバーコードシンボルからなります。**JANコード**（Japan Article Number）は、国際的には**EANコード**（European Article Number）と呼ばれ、国際的な共通コードのことで、米国やカナダで使われている**UPC**（Universal Product Code）とも互換性があります。JANコードには**13桁標準タイプ**と**8桁短縮タイプ**があり、GS1事業者コードは13桁標準タイプが9桁（旧タイプは7桁）、8桁短縮タイプが6桁です。また、GS1事業者コードの最初の2桁は国番号を表します。商品アイテムコードは13桁標準タイプが3桁（旧タイプは5桁）、8桁短縮タイプは1桁、読み落としをチェックするためのチェックデジットはどのタイプでも1桁です。GS1事業者コードは3年ごとに更新が必要で、他の商品との混同を防ぐため、1度使用したアイテムコードは再利用できません。

JANコードには**PLU方式**と**Non PLU方式**の2つの方式があります。

PLU方式とは、Price Look-Up方式の略で、Price Look-Upを日本語に訳すと価格を探すという意味です。PLU方式のバーコードには価格情報が入っていません。そのため、お店で事前にバーコードと価格の情報を対応付けておきます。そして、レジでバーコードを読み取ると事前に入力しておいた価格情報を探し出し、価格を表示します。メーカーなどが製造の時点で商品の包装や容器にバーコードをつけることを**ソースマーキング**といい、基本的にPLU方式はソースマーキングです。ソースマーキングを行うには、事前に流通コードの管理や流通標準に関する国際機関であるGS1が

発行する**GS1事業者コード**を取得しておく必要があり、日本の場合GS1事業者コードの先頭は**45**もしくは**49**になっています。なお、この国コードは商品の原産国ではなく、発売元、製造元やブランドオーナーなど供給責任者の国のコードが用いられます。

Non PLU方式とは、Non Price Look-Up方式の略で、バーコードに価格情報も入っている方式です。お店で独自のバーコードを作り、貼りつける方法を**インストアマーキング**といい、基本的にNon PLU方式はインストアマーキングです。インストアマーキングは、1パックごとにグラム数の異なるスーパーの鮮魚や精肉売り場などでよく用いられています。インストアマーキングは、そのお店だけで発行するバーコードですのでGS1事業者コードは不要であり、ソースマーキングと区別するため、JANコードの先頭は**02**もしくは**20番台**（20〜29）から始まります。なお、書籍に関しては、定価販売のため、ソースマーキングでも価格情報が含まれたNon PLU方式が用いられます。

集合包装用商品コード（GTIN-14）

集合包装用商品コード（GTIN-14）とは、複数の商品が入っている段ボールなどのパッケージに印刷される通常**14桁**のコードです。バーコードのような形で印刷されたものをITFシンボルといい、これを用いることで複数の商品が入った集合梱包でも開封することなく仕分けやピッキングができます。1桁目が容器の中に入っている製品の数に応じたインジケータで、次の12桁がチェックデジット以外のJANコード、最後の1桁がチェックデジットです。

RFID

RFIDはRadio Frequency IDentifierの略で、SUICAやEdyなどの電子マネーにも用いられている、電波を使ってタグのデータを非接触で読み書きするシステムのことです。また、RFIDシステム用に用いられる小型の無線ICチップのことを**ICタグ**もしくはRFIDタグといいます。

RFIDは情報の書き換えや追記が自由で、商品を重ねていても読み取りが可能という利点があります。RFIDタグは小さくて軽く、1枚十数円程度と安く、商品履歴のトレースも行えます。また、非接触で読み取りができ、金属がなければ数m先のデータを読み取れるなど、遠隔でのデータのやり取りや同時・大量のデータのやり取りが可能です。なお、ICタグのコードは他の企業の商品コードを読み取った場合にコードを判別できるように、コード体系の標準化が要請されています。また、ICタグを用いることによって効率的なトレーサビリティが可能となります。

トレーサビリティとは、英語のTrace（追跡する）とAbility（できる）の合成語で、製品の生産、加工、流通などの各段階で、原材料や製造元、販売先などの記録を記帳・保管し、情報を追跡できるようにすることです。情報の管理の方法には、**個別管理（シリアル番号管理）**と**ロット管理**があります。**個別管理（シリアル番号管理）**は部品・製品ごとに個別のシリアル番号を用いて管理するため、問題発生時に確実に問題のある製品を突き止めることができます。**ロット管理**は同一条件下で生産された製品を1つのロットとしてロットごとに識別記号を付与して管理するもので、個別管

理よりコストを抑えながらトレーサビリティを実現できます。

　トレーサビリティを確保すると、製品の安全性に問題が生じたときなどに原因究明や問題となった製品の回収などが簡単に行えるようになりますが、あくまで製品の追跡のための仕組みであり、製造工程での品質管理を直接的に行うものではありません。

商品識別コードの流通標準

　<u>GLNコード</u>（Global Location Number）は、GS1が定めた企業や事業所を識別するための国際的なコードです。GLNコードはEDIにも用いられる<u>13桁</u>のコードで、先頭の9桁がGS1事業者コード、その後の3桁が所在地を表すロケーションコード、最後の1桁がチェックデジットです。

　<u>GTIN</u>（Global Trade Item Number）は、<u>14桁</u>で表される国際標準の商品識別コードの総称です。14桁のEANコードやITFコードはそのまま14桁で、13桁のEAN（JAN）コードは13桁の数の前に0を加えた14桁で、12桁のUPCは12桁の数の前に00を加えた14桁で、8桁の短縮版EAN（JAN）コードは8桁の前に000000を加えた14桁で表します。

　<u>GS1-128</u>は、物流や商取引など様々な情報を表示するためのコードです。アスキーコード128文字をすべてコード化することができる<u>CODE128</u>を用い、先頭が重量、賞味期限など示したい情報を表す2～4桁のAI（アプリケーション識別子）、その後にデータが続けて記載されています。

　<u>EPC</u>（Electronic Product Code）は、GTINなどのGS1が定める標準コードが基礎となった、標準化された識別コードの総称のことで、既存のバーコードシステムとの整合性を確保しながら、電子タグシステムを構築できます。EPCの一例としては、商品用の個別識別コードである<u>SGTIN</u>があります。SGTINは商品識別コードであるGTINにシリアル番号（連続番号）を付加したものであり、SGTINを用いることでGTINが同じ商品でもそれぞれ個別に識別できます。

> **すぐやる！過去問コーナー**
>
> ■ 販売流通情報システム
> レベル1　R3-38, R3-42, R2-39, R1-38, R1-41, H30-37, H29-41, H28-40, H27-39, H27-43(2), H26-40, H24-34
> レベル2　R2-40, H28-41, H26-42, H25-38, H25-39, H24-35

23. 販売・流通関連用語

販売流通システム関連用語

EDI：企業間電子取引
紙の伝票より情報伝達のスピードUP
- ✓ 通信プロトコル
- ✓ 交換するデータの記述方法 ┐ 標準化が必要
- ✓ EDIの運用方法
- ✓ 取引基本規約

個別EDI
取引先ごとに通信の形式や識別コードを決める
発注者1⇒受注者1の接続方式
→受注者は顧客ごとに対応する必要　[多端末問題]

Web-EDI
Web型(Not XML-EDI)、ファイル転送型、E-mail型など
発注者1⇒受注者多数の接続方式
→発注者毎に固有の仕様が導入される場合も　[多画面問題]

XML-EDI
XMLを使ったEDIメッセージをネットを使って授受
ファイル転送を自動化できる

WMS：倉庫管理システム
入荷検品、入庫、出庫、出荷検品、在庫参照などの
倉庫での入荷〜出荷までの業務を効率化
倉庫管理の効率化や出荷品質の向上を図る

CRP：連続補充方式 ── サプライチェーン全体で継続棚卸
→消費者の購入した分だけを随時補充 ── プル型

CAO：自動発注方式
→(原則)発注点と継続棚卸で出した在庫量から発注量を
　自動で計算＆発注

[メリット] ✓品切れが減らせる
　　　　　 ✓発注作業を軽減
[留意点]　 ✓流行商品には使わない

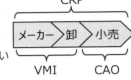

VMI：ベンダー主導型在庫管理方式
ベンダーが小売業者の在庫を自分で管理する

[小売店]　　　　　　　[メーカー・卸]
発注業務の削減　　　　計画的な調達・生産、
　　　　　　　　　　　無駄な在庫の削減

ASN：事前出荷明細 ── 仕入れ・検品がすごく楽に
商品出荷前に送る電子データの出荷案内

SCMラベル：検品用のラベル
検品作業を簡素化するための納品ラベル ── ASN→SCM
→箱を開けなくても中がわかる
→コスト削減と物流のスピード化

その他の販売関連用語

品質というよりは安全性確保が目的

【HACCP】 食品の安全性確保のための国際規格
食品の中に潜む危害・要因（ハザード）を科学的に分析し、
それが除去できる工程を常時管理し記録する
ガイドラインとして「7原則12手順」が設定されている
2021年6月から完全に義務化

[対象者] 食品の製造・加工、調理、販売、飲食店など
の食品を扱うすべての事業者
HACCPに基づく衛生管理：一般事業者
　　　　　　　　　　　　（従業員50名以上）
HACCPに沿った衛生管理：小規模事業者
　　　（従業員50名未満で一般衛生管理の対応範囲内）

HACCPの7原則12手順

12手順	7原則
準備	
✓ HACCPチームの編成	✓ 危害要因分析
✓ 製品説明書の作成	✓ CCP(必須管理点)決定
✓ 意図する用途及び対象となる消費者の確認	✓ CL(管理基準)設定
	✓ モニタリング方法設定
✓ 製造工程一覧図の作成	✓ 是正措置設定
✓ 製造工程一覧図の現場確認	✓ 検証方法設定
	✓ 記録・保存方法設定

【LTV】
顧客生涯価値、同じ顧客からどれだけ買ってもらえるか

$$LTV = 平均購入単価 \times 購入頻度 \times 継続購入期間$$

または

$$LTV = \frac{平均購入単価 \times 購入頻度 \times 継続購入期間}{(新規顧客獲得コスト＋既存顧客維持コスト)}$$

LTVを上げるには？
- ✓ 購入単価を増やす　✓ 継続して顧客になってもらう
- ✓ 購入頻度を増やす　✓ 顧客獲得コスト・維持コストを減らす

【インターネット販売】
実店舗での販売とインターネット販売の比較
- ✓ 売れ筋以外も扱えるためロングテールを形成しやすい
- ✓ 広い商圏で販売することができる
- ✓ 資金が少なくても出店しやすい
- ✓ 顧客が自然に訪れることはほぼないため、集客策が必要

電子商店街（オンラインモール） ── 楽天市場とか
ネット上のオンラインショップを集めたサイト
- ✓ 商品・販売価格の設定は出店者の自由だが、消費者から価格を比較されやすい
- ✓ 商品の受注、梱包、発送を行うフルフィルメントサービスも

SHEET 23　　　販売・流通関連用語

販売流通システム関連用語

EDIとは、Electronic Data Interchangeの略で、企業間電子取引という意味で、企業間での受注・発注、出荷・納品、請求・支払など互いの取引情報をオンラインで接続し、自動化した仕組みのことをいいます。EDIを用いれば、紙の伝票より情報伝達のスピードを向上できますが、通信プロトコルや交換するデータの記述方法、EDI運用方法、取引基本規約などの標準化が必要です。

EDIには、発注者1に対して受注者が1の接続方式である個別EDIや発注者1に対して受注者が多数のWeb-EDI、XML形式を使ったXML-EDIがあります。

個別EDIは、取引先ごとに通信の形式や識別コードが決められているため、取引先ごとに端末が異なります。そのため、それぞれに対応の手間が発生する多端末問題が発生しました。

Web-EDIには、主にHTMLを使用してWebサーバにアクセスしデータを授受するWeb型、EDIをインターネット回線で通信できるようにしたファイル転送型、EDIメッセージをメールに添付して送付するE-mail型があります。なお、Web-EDI方式では、発注者ごとに固有の仕様が導入され、提供されるデジタル注文データのフォーマットもバラバラであったため、それぞれに対応の手間が発生する多画面問題が発生しました。

XML-EDIは、XMLによるEDIメッセージをインターネット上で授受することで、Web画面を使うことなく自由なメッセージを送信でき、社内システムと連携することで、手間を省くことができます。ただし、自由度が高すぎると逆に効率が下がってしまうため、標準化が必要となります。また、自社サーバを立ち上げるとコストがかかる場合があります。

WMS（Warehouse Management System）は、倉庫管理システムのことで、入荷検品、入庫、出庫、出荷検品、在庫参照などの、倉庫での入荷から出荷までの業務を効率化するためのシステムです。これにより、倉庫管理の効率化や出荷品質の向上を図ることができます。

CRP（Continuous Replenishment Program）は、プル型の連続補充プログラムで、POSデータに連動してベンダーが小売へあらかじめ決めた在庫水準になるように連続的に在庫補充する仕組みです。サプライチェーン全体でこの仕組みを導入することで商品の流れを円滑化できます。

CAO（Computer Assisted Ordering）とは、発注点と継続棚卸によって計算された発注量を元に小売が自動発注するシステムです。この方式を用いることで、発注漏れなどによる品切れをなくすことができるとともに、発注作業を軽減することができます。このシステムは売上の変動が少ない定番商品に向いた方法で、売上の変動が大きい流行商品にはあまり向かない方法です。

VMI（Vendor Management Inventory）とは、ベンダー主導型在庫管理方式のことで、ベンダーが小売業者の在庫を自分で管理する方式です。この方式は、小売店にとっては発注業務が削減できるというメリットがあり、メーカーや卸にとっては、計画的に調達や生産ができ、無駄な在庫が削減できるというメリットがあります。

319

ASN（Advanced Shipping Notice）は事前出荷明細通知のことで、商品を出荷する前に事前にこれを送ることで仕入業務や検品業務を効率化できます。

SCMラベル（Shipping Container Marking）は検品作業を簡素化するための納品ラベルのことで、このラベルから納品物のデータを読み取り、事前に送られてきたASNと照合することで、箱を開けなくても納品物の中身がわかり、コスト削減と物流のスピード化を図ることができます。

その他の販売関連用語

HACCP

HACCP（Hazard Analysis and Critical Control Point）とは、食品の安全性確保のための国際規格のことで、食品製造に潜む危害・要因（ハザード）を科学的に分析し、それが除去できる工程を常時管理し記録する方法のことです。HACCPは品質というよりは安全性の確保を目的としています。

HACCPによる管理は、①HACCPのチーム編成、②製品説明書の作成、③意図する用途および対象となる消費者の確認、④製造工程一覧図の作成、⑤製造工程一覧図の現場確認、⑥危害要因分析の実施、⑦CCPの決定、⑧CLの設定、⑨モニタリング方法の設定、⑩是正措置の設定、⑪検証方法の設定、⑫記録と保存方法の設定という流れで行います。上記の⑥〜⑫はHACCPの7原則ともいわれます。

なお、このうちCCP（Critical Control Point）とは必須管理点のことで、食品の製造段階のうち特に厳重に管理する必要があり、危害の発生を防止するために食品中の危害要因を防止（予防・除去または許容できるレベルまで低減）が必須な段階のことをいいます。CL（Critical Limit）とは管理基準（逸脱すると製品の安全性が確保できなくなる基準値）のことをいいます。

LTV

LTV（Life Time Value）とは、顧客生涯価値ともいい、同じ顧客からどれだけ買ってもらえるかということを表し、その考え方は、

> LTV＝平均購入単価×購入頻度×継続購入期間

もしくは

> LTV＝
> （平均購入単価×購入頻度×継続購入期間）÷（新規顧客獲得コスト＋既存顧客維持コスト）

と表すことができます。

そのため、LTVを上げるためには、平均購入単価を増やす、購入頻度を増やす、継続して顧客になってもらう、顧客獲得/維持コストを減らすなどの対応が必要となります。

インターネット販売

インターネット通販市場は年々拡大しており、オンラインショップ（ECサイト）を立ち上げる企業も年々増加しています。実店舗による販売とインターネット販売を比較すると、インターネット販売は、実店舗を持たず、スペース上の制約がないことから売れ筋以外も扱いやすいため**ロングテール**を形成しやすい、全世界が対象となるため実店舗より広い商圏で販売することができる、資金が少なくても出店しやすいというメリットがあります。なお、**ロングテール**とは売れ筋ではない販売機会の少ない商品でもアイテム数を幅広く取り揃えることで、全体としての売上げを大きくすることをいいます。

また、インターネット販売は実店舗と異なり、通りがかりの顧客が自然に訪れるといったようなことはほぼないため、電子商店街への出店やメルマガ・DMの送付、SEO（検索エンジン最適化）など、顧客を自社のサイトに集客するための対策が必要となります。

楽天市場のようなインターネット上のオンラインショップを集めたサイトのことを、**電子商店街**もしくは**オンラインモール**といいます。電子商店街では、商品・販売価格の設定は出店者が自由に行え、個人から大企業まで様々な人が出店しています。消費者は気軽にサイト間を比較できるため、消費者から価格を比較されやすくなっています。

オンラインモールでは、出品者の手間を省くため、商品の受注、梱包、発送を行う**フルフィルメントサービス**なども行われております。

すぐやる！過去問コーナー

■ 販売流通システム関連用語
レベル1　R3-41　　　　　レベル2　H26-39, H24-43
■ その他の販売関連用語
レベル1　R3-40, H27-33　レベル2　H30-38, H29-42, H27-22, H26-33

321

索引

A
ABC 分析 …………260
AGV …………273
AIDMA …………127
AISAS …………127
ASN …………308, 320
ATC …………273

B
BCP …………22
BPS …………192
B/S …………131, 139

C
CAD …………272
CAE …………272
CAGR …………22
CAM …………272
CAO …………319
CAPM …………208
CDP …………82
CE …………273
CFT …………23
CF 計算書 …131, 147
CGM …………127
CIM …………273
CMD …………303
CNC 加工機 …………273
CODE128 …………317
CPM …………252
CRM …………100
CRP …………319
CVR …………305

D
DCF 法 …………187
DC 型 …………308
DI 分析 …………237
DOE …………192
DPS …………191

E
EAN コード …………315
E-BOM …………257
ECRS …………230

EDI …………319
E-mail 型 …………319
EOQ …………260
EPC …………317
EPS …………192
ERG 理論 …………69
ESG …………53

F
FA …………273
FCF …………180
FMC …………273
FMS …………273
FSP …………100

G
GLN コード …………317
GMROI …………296
GS1-128 …………317
GS1 事業者コード316
GTIN …………317

H
HACCP …………320

I
IC タグ …………316
IE …………263
IMC …………100
ISM …………303
ISO 14000 シリーズ283
ISP …………303

J
JAN コード …………315
JIT 方式（JIT 生産方式）
…………243

L
LBO …………55
LCA …………283
LCL …………275
LTV …………100, 320

M
M&A …………54
MBI …………55
MBO …………55
M-BOM …………257
MC …………273
MM の修正命題 ··199
MM 理論 …………199
MRP …………256
MTBF …………280
MTM 法 …………271
MTTR …………281
MVP …………47

N
NC 加工機 …………272
Non PLU 方式 …315
NPV …………181

O
OEM …………47
Off-JT …………83
OJT …………83

P
PBR …………192
PDM …………273
PDPC 法 …………276
PERT …………251
PEST 分析 …………25
PI 値 …………304
P/L …………131, 139
PLC …………29
PLU 方式 …………315
PM 理論 …………73, 74
POS システム …315
PPM …………30
PQCDSME …………229
P-Q 分析 …………237
PR …………127
PTS 法 …………271

Q
QC7 つ道具 …………275
QCD …………229
QC サークル230, 255, 276

R
RBV …………38
RFID …………316
RFM 分析 …100, 304
RJP …………81
ROA …………165, 198
ROE …165, 193, 198
RORO 船 …………312

S
SBU …………22, 30
SCM …………311
SCM ラベル 308, 320
SDGs …………53
SECI モデル …………50
SERVQUAL …………98
SGTIN …………317
SLP …………237
SL 理論 …………75
SOR モデル …………103
SR モデル …………103
SWOT 分析 …………25

T
TC 型 …………308
TLO …………49
TOB …………55
TPM …………276
TQM …………276

U
UCL …………275
UPC …………315
U 字ライン生産 ··242

V
VE …………246
VE5 原則 …………246

VE 質問 ……………247
VMI ………………319
VMS ………………122
VRIO 分析 …………38
VTR 分析 …………267

W

WACC ……………187
Web-EDI …………319
Web 型 ……………319
WF 法 ……………271
WMS ………………319

X

XML-EDI …………319
XY 理論 ………69, 70

Z

ZD 運動 ……………230

あ

アーリーアダプター29
アーリーアドプター30
アーリーマジョリティー
……………………30
アーンドメディア126
アイオワ研究 ………73
アイテム ……………112
曖昧さのもとでの学習
……………………78
アウトオブザマネー212
アウトソーシング ·27
アウトレットモール285
アクティビティ237, 251,
313
アクティビティ原価313
アクティビティ相互関係ダ
イヤグラム ………239
アクティビティ相互関連図
表 …………………238
アクティビティ単価313
圧縮記帳 ……………223
アットザマネー …212
アップセル ………100
アファーマティブアクショ
ン ……………79, 94

アベイラビリティ 281
アメリカンタイプ213
アライアンス ………54
粗利益率 ……………156
アローダイヤグラム251
アローダイヤグラム法
……………………276
アンシステマティックリス
ク …………………207
安全管理者 …………94
安全資産 ……204, 207
安全性 ………155, 161
安全欲求 ……………69
安全余裕率 …………171
アンゾフの成長ベクトル
……………………41
あんどん ……………243

い

育児・介護休業法 ·94
異常点 ………………275
委託仕入 ……………307
委託図方式 …………50
一時差異 ……………223
1 次商圏 ……………284
1 年基準（ワンイヤールー
ル）………………131
一貫パレチゼーション
……………………312
移動障壁 ……………34
移動平均法 …………216
イノベーションのジレンマ
……………………45
イノベーター29, 30, 43
色温度 ………………293
因果関係の不明性 ··39
インカムアプローチ187
インクリメンタルイノベー
ション ……………45
インザマネー ……212
インストアマーキング
……………………316
インターナルマーケティン
グ …………………99
インターンシップ ·81
インタラクティブマーケテ

ィング ………………99
インタレスト・カバレッ
ジ・レシオ …………167
インテグラル型アーキテク
チャ …………………46

う

ウォークインケース292
内掛け法 ……………272
打切補償 ……………90
内段取り ……………233
売上原価 ……133, 215
売上効果 ……………126
売上債権 ……………132
売上債権回転率157, 158
売上総利益 …………133
売上高 ………………133
売上高売上原価率157
売上高営業利益率156
売上高金融費用比率157
売上高経常利益率156
売上高差異分析 ··177
売上高総利益率 ·156
売上高当期純利益率156
売上高販管費率 ·157
売上戻り ……………144
売掛金 ………………132
売り手の交渉力 …33
運転資本 ……………149
運搬 …………………263
運搬活性分析263, 265
運搬工程分析263, 264
運搬の原則 …………265
運搬分析 ……263, 264

え

永久差異 ……………223
営業外収益 …………134
営業外費用 …………134
営業活動による CF147
営業利益 ……………133
営業レバレッジ ··171
衛生管理者 …………94
エーベルの 3 次元枠組

……………………23
エーベルの標的市場選定法
……………………108
エクスターナルマーケティ
ング …………………99
エコアクション 21284
エシェロン在庫 ··312
エスノグラフィー調査
……………………109
エブリデー・ロープライス
政策 ………………119
延期の理論 …………123
演出機能 ……………291
演色性 ………………293
エンド陳列 …………292

お

追番管理方式 …245
オウンドメディア126
オーダーエントリー方式
……………………245
オープンイノベーション
…………………45, 79
オハイオ研究 ………73
オプション取引 ··211
オプションプレミアム
……………………211
オペレーション効率39
オペレーティングリース
……………………224
オムニチャネル ··122
オンラインモール321

か

買掛金 ………………132
介護保険 ……………93
回収期間法 ··183, 184
外装 …………………123
外的参照価格 ……117
買い手の交渉力 …33
買取仕入 ……………307
外発的動機付け …71
外部環境分析 …25
外部金融 ……………197
外部探索 ……………104
開放的チャネル111, 121

買回品 …………111
改良保全 ………280
価格差異 ………177
価格主導型 ………303
価格バンドリング119
確実性等価法183, 185
革新者 …………30
拡大的問題解決104, 112
加工 ……………263
加工費 …………215
カゴ車積み ……308
貸倒損失 ………143
貸倒引当金 ……143
加重移動平均 …299
加重平均資本コスト187
家族主義 ………84
価値稼働時間 …279
活性示数 ………264
活性荷物の原則 ·265
カットケース陳列292
割賦販売 ………225
過程理論 ………69
カテゴリーキラー285
カテゴリ納品 …308
稼働時間 ………279
稼働分析 ·263, 268
稼働率 ……231, 281
可読性 …………293
カニバリゼーション108
金のなる木 ……31
株価収益率 ……192
株価純資産倍率 ·192
株主資本配当率 ·192
カムアップシステム255
空運搬係数 ……264
空運搬分析 ·263, 264
環境基本法 ……283
関係性マーケティング
…………………99
関係特殊的投資 ·66
観察手法 ………267
観察法 …………109
慣習価格 ………118
勘定科目 ………137
間接金融 ………197

間接経費 ………215
間接材料費 ……215
間接法 ……139, 147
間接労務費 ……215
寛大化傾向 ……83
ガントチャート …250
カンパニー制組織 ·62
かんばん ………243
関与 …103, 104, 111
管理図 …………275
管理的意思決定 ·26
官僚制の逆機能 ·58
官僚的（ハイアラーキー）
文化 ……………77
管理余裕 ………269
関連会社 ·219, 220
関連多角化 ……41

き

キーテナント …284
機会主義的 ……65
機械的システム …66
企画業務型裁量労働制
…………………89
期間計画 ………22
企業型 VMS ……122
企業家的（アドホクラシー）文化 ……………77
起業者段階 ……58
企業戦略 ………21
企業ドメイン ……23
企業の社会的責任 ·53
危険資産 ………204
技術革新のＳ字カーブ
…………………45
基準在庫法 ……301
希少性 …………38
季節指数 ………299
偽相関 …………275
既存企業同士の競争33
期待収益率 ·179, 201
期待理論 ………70
貴重機能 ………247
既定時間標準法（PTS法）
…………………271

輝度 ……………293
機能戦略 ………22
機能別組織 ……61
機能別レイアウト235
規模の経済 ……42
基本機能（一次機能）
…………………247
キャズム ………30
キャッシュフロー計算書
…………………131
キャプティブ価格119
キャリア開発制度 ·82
強化説 ………70, 71
強制勢力 ………73
業績評価 ………83
共通固定費 ……175
共同化 …………50
共同体段階 ……58
強度率 …………230
共分散 …………202
業務的意思決定 ·26
居住誘導区域 ……288
勤務延長 ………82
勤務間インターバル制度
…………………89

く

クーポン ………303
クーポン債 ……194
口コミ（バイラルマーケティング）…………104
組作業分析 ……267
グリーンマーケティング
…………………97
繰り返し受注生産234
クリティカルパス251
繰延勘定 ·144, 145
繰延税金資産 ……223
繰延税金負債 ……223
グループインタビュー
…………………109
グループシフト …59
グループシンク …59
グループテクノロジー
…235, 237, 242
グループ別レイアウト

…………………237
グレシャムの法則 ·58
グローバル戦略 ·51
クロスセル ………100
クロスドッキング308
訓練された無能 ·58

け

経営計画 ………21
経営資本営業利益率165
経営資本回転率157, 158
経営ビジョン ……21
経営理念 ………21
経過勘定 ………144
計画的陳腐化 ……30
経験曲線効果 ……42
経験的見積法 ……271
経済価値 ………38
経済的発注量 ……260
計算書類 ………131
形式主義 ………58
経常利益 ·133, 134
系統図法 ………276
ケイパビリティ26, 35, 38, 39
契約型 VMS ……122
原価 ……………295
限界利益 ………169
減価償却費 ……139
原価値入率 ……295
現金 ……………153
現金同等物 ……153
権限責任一致の原則57
健康保険 ………93
現在価値 ………179
検収基準 ………225
限定的問題解決104, 112
現品管理 ………249

こ

コ・ブランディング戦略
…………………114
コア技術 ………46
コア技術戦略 ……46
コアコンピタンス38, 39

後期追随者 ……… 30
工業包装 ……… 123
合計残高試算表 ‥138
合計試算表 ……… 138
貢献利益 ……… 175
広告 ……… 125
広告宣伝機能 …… 113
交差比率 ……… 296
高次学習 ……… 78
工事完成基準 …… 225
公式化段階 ……… 58
工事進行基準 …… 225
工数計画 …… 249, 252
厚生年金 ……… 93
厚生年金基金 …… 93
構造部品表 ……… 257
光束 ……… 293
工程図記号 ……… 263
工程分析 ……… 263
光度 ……… 293
行動的ロイヤルティ 105
行動変数基準 …… 107
行動類型論 ……… 73
購入促進機能 …… 291
高年齢者等雇用安定法 ……… 82
購買決定 ……… 104
購買行動分析モデル 103
購買後の行動 …… 104
後発の優位性 …… 43
公平説 ……… 70
合弁 ……… 54
効率性 ……… 155, 157
効率的フロンティア 204
5S ……… 229
ゴーイングコンサーン ……… 21
コーザルデータ ‥315
コーシャスシフト ‥59
コーズリレーテッドマーケティング ……… 97
コーポレートガバナンス ……… 53
コールオプション 211
ゴールデンゾーン 291
子会社 ……… 219

顧客生涯価値 …… 100
顧客ロイヤルティ 105
国民年金 ……… 93
コストアプローチ 187
コスト集中戦略 … 35
コストドライバー 313
コストリーダーシップ戦略 ……… 35
個装 ……… 123
固定資産 …… 131, 132
固定長期適合率 …162
固定費 ……… 169
固定比率 ……… 162
固定負債 ……… 132
固定ロケーション 307
コトラーの標的市場選定法 ……… 108
個別 EDI ……… 319
個別管理 ……… 316
個別計画 ……… 22
個別原価計算 …… 216
個別固定費 …… 175
個別受注生産 …… 234
個別生産 ……… 233
個別ブランド戦略 114
個別リスク ……… 207
コモディティ化 … 46
雇用保険 ……… 93
コンシューマーインサイト ……… 100
コンティンジェンシープラン ……… 22
コンティンジェンシー理論 ……… 73
ゴンドラ陳列 …… 291
コンピテンシーモデル ……… 84
コンピテンス概念 ‥71
コンフリクト ……… 59

さ

3PL ……… 311
サービスドミナントロジック ……… 99
サービストライアングル ……… 99

サービスプロフィットチェーン ……… 99
サービスマーケティング ……… 97
サーブリッグ分析 267, 268
サイクルタイム ‥241
サイコグラフィック基準 ……… 107
在庫調整期間 …… 259
再雇用制度 ……… 82
最早着手日 ……… 251
最大作業域 ……… 268
最遅着手日 ……… 251
彩度 ……… 292
再振替仕訳 ……… 138
財務3表 ……… 131
財務活動による CF 147
財務諸表 ……… 131
債務性引当金 …… 143
財務レバレッジ効果 198
採用 ……… 81
採用遅滞者 ……… 30
材料・部品計画 …249
差額原価収益分析 176
先入先出法 ……… 216
先物取引 ……… 211
作業 ……… 269
作業空間 ……… 268
作業系列 ……… 267
作業者工程分析 ‥264
作業ステーション 241
作業測定 ……… 263
作業手配 ……… 249
作業余裕 ……… 269
先渡取引 ……… 211
差金決済 ……… 211
サブスクリプション方式 ……… 119
36協定 ……… 87
差別価格法 ……… 118
差別化集中戦略 … 35
差別化戦略 ……… 35
差別型 ……… 108
3R ……… 283
3S ……… 229
産業医 ……… 94

産業財 ……… 111
サンクコスト …… 176
3C分析 ……… 25
3次商圏 ……… 284
参照価格 ……… 117
残存価額 ……… 140
残高試算表 ……… 138
参入障壁 ……… 34
散布図 ……… 275
サンプリング …… 303

し

仕入債務 ……… 132
仕入戻し ……… 144
支援活動 ……… 35
ジオグラフィック基準 ……… 107
市街化区域 ……… 288
市街化調整区域 ‥288
時価純資産法 187, 189
時間稼働率 ……… 279
時間研究 ……… 263
時間分析 ……… 271
色相 ……… 292
事業継続計画 …… 22
事業戦略 ……… 21
事業ドメイン …… 23
事業部制組織 …… 61
資源依存モデル … 65
自己株式 ……… 132
自己啓発 ……… 83
自己高揚 ……… 103
自己実現の欲求 … 69
自己資本 …… 132, 197
自己資本比率 …… 161
自己資本利益率 165, 193
事後保全 ……… 280
資産 ……… 131
試算表 ……… 137
資質特性論 ……… 73
支持度 ……… 304
自重軽減の原則 …265
自主管理活動 …… 230
市場価格法 ……… 187

市場株価法 ……… 189
市場浸透戦略 ……… 41
市場成長率 ……… 30
市場専門型 ……… 108
市場的（マーケット/ミッション重視）文化 · 77
市場リスク ……… 207
辞書編纂型 ……… 104
指数平滑法 ……… 299
システマティックリスク ……… 207
実現主義 ……… 225
実験法 ……… 109
実際原価 ……… 215
実勢価格設定法 … 118
実績資料法 ……… 271
実地棚卸数量 ……… 216
質問法 ……… 109
支店独立計算制度 140
自働化 ……… 243
品切れ率 ……… 301
視認性 ……… 293
視認率 ……… 303
死の谷 ……… 49
支払手形 ……… 132
資本コスト ……… 179
資本市場線 ……… 204
資本生産性 ……… 166
資本装備率 ……… 166
島出し陳列 ……… 292
社会的複雑性 ……… 38
社会保険 ……… 93
社内公募 ……… 82
社内表彰 ……… 84
社内ベンチャー … 50
ジャンブル陳列 ·· 292
収益還元法 ……… 187
収益控除性引当金 143
収益性 ……… 155
収益性指数法 183, 184
重回帰分析 ……… 300
従業員持ち株制度 ·82
就業規則 ……… 87
集計 ……… 137
集合包装用商品コード

……… 316
13桁標準タイプ ·· 315
集団思考 ……… 59
集団の凝集性 ……… 59
集中型 ……… 108
集中戦略 ……… 35
重点照明 ……… 293
重複小集団活動 … 276
周辺需要拡大政策 · 37
主活動 ……… 35
主作業 ……… 269
主体作業 ……… 269
主体作業時間 …… 271
受注生産 ……… 234
主通路 ……… 291
出荷基準 ……… 225
出所表示機能 …… 113
取得原価 ……… 140
需要の変動性 …… 98
循環型社会形成推進基本法 ……… 283
準拠集団 ……… 103
準拠勢力 ……… 73
純資産 ……… 131, 132
準都市計画区域 ·· 288
準備段取り作業 ·· 269
準備段取作業時間 271
ジョイントベンチャー ……… 54
情意評価 ……… 83
省エネ法 ……… 283
使用価値 ……… 225
使用機能 ……… 247
商圏 ……… 284
詳細工程分析 263, 264
少種多量生産 …… 235
照度 ……… 293
小日程計画 ……… 255
承認図方式 ……… 49
承認欲求（尊厳欲求）……… 69
消費財 ……… 111
消費者危険 ……… 277
常備品管理方式 ·· 245
商品回転率 ……… 296
商品包装 ……… 123

情報収集 ……… 104
情報処理モデル ·· 103
情報的経営資源 … 21
情報の非対称性 … 66
情報発信機能 …… 291
正味運転資本 …… 149
正味稼働時間 …… 279
正味現在価値 …… 181
正味現在価値法 ·· 183
正味時間 ……… 271
正味売却価額 …… 225
消滅性 ……… 98
将来加算一時差異 223
将来価値 ……… 179
将来減算一時差異 223
初期高価格戦略 ·· 117
初期採用者 ……… 30
初期低価格戦略 ·· 117
職場特性モデル ·· 71
職場余裕 ……… 269
職務拡大 ……… 69
職務充実 ……… 70
所属欲求 ……… 69
ショッピングセンター ……… 284
ジョブ・エンラージメント ……… 69
ジョブ・エンリッチメント ……… 70
ジョブショップスケジューリング ……… 249
ジョブローテーション ……… 82
所有と経営の分離 · 53
所有と支配の分離 · 53
ジョンソン法 …… 250
仕訳 ……… 137
仕訳帳 ……… 137
新 QC7つ道具 … 276
深化 ……… 78
新規参入者 …… 33, 34
シングル段取り ·· 233
シングルピッキング 308
シングルループ学習 78
人材のダイバーシティ ……… 77, 79

新市場開拓戦略 … 41
新製品開発戦略 … 41
新卒採用 ……… 81
進捗管理 …… 249, 255
人的販売 ……… 125
人的余裕 ……… 269
真のロイヤルティ 105
新ブランド戦略 ·· 114
信頼度 ……… 304
心理効果 ……… 126
心理的価格戦略 ·· 118
心理的偏向 ……… 83
親和図法 ……… 276

す

衰退期 ……… 29
垂直的統合 ……… 54
垂直的マーケティングシステム ……… 122
スイッチングコスト 34
水平的統合 ……… 54
数量検査 ……… 263
数量差異 ……… 177
スキミングプライシング（上層吸収価格）117
ステークホルダー ·53
ステージゲート … 51
ステルスマーケティング ……… 127
ストアロイヤルティ 105
ストックオプション制度 ……… 82
ストップウォッチ法 271
スパンオブコントロール ……… 57
スペースアロケーション ……… 303
スペース活用の原則 265
スペースマネジメント ……… 303
スリーサークルモデル ……… 54
3D-CAD ……… 272

326

せ

斉一性の圧力 ……77
成果給 ………… 82
成果主義 ……… 84
税効果会計 ·134, 223
精巧化段階 …58
生産計画 ……… 249
生産座席予約方式245
生産者危険 …… 277
生産性 ………… 166
生産統制 ……… 249
精算表 ………137
生産保全 ……… 280
生産リードタイム230
成熟・未成熟理論 ·69
成熟期 ……… 29
正常営業循環基準131
正常作業域 …… 268
製造間接費 …… 215
製造原価 ……… 215
製造直接費 …… 215
製造品質 ……… 277
精緻化見込みモデル103
成長期 ……… 29
成長性 ……… 167
正当勢力 ……73
性能稼働率 …… 279
税引前当期純利益133, 134
製品企画（製品開発）
……………… 246
製品工程分析 …… 264
製品設計 ……… 246
製品専門型 …… 108
製品別レイアウト235
生理的欲求 …… 69
整流化 ……… 243
セービング法 …… 312
セールスミックス175
セクショナリズム ·58
セグメンテーション107
設計改善 ……… 280
設計品質 ……… 277
設計部品表 …… 257
接触効果 ……… 126

絶対的必要記載事項87
設備改善 ……… 280
設備総合効率 …… 279
セミ固定ロケーション
……………… 307
セミフルカバレッジ戦略
……………… 37
セル生産 ……… 273
セル生産方式 …… 242
ゼロクーポン債 …194
ゼロ成長モデル …188
前期追随者 …… 30
線形計画法 …… 300
潜在的ロイヤルティ105
全市場浸透型 …… 108
前進立体陳列 …… 291
全数検査 ……… 277
センター仕分型 …309
センターフィー …309
選択機能 ……… 291
選択的専門型 …… 108
選択的チャネル112, 121
先発の優位性 …… 43
全部原価計算 …… 217
専門化の原則 …… 57
専門業務型裁量労働制
……………… 89
専門勢力 ……73
専門品 ……… 112
戦略事業単位 …… 30
戦略的意思決定 …26
戦略的提携 ……54

そ

総括安全衛生管理者94
相関係数 ……… 202
総勘定元帳 ·137, 138
早期退職者優遇制度82
総原価 ……… 215
総合計画 ……… 22
総合原価計算 …… 217
総合スーパー …… 285
総資本回転率157, 158
総資本経常利益率166
総資本事業利益率165

相乗効果（シナジー）
……………… 42
相乗積 ……… 295
装飾照明 ……… 293
相対的市場シェア ·30
相対的必要記載事項87
層別 ……… 275
相補効果 ……… 42
ソーシャルマーケティング
……………… 97
ソースマーキング315
訴求機能 ……… 291
属性排除型 …… 104
速度の経済 …… 42
組織(VRIO) ……38
組織学習 ……77
組織均衡 ……… 57
組織スラック ··41, 66
組織のコンティンジェンシー理論 ……… 66
組織文化 ……77
組織文化の変革 …77
外掛け法 ……… 272
外段取り ……… 233
その他流動資産 ·131
損益計算書 …… 131
損益分岐点 …… 169
損益分岐点比率 ·171

た

ダーウィンの海 …49
ターゲティング107, 108
第一種の誤り …… 277
台記号 ……… 264
大規模小売店舗立地法
……………… 287
貸借対照表 …… 131
退職 ………81, 82
代替品の脅威 ··33, 34
代替品評価 …… 104
態度的ロイヤルティ105
ダイナミックプライシング
……………… 118
第二種の誤り …… 277
大日程計画 ……… 255

対比現象 ……… 293
対比誤差 ……83, 84
タイムベース競争 ·42
耐用年数 ……… 140
貸与図方式 …… 49
滞留 ……… 263
多角化戦略 …… 41
多画面問題 ……… 319
タクト生産方式 ··242
多工程持ち …… 231
多種少量生産 …… 235
タスクフォース …63
多端末問題 ……… 319
立寄率 ……… 303
タックスシールド181
達成動機説 ··69, 70
タッチポイント ··127
縦陳列 ……… 291
棚卸減耗損 …… 216
棚卸資産 ……… 131
棚卸資産回転率157, 158
他人資本 ·132, 197
多品種工程分析 ··238
ダブルチョップ …113
ダブルビン方式 ··261
ダブルブランド戦略113
ダブルループ学習 ·79
単一セグメント集中型
……………… 108
単回帰分析 ……… 300
短期借入金 …… 132
短期資金 ……… 197
探索 ……… 78
単純移動平均 …… 299
単純工程分析238, 263, 264
男女雇用機会均等法94
段取り替え ……… 233

ち

チェックシート ··275
知覚価格法 ……… 118
知覚品質 ……… 113
知財戦略 ……… 46
チャレンジャー …37

327

中央化傾向 ………83
中心市街地活性化法287
中途採用 …………81
中日程計画 ………255
長期借入金 ………132
長期資金 …………197
調達期間 …………259
帳簿棚卸数量 ……216
直接金融 …………197
直接経費 …………215
直接減額方式 ……223
直接原価計算 ……217
直接材料費 ………215
直接法‥139, 147, 151
直接労務費 ………215
直線化の原則 ……265
貯蔵 ………………263
直行率 ……………231

つ

月別平均法 ………299
継ぎ目の原則 ……265
積立金方式 ………223

て

定額法 ……………139
定額発注点補充点方式
…………………261
定期発注方式 ……259
定額補充点方式 ‥261
定期保全 …………280
定型的問題解決104, 111
ティザー広告 ……127
低次学習 …………78
停止時間 …………279
停止ロス …………279
ディスパッチング法249
ディスプレイ提案125
停滞 ………………263
ディベロッパー ‥284
定率成長モデル …188
定率法………………139
定量発注方式 ……259
デカップリングポイント
…………………234

デザイン・イン ‥246
デザインレビュー（DR）
…………………246
デジタルピッキング308
デジュリスタンダード
…………………47
手順計画 …………249
撤退障壁 …………34
デファクトスタンダード
…………………47
デプスインタビュー109
デモグラフィック基準
…………………107
デモンストレーション
…………………303
デューデリジェンス55
デリバティブ ……211
転記 ………137, 138
電子商店街 ………321

と

同化現象 …………293
同期化 ……………243
当期純利益 ‥133, 134
動機付け・衛生理論69, 70
投機の理論 ………123
統合型マーケティングコミ
ュニケーション …100
動作経済の原則 …267
動作研究 …263, 267
当座資産 …131, 163
当座比率 …………163
投資活動によるCF147
同時性 ……………98
投資その他の資産132
同質化政策 ………37
統制範囲の原則 ‥57
動線長 ……………303
同調圧力 …………59
導入期 ……………29
トータルピッキング308
独自の歴史的条件（経路依
存性） ……………38
特性要因図 ………275
特定用途制限地域288
特別損失 …………134

特別利益 …………134
都市機能誘導区域288
都市計画区域 ……288
都市計画法 ‥287, 288
度数率 ……………230
特許戦略 …………46
ドメイン …………22
トヨタ生産方式 ‥243
トランスファーマシン
…………………273
取引コストアプローチ
…………………65
トリプルメディア126
トレーサビリティ316

な

内外製区分 ………281
内装 ………………123
内的参照価格 ……117
内発的動機付け ‥71
内部環境分析 ……25
内部金融 …………197
内部収益率法183, 184
内部探索 …………104
内部留保 …………197
内面化 ……………50
内容理論 …………69
仲間的（クラン）文化
…………………77
ナショナルブランド113

に

2次商圏 …………284
日常的反応行動 ‥111
ニッチャー ………37
日程計画 …………255
任意的記載事項 ‥88
人時生産性 ………297
認知的不協和の解消104

ぬ

抜き取り検査 ……277

ね

値入 ………………295
ネットワーク外部性47
ネットワーク効果 ‥34
値引 ………………144
年金原価係数 ……180
年千人率 …………230
年平均成長率 ……22

の

納期遵守率 ………301
能力開発 …………83
能力評価 …………83
ノード ……………251
ノベルティ ………303
のれん ……………220
ノンキャンセラブル224

は

バーコード ………315
ハイ・ロープライシング政
策…………………119
売価 ………………295
売価値入率 ………295
排他的チャネル112, 121
配置・異動 ‥81, 82
配置・流れ分析263, 264
配当 ………………197
配当性向 …………192
配当利回り ………191
ハイパーマーケット285
バウンダリースパニング
…………………50
パス・ゴール理論 ‥74
端数価格 …………118
バスタブ曲線 ……280
8桁短縮タイプ ‥315
発生主義 …………225
発注サイクル ……259
発注残 ……………259
発注点補充点方式261
花形 ………………31
ハフモデル ………284
パブリシティ125, 127

328

バランスロス率 ‥241
バリューチェーン ‥35
パレート図 ‥‥‥275
パレットプールシステム
‥‥‥‥‥‥‥312
ハロー効果 ‥‥‥83
パワーセンター ‥285
範囲の経済 ‥‥‥42
バンドル販売 ‥‥303
販売基準 ‥‥‥‥225
販売促進 ‥‥‥‥125
販売費及び一般管理費
‥‥‥‥‥‥‥134
繁文縟礼 ‥‥‥‥58

ひ

非価格主導型 ‥‥303
非価格対応 ‥‥‥37
引当金 ‥‥‥‥‥143
引当量 ‥‥‥‥‥259
引渡基準 ‥‥‥‥225
非均一性 ‥‥‥‥98
非債務性引当金 ‥143
ビジネスエンジェル49
ヒストグラム ‥‥275
非線引き ‥‥‥‥288
非探索品 ‥‥‥‥112
非貯蔵性 ‥‥‥‥98
ピッチタイム ‥‥241
ピッチダイヤグラム241
必要機能 ‥‥‥‥247
人・機械分析 ‥‥267
1株当たり純資産額192
1株当たり当期純利益
‥‥‥‥‥‥‥192
1株当たり配当金 191
1人当たり売上高 166
1人作業方式 ‥‥243
百分率変異法 ‥‥301
非有形性 ‥‥‥‥98
ヒューリスティック104
評価性引当金 ‥‥143
表出化 ‥‥‥‥‥50
標準化 ‥‥‥255, 256
標準原価 ‥‥‥‥215

標準時間 ‥‥‥‥271
標準時間資料法 ‥271
標準偏差 ‥‥‥‥201
費用性引当金 ‥‥143
疲労余裕 ‥‥‥‥269
品質検査 ‥‥‥‥263
品質の変動性 ‥‥98
品質表示機能 ‥‥113

ふ

ファイナンスリース224
ファイル転送型 ‥319
ファブレス ‥‥‥281
ファミリーブランド113
フィードラーの理論74
フールプルーフ ‥281
フェイシング ‥‥292
フェイス ‥‥‥‥292
フェイスアウト ‥292
フェイルセーフ ‥281
フォロワー ‥‥37, 38
付加価値 ‥‥‥‥231
付加価値率 ‥‥‥166
負荷時間 ‥‥‥‥279
不可分性 ‥‥‥‥98
複合記号 ‥‥‥‥263
複式簿記 ‥‥‥‥137
複数台持ち作業 ‥231
複線型人事 ‥‥‥82
副通路 ‥‥‥‥‥291
複利現価係数 ‥‥180
福利厚生 ‥‥‥‥82
負債 ‥‥‥‥131, 132
負債性引当金 ‥‥143
負債比率 ‥‥‥‥161
付随作業 ‥‥‥‥269
フック陳列 ‥‥‥292
プッシュシステム（押出型）
‥‥‥‥‥‥‥243
プッシュ戦略 ‥‥125
プットオプション211, 212
物流ABC ‥‥‥‥313
不当労働行為 ‥‥93
負ののれん ‥‥‥220

不必要機能 ‥‥‥247
部品表 ‥‥‥‥‥257
部門計画 ‥‥‥‥22
プライスゾーン ‥119
プライスポイント 119
プライスライニング118
プライベートブランド
‥‥‥‥‥‥‥113
ブラックボックス化46
プラノグラム ‥‥303
フランチャイザー 122
フランチャイジー 122
フランチャイズチェーン
‥‥‥‥‥‥‥122
ブランドエクイティ113
ブランド拡張戦略114
ブランド再生 ‥‥126
ブランド認知 ‥‥113
ブランド認知（知名度）
‥‥‥‥‥‥‥126
ブランドプラスグレード戦略 ‥‥‥‥‥113
ブランド連想 ‥‥113
ブランドロイヤルティ
‥‥‥‥‥105, 113
フリーCF ‥‥‥‥180
フリークエンシー126
フリーロケーション307
不利差異 ‥‥‥‥177
不良ロス ‥‥‥‥279
ブルウィップ効果311
フルカバレッジ戦略37
プルシステム（引取型）
‥‥‥‥‥‥‥243
プル戦略 ‥‥‥‥125
フルフィルメントサービス
‥‥‥‥‥‥‥321
フルペイアウト ‥224
フルライン化 ‥‥37
フローショップスケジューリング ‥‥‥‥250
プロジェクト ‥‥63
プロセスイノベーション
‥‥‥‥‥‥‥45
プロセスセンター309
プロダクトイノベーション
‥‥‥‥‥‥‥45

プロダクトライフサイクル
‥‥‥‥‥‥‥29
フロムツーチャート238
プロモーションミックス
‥‥‥‥‥‥‥125
フロントローディング
‥‥‥‥‥‥‥246
分割ファミリーブランド
‥‥‥‥‥‥‥113
分析手法 ‥‥‥‥267
分配可能額 ‥‥‥219

へ

平均故障間隔 ‥‥280
平均修復時間 ‥‥281
並行型分業制 ‥‥57
ペイドメディア ‥126
ベース照明 ‥‥‥293
β値 ‥‥‥‥‥‥207
ベタ積み ‥‥‥‥308
ペネトレーションプライシング（市場浸透価格）
‥‥‥‥‥‥‥117
変革的リーダーシップ
‥‥‥‥‥‥‥75
変形休日制 ‥‥‥90
編成効率 ‥‥‥‥241
ベンダー仕分型 ‥309
ベンチャーキャピタル
‥‥‥‥‥‥‥49
変動費 ‥‥‥‥‥169

ほ

傍観者的学習 ‥‥78
報酬勢力 ‥‥‥‥73
法人税等 ‥‥‥‥134
方法研究 ‥‥‥‥263
ポートフォリオ ‥202
ホールセールクラブ285
簿価純資産法187, 188
簿記 ‥‥‥‥‥‥137
ポジショニング107, 108
ポジショニングアプローチ
‥‥‥‥‥‥‥26
補助機能（二次機能）
‥‥‥‥‥‥‥247
保全予防 ‥‥‥‥280

329

ボックス陳列 ……292
ボランタリーチェーン
………………………122
本支店会計 ………140
本店集中計算制度140

ま

マーケット・バスケット分
析 ………………304
マーケットアプローチ
………………………187
マーケティング 3.097
マーケティング 4.097
マーケティングの 4P108
マーケティングマイオピア
………………………23
マーケティングミックス
………………………108
マーケティングリサーチ
………………………109
マイクロモーション分析
………………………267
埋没コスト ………78
埋没費用 …………176
前受収益 …………145
前払費用 …………145
マグネット ………291
マクロ環境分析 …25
負け犬 ……………31
マジョリティー …29
マスカスタマイゼーション
………………………100
マテハン …………265
マトリクス組織 …63
マトリックス図法276
マトリックスデータ解析法
………………………276
マネジリアルグリッド
…………………73, 74
魔の川 ……………49
マルチチャネル …122
マルチドメスティック戦略
………………………51
マルチブランド戦略114
マルチプル法187, 189
マンマシンチャート268

み

ミクロ環境分析 …25
見越勘定 ……144, 145
見込生産 …………234
ミシガン研究 ‥73, 74
未収収益 …………145
見せかけのロイヤルティ
………………………105
みなし労働時間制‥89
ミニリーダー政策38
未払費用 …………145
ミルクラン方式 ‥312

む

無関連多角化 ……41
無期雇用契約 ……88
無形固定資産 ……132
無形財 ……………111
無形資源 …………21
無形性 ……………98
無差別型 …………108
無リスク資産 ……208

め

明視性 ……………293
迷信的学習 ………78
名声価格 …………118
明度 ………………292
命令統一性の原則‥57
メモモーション分析267
面積相互関係ダイヤグラム
………………………239

も

モーダルシフト ‥312
目的の置換 ………58
目標管理制度（MBO）
…………………70, 84
目標設定理論 …70, 71
モジュラー型アーキテクチ
ャ …………………46
持株会社 …………62
持分法 ………219, 220
モチベーション ‥81

模倣困難性 ………38
最寄品 ……………111
モラール …………81
問題児 ……………31
問題認知 …………104

や

役職定年 …………82
役割制約的学習 …78

ゆ

有期雇用契約 ……88
有機的システム …66
有給休暇 …………90
遊休時間 …………231
有形固定資産 ……132
有形固定資産回転率157
有形財 ……………111
有形資源 …………21
有効在庫 …………259
有効陳列範囲 ……291
誘導機能 …………291
有能性のわな ……78
誘目性 ……………293
有利差異 …………177
ユニットロードシステム
………………………312

よ

用達余裕 …………269
用途指定 …………288
ヨーロピアンタイプ213
横陳列 ……………291
予知保全 …………280
欲求段階説 ………69
予防保全 …………280
余裕 ………………269
余裕時間 …………271
余裕率 ………268, 271
余力管理 ……249, 252
4M ………………229
4M＋I ……………229

ら

ライフコースアプローチ
………………………109
ライフサイクルアプローチ
………………………109
ライフサイクルエクステン
ション ……………30
ライリー・コンバースの法
則 …………………284
ライリーの法則 ‥284
ライン ……………112
ライン拡張戦略 ‥114
ライン生産方式 ‥241
ラインバランシング241
ラガード ………29, 30
ラストワンマイル311
ラディカルイノベーション
………………………45

り

リーダー …………37
リーチ ……………126
リーチインケース292
リードタイム ……230
リーンスタートアップ
………………………47
利益差異分析 ……177
リエゾン …………63
リエンジニアリング26
リスキーシフト ‥59
リスク ……………201
リスク回避的投資家202
リスク調整割引率法183,
185
リスクフリーレート204,
208
リスクプレミアム185, 208
リストラクチャリング
………………………26
リソースベースドビュー
…………………26, 38
リターン …………201
利付債……………194
立地適正化計画 ‥288
リッチな情報 ……77
リバースイノベーション

330

………………………51
リバースエンジニアリング
………………………50
リバースロジスティクス
………………………311
リフト値 …………304
流動資産 …………131
流動数分析 ………256
流動比率 …………162
流動負債 …………132
両利きの経営 ……78
両手動作分析267, 268
良品率……………279

れ

例外の原則 ………58

レイティング ……271
レイトマジョリティー
………………………30
レジ前陳列 ………292
連関図法 …………276
連結化 ……………50
連結型 ……………104
連結財務諸表 ……219
連結法 ……………219
連合作業分析 ……268
連続観測法 ………268
連続生産 …………234

ろ

ロイヤルティ ……105
労災保険 …………93

労使委員会………89
労使協定…………87
労働安全衛生法 …94
労働基準法………87
労働協約…………87
労働組合法………93
労働契約 ……87, 88
労働生産性………166
労働分配率‥166, 167
労働保険…………93
ローリングプラン ·22
ロスタイム………241
ロスリーダー政策119
ロット管理………316
ロットサイジング233

ロット生産 ………233
ロングテール ……321
論理誤差 ……83, 84

わ

ワークサンプリング268
割引………………144
割引回収期間法183, 184
割引債……………194
割引率……………179
割戻………………144
ワンウェイコントロール
………………………291
ワントゥーワンマーケティ
ング ……………100

331

関連書籍等のご紹介

2022年度合格目標版 中小企業診断士一発合格まとめシート 音声教材

まとめシートの内容が耳からもインプットできます！

一発合格まとめシート音声教材は、本書のテキスト部分を読み上げ、音声化した教材で、
- 耳からのインプット
- 通勤中や家事・育児の最中、運動中のながら学習

などにご活用いただけます。
また、本教材は、通勤中などのスキマ時間に、お手持ちのスマートフォンでまとめシートPDFを見ながらその説明を音声で聴くという使い方もでき、本書と併用いただくことでより効率的に学習を進めることが可能となります。
「限られた時間を1分1秒たりとも無駄にしたくない」そんなあなたに大変お勧めの教材です。
ぜひご活用ください！

2022年度合格目標版 中小企業診断士一発合格まとめシート後編

暗記科目も強力にサポートします！

後編は経済学・経済政策、経営情報システム、経営法務、中小企業経営・中小企業政策の4科目を掲載しています。これらの科目は1次試験のみで知識が必要となる科目で、暗記すべき内容も多いため、試験合格のためにはいかに効率的に学習するかがキーになってきます。
本書は1冊に4科目の重要ポイントを凝縮しており、前編に引き続き、眺めているだけで自然に覚えられる楽しいイラストや語呂合わせや図解が満載です。
さらに、購入特典として、暗記に便利なカラー版PDFや論点別過去問題集（中小を除く）に加え、暗記カードアプリ等に自由に活用できる暗記カード用データ（情報、中小）もダウンロード可能です。

2022年1月中旬発売予定 ※詳しい情報は追ってHP等でご案内いたします

「まとめシート」流！ゼロから始める2次対策、「まとめシート」流！解法実況 シリーズ

2次試験対策もまとめシートにお任せください！

2次試験ってどんな風に対策すればいいのか全然想像がつかない・・・
そんな方のために、『「まとめシート」流！ゼロから始める2次対策』では、
- ・2次試験とはどういうものなのかという概要
- ・どのようにして解けばよいのかという解き方や勉強法
- ・独学ではなかなか知る機会の少ない2次試験の鉄則

について丁寧に解説しています。
さらに、『「まとめシート」流！解法実況』シリーズでは、過去問を使い、80分で現実的な合格答案を書くために何を考え、どのように処理をすべきかを実況中継方式で解説します。

ご購入やサンプルはまとめシートHPをご覧ください
https://www.matome-sheet.com/publishing

購入特典

その1　暗記に便利なまとめシートPDF版ダウンロード

スマホに入れていつでもチェックできるよう、本書のまとめシートの部分のみをPDFにしました。
オリジナルの白黒版と覚えておきたい場所を赤字にしたカラー版の2タイプをご用意しましたので、使いやすい方をご利用ください。
また、財務・会計は、日本語で書かれた式より、記号で書かれた式の方が覚えやすい、という理系な方に向け、一部のシートの日本語の表記を記号に置き換えた「理系のための財務・会計」もご用意しました。
興味のある方はぜひこちらもご参照ください。

> カラー版は赤シートを使えば重要事項の暗記に活用できます

その2　アウトプット用論点別過去問集

すぐやる！過去問コーナーの過去問をすぐに見られるよう、アウトプット用の「論点別過去問集」をご用意しました。
ダウンロード特典では、解答集もダウンロードできます。
解説については、ブログで抜粋して記事にしておりますので併せてご活用ください！
まとめシートブログ：https://www.matome-sheet.com/blog/
ぜひ、こちらの過去問集を使って、どんどんアウトプットを行っていきましょう。

> すぐにアウトプットしてしっかり身につく

その3　難易度×頻出度一覧表

それぞれの論点の冒頭に難易度と頻出度を踏まえた優先順位を表示していますが、それを一覧表形式にしました。学習計画を立てる際の参考にぜひご活用ください。

ダウンロード方法

① まとめシートHP 出版紹介ページ（下記URL参照）にアクセス
② 「購入特典」ボタンをクリック
③ アンケートフォームにパスワード、メールアドレス、その他必要事項を記入し送信
④ 記入いただいたメールアドレス宛に特典ダウンロード用ページのアドレスが送信される
⑤ 特典ダウンロード用ページから購入特典をダウンロード

パスワード

Bu6cnbGq

まとめシートHP 書籍紹介ページURL

https://www.matome-sheet.com/publishing

※ 購入特典は **2022年11月末** までダウンロード可能です。

【作成協力】(50 音順)

朝日 優介（あさひ ゆうすけ）　中小企業診断士、一発合格道場 12 代目「こんちゃん」
2020 年中小企業診断士試験合格。外資系機器メーカーでマーケティング職に従事。マーケティング戦略の策定から実行、その後の販売支援に携わる。デジタルマーケティングや事業計画の策定等を通し、診断士として活動中。

井口 秀憲（いぐち ひでのり）　中小企業診断士、一発合格道場 10 代目「ぐっち」
2018 年中小企業診断士試験合格。SIer にて金融機関向けの法人営業を担当し、業務系システム、クラウドサービス、ERP、CMS 等のシステム導入に関わる業務に従事。その後、事業企画部門に異動し、通信・モビリティ関連の新規事業企画を担当。現在は、自治体との協働によるデジタルを活用した地域課題解決、課題解決を通じた新規事業の企画・推進を担当。

池田 雄紀（いけだ ゆうき）　中小企業診断士、一発合格道場 11 代目「いけちゃん」
2019 年中小企業診断士試験合格。金融機関にて資金調達・運用、信託や融資に関する法人営業に従事。現在は、人事部にて新卒採用や人材育成（能力開発）を担当。本業とのシナジーを最大限追求する企業内診断士を目指しており、事業計画の策定支援など積極的に活動中。日本証券アナリスト協会認定アナリスト（CMA）。

今澤 尚久（いまざわ なおひさ）　中小企業診断士、一発合格道場 10 代目「なおさん」
山梨大学工学部を卒業後、ローランド株式会社に入社。新製品の企画・開発、製造、品質保証、お客様相談センター、サービスセンター等、製品のライフサイクル全般に関わる業務に従事。2015 年に株式会社良品計画に転職。品質保証部にて衣服・服飾雑貨、食品、生活雑貨と様々な製造委託先工場の品質改善、生産性改善の支援を行っている。

木村 直樹（きむら なおき）　中小企業診断士、一発合格道場 12 代目「のき」
2020 年中小企業診断士合格。機械メーカーで資材調達業務に従事。プロジェクトの調達戦略立案から、サプライヤー評価、契約実務、交渉、納期管理、と資材調達業務全般を担当する調達領域のオールラウンダー。取引先との長期的な良好な取引関係を構築することに定評がある。

齋藤 宏晃（さいとう ひろあき）　中小企業診断士、一発合格道場 11 代目「さいちゃん」
2019 年中小企業診断士試験一発合格。プロボノを中心に企業内診断士として活動中。

佐藤 将人（さとう まさと）　中小企業診断士、医師、一発合格道場 12 代目「Ma.sato」
2020 年中小企業診断士試験合格。医業と並行して、合同会社を設立し、お金に関するファイナンスをはじめ、健康や運動に関するリテラシーを向上するアドバイザー・コンサルとタント業務に従事している。

高島 秀明（たかしま ひであき）　中小企業診断士（登録予定）、一発合格道場 12 代目「ひでさん」
2020 年中小企業診断士試験合格。住宅メーカーにて注文住宅・賃貸住宅・医院等各種施設の提案営業に長年従事し、現在は、経理部にて決算業務等を担当している。定年後の独立を目指し、経理・経営分野の実務経験を積みつつ、企業内診断士としての活動を模索中。

仲田 香織（なかだ かおる） 中小企業診断士、横浜ビジネスエキスパート登録、
フラワーデザイナー、RPA アソシエイト

2019 年中小企業診断士試験合格、2020 年 5 月登録完了後、東京と神奈川の中小企業診断士協会に所属。主に関東圏で、補助金申請支援・海外進出企業の相談対応・Web 研修講師・業界分析の執筆等の活動を行う。将来、診断士とデザイナー活動を組み合わせた新業務分野を開拓したいと日々模索しながら活動中。

中村 文香（なかむら あやか） 中小企業診断士（登録予定）、一発合格道場 12 代目「アヤカ」

約 7 か月間の独学で 2020 年度中小企業診断士試験に合格。短期合格の経験を生かして、受験生試験支援を行っている。化学メーカーの研究開発職に従事。

原口 靖史（はらぐち やすし） 中小企業診断士、一発合格道場 11 代目「べりー」

「一発合格まとめシート」を超絶的にフル活用して 2019 年に中小企業診断士試験に合格。大手の映像制作会社で情報システム、経営企画、経理など管理系を広く経験し現在は経営企画部門の管理職。一発合格道場や雑誌『企業診断』の記事執筆などで受験生支援を行いながら、東京都内に軸足を置いた診断士活動を模索中。

平岡 卓朗（ひらおか たくろう） 中小企業診断士（登録予定）、弁護士、
一発合格道場 12 代目「TAKURO」

2020 年中小企業診断士試験合格。弁護士 11 年目。労働法務を専門に取り扱う行政機関への出向経験を活かし、主に使用者側の労働法務を得意とする。一発合格道場 12 代目の顧問弁護士を自称し、ブログ運営を通じて著作権法への理解も深めている。診断士業務と弁護士業務のシナジーを模索している。

古山 亮一（ふるやま りょういち） 中小企業診断士、俳優

音声教材ナレーション担当。電気設備メーカーで技術営業、海外営業に従事する傍ら、学生時代から舞台俳優として４０本以上の舞台を経験、映画やドラマでも活動する。2007 年から 12 年間、中国上海で過ごす。越境M＆Aや事業の立ち上げを経験した後、2019 年に帰国、中小企業診断士試験に合格、2021 年独立。

堀岡 寿至（ほりおか としゆき） 中小企業診断士、一発合格道場 12 代目「と〜し」

2020 年中小企業診断士合格。自動車メーカーにて原価企画・管理に従事。主に東海地方で、補助金申請や事業承継などの支援で診断士として活動中。FP・ワークショップと組み合わせ、家計改善や起業相談なども行っている。

山口 晋（やまぐち しん） 中小企業診断士

2019 年中小企業診断士試験 2 次試験だけは一発合格。2020 年 4 月より個人ブログ「中小企業診断士 shinblog」にて毎日情報発信すると共に、受験生支援団体タキプロにて、受験生支援を行う。日々中小企業診断士の資格を生かして価値を高めるべく、様々な活動に奮闘中。趣味：読書・ブログ・YouTube。

書籍の正誤について

万一、誤記と思われる記載がございましたら、下記の URL より正誤表をご確認ください。

まとめシート HP　書籍紹介ページ　　https://www.matome-sheet.com/publishing

もし、上記の正誤表に記載のない誤記がございましたら、下記までお問い合わせください。

まとめシート　お問い合わせ先アドレス　　info@matome-sheet.com

なお、書籍の正誤以外のお問い合わせにつきましてはお答えいたしかねますので、あらかじめご了承ください。

本書の無断による複写、複製、引用、転載は固くお断りします。
Copy Rights(C) 2021 Eichis Co., Ltd. All Rights Reserved.

2021 年 11 月 12 日　初版発行　　　　　　　　　　　印刷　木野瀬印刷（株）

2022年度合格目標版

中小企業診断士　1次試験

一発合格まとめシート

前編（企業経営理論、財務・会計、運営管理）

著　者　　野網　美帆子
発行元　　エイチス株式会社
発売元　　KNS出版

〒486-0958　愛知県春日井市西本町3-235　木野瀬印刷（株）内
TEL　0568-31-3118

ISBN978-4-902398-34-2　C3034　￥2700E　　　　　定価：2970 円
　　　　　　　　　　　　　　　　　　　　　　　　　　　（本体 2700 円 + 税 10%）